走近
非洲

非洲

第4版

[美]玛丽亚·格罗斯-恩加特
[美]约翰·H.汉森
[美]帕特里克·奥米拉 主编

赵亮宇 译

上海社会科学院出版社
SHANGHAI ACADEMY OF SOCIAL SCIENCES PRESS

本书由上海师范大学非洲研究中心资助出版

译序

《非洲》是一部主要由美国学者编纂的普及型、通识性非洲读本，是美国许多高校学生或对这片大陆感兴趣的读者了解非洲的敲门砖。自1977年出版第1版以来，《非洲》分别在1986年、1995年和2014年出版了第2版、第3版和第4版。本书即是2014年出版的第4版。

本书的三位主编都是非洲研究各领域的专家，对于非洲有深入研究。玛丽亚·格罗斯-恩加特研究的主要侧重点包括社会转型和移民的政治经济分析、塞内加尔和马里的穆斯林群体以及与非洲相关的知识生产；约翰·H.汉森主要关注西非穆斯林发展史；帕特里克·奥米拉在比较政治学、非洲政治研究等方面是世界知名的学者，目前担任美国印第安纳大学布卢明顿分校的副校长，也是唯一一位见证了《非洲》从第1版到第4版修订全过程的编者。

变革是本书的关键词。非洲是一片处于不断变革当中的大陆，而作为一部力图完整呈现非洲全貌的通识性图书，这本书充分凸显出编纂者对非洲发展时代特点的敏锐把握。

本书的变革性体现在其内容的与时俱进。在第3版出版将近二十年后，非洲在社会、经济、政治和文化等方面都出现了很多新变化和新潮流。多位学科背景迥异的作者，根据自己的研究专长和关注重点，分工明确，单独或合作撰写了与非洲的地理、历史、文化、艺术、社会、宗教信仰、政治、经济等有关的章节，尤其注意把握自上一版出版之后的这两个十年出现的新特点。第4版从第3版的二十一章缩减到了十五章，全书的结构也从上一版的时间顺序（即传统的前殖民、殖民和后殖民分期）与主题性并行，变为完全按照非洲研究的不同主题编排章节。与上一版相比，第4版《非洲》对非洲的文化发展，尤其是大众文化着墨颇多。在第3版中，二十一章中只有一章"非洲城市中的大众文化"与文化相关；而第4版则用了十五章中的四章篇幅，分别细致地介绍了非洲的视觉艺术、音乐、文学和电影，体现了编纂者对非洲文化新发展和新趋势的重视。此外，随着互联网资源在学术研究中的重要性日益提高，本书很好地反映了这一趋势，在最后一章中花了大量篇幅介绍了前面各个主题相关的资料，其中互联网资源占了很大一部分，以便感兴趣的读者对某一个主题作进一步的了解和研究。

本书的变革性也体现在关注视角的转变。第4版《非洲》反映了西方非洲学界这二十年的转变。在1995年出版的第3版中，非洲的政治变革是全书的一个重要关注点，尤其是自冷战结束后至20世纪90年代初期所谓的"第三波民主化浪潮"，作者们对这一阶段非洲的政治转型和冲突进行了细节描写；而对涉及非洲人生计的经济方面内容则着墨相对较少。这样的章节编排给人一种突出的"悲观主义"色彩，第3版的第1章便直接指出了非洲发展的"问题",并在第20章对非洲发展危机进行了专题论述。当然,这样一种态度和倾向与当时西方学界盛行的非洲发展悲观论是较为契合的。通过阅读第4版《非洲》,相信读者们能够明显感受到一种理智的"乐观主义"的基调。书中有专门的章节对非洲人的生计、非洲的城市生活以及非洲的发展进行叙述,正如第13章的标题所言,作者们将非洲的经济和社会发展描绘成一种"温和的希望",而这样一种态度也与今日非洲发展逐渐走向正轨的现实是密不可分的。

虽然第4版《非洲》特别强调非洲当下的新趋势、新潮流,但并不缺乏历史性。作为一本非洲研究的通识性读物,本书除了专辟一章(第2章)介绍非洲的总体历史框架之外,也在全书各个章节的介绍和讨论中增添了有关历史的内容,将非洲的历史遗产与当下的问题联系到了一起:如第3章"社会关系:家庭、亲属和社会"介绍了非洲家庭关系、亲属关系与相应经济策略的历史渊源;第5章"非洲的宗教"从历史的视角回溯了非洲传统宗教的出现和传播、北非地区的伊斯兰化和基督教的到来。本书的第6章和第7章分别涉及非洲的城市和非洲的健康、治疗等方面的内容,在这两章中,我们也都可见到诸如对非洲城市化进程的回顾以及关于非洲传统治疗仪式的惟妙惟肖的描写。

在本书的编纂者看来,变动中的非洲需要我们用变动的视角去观察、去亲历。然而,由于本书作者大多为西方尤其是美国学者,虽已竭力保持客观,本书的写作仍有一定的局限,特别是仍然把非洲发展的优劣以欧美发达国家为参照物,体现出了一定程度的西方中心主义思想。这是需要读者甄别的。

书中的西方中心主义思想首先体现在对非洲民主的评价。本书的第12章"非洲的政治与民主的未来"虽然承认了外来的西方民主制度在非洲许多国家的水土不服,乃至造成了灾难性后果,但作者们似乎仍将西方式的民主作为非洲未来政治发展的一个"普适性"模式,对现在争议颇多的"阿拉伯之春"等非洲政治变革持较为肯定的态度。这场阿拉伯世界的革命真的能带来民主自由吗?退一步讲,西方现有的民主模式一定是包括非洲在内的第三世界国家的必由之路吗?此外,这一章亦缺少对非洲社会主义运动的描写。在20世纪中叶开始的非洲国家民族独立浪潮中,受到国际局势影响,部分国家选择了社会主义道路,并在20世纪50年代末至80年代初之间形成了一股"非洲社会主义"的潮流。加纳的恩克鲁玛、塞内加尔的桑戈尔、坦桑尼亚的尼雷尔以及赞比亚的卡翁达等非洲国家领袖都在本国开展了社会主义实践。尽管社会主义在这些国家的实践细节有区别,但领袖们都不约而同强调了"非洲主义",这也与当时如火如荼的泛非主义浪潮是契合的。恩克鲁玛提出,非洲的社会主义实践必须要结合非洲国家的国情;桑戈尔也认为,非洲的社会主义就是一种要回归"非洲主义"的集体意识。其中,将非洲文化内在价值与社会主义结合最为突出的样本,要数尼雷尔在坦桑尼亚实行的村社社会主义(communitarian socialism)。尼雷尔指出,"乌贾马"(ujamaa,意为大家庭)是非洲社会主义的基础和目标,因为这体现了传统非洲社会以团体为先,团体内部互帮互助的价值观念。非洲的社会主义不仅是全球社会主义运动不可或缺的一环,也是非洲人民寻找适合本国国情发展道路的伟大实践。虽然其并没有达到预期效果,但本书中相关内容的缺失仍然略显遗憾。

半个多世纪以来,各种内生或外来的"主义"在非洲几乎都找得到理论和实践的样本,但至今难觅一个非常成功的案例。西方政治科学关于民主化的理论、概念以及实施路径大多成型于非洲民主化实践之前,它们更多地是基于南欧国家和拉丁美洲国家的经验,并没有充分考虑非洲国家的国情和经验,而非洲的历史和政治发展问题均有其自身的特性。因此,将这些成型的理论、概念或方法套用于非洲国家,难免会造成张冠李戴的结果。① 自然资源禀赋较好的尼日利亚、赞比亚和刚果(金)等国仍然深陷"资源诅咒"的泥沼。外来的"华盛顿共识"和结构调整计划等未深入考虑非洲各国发展阶段、历史文化等国情的宏观经济发展战略,更是20世纪80和90年代许多非洲国家陷入衰退的重要因素之一。殷鉴不远,非洲各国文化、民族和历史的多样性和复杂性决定了各个国家的发展没有一个可以因循的统一模板。②

书中的西方中心主义思想也体现在对非政府组织作用清一色的正面描写。其中一些内容有值得商榷之处。不可否认的是,一些本土、区域性或全球性的非政府组织在维护非洲妇女和少数族群基本权益等方面发挥了相当大的积极作用。然而,虽然从名称来看,这些"非政府组织"似乎与政府划清了界限,但在资金、意识形态等方面仍然深受其所在国政府的影响,因而也在一定程度上代表了所在国利益,特别是西方国家政府的利益。一些非洲本土的非政府组织也不能幸免。尽管这些组织与西方国家政府没有直接联系,但其所在国政府财政大多较为困难,所以其资金主要来源于国际捐助者(donors)。国际捐助者在资助非洲非政府组织时也有自己的考虑。一方面他们可能确实希望帮助非洲国家摆脱贫困、发展经济、促进人权和政治民主化;但是另一方面,

---

① 张宏明:《非洲政治民主化历程和实践反思——兼论非洲民主政治实践与西方民主化理论的反差》,《西亚非洲》2020年第6期,第3—52页。
② 赵亮宇:《从传统到现代——试析博茨瓦纳酋长制的调适与转型》,《历史教学问题》2022年第4期,第115—124页。

每个资助者在给非洲国家非政府组织提供资金的同时,几乎都要考虑到本国的政治利益与经济利益,他们也往往带有一些自私的目的。

因此,非政府组织在非洲的存在不全是正面影响。第一,无论是有西方政府背景的区域性或全球性非政府组织,还是受到国际捐助者资金支持的非洲本土非政府组织,由于独立性的缺乏,往往会应背后金主的要求,在非洲的业务开展之外附加一些条件。这些条件主要与政治相关,如要求非政府组织促进西式民主在该国的发展。而这些附加条件可能根本不符合非洲国家的国情,或者不为非洲国家政府所容许。这不仅不能真正造福非洲人民,还把非洲的非政府组织置于两难的境地。

第二,非洲的非政府组织往往对中非关系的正常发展持不欢迎态度。自 2006 年中非合作论坛北京峰会以来,随着中非合作关系的不断发展,非洲非政府组织开始把目光聚焦于中国在非洲的政策和行为上,并对中非合作关系评头论足。到目前为止,非洲非政府组织对中非合作关系的评价是负面多于正面,批评、责难声音较多。[1] 考虑到非政府组织在地区、国家甚至国际层面都有一定影响力,这类言行不可避免地会对中非合作关系的健康发展施加压力。

另外,本书对中国在非活动的描述极少,只在涉及非洲人生计以及非洲经济发展等的章节中,零星出现一些如"中国在非洲有着越来越大的影响力""中国在非洲日益提升的经济参与度""中国也是一个正在崛起的大国"等简略的描述性话语,编纂者们

---

[1] 韦红:《非洲非政府组织对中非合作关系的压力及对策思考》,《社会主义研究》2009 年第 4 期,第 137—141 页。

的西方中心主义视角从这一点上也可见一斑。

瑕不掩瑜,第4版《非洲》仍然是一本出色而又引人入胜的非洲通识性读物。本书在突出二十年来非洲的新发展、新趋势和新潮流的同时,很好地融入了非洲过去的传统和遗产。读罢此书,读者不仅可以一览非洲的基本面貌,更可以从这里出发,进一步探究自己感兴趣的非洲某一主题。正如编者在导言中所说,希望通过这本书"向读者呈现非洲社会、艺术和政治的进程与结构,非洲人与他们的活力,以及这片大陆面临的挑战与拥有的潜力"。书中十五章包罗万象的描写,是非洲的广度;文中的拓展阅读材料和最后一章"纸质资料和电子资源",是读者深入探究非洲各主题的指南。鉴于此,本书不仅适用于对非洲或对历史感兴趣的普通读者,也可以作为大学本科阶段非洲相关入门课程的教材。

在翻译过程中,考虑到本书兼具学术性和通识性,译者的宗旨是在做到"信""达"的基础上再视情况尽量做到"雅",语句平实,以求尽可能还原作者的原意,而没有如文学类译作一般进行翻译过程中的"再加工"。本书在翻译和校对过程中得到了上海师范大学非洲研究中心名誉主任舒运国教授和华东师范大学非洲研究所刘伟才副教授的倾力指导和帮助,谨在此对两位老师表示深深的感谢。由于译者本人水平有限,时间仓促,书中难免有一些谬误,希望广大读者提出宝贵的批评和指正。

赵亮宇
2023年6月

前言

　　距《非洲》第3版出版已十五年有余,这段时间里,非洲自身和这片大陆与世界其他地区的关系都有很多变化,学术界也相应发生了变化。您所看到的这一最新版本将聚焦当代非洲的活力和多元,强调非洲人的作用和足智多谋,浓墨重彩地描绘了当代非洲的社会进程和体制机制——身处其中的非洲人既创造了美好而有意义的生活,也参与了地方、国家和全球层面的各种集体活动。与前三版一样,本书的作者们讲述的是正在发生的事件,从能够影响对于非洲理解的学科背景出发,探讨理论方法和数据分析方式。本书的所有章节都是特别为了第4版重新构思和撰写的,其中许多都在前几版的基础上扩展了覆盖面,或是整合了之前分落各处的相关话题。此外,我们对前几版的参考文献部分作了补充,在出版资料以外,增添了网络资料的内容,形成了新的专门一章。

　　新版在描绘当代非洲方面力求全面,但在

所论的主题或地理区域方面并不苛求巨细无遗。每一章都反映了作者的兴趣点、研究地域和在非洲不同地区的生活经历。为了紧跟非洲最新的发展趋势，满足学生兴趣，新版在原来的基础上增加了一些章节，涵盖非洲的城市、电影、健康和疾病，以及人权状况等。本书中只有一个明确的历史章节，对非洲过往经历的遗产进行了深入思考，包括欧洲殖民统治时代对当代非洲的影响；其他章节则根据不同主题描述了相应的历史背景。涉及地理的章节探究的不只是非洲各地的物理环境及其价值，也包含了非洲作为一个地理概念在历史长河中演变的过程。有关政治和发展的章节也反映了当代学术潮流，即从主导学界讨论数十年的"危机"视角转向当代非洲"复兴"，或至少是保守乐观的态度取向。关于民主在非洲前景的辩论仍在继续，但我们的撰稿人在关注短期和正式的选举民主转型之外看得更远，进一步检视了民主治理的长期、非正式进程和体制机制的影响。

非洲内部的文化生产仍然是本书关注的重点，但我们的作者也认识到了全球性文化流动对非洲的影响。非洲大陆内外纷繁的相互连接将基督教和伊斯兰教带到了非洲，甚至在非洲人把这些宗教本土化后，其发展仍然受到这些连接的影响。非洲音乐表达了当地特定族群或团体的价值观和传统，但它在吸收外来文化的同时，更是传向了世界各地：这种相互作用、影响的持续流通在近几十年大大增强。相似的情景在视觉艺术中也可见一斑。就非洲文学界而言，关注点更多地是在本土和跨国的出版、分销事务的错综复杂，或者非洲内外多重身份读者的阅读需求上面。家庭、亲属和群体依然是人们生活的中心，却也呈现出高度的流动性——非洲人需要面对现实和全球化带来的新影响。书中对非洲民众生计来源这一话题的探讨，显示了非洲农村和城镇居民为了维持生计采取的复杂策略以及他们赖以谋生的本土、区域和国际网络。

在构思和出版第4版《非洲》时,参与审定过本书前几版并将本书作为课堂教材的学者、专家们为我们提供了宝贵意见和建议。我们印第安纳大学的同僚和研究生们也分享了他们在课堂教学中积累的想法,同时,新版也与时俱进地迎合了新一代本科生的学习需求。

为了完成本书如此篇幅和广度的写作,不但各个作者之间通力合作,我们也获得了很多其他人的支持和协助。我们要向所有为本书献过一份力的人们致以谢意:印第安纳大学出版社的编辑迪·莫滕森(Dee Mortensen)和她的助理萨拉·雅克比(Sarah Jacobi)十分耐心并且乐于回答我们的各种疑问;威斯康星大学的制图实验室、印第安纳大学艺术博物馆、礼来图书馆(Lilly Library)和各地同僚为我们提供了详尽的资料;当时还是非洲研究专业硕士生的凯西·布什曼(Casey Bushman)和斯特凡·霍洛维茨(Steffan Horowitz)甄别了另外的一些资料;最后,艾达·卡拉汉(Edda Callahan)准备了书稿并在一次又一次的校订时和我们在一起工作。

全体编写者
印第安纳州,布卢明顿
2013年1月

目 录

导　言　1

  2 非洲的多样性／ 5 非洲与世界／ 8 关于本书的使用

第 1 章　非洲的地理框架　9

  10 作为概念的非洲／ 18 自然景观／ 20 气候和生物地理／ 24 人类对非洲自然环境的利用和改造／ 29 全球体系中的非洲

第 2 章　过去的遗产：非洲历史的主题　33

  35 非洲历史中的迁徙和文化交流／ 38 非洲前殖民时期的社会复杂性和政治集权／ 45 非洲历史上的国际商业体系／ 51 欧洲殖民统治及其后果

第 3 章　社会关系：家庭、亲属和社会　62

  63 亲属关系的形式和意义／ 66 通过婚姻建立关系／ 70 婚姻和社会依附的物质性／ 76 家庭组成结构和成员互动／ 83 代际关系／ 85 非亲属形式的团体

第 4 章　谋生：非洲人的生计　91

  91 生计的意义／ 93 非洲村庄的可持续发展／ 98 粮食安全／ 101 为了建立关系和建构人设的礼物交换／ 105 在非洲城市中过活／ 108 正式和非正式工作／ 110 作为全球金融网络组成部分的汇款

第 5 章　非洲的宗教　116

116 定义和视角／ 118 根源于非洲的宗教／ 122 基督教／ 130 伊斯兰教

第 6 章　非洲的城市：生活和事业　143

145 "城市"词典／ 147 空间的转变／ 151 经济的转型／ 154 青年的城市／ 156 城市、消费和新的社会性

第 7 章　非洲社会的健康、疾病和治疗　162

162 全球背景下的非洲健康状况／ 169 医疗多元主义和对治疗的探求／ 171 个案分析：医疗多元主义与莫桑比克中部的宗教治疗／ 173 先知的治疗／ 174 进行痛苦崇拜的先知／ 177 疾病的分类和成因／ 179 患者和先知：三个案例／ 183 非洲健康和治疗问题的复杂图景

第 8 章　非洲的视觉艺术　187

189 传统艺术／ 201 波普艺术／ 211 纯艺术或当代艺术

第 9 章　流动的非洲音乐　221

224 近景：生活流动中的音乐／ 228 远景：文化流动中的非洲／ 231 近景：乐器和审美实践／ 234 远景：思想和声音的流动／ 236 近景：循环中的声音／ 239 远景：交流的循环／ 242 变化中的马赛克

第 10 章　非洲的文学　247

250 主题和趋势／ 250 殖民主义和自我呈现／ 261 独立后权力、财富和资本的逻辑／ 263 争论／ 274 讨论和挑战／ 279 今天的南非文学／ 281 流散的非洲

第 11 章　非洲的电影　284

285 作为"革命工具"的非洲电影／ 287 乌斯曼·塞姆班：一个决定性的人物／ 291 非洲电影业与电影制作的问题／ 293 国家和区

域电影业：一个简短的历史回顾／ 297 变化中的非洲电影／ 303 向前看

第 12 章　非洲的政治与民主的未来　308

310 民主制度的外来渊源及近期在非洲的引入／ 312 后冷战时代的选举民主／ 313 选举民主好坏参半的结果和成功的要素／ 319 选举之外的民主／ 321 地方层面的日常参与／ 325 代表政治／ 330 跨国和全球政治与非洲民主的未来

第 13 章　非洲的发展：温和的希望　336

339 从结构调整到国家所有／ 341 充满希望的转变，持久的挑战／ 346 贸易和投资／ 352 民主、良政和发展／ 356 针对非洲的发展援助

第 14 章　非洲的人权　361

362 非洲人权的规范框架／ 365 非洲的人权状况／ 373 非洲的女性权利／ 377 非洲区域框架中的女性人权／ 383 推进非洲人权发展的体制框架／ 384 女性权利的落实／ 386 人类可持续发展的挑战和促进人权的机遇

第 15 章　纸质资料和电子资源　390

391 非洲研究的图书资源：电子和纸质信息／ 393 通用资料／ 396 非洲的地理框架／ 399 过去的遗产：非洲历史的主题／ 403 社会关系和生计／ 405 非洲的宗教／ 408 非洲的城市空间、生活和事业／ 410 非洲社会的健康、疾病和治疗／ 414 非洲的视觉艺术／ 417 流动的非洲音乐／ 420 非洲的文学／ 425 非洲的电影／ 428 非洲的政治与民主的未来／ 431 非洲的发展：温和的希望／ 434 非洲的人权／ 437 在线资料的评估

撰稿人　440

导　　言

　　非洲以活力四射的姿态进入了21世纪。例如,非洲的手机用户数量已经超越了美国,其大西洋和太平洋沿岸铺设的光缆也扩展了宽带网络的接入范围。非洲有一些世界上最穷困的国家,但这片土地上有六个经济体在过去十年中进入了世界经济增长最快的前十位之列。非洲的城市化进程不断加快:40%左右的非洲人现在是城市居民,预测认为,这个数字在2030年将会增长到50%。偶尔发生的饥荒仍然会夺取人们的生命,但非洲人的总体婴儿死亡率在过去十年中出现了大幅度下降;虽然艾滋病病毒/艾滋病被根除的那一天尚未到来,但新的治疗方法降低了死亡率,非洲各国的国家动员也控制了它的传播。武装冲突依然时有发生,但战争罪犯们接受了法律的审判,越来越多非洲人通过有效选举的方式实现了政府权力的和平交接。挑战尚存,非洲人一直在努力寻求解决问题:非洲的企业家、政治家、艺术家、宗教领袖、治疗师和各行各业的人们利用本土知识,为各自国家的社会、文化和政治事业作出了贡献。导言将向读者呈现非洲社会、艺术和政治的进程与结构,非洲人与他们的活力,以及这片大陆面临的挑战与拥有的潜力。

非洲的多样性

非洲是一片广袤的大陆,其面积达到了美国陆地面积的三倍。作为位列亚洲之后面积第二大的大洲,非洲拥有稠密的雨林和广阔的沙漠,起伏的草地和白雪皑皑的山峦,也有深入大陆的内湖和其他多样的地形地貌。赤道把非洲分成了两块,这片大陆的大部分土地都属于热带,只有最北方和最南方属于温带。在数千年的时间里,非洲人就地取材,用这片大陆的资源开创了各种事业:工匠们制作了铁制工具和武器,建筑师建造了高大的石结构建筑,商人们售卖黄金,这些黄金不仅装饰了非洲人的身体,也在中世纪的欧洲和古代中国市场上流通。到了19世纪,非洲的经济潜力引来了欧洲势力的觊觎,他们征服了非洲的绝大部分土地,并将非洲的资源用作出口。这种情况一直到20世纪下半叶殖民统治的结束才告一段落。时至今日,非洲商品的出口依然在继续,范围不只局限于各种农产品,也包括宝石、石油和矿产等现代信息技术产业不可或缺的原材料。最近一些年,外国投资者在非洲收储土地,用以生产生物燃料和其他作物,这种行为可能会威胁非洲许多国家的食品安全和人们的生计。新兴产业也在非洲有所发展,非洲人现在与巴西、中国和印度等新兴经济体以及之前熟悉的欧洲和北美贸易伙伴都建立了贸易联系。

超过十亿的人口在非洲繁衍生息,他们所说的语言达到两千多种,几乎是世界所有语言的三分之一。其中有些语言之间关联紧密,但大多数之间的差别还是比较明显的。我们可以通过它们的语法结构、词汇和辅音情况加以区分,比如一些南部非洲语言特有的搭嘴音(clicks)①。语言在非洲是身份认同的一个标志,另一个则是族群。它们之间关系复杂:许多非洲族群间共享历史记忆和语言,另一些则是拥有自己语言的独立群体,到了殖民统治时期才发展出了一定的集体身份认同。有些来到城市定居的非洲人一方面认同其父母的族裔身份,却说着一口城市通用语;另一些则靠着自己的语言彰显自己的族裔,即便血统不一。由于非洲极其复杂的语言和族群多样性,跨文化交际成为常态,这给个人和群体带来了益处;族群的团结性使得冲突较少发生,而只会发生在诸如获取有限资源等一些特殊情况下。媒体常在报道中凸显社会冲突的严重性,将对立群体称为"部落",并认为他们之间的敌意经久不息。然而,"部落"这个词传递的是一种他者意识,不但没有揭开,反而还模糊化了事情背后的本质。举例来说,卢旺达的胡图族(Hutu)和图西族(Tutsi)说着一样的语言,文化也大略相同。"胡图"和"图西"这两个名词表达的是历史上的职业和阶级划分,并在欧洲殖民时期得到了固化,族群划分成了获取资源难易多寡的基础,后来在后殖民时期被少数人利用并加以政治化。要想理解非洲的冲突和更加普遍的建设性社会互动,我们需要首先分析非洲人在当地背景下界定社会差异和为了特殊政治目的达成社会团结的方式。

非洲现有 54 个国家。中央集权在这里并不是新鲜产物:从古埃及时期开始,非洲多样的政治文化和组织安排便带来了政体的差异性。欧洲殖民者瓜分了非洲,只有埃塞俄比亚帝国于 1896 年在阿杜瓦(Adwa)战胜了意大利侵略者,以及利比里亚在美国的保护下成功保住了疆土。在其他地区,一方面,殖民安排让无

---

① 也译作咂嘴音、吮啧音等,由舌尖搭颚发出,是一种特别的辅音音素。——译注

数政治传统大相径庭的族群走到了一起;另一方面,人为划分的疆界也让原来同文同种的族群分居异国。到了 20 世纪 60 年代,欧洲的殖民统治似乎已经一去不返,但殖民时期奠定的体系仍然在独立后的非洲国家有着影响力:如今绝大多数非洲国家之间的界线都与殖民瓜分后划定的边界相同。例如,尼日利亚的 1.5 亿居民就有超过 250 种语言,其主要的南北政治分歧即与殖民者划分的两个行政自治的南北区域息息相关。一些国家的诞生,如 2011 年建国的南苏丹,便是持续数十年内战的结果:南北苏丹正式分道扬镳。当然,并非所有现今非洲的政治实体都是殖民历史的延续,但现在非洲各国试图在各自疆域内构建国家身份认同意识的努力仍然是对殖民时期遗产的最好注解。

有些学者和国际政策制定者把非洲分为北非和撒哈拉以南非洲,并经常将北非视作中东的一部分;这成为大陆划分之外我们对非洲的普遍认知。但撒哈拉沙漠从来不是一道障碍,在数千年的时间里,思想、商品和人员川流不息。阿拉伯语是北非的通用语,但它也是撒哈拉以南地区的毛里塔尼亚和苏丹这两个国家的第一语言。柏柏尔(Berber)语言同样在撒哈拉沙漠南北都有分布。族群身份不仅塑造了北非国家的政治,也在一些撒哈拉以南非洲国家影响较深:发生在阿尔及利亚、马里和尼日尔的撒哈拉沙漠地区的图阿雷格人(Tuareg)分离主义活动就是一个例证。非洲内部其他的一些差异也不能从整个大陆的视角去解读。伊斯兰教是北非地区的主导性宗教,但也有许多类似的穆斯林族群生活在撒哈拉以南非洲国家,如乍得、马里、尼日尔、塞内加尔和索马里。种族这一概念本身也是社会建构的产物,不能作为将非洲划分为不同实体的基础。一些北非国家之间的历史渊源很清晰:最开始阿拉伯征服者横扫了这一区域,而后奥斯曼统治者统一了从埃及到阿尔及利亚的整个区域(但不包括摩洛哥),北非坐落于地中海沿岸的特殊地理位置进而为其与欧洲国家更进一步的交流创造了机会,而这是撒哈拉以南地区没有的。近年来,媒体常常将北非地区针对强势领导人的政治抗议活动称为"阿拉伯之春",但倘若我们仔细检视这些事件,会发现其不仅仅发生在北非和中东地区,在撒哈拉以南的马里、乌干达和其他非洲国家也可以看到。本书在合适的地方会探讨一些区域集团,但大多数章节仍然会兼顾撒哈拉沙漠南北,以期阐释一些总体性规律。

非洲与世界

随着人口迁移及旅行、技术变革和全球化的进程,当代的非洲与世界紧密相联,但非洲从来就不是一个孤立的存在。东部和南部非洲的岩画以及考古发掘出的石器和骸骨可以说是人类历史上最早的生物和文化变革的证据。当第一批人类走出非洲、踏上漫漫征途散布到全世界之后,非洲大陆上的人们便一直与亚洲和欧洲逐渐发展的邻近地区互通有无,交换作物和技术,交流思想和宗教信仰。19世纪的欧洲探险考察队错误地认为非洲是在他们踏入非洲时才被"发现"的,但实际上欧洲与非洲之间的贸易活动已经持续了数个世纪之久,其中绵延四百年的蓄奴和奴隶贸易使得超过1 100万非洲人被强迫带到了美洲。① 对"黑色人西洋"(Black Atlantic)的最新研究表明,除了给种植园和其他企业

---

① 奴隶贸易时期,一些西方贩奴公司和商人对其人数有过统计,一些海关也对出入的奴隶数量有过记录,但这些资料十分零碎,很难涵盖全貌。——译注

带来大量廉价奴隶劳工之外,来自非洲的思想和习俗在这段时间内也影响了欧洲和美洲。

19世纪的变革,也就是欧洲和北美洲工业化经济体的崛起塑造了过去两百年来非洲与世界的关系。最开始,欧洲人凭借先进武器和科技的优势,在19世纪末征服并殖民了非洲绝大部分土地。欧洲殖民统治的时代持续了不到一百年,却影响甚至决定了独立后非洲国家的道路,构建了相应的经济关系。后殖民时期,原欧洲宗主国势力和其非洲前殖民地之间关系的一些特征被人们称作"新殖民"(neocolonial);冷战以及世界银行和国际货币基金组织等对非的指导性经济政策同样限制了独立后非洲国家的政策选项。然而,过去的二十年见证了非洲区域自主性的觉醒。我们看到涵盖整个大洲的政治组织[非洲联盟(African Union)]、区域经济和政治集团的诞生,也看到非洲与亚洲和拉美的其他发展中经济体成为贸易伙伴,促进了非洲经济实力的提高。非洲已经准备好打破过去两百年模式的桎梏,参与21世纪的世界事务,并在此过程中重新定位自己的角色。

一些人认为,与外界建立联系后,是传教士和殖民政府建立的学校第一次把现代教育带到了非洲。但这种认知对教育的理解稍显狭隘,忽视了非洲人建立的教育机构,在这里,非洲人传播知识,培育有道德、有担当的个体,并生产新的知识。启蒙和传道较为普遍,学徒制度能让专家的技术知识代代相传。伊斯兰教在非洲的传播也带来了各类教育机构和一种新的字母系统。这些教育机构以平行或合作的方式与传教士、殖民当局和后殖民政府建立的学校并存。非洲数不胜数的语言对后者来说是一种挑战,教育资源的短缺也成了掣肘因素。在这些困难之下,非洲国家依然训练出了能够创造新知识和培养下一代的合格公民。医生、律师和其他专业人士从非洲的大学走出,国家的相关政策也为开创精神和创业热潮提供了良好的基础。

蓬勃的文化生产是过去非洲的鲜明特点,它在今天也依然繁盛,并创造性地吸收了全球流通的思想、影像和人力资源。视觉艺术家、作家、电影人和音乐家利用现代科技试验了一些新的表达方式,进行了跨越国家和地区界限的合作,也将自己的作品呈现给了非洲内外新的受众。同样,跨大洲的网络使得学者们有了协同效应,促进了知识生产,相应增强了其影响力。许多旅外非洲知识分子热忱地与非洲同僚和教育机构合作,对故土的学术界影响颇深。与世界的接触并不只局限于广受赞扬的文化和学术生产者,或是旅外非洲人。今天,这片大陆上各行各业的人们通过媒体、互联网和贸易网络等方式便能知天下,并且创造性地将从中学到的东西应用于日常问题和困难的解决。充盈的想象力亦让非洲人融入了世界,外国产品的使用也在象征意义上让人们与世界相连。

和世界其他地区一样,现代性也是界定非洲的一个标准,这并不令人惊讶。非洲人采纳了现代性的一些关键构成,譬如组织合理化和不同生活领域中的民主参与,也通过艺术、文学、宗教和其他文化表现形式对自身在世界中的位置进行了思考。非洲以外的人通常会把"传统性"和"现代性"严格区分开来,但在非洲的场景下,这些标签反而可能会模糊本就复杂的非洲文化进程。例如,"传统性"这个词和"部落"一样,隐含着一种僵化死板的延续性,而非洲的义化生产却总是同时包含着延续和变革、专业性和实验性、适应和创新。要想理解现代性,我们首先需要检视非洲人是如何思考其自身社会、概念化和评估自身社会变革以及使用当地和全球话语体系界定外界的。

关于本书的使用

　　导言提到的非洲的多样性、非洲与世界的相互关联和非洲的现代性经验是接下来将会探讨的诸多主题中的三项。本书是一本介绍性的教材,力求避免学术上的争论,以有利于厘清主要问题的脉络。每章结尾的拓展阅读推荐资料让读者能够一探细分领域和更为详尽的学术观点。本书的章节并没有根据相关性进行分组,这是因为每个作者想要表达和探讨的思想和主题并不局限在一个章节。第 1 章的主题是地理,因为了解非洲的物理多样性是非常重要的一环;随后的章节涉及非洲的历史和社会关系,这能让读者了解非洲过去的动态和当今的复杂性,也为理解后文作出了必要的铺垫。授课者也有充分的自由根据自己的课程纲要调整教学顺序,比如从地理和历史跳到生计和城市化,政治和发展,宗教和健康,或者艺术。第 15 章"纸质资料和电子资源"为进一步研究提供了建议,借此,读者可以与非洲的最新发展和潮流保持同步。

第1章

非洲的地理框架

詹姆斯·德勒汉蒂

非洲是仅次于亚洲的世界第二大大洲。非洲有54个国家，其中一些幅员辽阔。像阿尔及利亚、刚果和苏丹等非洲大国的面积都是得克萨斯州的三倍左右，相当于4个法国大小。非洲的面积相当于14个格陵兰岛、20个阿拉斯加、71个加利福尼亚州或者125个大不列颠本岛。非洲研究的新人常会对非洲巨大的面积感到讶异。这可能也是非洲很大程度上不为外人所清晰了解的原因之一吧。

本章从地理学的角度介绍非洲。人们从古代就有描述远近地方特点的需求，作为一个综合性学科的地理学应运而生。本章首先将探讨整个世界对非洲认识的演进过程。历史上，外人对非洲的错误看法远比正确的要多。错误的看法带来的误解毫无助益，有时甚至是灾难性的。纵览有关非洲的地理学概念后，本章接下来的内容更多地是一种综合性的求真，也就是检视非洲的地貌、气候、生物区与长时间以来非洲人利用和塑造自然环境的方式。本章的最后部分勾勒了非洲当前面临的困难和随着更完整而又公平地融入全球化体系非洲人的向好预期。

地理学知识是所有其他领域更深层次探讨的一个框架，因为地方的特点塑造了每种人类行为。如果有人想要理解非洲国家居民在为了保障自我和家庭安全及温饱的奋争中面对的挑战和可能性的话,多考虑一些非洲的地理环境不失为上策。一张地图,尤其是人们脑海中的非洲地图,就是一个绝好的思维工具。通过思考"在哪里"这一基础性问题,人们得以理顺各类信息。从这个问题出发,我们将对非洲有一个更细致的了解。

作为概念的非洲

地方是一种概念。为了帮助理解,我们来打个比方,可以想想最重要的地方——我们的家。每一个家都是一个物理实体——它具体地存在,但家的意涵和现实,都同生活在这一屋檐下或了解这个家的人们的经历和情感密不可分。或者用匹兹堡作为例子。匹兹堡是由宾夕法尼亚州西部特定的建筑、道路、河流、人群和其他物体构成的一个特定集合体,但它也是一个概念。更准确地说,它是一系列概念的集合,因为根据每个人自身对这座城市的整体印象和所有记忆、联想,不管准确还是谬误,我们都对匹兹堡抱有不同的看法。匹兹堡不管作为一个地方还是一个单词,都能勾起我们脑海中的相关看法。非洲也是如此。但毫无疑问的是,作为一个大洲的非洲必然与其他大洲一样,是人们脑海中一系列复杂概念的集合,正确或谬误,慷慨或淡漠,都随着时间的流逝,演变成了很多意义和行为,有的真切而高尚,有的错误而又不幸。

如果说非洲既是一个大洲,也是人类想象的产物,那么我们要探讨的第一个问题便是非洲的起源。物理意义上的非洲,也就是这片大陆,是较为容易溯源的。任何一本基础地理学教材都会告诉你,1.8 亿年前,泛古大陆(Pangaea)分裂四散后的其中一块子大陆成为现在的非洲。而作为概念的非洲,其诞生则要晚得多——它是过去两百年逐渐形成的,而且主要发生在欧洲。"非洲"的概念主要是在欧洲发展起来的这一事实对于解读世界范围内对非洲的看法很有帮助,到今天依然如此。

欧洲人是作为概念的非洲的创始者,这一主张很容易得到证明,对非洲和它的人民来说也不是一件丢脸的事。在概念层面上,欧洲人同样发明了"美洲",就像阿拉伯人发明了"马格里布"(Maghreb)一样。纵观世界历史,大到大洲,小到当地社区,外人一直在赋予地方以身份认同。一般做法的第一步都是命名。实际上一开始并没有所谓"美洲原住民",只有数百个土著部落,如五大湖区域的奥吉布瓦族(Ojibwa)和西部沙漠的纳瓦霍族(Navajo),一直到五百年前欧洲人跨越大西洋来到这里,这片大陆才被命名为美洲。外人赋予一个地方身份认同的另一种方式是通过启发或鼓动,有时也会通过威胁或侵略的方式,在一片白纸上铸成团结和激发地区忠诚。1870年左右,俾斯麦使欧洲中部说德语的公国确信它们本是一体,并且加入普鲁士成为一个政治实体才是对各方均有利的选择。自此,现代意义上的德国才真正诞生。

虽然早期的非洲很少有人知道大陆的边界,也少有人可以想象作为一个整体的非洲(事实上所有大洲的居民都是类似情况),但也有例外。古希腊历史学家希罗多德的作品中有个有趣的例子。他在公元前5世纪写了一篇简短却引人入胜的关于腓尼基人海上航行的报告。这次海上航行由埃及法老尼科二世(Necho II)组织,是一次环绕我们谓之"非洲"的大陆(当时希罗多德称之为"利比亚")的航行,时间约为希罗多德所处时代的两百年前。尽管我们没有其他证据来证明这次远航,但其发生过的可能性还是比较大的。如果确有其事，那就意味着至少有一小群非洲人，很有可能是一些来自埃及的腓尼基人探险家，早在 2700 年前就已经一览整个非洲大陆的轮廓。但这方面的知识似乎和他们一起归于尘土。此后，非洲境内并没有任何由此产生的涉及这片大陆范围的地图测绘或者广泛了解。即便是希罗多德，对那些水手的所见所闻也几乎一无所知，他只是单纯地记载了这段传奇的旅程罢了。

欧洲人关于非洲的概念在古典时代便初见雏形。古希腊人和罗马人已经掌握了大量非洲邻近区域的可靠知识。公元前 2 世纪布匿战争（Punic Wars）期间罗马人征服迦太基（今突尼斯）之后，罗马帝国取得了非洲北部沿海大部分地方的统治权。古罗马和它的非洲行省之间有着紧密的文化和经济联系。北非很快成了帝国的粮仓。"非洲"（Africa）这个名词就是在这一时代产生的。从词源学的角度来说，"非洲"可能来自"Afer"，在腓尼基语言中指代迦太基周边的地区。根据这个理论，罗马地理学家需要一个名词来指代帝国以南的大片陆地，便借用了"Afer"，将其拉丁化，然后把该词的涵盖范围扩展到了地中海以南的整块大陆〔在此之前数百年，希罗多德出于相同目的使用的"利比亚"（Libya）也差不多是这个意思〕。

过去两千年以来，贸易活动一直是联系非洲和世界的纽带。非洲从来没有被隔绝在国际交流和贸易的主流之外。在撒哈拉以南地区发掘出土了公元 2 和 3 世纪的古罗马钱币和手工艺品，这也证明早期就有穿越撒哈拉沙漠的人类活动。从现今印度尼西亚的婆罗洲和苏门答腊岛出发的水手和开拓者在公元前 350 年左右便开始造访非洲。他们的后代和语言成为马达加斯加的主流，开拓者们从东南亚带来的作物——如大蕉——成为遍布整个非洲的主食。早在公元7世纪，波斯和阿拉伯商人就在非洲的印度洋沿岸南北建立了商站，与内陆地区开展贸易，东部和中部非洲的生产者得以借此与中东地区乃至全世界联系在了一起。历史上明确记载了14世纪中华帝国的贸易商船从亚洲港口运送丝绸、瓷器和其他商品到东非沿岸的航行。在15世纪，信奉基督教的埃塞俄比亚帝国与欧洲各国宫廷互换过使节，其中也包括梵蒂冈。许多非洲人开展了大陆内部甚至跨越大陆的长途旅行。一个很好的例子是阿布·阿卜杜拉·穆罕默德·伊本·白图泰（Abu Abdullah Muhammad Ibn Battuta）。他是14世纪的摩洛哥探险家，云游了整个北非，足迹甚至到达了遥远的中国和东南亚。他的阿拉伯语游记手稿在伊斯兰世界广为流传。

这些非洲以外的人与非洲的联结，同外人和诸如伊本·白图泰等非洲记述者给世界呈现的有关非洲部分地区的丰富描写，涉及的都是非洲地理局部的要素。但真正谈得上精确的地图制作——汇聚了大陆方位、面积和比例等元素的地图——则要等到15和16世纪欧洲航海家到来，并将信息传递给能够精确描绘非洲轮廓的欧洲制图师才得以诞生。换句话说，尽管在欧洲、中国和中东等很多地方，乃至在每一个非洲人曾经生活过的地方，都有对非洲部分地区一定的了解，但仅就非洲作为一个整体的定义、作为一个地理实体的描述而言，都是由欧洲人进行的。而这也是关键所在。16世纪的欧洲已经作好了统御全球的准备。随着欧洲势力在世界上不断扩展，欧洲人在非洲这一他们创造的概念上附加的正确或不正确的看法也随之传遍了全世界。

这些观点和看法是什么？在欧洲人的想象中非洲意味着什么？16世纪左右或之前的欧洲文学和艺术作品里，有关非洲和非洲人的描写尽管寥寥可数，但通常都是良性的。也就是说，一直到五百年前，欧洲知识界对非洲人的了解依然很浅薄（当时只有很少的非洲人会在欧洲城市中出现），更不用说作为大陆的非洲了，但当欧洲人提及非洲和非洲人的时候，往往还是比较公正客观的。当然，这也不是说欧洲人对非洲没有幻想，他们的幻想其实和对所有未知之地的想象差不多：无非是关于龙、巨人、奇异生物和居住在极度炎热地区或禁忌之地、身体和文化发生了奇特变异的人类的传说。这种心态古已有之，很多文化对陌生之地的印象都是如此。但文艺复兴时期的欧洲对非洲的看法并不是落后、原始或者骇人的。非洲人在绘画作品里常常只是被描绘为和我们有些差别的人类。他们有时在画中会成为人们的兴趣点，但绝不是不怀好意的。对非洲人身体的夸张或者扭曲在当时并不存在。这一时期的欧洲文学中也看不到明显的反非洲裔种族主义，只有上文提到的面对陌生地区的不熟悉群体通常都会产生的身体形态或文化上的臆测。

五百年前欧洲和非洲的生活水准相差无几。两个大洲的人们都仰赖土地为生，主要从事农业。饮食单调，饥饿是常事。人均寿命很短。几乎没有人受过很好的教育。所以，五百年前的欧洲人怎么会认为非洲人落后低级呢？这时的欧洲人在非洲和非洲人面前没有任何物质上的优越感，总体上也没有给他们打上固有成见的烙印。

后来一切都变了。16和17世纪的欧洲文字叙述和绘画中，非洲人的形象特质变得更像今天。欧洲人把非洲人定义为穷困、无知、技术水平低下、欠发达和不信基督教的族群。

为什么会发生这种转变？为什么五百年前，欧洲人眼中的非洲会从一个神秘却又没有什么根本上不同的群体和文化变成一个与欧洲和所有让欧洲伟大的东西不同的对立面？

一个原因是欧洲的生活、科技、教育和知识水平都在上升,从而让很多人(但远远不是全部)从勉强维生的泥沼中解脱出来。生活在充满活力经济体中的人们往往会只关注于那些能满足自身需求的东西。当然,欧洲的经济发展进程只是一个方面。欧洲对非洲负面看法愈演愈烈的主要原因是跨大西洋奴隶贸易的发展——从16世纪开始大张旗鼓地进行,并在接下来的两百年里达到顶峰。

这里我们就不赘述奴隶贸易相关的内容了,但有一点必须指出:从16世纪到19世纪,欧洲奴隶贩子从非洲沿海向新世界(New World)的欧洲殖民地运送了数以百万计的非洲劳工。奴隶制古已有之,早在跨大西洋奴隶贸易发生的很久以前便是一种普遍的人类制度,但历史上还从来没有如此规模的奴隶贸易,成百上千万人被持续且有组织地从家乡掳走,送到地球另一端,只为了满足欧洲人的经济利益。到底如何才能将这样一种贸易活动在道德和心理上正当化?于是,欧洲人试图说服自己,不能把非洲人当常人看待。

正当奴隶贸易高涨之时,欧洲盛传非洲人和其他人类之间并没有共通的人性。那么此时的欧洲所有人都认同或者坚信这种观点吗?答案是否定的。实际上非洲和非洲人与大多数欧洲人的生活并不相干。但近代早期的欧洲人一想到非洲和非洲人,有关非洲落后低等的种族主义思想却成了默认的答案。到了19世纪,这类种族低等的理论变得愈加精密,甚至发展成为一种伪科学,但针对非洲的种族主义仍扎根于近代早期欧洲奴隶贸易的崛起以及欧洲和美洲对道德和心理上支撑奴隶贸易合理性的需求。奴隶贸易持续了三百多年,而根深蒂固的种族主义思想只会持续更长时间。

为了将其与欧洲人区别开来,一系列具有负面特质的标签被贴到了非洲和非洲人身上。这些特质与欧洲人自己是相互对立的：如果我们是白人，他们就是黑人；如果我们是好的，他们就是坏的；如果我们是基督徒，他们就一定是邪恶的；如果我们见多识广，他们就一定是原始的；如果我们富有进取心，他们就一定懒散；如果我们是理智的，他们就一定是物质的；如果我们是道德的，他们就一定是放肆的；如果我们井然有序，他们就一定混乱不堪；如果我们能够自我管理，他们就一定只能仰仗我们的帮助。到现在我们还在受这类思想影响。关于非洲的现实——而不是人们脑海中臆想的非洲人口、土地、经济和政治地理特点——一直到20世纪才真正为西方所知。

那么非洲人对非洲的看法又是怎样的？非洲人是什么时候开始发现并且对这片大陆形成看法的？这不算是一个荒谬的问题。前文提到，"非洲"这一地理范畴源自欧洲，15世纪以前，包括非洲本身在内的任何地方都没有人知道非洲大陆的范围。因此，与西方相对应，必然也有一个非洲人的非洲概念史。这一切都从奴隶贸易开始。

一个跨大西洋的话语体系纵贯奴隶贸易全过程，并在其消亡之后延续，非洲学术界也由此与美洲的非洲裔群体联系在了一起。在北美、南美和加勒比海国家的这些非洲裔群体中很早就产生了一种关于非洲的大陆视角，这是因为奴隶及其后代的身份认同和尊严需要一个作为整体的非洲。事实上，奴隶来自非洲的各个角落，但随着时光流逝，大部分家庭来源等信息都遗失了。从跨大西洋航程中侥幸偷生的成年俘虏当然还很清楚自己在非洲的家乡所在，这种信息可能会继续传下去几代人，父母向子女口口相传，有时可能只是关于一个未知村庄或王国的只言片语。但即便如此也会被时间抹平。最终，新世界的大多数奴隶后裔都不再记得自己在非洲的故土和祖先。他们不知道自己是豪萨人

（Hausa）、沃洛夫人（Wolof）、约鲁巴人（Yoruba）还是埃维人（Ewe），但他们依然知道自己的祖先来自非洲。正是在这样有明确必要性的背景下，16世纪之后美洲的这群人开始主动拥抱自己的非洲裔身份，认为作为整体的非洲是他们祖先的家园。

这种大陆性的理解传遍了整个大西洋世界的非洲裔群体，并很快（因为大西洋是信息传播的高速公路，而非阻碍）成为非洲内部许多贸易商、学者、政治领袖和其他国际化人士的共识。到了19世纪，这种认为非洲是一个可概括的地方、有许多共同点（尤其是欧洲人数个世纪强压在他们身上的种族歧视和奴役）的黑人在此定居、人们在美洲因为共同的奴隶祖先而团结在一起的思潮，有了正式的名称：泛非主义（Pan-Africanism）。

泛非主义在今天仍有广泛的意识形态价值。它强调对于整个非洲至关重要的团结，种族团结，由种族主义、蓄奴及19和20世纪欧洲殖民统治锻造出的团结，把所有非洲人和非洲裔人口围绕着共同历史、受压迫经历和民族解放事业维系在一起的团结。这种泛非主义话语体系塑造了19、20乃至21世纪非洲内部把整个大洲作为经验范畴的观点。是的，人们自然地把自己看作伊格博人（Igbo）、基库尤人（Kikuyu）或者豪萨人，认为自己是尼日利亚人、肯尼亚人或者刚果人，但如果没有泛非主义，他们绝不会轻易认为自己是非洲人。我们想说的是，"非洲"这个名词虽然是欧洲人创造的，但生活在此的人们却更有动力采取大陆性的视角，尤其受过良好教育的非洲人，更是如此，这也与欧洲的趋势相反。

所以地方也是观点，大洲是一种发明，而非洲也是人们的想象体。历史一再证明，比起无可争议的事实罗列，人们对一个地方的看法，不管是真是假，对人们行为的影响更甚。但包括精确地理信息在内的事实性知识，通常带来的结果会更加正面。

自然景观

关于非洲的自然景观不用着墨太多。虽然非洲有着许多鬼斧神工的地貌和令人叹为观止的景色,但大体来说,它并不是一片变化万千的大陆。在非洲的大部分地区开上几天车,给旅行者留下的印象就同在得克萨斯州西部或者萨斯喀彻温省(Saskatchewan)进行的旅行一样:大地无垠,景观变化却是细微的。

多山的东部和南部非洲是两个例外。一些地理学家将非洲分成"高地非洲"(high Africa)和"低地非洲"(low Africa)。前者从埃塞俄比亚向南,沿着非洲东部一直延伸到好望角;后者则几乎覆盖整个其余地区的平原。非洲最高的山峰——乞力马扎罗山和肯尼亚山——就坐落在高地非洲。东部和南部非洲的人们维持生计的方式受到了海拔和当地肥沃火山土壤的深刻影响。东非重峦叠嶂和古老火山活动的特点与这一地区另一个突出的地形特征有关:东非大裂谷。从红海穿过埃塞俄比亚中部、肯尼亚,进入坦桑尼亚、马拉维和莫桑比克,地面巨大的裂缝形成了南北向狭长陡峭的裂谷,其中一些被周边大湖的湖水灌入。这些都是数十亿年来不断推高邻近高地的地质运动的产物。

即便是低地非洲,也有一些山峦,包括非洲最西北的阿特拉斯山脉和邻近大西洋的喀麦隆山。不过总体而言,低地非洲比较平坦,至多有些起伏。这里主要是无边无际的雨林、辽阔的稀树草原和巨大的沙漠。

非洲的土质千差万别,但总体上,其生产力受到了非洲位于热带的地理位置以及缺乏印度、孟加拉和中国的广阔冲积平原类似地形的负面影响。在其他大陆,河流从养分充足的高原发源,如安第斯山脉、喜马拉雅山脉或者青藏高原,然后随着海拔降低逐渐流向海洋,在不断扩大的冲积平原上留下沉积物,形成深厚肥沃的土壤。除了埃及、尼日利亚和莫桑比克,非洲其他地方都没有冲积平原的存在。非洲的大河——尼罗河、沃尔特河(Volta)、尼日尔河、刚果河、林波波河(Limpopo)和赞比西河——发端于养分贫瘠的区域,携带的沉积物生产力低,或水流迂回,入海前大量养分都沉淀到了不适合农业发展的内陆干旱地区,又或直接从非洲的高原奔流入海,养分都冲进了海里。结果便是非洲没有中国东部、孟加拉及流经印度和巴基斯坦的印度河谷那样河流沉积而成的大片厚层土壤。

除了新月沃地的三角洲,热带地区土壤总体比较贫瘠。非洲作为热带地区面积最大的大陆,在这个层面背上了特别的负担。在非洲潮湿的热带地区,整年炎热,湿度极高,土壤中活跃的微生物很快就会把诸如枯萎的植物或者落叶等有机物分解掉。分解出的养分很快进入雨林树木和其他长寿植物的循环,并存留其中——成为树叶、树皮和木头,直到终点来临,再一次回到土壤。换言之,潮湿的热带雨林系统中养分充足,但局限在森林冠层,而不是在土壤里。这样对大多数农作物的生长而言就毫无作用。农民在这类生态体系中面临的挑战在于如何从树冠中将营养导入土壤,从而能够促进作物生长。

非洲很大一部分地区属于热带,但季节性干旱。在这类地区,土壤面临着另一种挑战。干旱热带地区的土壤发育受到了有机物质不足(因为全年的高温和漫长旱季的干燥气候限制了植物生长)与季节性缺水导致的土壤硬化的制约。

非洲也有一些地区土壤十分优良,如东非大裂谷附近古火山的山坡等,并且,所有地方的土壤条件或好或坏,都是可耕种的。

非洲人依靠农业种植维持生活已经有很长一段时间了,比欧洲许多地方都要久。对非洲粮食生产者而言,土壤质量是一个特殊挑战,但非洲的土壤也绝对没有到成为粮食安全和产业发展不可克服的障碍的地步。非洲的自然禀赋足够让所有非洲人在此蓬勃发展。

气候和生物地理

了解非洲的一个重要前提是对气候和由温度、降雨量差别带来的不同生活模式有基本的了解。气温是直观的。赤道把非洲一分为二,邻近赤道的区域在一年中的大多数时间里都受到太阳直射,因此非洲大部分地方一年到头都处于高温状态。

一般规律也有例外。在撒哈拉以北非洲毗邻地中海的狭长地带,气温和欧洲的地中海沿岸地区相似:冷空气会从十二月持续到次年三月。同样地,非洲最南端的大部分地区——南非共和国及其邻国,人们会经历一个分明的寒冷季节,但时间正好相反:从六月持续到九月。非洲南端有些高海拔地区每年都会下雪,北部的阿特拉斯山脉也一样。

非洲整体高温的第三个例外是高地地区。在高地非洲——从埃塞俄比亚到肯尼亚、坦桑尼亚一直到好望角,海拔高于1 500米(5 000英尺)是常态。在这样一个高度,即便身处热带,气温有时也比较凉爽。非洲最高峰乞力马扎罗山的陡坡常年被冰雪覆盖,肯尼亚山也是如此(尽管全球变暖正在迅速融化热带地区的类似冰川)。这些山峰上的平均气温都接近冰点。人们不会住在山上,而是住在海拔1 600米(5 300英尺)的内罗毕。这里和其他高地非洲一样,一年中有几个月的日间温度在20摄氏度(68华氏度)左右浮动,远远谈不上炎热。

最后一个例外是在沙漠地区。这类地区一天之内温差巨大：白天温度很高，而晚上又急剧下降。非洲沙漠地区的夜间温度经常会降到10摄氏度（50华氏度）或者更低。

非洲降水量的变化比气温要大得多，也复杂得多，对于我们了解非洲生活的现实也更为重要。地区和年度雨量的差别很大程度上解释了植物形态、动物种群和成为非洲文化多样性前提的生态状况。

造成非洲降雨模式的机制很复杂，下文的三分模型能够帮助我们理解：

1. 赤道低压。赤道地区日间的太阳在正上方（或者接近），太阳辐射受到的大气层阻隔最小。强烈的太阳光直射大地，产生大量热量。大陆赤道沿线的地区（赤道带）获得的热量最高，这是因为土地更能吸收太阳热能，而海洋反射效应更强。由于热空气上升的原理，整个非洲赤道地区表面变暖的气流上升到了大气层中。赤道以南和以北的气团随之涌入作为替代，其中包括大西洋和印度洋洋面上的潮湿气团。这些涌入的气团随后也会升温并且上升，成为赤道低压气旋的一部分。沿着赤道上升的湿热气流在上升过程中冷却。当空气冷却时，其锁住水分的能力便也降低，然后就导致了降雨。基于这些原因，除了东部部分山区之外，非洲赤道地区常年多雨。

2. 副热带高压。赤道地区的空气上升并在大气层冷却后会向别处流动——在高海拔地区是向南北流动。这种高层大气中极向输送的气流在北纬20度至40度和南纬20度至40度左右会开始下沉。在向被太阳照射加热的地面下沉过程中，空气的温度重又升高，也由此可以储存更多水分。在这种情况下，下雨的可能性很低。因此，非洲受到下沉气流影响（亦即受到副热带高压影响）

的两个地带——北纬20度左右以北和南纬20度左右以南,气候是干燥的。

3. 季节性。如果第1和第2部分的叙述完全准确,呈现在我们面前的将是一个简单直观的非洲降雨模式:宽约1000千米(600英里)的赤道带降雨量大,向南北延伸时降雨量逐渐减少,最终,到了北纬和南纬20度至30度的地区则基本没有降雨。然而,第1和第2部分忽视了一个主要的复杂因素:地球的公转轴呈一定角度。只有在三月和九月,太阳处在赤道正上方。6月21日太阳在北回归线上方,12月21日则在南回归线上方。因此,第1部分里被描述成"赤道"的低压带实际上会在夏季移到赤道以北,冬季移到赤道以南。两个副热带高压带也随之移动。这导致非洲大部分地区都会经历季节性的极端降雨天气:当低压带季节性移到赤道上方时会产生强降雨,而当低压带移出、高压带移入时则几乎没有任何降雨。这一低压降雨带(有时也被称作热带辐合带)从非洲赤道地区向南北移动,每年具体情况都有不同,但大体上是可以预测的。六月前后随着太阳的位置北移,十二月前后随之南移。受到低压降雨带影响时间最长的地区雨季也最长,年降雨量最大;受到影响时间最短的地区则雨季最短,降雨量最小。

虽然有一些反常的区域(尤其是东非,原因是有其他复杂气象过程的影响),上文总结的模型还是能够解释非洲降雨基本的模式。在一年中大部分时间都处在低气压下的地区,总降雨量很大;而那些热带幅合带甚少光顾的地方,总降雨量就很小。例如,尼日利亚北部一年只有600毫米(24英寸)的降雨量,这是因为低压带只在五月到九月来到这一地区,形成降雨。一年中的其他时间该地区都由高压带控制,天气几乎都是万里无云。

热带非洲(除了非洲最北端和最南端外)有四个重要气候区:

高湿的热带非洲。一年四季都有降雨。如果有旱季的话,也只持续一两个月。平均年降雨量超过2 000毫米(约80英寸)。

半湿润的热带非洲。雨季持续六到十个月;1 000到2 000毫米(40到80英寸)的平均年降雨量。

半干旱的热带非洲。有明显的雨季,但时间少于六个月,在有些地方甚至只有两到三个月。平均年降雨量在200到1 000毫米之间(8到40英寸)。

干旱的热带非洲。雨季极其稀有。在最干旱的地区,可能几年都不怎么会下雨。平均年降雨量不足200毫米(8英寸)。

非洲潮湿的热带地区为雨林创造了条件。热带干旱地区都是沙漠。在雨林和沙漠两个极端地理形态之间则是最有非洲特点的生物群落区——热带稀树草原。

所谓稀树草原,顾名思义就是散布着树木的草原,但并不是所有的热带稀树草原都一样。半湿润地区的稀树草原通常被称为"林地稀树草原"。这类地区的树木间距小,可以长得很高大,但密度并不会达到阻碍地面草类生长的地步。半干旱地区的稀树草原则被称为"灌木稀树草原"。在这里树木一般都小一些,间距较大;草类是主宰,但在漫长的旱季一般都会枯死。

稀树草原占了非洲很大一部分面积,其中包含了非洲大部分最好的农业用地和许多人口最稠密的地区。因此,在很多非洲社会中,人们学会了根据降雨的季节性特点——如热带稀树草原地区周而复始的降雨丰沛与干旱——来调适食物生产周期和文化生活的其他方方面面。欧洲和北美等温带地区根据季节气温变化而相应调节生产排期和生活其他方面也是同样的道理。

一些非洲的生物群落区有普通的英文名称。非洲中部的雨林通常就没有特殊的命名,但惯常来说我们会给沙漠起正式的名字。非洲主要的沙漠包括撒哈拉沙漠、卡拉哈里沙漠（Kalahari）和纳米布沙漠（Namib）。非洲的稀树草原带中只有一处有正式命名，即萨赫勒（Sahel），撒哈拉以南干燥的灌木稀树草原。这个名字来源于阿拉伯语中的"边缘"或"岸边"，也就是指撒哈拉沙漠的南缘。一些国家有大量土地坐落在这个生物群落区中，因而它们也被称作萨赫勒国家，包括塞内加尔、毛里塔尼亚、马里、布基纳法索、尼日尔、乍得和苏丹。

人类对非洲自然环境的利用和改造

我们很容易会把非洲的历史分成三个大的时期——前殖民时期、殖民时期和后殖民时期，并且对每一个时期人类对自然界的利用和改造进行一般化的概括。这样的简单化处理是不值得提倡的。对非洲历史的三段式看法或许常见，却是荒谬的。按照这种观点，殖民时期指的是 19 世纪 80 年代到 20 世纪 70 年代几个欧洲国家占领并控制非洲大部分地区的时段，总共约 90 年。后殖民时期包括 20 世纪 70 年代之后至今的几十年。第一个阶段，也就是前殖民时期则直接从 20 万年甚至更久远前原始社会的智人第一次在地球上出现开始。这就像把一年的日历分成三段，12 月 31 日一段，12 月 30 日一段，12 月 30 日之前所有的日子算作另一段。这种分期方式严重缺乏均等性，扭曲了人们对非洲的看法，潜移默化地传递着一种殖民主义以前似乎没发生什么的思想。诚然，第一阶段的某些时期确实可以被归类为"史前"而非"前殖民"，但给时间重新贴上标签不会改变什么，而事实上关于史前和前殖民时期的分界点在何时也一直没有定论。

非洲的人类史无比漫长。根据基因层面的研究和考古证据，我们现在可以确定,约25万年到15万年前,我们从早期的一种灵长目动物(现已灭绝)进化成了现在的人类,并且,在这一时期的大部分时间里,非洲是人类唯一的家园。一直到6万年前左右的一场迁徙,人们才永久地走出非洲,分散到了世界各地。

由于人类在非洲度过了太长时间,"自然环境"这个概念成了一个特别的问题。人类和自然在这里共同进化的特点也最为明显。经过千年、万年,经历了改变生物群落区分布的气候变化,人类一直在适应非洲各地的不同自然环境,塑造它们,生活,工作,从土壤中收获,焚烧,砍伐,狩猎,种植,培育,并且破坏;人类成了非洲自然环境密不可分的组成部分。今日非洲的主要生物群落区都是真实存在的,但其中的很多特质都来自25万年间人类的不断利用。

觅食

作为狩猎-采集者的人类第一次对非洲的自然环境产生了影响。人类历史的大部分时间里,唯一的经济活动就是狩猎和采集,或可称为"觅食"(foraging)。从雨林深处到沙漠,狩猎-采集在所有生物群落区都能见到,它甚至延续到了21世纪,在个别与世隔绝的地方依然存在。觅食者群体的人口密度总是很低。人们以小规模、机动性强的群体居住为主,在各地流动寻找猎物和野生植物丰富的地区,当某个地方食物资源枯竭时随时离去。虽然人口稀疏,我们的非洲觅食者祖先已经完全有能力改变植物和动物群落。他们很少会与自然界的其他部分以一种良性的平衡状态共存。当时人们焚烧草地和森林,只为驱赶猎物,他们用毒药捕鱼,消灭自己领地上觉得不需要的动植物,却有意培育并保护所需的动植物。没有人能在不改变一草一木的情况下离开生活的土地,即便是狩猎-采集者也不能免俗。

狩猎-采集作为一种维持生计的策略,其衰退是一个长期的、渐进的过程,这一衰退过程的起点是大约 7 000 年之前农业在非洲部分地区的出现。即便是相对晚近的 3 000 年以前,狩猎-采集可能仍然是多数非洲人主要的维生手段,但这种生活方式继续退出历史舞台的进程,直到今天几乎已可忽略不计。到了新世纪的今天,只有很少的非洲群落仍然依赖这种方式生存,其中相当多还需要与周边的农民和牧民交易来获取食物,作为觅食的补充。时至今日,非洲的狩猎-采集用处与包括欧洲和北美等地的世界其他地方并没有什么不同:以少数农村人为主在日常主业之外的爱好,或是多样化经济社会中一部分人或家庭的专门技艺。

畜牧

畜牧和农业首先在 7 000 年前(即公元前 5000 年左右)出现于非洲北部三分之一的地区(一说在此独立发明)。这两种经济从北向南传遍了整个非洲,尤其在约公元前 1000 年后加快了速度。畜牧经济主要依靠驯化动物的饲养,在非洲家庭中主要包括牛、骆驼、山羊和绵羊。畜牧在稀树草原地区最为普遍,这是因为牛羊需要啃食青草,而骆驼和山羊则在低矮的树木和灌木丛中觅食。由于对生态环境的不适应,牧民很难进入雨林区域生活:缺乏草类和灌木,还有锥虫病(也称昏睡病,系一种由遍布非洲潮湿地区的采采蝇传播的致命动物疾病)的威胁。

与觅食者类似,非洲牧民居住得也很分散;他们的经济无法支撑较高的人口密度。但他们占据了非洲大片的灌木和林地稀树草原(尽管这个特点也在迅速退潮,但这种生活方式的内在需求决定了其依然存在)。一年间,基于每个季节不同的牲畜饮水或觅食地点和交易动物制品以向农民换取谷物的需求,牧民的生活有着周期性迁徙的特点。

非洲的牧民有时会主动保护并促进牲畜所需的草类和灌木的生长,但有时(尤其是干旱的年份)又会过度放牧导致植被减少,这种有意无意调整地区植物种群组合的行为进一步改变了非洲稀树草原的地貌。干旱对牧民来说是很大的威胁,因为他们放牧的大部分土地都处于半干旱状态,经常只有零星降雨。为了应对干旱,牧民一般会将他们的畜群在可靠的溪流、池塘和水井边聚集更长时间。这些紧急聚集可能会导致过度放牧和对优良牧场的土壤干扰,这也是低技术经济可能以多种方式对周边环境造成意外影响的一个例子。

农业

数千年以来,作物农业一直是非洲农村地区最重要的生产方式。首先是 7 000 年前的北部稀树草原地区,接着是两三千年前的雨林和南部的稀树草原,大多数非洲人社会逐渐通过农业走到了一起。

农业在非洲的传播是渐进的,却又势不可当,这是因为从事农业的群体会有一个巨大的优势:人口数量。有了比狩猎-采集的先辈可靠得多的食物供应,从事农业的族群可以建立永久的、有时甚至是大规模的村庄,而如果只靠觅食或者放牧的话,相同大小的土地只能容纳一些分散的流动性人口。在包括大部分非洲稀树草原在内的土壤相对肥沃地区,农业的优势尤其彰显,带来了最高的人口增量。稀树草原地区农民培育的主要作物是谷物,继而使之成为当地主食:以小米、高粱和(16 世纪以后)玉米为主。谷物成为稀树草原地区的主要作物是符合逻辑的,因为所有的主要谷物都是从禾本科草类,也就是野草发展而来的。谷类作物能够在草地环境中茁壮生长。当然,非洲稀树草原地区在向农业转变的过程中也是有代价的:随着某几个种类的作物覆盖了越来越多原先由各种草类和其他植物类型占据的土地,生物多样性降低了。但稀树草原地区的耕种密度跟北美和欧洲的农业区相比还是差距不小。非洲没有像伊利诺伊州或者艾奥瓦州那样巨大面积的单作玉米。稀树草原和农田的阡陌交错才是常态。

与谷物在稀树草原地区农业中的地位相似,木本作物和根茎作物在雨林地区占据主导地位,尤其是大蕉、各种薯蓣和(16世纪以后)木薯。与稀树草原地区不同,雨林农业一般无法支撑大的人口密度。土壤肥力不足,因而土地在耕作期之间必须撂荒。要使森林再生,常常需要三四十年。在这种经济系统下,少数的雨林地区农民需要大片土地才能养活,因为在任何一个时间点,大部分土地都不能耕种,而是在等待森林再生。如果你翻看数千年来任何时候的非洲人口密度地图,会发现人口高度集聚总是发生在农业生产力高的稀树草原地区,以及一些能够通过渔业和贸易支撑发展的沿海地区;而在潮湿的热带雨林地区(当然还有沙漠地区),人口密度较低。

殖民主义在19和20世纪从根本上改变了非洲农业。殖民者在非洲原有的本地食物生产和贸易网络之上强加了一套出口导向型的农业经济体系,迫使非洲生产者在他们长期习惯生产的食物以外,增加可可、咖啡、茶叶、花生、烟草、棉花、剑麻、橡胶和棕榈等出口作物,一切都是为了满足欧洲和其他工业化地区的需求。本章接下来的一节将探讨全球体系中的非洲,其中会简要指出这些变化带来的影响。

今天的非洲,很多农村人口走向了城市,并在那里定居,从事粮食生产的人口也因此越来越少。总体而言,非洲的农民能够满足不断增长的人口的粮食需求,在很多区域也能专供出口,但一些国家也不可避免地出现了粮食短缺的情况,尤其是在旱灾和政治动乱期间。虽然生活在城市的非洲人很大程度上依赖于村庄里同胞们的农业劳作,但他们同欧洲、亚洲和美洲的居民一样,也参与了全球性的食品经济,获得了全球化的味觉体验。人们积极消费的不只是非洲农产品,也包括进口的主食和美味佳肴。在非洲大城市的超市和露天市场可以见到非洲腹地的农产品,也可以看到来自中国的大米、意大利的通心粉、法国的调味品和英国的糖果。举这些例子的目的是表明,非洲人与世界上其他地方的消费者没有什么不同,都热衷于品尝各种各样的食物,享受异域食物的味道和声誉。

当然,在任何地方,包括非洲,最为经济也最为符合生态平衡的做法仍然是从当地获取最大比例的食物,非洲都市的饮食文化也由此能够鲜明反映非洲不同地区的农业生产能力和特点。几乎所有地方的非洲人都喜欢吃由本地淀粉类主要作物制成的粥。东非城市内罗毕和达累斯萨拉姆,南部非洲城市约翰内斯堡、哈拉雷和卢萨卡等很多非洲城市的居民把粗玉米粉粥当作主食,分别叫"乌伽黎"(ugali)和"米利米尔"(mielie-meal),当地农民将玉米作为主导作物。在尼日利亚南部、贝宁、多哥和加纳很受欢迎的"敷敷"(fufu),主要用料是本地生产、碾磨的木薯和山药;尼日利亚北部和尼日尔把小米或者高粱做成的主食叫作"图沃"(tuwo);乌干达、坦桑尼亚、卢旺达和刚果东部用本地的香蕉和大蕉蒸制"马托基"(matoke,香蕉饭)。

全球体系中的非洲

过去的几个世纪里,数量迅速增长的人类作为地球的主宰,已经再造了这个世界。人类在20和21世纪对非洲自然景观的改造是巨大的。这不仅仅是因为非洲人口数量的增长，也是因为为了满足外部需求和世界各地人们（也包括非洲人）复杂又丰富的生活期望而与农业一同兴起的采掘业和制造业经济。当然，非洲的面貌本质上仍然具有非洲特色，但随着矿山、工厂、城市、道路和当代全球体系的全部要素进入非洲，一些非洲地区的城市和工业化景观看起来越来越和世界别的地方没什么区别。同时，尽管产业转型已经开始，但很多非洲人发现，要想获得自身和子女的物质幸福，仍然难如登天。追根究底，这种情况主要是由于在欧洲殖民统治下的19和20世纪以及后殖民时期，非洲在工业化和后工业化时代的国际分工地位都极其不利。

可以说，殖民主义确实为非洲的经济增长奠定了一定基础——港口、公路、学校、诊所等，但它这么做时并没有考虑一个独立非洲的生存能力，而是为了支持自己在非洲各种形式的有组织的资源开采，这些开采往往相当于赤裸裸的掠夺。出于欧洲的需求，19和20世纪引进或推广了新作物，这促使非洲农民尝试更集约地耕作，并开垦越来越多的土地，其中一些土地对农业来说是边际和有风险的。但高速的集约化、扩大化种植导致了土壤肥力下降，因为持续集约化必需的肥料无法获得，而且农民一年四季的轮番耕作也使得土地再生所需的休耕成为几乎不可能达成的奢求。

新的出口作物在非洲农村有创造财富的潜力，财富的积累进而能让人们采取环境友好型的种植方法，进行节制而非随意的资源开采。然而，当农业转型的组织使其收益的大部分立即流出生产地区（在非洲，是流向欧洲），当地人无法投资改善自己的土地和社会时，衰退的恶性循环就开始了。19和20世纪，由殖民主义介入而改变的农村经济耗尽了农村的自然禀赋——林产品、钻石、铜、黄金、象牙、兽皮、棉花、可可、油、咖啡、茶叶、烟草、花生、蔬菜、花卉，给生产者和当地留下的资源刚刚够用于下一年的生产。非洲的资源基础和自然景观受到了这种经济的破坏。

殖民政府在很大程度上只是理所当然地把当地农村人口视为出口农产品的生产者，除了一些象征性或不合时宜的工作外，忽视了农村地区的发展。反常的是，后殖民时期非洲独立国家的政府大多采取了雷同的做法（虽然情况已开始改观）。对农村发展的忽视是非洲人正在涌向城市的一个重要原因——唯一的原因。

非洲城市的历史远比殖民主义要早，但这个大洲的大城市——开罗、拉各斯、金沙萨、约翰内斯堡、喀土穆、阿比让、阿克拉、内罗毕、卡诺（Cano）等——在20世纪变得巨大，并在21世纪经历了爆炸性的增长。人们从非洲农村的各个角落聚集到这类地方，但这些城市本身就是一个个矛盾体。这里既是国际化的大都市，也充斥着令人绝望的贫困；它们宛如一座座令人兴奋的文化交流和个人蜕变的熔炉，新的非洲于这里形成，新的非洲生活方式在此酝酿，但也缺乏就业岗位，缺少空间，水和医疗等资源短缺，机会和财富稍纵即逝，脆弱的企业岌岌可危。越来越多的男人、女人和孩子涌入南非的矿区、尼日利亚和其他国家的油田或是非洲各大城市的贫民窟，为自己和家人寻求所有人都追求的更好的生活；活力、激情、改变和机遇，这里都不缺，但他们也会遇到比自己在故土就希望远离的更极端的穷困。

随着越来越多人口居住在城市和周边中等密度的城郊腹地，它们正在成为非洲的中心。因此，这些地方也理应成为外人关注非洲的聚焦点。21世纪非洲最大的挑战便是如何将这些区域变成适宜居住、充满机会和可以创造财富的家园，而非绝望之地。

充满活力的城市带来的正面收益可以影响整个大洲。如果非洲人能将他们的城市建成机遇之城，那么这些城市便会产生财富，继而非洲人可以利用这些财富进行投资，以保护自然，以及推动正在衰落的农村地区进行可持续生产。

非洲的城市正带领着全洲 54 个国家越来越多地融入全球进程和体系，加入全球流动的网络，人们的品味和偏好也越来越全球化。全球化对非洲不是威胁，它是非洲的希望。未来的世界是相互联通的，非洲人清楚这一点，也不会被落下。互联互通、网络化和社区是非洲光荣的核心价值，深深植根于几乎所有非洲人的心灵和社会中。随着全球化时代的成功越来越依赖通信、联系、网络和社区，非洲人可以预见，尽管阻力重重，但在全球化公共福利时代，属于非洲的时刻正在来临。

---------- 拓 展 阅 读 建 议 ----------

Goudie, Andrew. 2006. *The Human Impact on the Natural Environment: Past, Present, and Future*. 6th ed. Oxford: Blackwell Publishing.

McCann, James. 1999. *Green Land, Brown Land, Black Land: An Environmental History of Africa, 1800－1990*. Portsmouth, NH: Heinemann.

Nederveen Pieterse, Jan. 1992. *White on Black: Images of Africa and Blacks in Western Popular Culture*. New Haven, CT: Yale University Press.

Stock, Robert. 2004. *Africa South of the Sahara: A Geographical Interpretation*. 2nd ed. New York: Guilford Press.

Vansina, Jan. 1990. *Paths in the Rainforests: Toward a History of Political Tradition in Equatorial Africa*. Madison: University of Wisconsin Press.

第 2 章

过去的遗产：非洲历史的主题

约翰·阿卡雷·阿登、约翰·H. 汉森

非洲和非洲人的历史漫长而又独特。最早的人类起源证据在非洲发现，非洲的先驱和创造者们也是最早成功驯化植物、生产金属的群体之一。非洲人建立了复杂的社会，有些社会具有精密的政治等级制度，有的则具有动态的统治体系而没有国王和王后等名义上的权威。广泛的商业网络将来自不同小生境（niches）①的当地生产者与区域市场联系起来，这些网络又进一步和跨大洲的贸易网络相连，源源不断地把商品送往亚洲、欧洲和美洲。跨大西洋奴隶贸易没有把欧洲殖民统治带到非洲；几个世纪以后，当欧洲人拥有了更强大的武器和机械化的运输工具时，他们才能够真正入侵这片大陆。但殖民统治很快便走到了终点，并留下了现在非洲由五十多个独立国家组成的格局。

对于欧洲殖民时期究竟是一个转型期，还是说只是非洲历史的一个过渡阶段，历史学家们仍有争论。殖民统治将非洲划分了延续至今的政治边界，释放出的强大经济力量直到今天仍有影响。但这种影响是不均衡的，带来的变革是模糊的。非洲人获得了新思想，但他们仍然从本土丰富的文化资源中汲取知识。殖民

---

① 也可称为局部环境，是指特定环境下一种生存的子环境。——译注

主义从未严苛到禁止非洲人构建自己的历史,但非洲人在这方面的努力也毋庸置疑受到了限制。正式的教育机会使非洲学生们接触到了新的语言和新的知识,但本土知识和学徒式传承在知识传播中的作用依然突出。

有人认为殖民主义的变革力量可以证明非洲一直到欧洲人到来的那一刻才有历史。20 世纪 60 年代初,英国历史学家休·特雷弗-罗珀(Hugh Trevor-Roper)指出:"可能将来会有可以教授的(非洲)历史,但现在还没有。只有欧洲人在非洲的历史。其余皆是黑暗……黑暗不是历史的主题。"[1]特雷弗-罗珀的观点基于的假设体现了对非洲人能力的忽视,但不幸的是,这种思想成了几代欧洲人的主流看法。这时的欧洲历史学界才刚刚开始把非洲历史看作一个有待考察的主题,尽管此前非洲人、非裔美洲人和其他人记述非洲历史已经有数个世纪之久。是非洲独立浪潮让非洲史真正绽放,成为在欧美国家受到认可的学术方向,在独立运动后的半个世纪中,非洲的历史学家也作出了大量贡献,并使非洲历史成为一个重要研究领域。

本章限于篇幅,无法全面回顾非洲历史的所有方面,也不能完全讲述过去百年非洲所有的事态发展。它将讨论几个主题,在此过程中也会讲到为什么有些人认为殖民时期只是过渡,而另一些人觉得这段时间是转型期。首先是欧洲殖民统治之前的非洲史,接下来我们会检视欧洲殖民政府及其统治的后果。为了帮助理解其他章节的当代内容,我们对其中一些主题进行重点论述,也为后文的细节讨论提供了历史背景知识。非洲的每个区域都

---

[1] Hugh Trevor-Roper, "The Rise of Christian," *The Listener LXX* (November 28, 1963): 5.

有自己独特的历史,有探究心的学习者会主动想要更多地了解非洲的过去。

非洲历史中的迁徙和文化交流

非洲人总是在迁移。"非洲向外迁徙说"是人类走向世界的最有可能的解释,而在非洲内部,迁徙也在进行。最早的迁徙活动已无法回溯,但非洲语言的多样性是我们解密过去的关键。非洲现在有超过两千种不同的语言,但每种语言都无一例外属于四大语系之一:亚非语系(Afro-Asiatic)、科伊桑语系(Khoisan)、尼日尔-刚果语系(Niger-Congo)和尼罗-撒哈拉语系(Nilo-Saharan)。这些语系已经独立发展了上千年,每个语系中的语言都共享一些词汇和某些语法特点,但每种语言都有自己的发展,通常是在变换创造出新语言之前作为现有语言的一种方言变体。考古学和植物学研究表明,早期的语言多样性反映了从狩猎-采集迈向食物生产时的不同选择:说科伊桑语系语言的族群在卡拉哈里沙漠和东非其他与世隔绝区域仍然保留了早期人类的生活方式,而说其他语系语言的族群则在数千年前的不同时间点开始向食物生产过渡。这些转变是复杂的,随后的历史事件则进一步促进了文化变革,因此,当前非洲的语言分布是数千年文化互动的产物。非洲人认为,说某种语言的人都有共同的祖先;非洲多样文化的源流远远超过了人类记忆的能力,只能通过四大语系间接反映。

在这片大陆定居并非易事。大航海时代的欧洲人想象中的非洲是一个热带天堂,居民安居乐业。但这个大洲除了少数一些优良地区之外,土壤都相当贫瘠;雨林以外区域有无法预测的降雨;这里也有着会让人类和家畜饱受折磨变得衰弱的疾病。建立食物生产制度的障碍和机会在每个区域并存。例如,在东非,海岸以西干旱平原上散布的高地提供了适宜农业发展的环境,在这个原本更适合放牧的地区形成了一些人口密集的"岛屿"。要想充分开发任何一个地区,金属生产都是必要的先决条件,炼铁工人作为职业亦由此兴起,他们把矿石转化成可用于制造工具和武器的金属的能力令他人折服。由于面临无所不在的疾病和苦难,非洲人普遍对生育很重视,他们将有关治疗和其他活动的本土知识代代流传。后文关于健康、视觉艺术和其他非洲文化表现形式的章节将会从现代视角详尽阐述这类实践。

　　文化互动和融合时有发生。举例来说,说班图语的人群在中部、东部和南部非洲的广泛分布,就是几千年来各种不同进程的结果。欧洲殖民官员一开始将此称为"班图人大征服"(Bantu conquest),其实就是把自己的殖民扩张投射到了其他群体身上。后来的学者们提出了"班图人大迁徙"(Bantu migration)的概念,即西非班图人把制铁技术带到了赤道以南的非洲。考古证据证实了一千多年以前铁加工的阶段性传播,似乎第二种解释更有可信度,但进一步的分析揭示了其复杂性。原本的观点是铁器时代的农民迁往之前无人居住的区域,但历史学家们现在根据语言学、考古学和其他类型的证据提出了一系列设想,比如思想可以在人群不移动的情况下传布,或者只有少部分炼铁工人进行了迁徙。其中一些进程在接下来的历史中很明显。例如,在中非说西部班图语的地区,有能力将人们纳入自己保护下之人的恩庇-侍从(patron-client)关系一直是过去数百年间的主导模式。这些领导者一直到今天仍然被追随者的后代铭记;他们通过物质上的慷慨解囊、可感知的保护和治疗的能力以及对于自然环境的知识来吸引追随者。在南部非洲,班图语言的另一个分支在当地占主要地位,过去的数百年间,以养牛为中心的文化综合体促进了这里的社会融合:人与人之间的纽带不仅来自养牛本身和通婚,也来自年轻男女通过过渡仪式(initiations)①便能加入的年龄等级组织。此类通过恩庇-侍从关系、年龄等级组织和其他社会进程(也包括人群的迁徙)进行的融合过程,可以解释班图语和其他语言目前在非洲的分布情况。

几个世纪以来,互动在无数边境地区发生。好莱坞电影把美国边境描绘成短时间内从美国东部向西部线性扩张(即西进运动)的产物,但非洲的情况大相径庭,因为数千年来非洲的经历都由多个文化中心和一些向不同方向移动的边境构成。例如,在东非,尼罗-撒哈拉语系语言扩张的地方,班图语言也在扩张,而在科伊桑语系语言和库希特语言(Cushitic,亚非语系的一支)已在当地扎根的情况下,两者最终融为一体。对物质文化、词汇和口述传统的分析让历史学家能够对各个群体的历史进行重建。非洲的大湖地区有适宜农业发展、放牧和觅食的生态环境,在这片区域,数百年以来说不同语言的各个群体之间的文化互动创造了区域性的社会形态,农民、牧民和采集者开始说同一种语言。有时一些群体会迁徙到之前未被他人开发的生态小生境中,比如一千年前,说班图语的斯瓦希里人(Swahili)从东部班图语人群中分离出来,搬到东非沿海,做起了渔民和农民,之后更是参与了国际贸易。其他群体的迁徙相对晚近:马赛人(Massai)说的语言属于尼罗-撒哈拉语系,他们成为一个民族已有很长时间,但直到19世纪才在现今肯尼亚和坦桑尼亚的大裂谷区域占据了主导地位,因为他们遵循宗教领

---

① 也可译作启蒙仪式、入会仪式。主要指在进入一些宗教、组织时的仪式,也包含后文提及的一些秘密结社行为,其成员的等级进阶同样要进行类似的仪式。——译注

袖的指引，进入了大裂谷地区，积累牛群，并在复杂的社会和贸易联系中融合了其他族群。边境的隐喻对我们很有裨益，因为它提醒我们，非洲的各种文化并不孤立于固定的社会群体，而是开放和活力四射的，即便在资源匮乏时期陷入对资源的争端时也是如此。

流动性有时会催生城镇的建立。古埃及人在尼罗河下游沿岸建立了非洲最早的城市中心。地区贸易促进了市镇兴起，并在历史长河中成为跨越撒哈拉沙漠、印度洋和大西洋的长距离贸易的连接点。廷巴克图(Timbuktu)，西非撒哈拉沙漠边缘久已成名的城市中心，正是非洲历史上成千上万个这类商业城镇的代表。其他城镇主要是政治精英权力在空间上的投射和吸引臣民至其宫廷的工具。这些城镇让16和17世纪最早一批来到非洲沿海的欧洲访客印象深刻。城镇有时会因历史情况的改变而衰落。现今尼日利亚东南部的考古遗址伊格博-乌库(Igbo-Ukwu)显示，这里在一千多年以前曾经是一个政治中心，而在遗址开掘时，周边只有散布的村庄相伴。欧洲人在殖民时期有时会建立新的城镇，但他们也会扩展现有的城镇：在尼日利亚北部，卡诺突破了旧时城墙的桎梏；意大利人建造的纪念性建筑在索马里的摩加迪沙(Mogadishu)古城拔地而起。后殖民时期可以说是一个城市化快速推进的时代。从农村向城市的迁徙和其他形式的流动，包括非洲人向阿布扎比和广州、伦敦和巴黎、明尼阿波利斯和纽约的迁徙，是非洲人不断向新领域、新范围探索的最新例证。

非洲前殖民时期的社会复杂性和政治集权

联合国是一个由国家——当今世界的主要政治单元——组成的国际机构。国家也被当作人类发展的重要标志，因为集权化的统治者常会建造历史遗迹，留下考古学家和历史学家珍视的书面文献。然而，社会复杂性和文化复杂性常常发生在去中心化的结构中，即便其社会成员不建造留存后世的建筑或者成员之间更多使用口头的交流模式。人类学家揭示了社会是如何通过代表组织团体的年长者有效进行自我管理的；同时，正如前文有关迁徙和文化交流的内容所显示的，一些考古学家和历史学者从新的方法论角度来发现去中心化社会的历史。本节我们的关注点将会转向愈加集权化的非洲社会形态。前殖民时期的非洲历史是一个个非洲国家的故事，而本节并不试图总结过去。相反，我们从三个区域挑选案例：尼罗河下游河谷、津巴布韦的中央高原和尼日尔河中游河谷。仅仅在几十年前，这三个区域还分别是饱受争议、被否认或者不为人知的，因此我们的叙述突出了认识非洲社会复杂本质的重要性，在前几代学者有意抹去或是忽视的情况下尤为如此。

尼罗河下游河谷

休·特雷弗-罗珀和很多其他学者面对把古埃及作为一个非洲文明典型案例的做法会犹豫不决。许多人只把撒哈拉以南地区的历史看作非洲史，但人口迁徙和思想交叉渗透的历史证明这种肤浅的划分是错误的。几千年前撒哈拉沙漠才成为世界最大的沙漠，即便是在这之后，非洲人和其他人也经常带着新技术、新思想、新信仰和新的贸易品来往穿梭。仅仅六千年前，撒哈拉沙漠还有一片广阔的内陆海域，其沿岸定居点的居民有的以捕鱼为生，有的狩猎附近的动物，也有的则尝试驯化动植物。现存的撒哈拉岩画描绘了这些活动，最近的考古发现则显示了该地居民的社会复杂性。生态变化以及全球气候变化导致撒哈拉沙漠的干旱加剧，迫使大多数人口迁移到有着更有利环境的非洲大陆其他地区。尼罗河下游河谷是其中一个目的地。移居者们加入了其他继续对作物进行驯化实验的非洲人行列，因为人口的增长加强了其必要性。

在尼罗河下游河谷的金字塔和其他纪念性建筑崛起之前，非洲人就掌握了尼罗河年度泛滥的规律。这些人在非洲最先进行广泛的农业种植。最终，来自上埃及地区定居点的非洲精英对尼罗河下游河谷的人口实行了中央集权统治，古埃及这一阶段的法老统治维持了三个世纪。在上游的努比亚（Nubia），说另一种语言的一些群体中也出现了中央集权统治的现象，这表明创建第一个非洲国家的原因不是所谓的"法老例外论"（pharaonic exceptionalism），而是集权化的能力和需要；后来，努比亚人也短暂征服并统治了古埃及。古埃及旧、中、新王朝的更替见证了法律与治理、健康与医学、艺术与建筑的发展。古埃及是一个大国，在对周边产生影响的同时，也受到整个地区的文化影响。在宗教事务中，古埃及人强调他们对肥沃黑土地的感激。这些泥土来自内陆，沿着尼罗河奔涌而下，在两岸淤积。古埃及神庙的大门总是朝向祖先的土地，也就是尼罗河的源头之地。

在不远的过去，古埃及在非洲历史上的地位一直存在争议。拿破仑征服埃及后，埃及学从其他历史学领域中脱离出来，成为一个新的学科。非洲学者和非洲裔美国学者质疑了这种区分：例如，西非历史学家谢赫·安塔·迪奥普（Cheikh Anta Diop）就古代埃及的非洲起源撰写了几本有影响力的专著，自20世纪20年代的黑人文化复兴运动开始，类似的观点也在非裔美国学者圈中流传，并持续至今。后者催生了一项新的学术议题，即非洲中心主义（Afrocentrism），它反对将古埃及从非洲相关的主流叙述中删除，并对非洲历史进行了分期，在其中，古埃及是第一个非洲文明。这一努力推动了美国学术界对其他话题的讨论，包括公立学校是否应该接受多元文化主义的争论;在某些重要方面,今天的学校标准是非洲中心主义者对古埃及在非洲历史上的地位所发起辩论的结果。他们关于过去的一些结论可能会引起争议,但中心要点除外:古代埃及从源头看是非洲的,代表了更广义的非洲历史格局。

随着撒哈拉沙漠出现以及尼罗河下游河谷社会形态的兴衰,北非走上了一条独特的区域发展之路。正如费尔南·布罗代尔(Ferdinand Braudel)在他著名的历史著作中所设想的那样,北非可以算作相互关联的地中海世界的南岸。伊斯兰教兴起之后,公元7世纪阿拉伯人征服了北非,导致了复杂的社会变革,阿拉伯语成为通用语,伊斯兰教成为该地区的主要宗教信仰。但是伊斯兰教平等地将所有穆斯林与共同的神圣文本和仪式习惯联系在一起,因此北非从未与其他非洲地区隔离开来,而伊斯兰教在那些地方也逐渐发展成为诸多宗教中的一个。跨撒哈拉贸易是穆斯林所称"黑人之地"(Bilad as-Sudan)的地区与北非建立复杂商业和外交关系的另一个因素。很久以后,阿拉伯人也开始迁移到撒哈拉以南的特定地区,例如西撒哈拉(今天的毛里塔尼亚)和尼罗河中游谷地(今天的苏丹北部)的绿洲,再次扩展了阿拉伯语的使用范围。不过,撒哈拉以南非洲的阿拉伯化并不意味着努比亚人就忘记了自己祖先辉煌的过去,他们的祖先与古埃及人一起在尼罗河沿岸创造了灿烂的文明。20世纪50和60年代的埃及领导人贾迈勒·阿卜杜勒·纳赛尔(Gamal Abdul Nasser)同时称颂了该国的非洲遗产及其与阿拉伯和伊斯兰世界的文化联系。

津巴布韦高原

南部非洲的一个国家在现今津巴布韦的马斯温戈(Masvingo)

附近留下了一些大型石头建筑。这一建筑群被称为大津巴布韦（Great Zimbabwe）遗址，在 14 世纪其顶峰时期曾经是大约两万居民的家园。复杂的建筑群以及其他建筑物坐落于高原之上，由将近一百万个大型花岗岩砌块构成，居住者是当时的精英阶层和负责建筑工程的工人。黄金加工是这个国家生产生活的核心，公元 1000 年左右，当地人开始通过冶炼和锻造从岩石中提取黄金。提取出来的黄金也通过斯瓦希里贸易市镇索法拉（Sofala）出口到沿海地区，同时交易象牙和奴隶。到了 14 世纪，大津巴布韦已完全融入印度洋商业世界，精英们赏玩中国的瓷器，当地也发现了用皂石制成的鸟类雕塑。此外，小型石头建筑在整个高原都可以见到。但到了 16 世纪，大津巴布韦的人口就都迁走了：一些人推测是因为一场大火，也有一些人则认为人口过多耗尽了高原定居点周围的自然资源。无论如何，大津巴布韦的居民带着勘探和黄金加工技术走向了别处，包括赞比西河附近的穆塔帕王国（Mutapa）。16 世纪葡萄牙人在南部非洲巡游并深入该地区时，与穆塔帕王国开展了贸易，但最终这个高原国家被托尔瓦王国（Torwa）和昌加米尔王国（Changamire）所取代。

当欧洲人以殖民者的身份首次到达南部非洲时，他们认为非洲人不可能建造大津巴布韦这样的建筑物，甚至与之根本没有关系。在以英国企业家塞西尔·罗得斯（Cecil Rhodes）命名的罗得西亚，殖民政府的博物馆部门积极传播白人建造大津巴布韦的神话，尽管专业考古学家和历史学家提供的证据已经表明了其非洲起源。重要社会形态留下的实物证据并不能阻止欧洲统治和种族主义时代对非洲人贡献的公然抹除。只有当非洲民族主义者在 20 世纪 80 年代上台，并根据这一遗址的名字命名国家为津巴布韦时，谎言才得以扭转。

尼日尔河中游河谷

尼日尔河中游河谷是西非文化的发源地,直到最近才随着新的考古证据进入人们视野。这一文化与纪念性建筑无关,尼罗河下游河谷和津巴布韦高原上的社会形态在这里也不存在。它与尼日尔河内陆肥沃的三角洲(今马里腹地)的社会变革息息相关。在撒哈拉地区沙漠化之后的一些年里,非洲人驯化了当地的谷物,并跨越从撒哈拉沙漠到热带雨林呈南北向连续变化的环境区,发展了区域贸易。随着贸易的扩大,职业专门化和城市化程度也在增加。这些地区性发展的明显例证是杰内-杰诺(Jenne-Jeno),或称"老杰内"(Old Jenne)的崛起,该地区在公元前400年成为一个繁荣的城镇,并持续扩张;到公元第一个千年的鼎盛时期,有大约一万居民。如今,考古遗址位于靠近杰内——一个当代的商业城镇和伊斯兰宗教中心——的小岛上。

尼日尔河中游河谷的社会形态在其起源和大部分历史中并未反映出政治权力的集中,例如,这里没有古埃及的纪念性建筑和精致皇家墓葬;相反,当地居民认同社会多样性和民族和解。今天,在马里的尼日尔河中游专门从事农业、放牧和捕鱼的种族群体之间的互惠关系,同样可以追溯到几千年前形成的、以文化多样性为特点的长久价值观。

集权式的政治形态最终还是得到了发展。黄金在早期的杰内-杰诺就被发现,并在区域内进行交易。跨撒哈拉贸易的扩张为政治精英控制这种奢侈品的流通提供了动力。讲索宁克语(Soninke)的政治精英创立了瓦加杜王国(Wagadu,穆斯林旅人在阿拉伯语文本中称之为"加纳"),这是第一个获得并受益于跨撒哈拉黄金贸易控制权的西非帝国。古马里帝国于13世纪初崭露头角，在其存续的三百年间管理着西非大量土地的区域融合，将黄金贸易的控制权转变为一种施加其区域政治和文化影响的机制。今天，曼德语（Mande）在整个地区通用，与古罗马帝国为西欧留下的罗曼语（Romance）类似，这是古马里帝国的遗产。马里帝国的起源可以从流传至今的口传史诗《松迪亚塔》（Sunjata）中得到一定解答。据说，"狮王"松迪亚塔·凯塔（Sunjata Keita）直到青春期过去很久都无法行走，但在一位铁匠和赞美歌者的帮助下，他站了起来，并拥有了巨大的力量。后来，松迪亚塔与苏曼古鲁·坎特（Sumanguru Kante，一位铁匠、巫师和国王）进行了交锋。无论这部史诗的含义如何，从中我们可以了解凯塔王朝和当时的其他马里精英缔造的社会关系。这种社会体系是持久存在的：即使在作为一个政治形态的马里帝国消失之后，它所界定的三类群体划分也一直沿用至今：霍隆（horon，贵族、农民和商人）、"尼亚-马卡劳"（nya-makalaw；工匠群体，如铁工、陶工、皮革工人和吟游诗人）和"永"（jonw，外人或"奴隶"）。虽然贵族们占据首要地位，但工匠们强调，贵族们依靠的是他们的服务。奴隶并不总是只能从事卑微的劳动，有些人成为士兵后也会实现地位跃升。杰内-杰诺不分阶级的社会风气从这些社会群体之间的竞争中就可见一斑。

与古埃及和大津巴布韦的情况一样，马里帝国也衰落了。在15世纪西非不断变化的政治环境和商业关系中，桑海（Songhay）控制了撒哈拉以南的大部分黄金贸易。马里帝国的小部分政治精英得以幸存，而凯塔家族的成员仍然受到当地的尊敬。桑海成为一个帝国后由于多种因素的影响，最终也衰落了，16世纪时黄金贸易向与欧洲商人进行贸易的沿海贸易站转移是其中一方面原因。这一发展趋势表明，除了跨撒哈拉贸易之外，还有其他贸易网络是塑造非洲历史的重要因素。

非洲历史上的国际商业体系

全球化是指当今相互联系的世界中广泛的经济一体化以及日益增加的文化和技术流动。但在人类历史上,跨越广大地区的经济联系和文化互动并非首次。跨撒哈拉贸易将撒哈拉以南的非洲与地中海和亚洲的贸易网络联系在一起,诸如伊斯兰教之类的文化交流就沿着这些网络传播。其他贸易网络则分别跨过印度洋以及大西洋,将非洲同南亚和美洲连接。

非洲和印度洋世界

印度洋及周边地区是世界上最早的全球性经济体之一,印度洋作为核心,其贸易体系将东非与阿拉伯、南亚和印度尼西亚连接起来。印度洋季风的规律性促进了经济一体化:一年里,东北风和西南风之间有规律的转换使前现代的航海船只能够在各大洲之间传送货物、传播思想、推广技术和运载乘客。尤其是在10到19世纪之间,该区域内部相互联通,而此时的经济联系也支撑了更广泛的文化交流。尽管伊斯兰教是许多从事跨海运输并传播思想的商人的信仰,但那个时代的印度洋世界并没有一个支配性的势力。当第一批葡萄牙船只绕过南非的好望角并在16世纪到达印度洋世界时,他们发现这里有蓬勃发展的经济,葡萄牙人试图掌握控制权,但靠着炮艇只占领了一些港口,如蒙巴萨,并没能立即改变这里基本的经济运作方式。过去的几个世纪中,只有以西欧为中心的工业化全球经济的崛起才真正侵蚀了印度洋世界的经济和文化一体性。

东非沿海是融入更大的印度洋世界的几个非洲地区之一。非洲之角(Horn of Africa)和东非沿海北部地区长期以来一直与红海和地中海的交易市场联系在一起：公元 1 世纪的一份记录——《红海回航记》(Periplus of the Erythraean Sea)，描述了早期的商业体系，其中提到东非当时已参与到全球市场，并可见到来自地中海地区和西亚的国际商人。从公元 8 世纪开始，伊斯兰教的扩张进一步加速了全球贸易的融合。此时的贸易网络已经覆盖到更广阔的印度洋世界，一个突出的例子是郑和，这位中国将军于 15 世纪初率船队远航东非，并带着一只活着的长颈鹿回到中国，作为礼物进献给明朝皇帝。较常见的交易品主要是非洲的资源，如黄金、象牙、香料和木材，非洲人用这些换回亚洲的纺织品、陶瓷和奢侈品。上文提到的季风使一个交易季节内在东非、阿拉伯半岛和印度之间的航行较易达成，有了大自然的帮助，商人们得以乘坐单桅三角帆船——装有斜挂大三角帆的木制船只——在这三地之间流动。

斯瓦希里人参与了这些跨印度洋贸易活动。他们占据沿海红树林和珊瑚礁的小生境，其毗邻东非北部地区的干旱沙漠，如此的地理位置为从索马里南部到莫桑比克北部的沿海繁华商业城镇奠定了基础。他们说班图语，但也从其他非洲语言和阿拉伯语引入词汇。斯瓦希里人从 9 世纪起开始皈依伊斯兰教，伊斯兰教最终成为斯瓦希里文化密不可分的一部分。斯瓦希里人与印度洋沿岸各地的穆斯林开展了交流，包括邻国阿曼和也门的一些阿拉伯学者，他们经常访问斯瓦希里海岸，甚至在此定居，这些人的后代在几代人之后也成了斯瓦希里人。斯瓦希里家庭也保持着异域传统，其中一些声称自己来自"松瓜亚"(Shungwaya)，据传该地地处东非腹地，也有一些人声称自己来自更遥远的波斯贸易港口设拉子(Shiraz)。无论这些主张的历史真实性如何，尽管东非沿海地区的社会形态已经形成了一种国际化的身份认同，但就其本质而言都是非洲的。

各种政治实体争相控制东非沿海地区的贸易。斯瓦希里人建立了城邦,为了对海外贸易的影响力而在内部相互竞争;当地的历史讲述了这些斗争和地方王朝的兴衰。北部的城邦由于与亚洲贸易伙伴的距离更近,在初期具有优势,坦桑尼亚中部海岸的基尔瓦(Kilwa)与大津巴布韦开展了黄金贸易,借此成为14世纪时最强大的城邦。葡萄牙人使用他们的舰载大炮控制了沿海贸易,特别是16世纪利润丰厚的黄金出口。随着葡萄牙影响力的下降,斯瓦希里城邦被纳入另一个地区性大国阿曼的统治之下,阿曼采用分而治之的策略来争取某些城邦的支持,击垮其他城邦,并建立了一个以桑给巴尔岛为基地的商业帝国,这里几百年间一直是丁香的生产中心。在阿曼统治的时代,丁香的产量急剧增加,与内地的贸易也显著增加,因为以前还要等待内地商人到达海岸,现在则有商队从海上直接登陆。这些商队都是有武装的,它们的商人在搜寻象牙和奴隶并运送到海岸时,扰乱了人类和动物的生活。象牙主要满足了欧洲中产阶级对台球、枪柄和开信刀的需求,而奴隶一般会留在阿曼和斯瓦希里精英阶层所有的丁香种植园中工作。一些奴隶担任搬运工,与不那么富裕的斯瓦希里商人一起,竭力使自己摆脱由阿曼政治精英、南亚金融家和较富裕的斯瓦希里商人提供资金的复杂信贷体系。这是一个充满活力的社会转型时期,非洲内陆文化和阿曼文化对沿海地区社会都产生了影响。但是,这种文化活力并不能使这里免于欧洲经济强国的征服,后者首先在沿海开展贸易,然后在19世纪后期利用各种强加或半强加的条约来获取实质性的殖民控制。

非洲和大西洋世界

在印度洋体系兴起的几个世纪后,大西洋世界也出现了一个商业体系。它出现在欧洲对西非和美洲的探索和地理大发现之后。与印度洋世界相比,大西洋世界的贸易并非以诸如季风等环境上的有利条件为基础。事实上,大西洋的洋流和盛行风长期限制了欧洲与美洲和撒哈拉以南非洲之间的交往。直到伊比利亚人将大三角帆和其他技术进步应用到他们坚固的远洋船只上时,这几个大洲之间的定期接触才成为可能,不久后其他西欧大国也加入葡萄牙和西班牙的行列,在大西洋沿岸航行。这些航行活动助推了大西洋世界的一系列交流。一方面是植物、动物和疾病的传播。来自美洲的作物,如玉米和南瓜,很快就在欧洲和非洲扎根,欧洲和非洲的食品和动物则被进口到美洲。疾病也越过海洋,抵达美洲和南部非洲,欧洲疾病的到来不幸地导致没有自然免疫力的美洲印第安人和非洲人大量死去。另一方面是跨大西洋奴隶贸易。西欧人以自己美洲和非洲最南端的殖民地为基础,将非洲人作为奴隶劳工输入美洲,造成了世界历史上规模最大的强制移民。在美洲国家建立的种植园体系是新创设的社会制度:其内在形态来自资本主义本身的创新,但种植园更依赖于非洲人带到美洲的热带农业有关知识。非洲对崛起中的大西洋世界的贡献数不胜数,但直到最近,历史学家才对它们的作用作出了正面评价。

学者们对跨大西洋奴隶贸易的许多方面进行了讨论。一个问题是非洲人在整个奴役、奴隶贩卖和蓄奴过程中的角色。我们可以基本确定,在与欧洲人直接接触之前,西非人也施行奴隶制,但不同地区的奴隶制有着运行机制截然不同的社会形态,自然不会有美洲种植园如此的规模。非洲的战争俘虏会为政治精英服务,有时还会跃升到有影响力的岗位;债务可以让人自愿或被迫从事家务或农业,直到还清负债;被判有罪的非洲人可能会被判处作为个人或团体的奴隶。奴隶已经融入了非洲社会,成为家庭佣人、农场工人,与他们的主人一起工作,或者成为工匠助理、小商贩、职业士兵,甚至为政治精英服务的地方长官。在非洲,随着时间的推移,奴隶通常会获得越来越多的权利和特权,例如,被奴役者的子女通常取其父母的名字,这些人不能被卖给他人,并有继承权。西大西洋和非洲的奴役制度在性别特点方面有所不同,进入跨大西洋贸易网络的奴隶中非洲男性占了很大比例。奴隶交易在非洲内部、跨印度洋和跨撒哈拉沙漠三个层面已经存续了数千年。尽管跨大西洋奴隶贸易建立在这些基础上,但它仍开创了先例,在短短几百年的时间里把数百万非洲人送到种植园工作。跨大西洋贸易所推动的社会进程大大改变了非洲大陆。

美洲的种植园制度是一种特别严格的劳动制度。这一制度的诞生有其历史背景,它起源于黎凡特(Levant),在地中海地区得到了发展,输入到美洲后与新兴资本主义形式相联,得到了进一步完善。在北美和南美洲,种植园中聚集了大量劳动力,以最有效地生产糖等经济作物,并在不断扩大的大西洋经济中卖出高价。到16世纪末,对糖的需求使奴隶制扩展到了整个西热带大西洋盆地,尤其是加勒比海地区和巴西。糖可以出售,或者制成朗姆之类的烈酒,其生产依赖于额外的奴隶劳动。私掠船和海盗的持续出现是加勒比地区糖类和酒精经济地位提升带来的副产品。出口的糖和朗姆酒被运往欧洲和非洲,用以换取其他商品。然而,对非洲奴隶的高涨需求——高死亡率意味着种植园需要源源不断的奴隶劳动力——推动了非洲的商业交流。为了推翻新老竞争对手,渴求财富和技术的非洲精英们主动成了奴隶供应者。通过对奴隶运输船日志的仔细研究,历史学家估计,种植园经济的时代约有1 200万非洲人抵达美洲;而在途中或在非洲本土的奴隶劫掠过程中死亡的人数依然不为人知。

美洲对奴隶需求的增加使非洲社会发生了转变。对于非洲的奴隶贩子群体而言,之前的体系土崩瓦解,俘虏开始被视为商品。非洲奴隶贩子有时采取有组织的突袭劫掠,以取得与欧洲人交易的奴隶,作为回报,他们获得武器、玻璃珠、金属和其他货物。随着时间的推移,非洲政治精英们发现战俘还有交易的用途,因此战事也日益频繁。当地旨在伸张正义的监管性宗教体系被这一需求扭曲了:有罪之人现在可以被卖给欧洲人。鉴于对外奴隶贸易中对男子的偏好,女性俘虏往往会作为政治精英和商人的附庸留在非洲。口述传统——至少是那些由男性代理人控制的口述传统——发生了变化,以反映这些转变,这也反过来投射到过去关于许多非洲社会中男性占据主导地位的叙事中,女性在那些社会里的历史作用被大大低估了。

总体而言,随着越来越多被剥夺公民权利的人靠着依附他人换取人身安全,社会主从地位的差别也有所增加。最终,跨大西洋奴隶贸易使一些非洲人变得富有,主要是沿海地区的商人和在内陆打仗、在沿海贩卖俘虏的非洲政治实体。并非所有地区都遭受了同样的影响:有些地方参与程度不深,而另一些却失去了大量具有相当多专门知识和技能的成年男女。一些国家,如横跨现今利比里亚和塞拉利昂的沿海地区,接收了英国海军努力解放并送来的一些奴隶,形成了克里奥尔化(creolized)[①]的新社会,这些外来者的到来引发了紧张气氛。19世纪的废奴运动导致了进一

[①] "克里奥尔"(creole)一词原意是"混合"。克里奥尔人原指出生于西印度群岛或者部分法属或西班牙属美洲等地的欧洲裔或非洲裔。克里奥尔语是17、18世纪在欧洲殖民地种植园定居点发展起来,基于法语、英语、葡萄牙语等及非洲语言,经过混合、简化和变形而形成的地方语言。克里奥尔化指从混合语(pidgin)演变为克里奥尔语的过程。——译注

步的转变,因为欧洲人(包括英国人)掉转"船头",不再购买奴隶,"正当商业"(legitimate commerce)的时代由此开启。但导致非洲战事和奴役的历史力量并没有停下脚步,俘虏进入区域性奴隶市场并留在非洲,生产作为全球市场"正当"商品的经济作物。非洲现在出口的不是奴隶,而是花生和棕榈仁,它们提炼出来的油脂可在工业革命早期的工厂中用于机器润滑。

在跨大西洋奴隶贸易期间,欧洲人与非洲精英谈判,获得了在沿海地区建立贸易站和其他飞地并在此居住的权利。多年来,欧洲人一直满足于留在海岸,与主动前来的非洲人开展贸易往来。然而,到了19世纪,欧洲势力的触角开始伸向内陆。正是在这个时代,旅行者和探险家力图"发现"尼罗河和尼日尔河的源头。他们在地理学期刊上的文章为那些企图扩大"正当商业"的人们提供了支撑,也激起了欧洲大国的新兴趣。商业仍然能给各方均带来好处,欧洲人不断深入非洲内地,与诸多地方当局接触,与它们签订贸易和保护条约。而这些只不过是欧洲对非洲进行殖民统治的第一步。

欧洲殖民统治及其后果

一些学者把19世纪欧洲殖民者获得非洲大部分地区控制权的过程称为"殖民瓜分"(scramble)。从欧洲的角度来看,在此期间发生了一连串事件,特别是在19世纪的最后二十年,当时欧洲人对撒哈拉以南非洲的干预明显加强。以英国、法国和德国为首,包括意大利、葡萄牙、西班牙和比利时国王利奥波德二世的七大欧洲列强,一起瓜分了非洲。这些国家相互之间开展外交斡旋,为将非洲划分为各自的"势力范围"设定条款,然后便开始通过武力对这些领域进行实质性占领。研究欧洲帝国主义的历史学家们争论了征服非洲过程中经济、军事和外交因素的重要性。一些学者认为资本主义企业迫切需要海外投资,这有些夸大,但非洲的经济潜力毫无疑问是它们海外扩张的驱动力之一,类似的驱动力也包括外交斗争、欧洲军事领导人名留青史的愿望,以及一些导致外部势力进行干预的非洲地方危机。争论的结果是,从欧洲的角度而言,最好把这个时代理解为一系列区域性干涉,这些干涉都有特定的经济和政治肇因,而欧洲列强技术和军事能力的演进以及日益严重的种族主义是当时的背景,再加上社会达尔文主义和伪科学观点的盛行,欧洲人可以把他们的行动正当化为"文明使命"(civilizing mission)。

非洲人不仅仅是这个历史事件的旁观者。虽然非洲领导人没有被邀请参加 1884—1885 年举行的确定瓜分"规则"的柏林会议,但他们付出了很大努力与欧洲各国的代理人谈判,后者向他们奉上了贸易关系协定和所谓"保护"的安排。当欧洲人开始占领非洲时,一些非洲领导人进行了军事斗争,也有一些人则试图在新的殖民当局中谋得一官半职。学者们认为这个时代的非洲人不是"抵抗者"(resisters),就是"合作者"(collaborators),但这些二元术语掩盖了当时的复杂局势,面对欧洲人的步步紧逼,非洲人采取了多样且不断变化的策略来保护自身的利益。一些与欧洲人打交道的人也是为了给自身所属的群体带来好处:泛非主义共同战线的意识此时还没有形成,尽管随着欧洲势力触动越来越多人的利益以及非洲的政治、经济和社会制度,一些非洲社会确实出现了大批反抗组织。到了最后,除了 1896 年埃塞俄比亚在阿杜瓦击败意大利人之外,抵抗并没有阻止殖民占领的步伐。但是,面对欧洲势力的强硬行动,这一系列反抗彰显了非洲人的能动性。显然,"瓜分"一词并不能完全概括这个欧洲征服的暴力时代。

欧洲在非洲的殖民统治

欧洲殖民统治具有许多维度,以下专题分析只能说是对这个时代对于非洲及其人民影响的初步探讨。首先要承认的是,对非洲的分割给当代非洲留下了清晰的遗存:非洲民族国家目前的政治边界基本上照搬了殖民"瓜分"时期列强之间的临时边界。第一次世界大战后,殖民边界略有改变,主要是因为非洲西部、南部和东部的前德国殖民地被转交给了战争胜利方英国和法国,后者一般就将这些领土合并到他们已有的殖民地中。第二次世界大战后,边界再次有了细微变化:最显著的例子是意大利前殖民地厄立特里亚并入了埃塞俄比亚,埃塞俄比亚在20世纪30年代遭到意大利入侵,并在50年代获得解放,厄立特里亚成为其一省。这个案例可能也反映了殖民边界的持久性:90年代时,厄立特里亚民族解放力量获得了独立建国的权利,而两国边界仍然沿袭了前殖民边界。当然,使边界划分得以延续的不是实质上的线条,这些殖民地内发生的政治、经济、社会和其他方面的变革继续对现在产生着影响。

欧洲大国瓜分并征服了非洲之后,它们马上要面对的是统治这里的居民。几十年的时间里,少量欧洲官员管理着大量土地,土地上生活的难驯的人们说着他们听不懂的语言,因此武力和威胁一直是殖民统治的主旋律。欧洲人也需要非洲人来帮助他们进行统治。与欧洲人签署条约的非洲领导人是一个在殖民地行政体系中担任从属角色的群体,而在没有这类政治权威或当地领导人抵制的情况下,欧洲人也会招募其他人,一般是愿意填补这些职务空缺的冒险家。历史学家们亦讨论了欧洲列强的行政风格,例如,英国强调"间接统治"(indirect rule)和对非洲文化的维持,法国则相反,重视法国文化对少数非洲人的"同化"(assimilation),对大众实行"直接统治"(direct rule)。这种差异在某些情形下是显而易见的,但后来的"大萧条"(Great Depression)导致大多数欧洲霸权决定减少开支和通过非洲中间人进行间接统治。目前的研究重点是这些酋长、办事员、翻译、税吏和警察,揭示他们是如何积极地塑造了殖民统治:欧洲人上级依靠他们的知识来作出决定,然后仍然由他们执行殖民政策。最近,一些历史学家认为,受到英国当局承认的非洲酋长并没有保留自身悠久的文化习俗,反而为了巩固自身地位而"发明"传统。虽然这种发明是有局限的,但非洲文化即使在殖民时期依旧充满活力也就不足为奇了。更大的问题是,少数非洲人比其他人更有机会获得权力和影响力,分析这些非洲人在特定情况下如何使殖民统治为己所用,是了解欧洲殖民统治在前殖民地留下的长期遗产的关键。

欧洲官员利用他们的资源和权力来设定非洲殖民地的经济导向,当然非洲人在其中依然发挥了作用,在某些情况下也影响了结果。殖民当局赞成扩大国际贸易,它们建设沿海港口、铁路和后来的公路,推动了非洲经济作物和矿产资源的出口,以换取欧洲的消费品。如何获得劳动力是另一个问题。强迫劳动是一种选择,刚果自由邦的特许公司在最初几年的残暴手段就是例证。尽管这些虐待行为在20世纪初受到了制止,但专制的劳动制度在刚果和其他曾经采取强迫劳动的殖民地仍然占据重要地位。另一种选择是发行新货币,并要求以现金纳税,以此来迫使非洲人为欧洲公司工作或生产和销售经济作物。这些税收政策为欧洲公司在非洲南部和中部建立的资本密集型矿产开采业务创造了劳动力。其还鼓励非洲人自己生产初级经济作物,诸如可可、咖啡和花生等,并在西非与东部、中部和南部非洲的特定地区出售。非洲生产者有时会阻挠殖民当局建立欧洲种植园的计划,例如,作为对从肯尼亚沿海到乌干达的铁路完工的回应,非洲人生产了大量棉花,从而破坏了当局想让欧洲定居者生产这种作物的计划。即使换一个地方,非洲人的产量仍然比殖民者农场主来得多,至少在殖民地法律偏向于欧洲人之前都是如此,而在这之后,他们最终只能寄人篱下,在殖民地农场工作。这一发展清楚阐明了殖民时代的政治经济:欧洲人在非洲中部和南部矿产丰富的地域与东非无蚊的高地大量殖民,殖民者为了自身发展践踏了当地居民的利益。在西非,即便经济作物生产掌握在非洲人手中,并且很少有欧洲殖民者居住,殖民政策给欧洲企业带来的巨大优势也使它们在利润丰厚的出口部门获得了主导权。银行、公司、货物运输商和其他相关部门奉行的歧视做法和不公平待遇使非洲人难以有效竞争,生意纷纷夭折。

  殖民当局鼓励非洲人接受使用欧洲语言教授的正规教育,并学习欧洲课程。一般人可能认为,鉴于欧洲人瓜分非洲期间所倡导的"文明使命",这一努力将成为那个时代的核心。但是殖民政府实际上很少会投入资源为非洲人提供教育。大众教育从来不是目标:他们为酋长的儿子和当局想招募的其他人建立了学校,而对于剩下的大多数人,传经布道的任务就留给了基督教传教士。一些非洲人看到了使用欧洲语言进行的教育的价值,并抓住了这些机会。对殖民遭遇的历史研究表明了文化变革的复杂性:受过教育的非洲人是"中间人物"(middle figures),他们对多种文化有了解,按照自己对未来的看法行事。为了适应当地的情况,他们调整了欧洲思想,并将本土知识和价值观加入其中。例如,这些非洲人促进了基督教在非洲的传播,他们充当教士,并将教义翻译成当地文化可以理解的语言,有关内容在后文涉及宗教的章节将会有更详细的讨论。一些非洲人进入了欧洲和美国的高等教育机构学习,在这些地方,他们彼此建立了联系,意识到并详细阐述了泛非主义的概念,并由此发展出自己对非洲政治变革的观点。这些人和另外一些受过教育的非洲人在殖民后期突然出现在政治舞台上,开始要求更多地参与政治生活,明确地表达了非洲对民族主义的理解。

独立与后殖民时期的非洲

第二次世界大战之后的几十年见证了非洲的政治变革。非洲民族主义者和其他人一起推动并获得了民族独立。其他层面的变革也在这片土地上发生。比如,欧洲殖民者开始着手推动提高非洲产能的经济发展计划,旨在为受到战争破坏的宗主国输血。而当他们最终不得不面对非殖民化的结局时,权力被让渡到了那些殖民者认为会珍视这类经济联系的非洲精英手中,一些人把这种联系贬称为"新殖民主义"(neocolonialism)。即使非洲精英与过去的殖民势力切断了联系,执行新的政策,他们也常常会采取提高产能的相关方案,从而在实质上延续了殖民后期的发展政策。

欧洲霸权曾经想要让自己的殖民地延续更长时间,但内部和外部的压力同时促使了变革的发生。冷战的双方——美国和苏联——对欧洲人在非洲的非殖民化进程施加了压力,很快我们就看到意大利撤出了它在厄立特里亚、利比亚、索马里的殖民地,在北非,法国也同意了摩洛哥和突尼斯的独立。而在其他地方,还需要内部压力添一把火。20 世纪 40 年代后期,非洲工人们通过在码头和关键经济领域的一系列自发劳工抗议活动表明了他们对现状的不满；曾于战争期间在欧洲军队中服役的非洲士兵凭借自己对于欧洲武器和军事战略熟稔的优势成为民间抗议的后盾。受过教育的精英人士也加入了他们的行列，组织了一系列政治运动呼吁非洲人的自治。非洲律师和其他专业人士长期以来一直向殖民当局请求非洲本土人士对政治事务的参与权，但战后的非洲唱主角的是新一代更强硬的领袖，他们组织了大规模的抗议行动来对殖民势力施加压力。

非殖民化进程在每个殖民地各不相同，但也有共通的模式。欧洲人在西非下放权力的进程更快，因为在这里欧洲殖民者的利益并没有使权力移交过度复杂化。英国和法国在西非地区奉行不同的策略，并于20世纪50年代和60年代初完成了权力移交。法国人允许逐步扩大宗主国立法机构的代表选举权，这些非洲裔代表推动了更深层次的改革，如消除强迫劳动等，以及权力最终向非洲本土选举领导人的移交。英国当局也扩大了选举权，但只是针对殖民地现有的立法委员会选举，其中长期以来只有象征性的非洲人委员，英国首先向非洲人让渡了内部事务部门的权力，之后才使其逐渐过渡到完全独立。在东非一些白人移民没有成为主导力量的地区，如在20世纪60年代初获得独立的坦噶尼喀（Tanganyika）和乌干达，这种模式也很明显。在白人移民确实构成一股强大力量的地方，当非洲人的和平变革倡议遭到拒绝时，武装冲突就会爆发。肯尼亚的茅茅运动（Mau Mau Rebellion）等起义使英国人明白了下放权力的必要性，但在某些情况下，冲突会发展成全面战争。例如，在阿尔及利亚，数年的战争和（据估计）几百万北非人的伤亡最终迫使法国结束了在这里的殖民统治；在葡萄牙殖民地，非洲民族解放力量与顽固政权进行了数十年斗争，才最终导致了1975年发生在里斯本的一场政变之后的非殖民化。

　　白人移民在南非坚持的时间最长。南非于1910年获得正式独立，当时英国承认了南非联邦（Union of South Africa），但移交的权力仍然在欧洲移民群体手中：对大多数南非人来说，整个20世纪都是对抗欧洲统治的时代。非洲人、亚洲人和具有多民族血统的人群权利有限，1948年的南非大选进一步减少了他们的权利。获胜的南非国民党（National Party）由讲荷兰语的阿非利坎人（Afrikaners）①主导，并实行了种族隔离政策。尽管欧洲人在金矿、钻石矿开采和家庭佣人等领域仍然依赖非洲劳工，但政策施行后日常生活中的种族隔离得到了强化。种族隔离政策还旨在建立"班图斯坦"（Bantustans，又称"黑人家园"），即在偏远地区设立"独立国家"，在那里，受到种族隔离的黑人可以自治，但仍然要为无法保障他们基本权利的南非提供劳动力。大多数南非人对种族隔离政策持反对态度，非洲人国民大会（African National Congress，简称"非国大"）在20世纪50和60年代组织的和平示威中发挥了领导作用，接着在70和80年代通过其武装派别发动了游击战争。在这个时代，南非人借鉴了美国非洲裔群体进行的黑人民权运动，获得了以反种族隔离为宗旨的"前线国家"（frontline states）②集团的支持。多年来，种族隔离政权的安全机

---

① 旧称布尔人（Boer）。南部非洲的民族之一，主要分布于南非，少数分布在纳米比亚、津巴布韦等国。属欧罗巴人种，其种族来源以17—19世纪移民南非的荷兰人为主。多信仰新教。操阿非利坎语，或称南非荷兰语，这是一种吸收了许多科伊桑语、班图语、英语、法语、德语、马来语等词汇的荷兰语方言。——译注

② 与南非毗邻或接近，地处南部非洲民族解放斗争和反对南非当局推行种族歧视、种族隔离政策前线的六个国家的总称，包括博茨瓦纳、莫桑比克、坦桑尼亚、赞比亚、安哥拉和津巴布韦。——译注

构残酷地压制着异见,但当被监禁近30年的非国大成员纳尔逊·曼德拉(Nelson Mandela)获释后,僵局被打破了。曼德拉在1994年帮助商定了一个民众广泛参与的选举,随后非国大以绝对优势赢得了该选举。这段政治史与非洲殖民背景下的其他经历相似,因此我们最好把它们放在同一分析框架内理解。

随着南非政治变革的发生,当代非洲真正进入了后殖民时期,非洲人手中掌握着五十多个独立国家的国家机器。然而,"新殖民主义"等术语表明,政治上的解放并不一定会带来根本性的变化:非洲在全球经济中的地位是由工业化欧洲的崛起和殖民干预造成的,这两个历史遗留问题并不会随着非洲的政治独立而改变。除此之外,全球化这一在学者和商界领袖圈子内都有争议的概念,也为非洲同时带来了挑战和机遇。举个例子,中国的崛起及其快速的经济增长正在整个非洲掀起一阵浪潮,这为非洲国家提供了新的贸易伙伴和投资者,但有时也会固化现有的政治精英阶层,后文涉及非洲发展的章节将会就这方面的问题进行阐述。在政治之外的各个范畴划出不同的时代也并非易事:殖民统治的结束并没有立即改变大多数非洲人的日常生活节奏。但独立让人们对新的可能有了想象空间,过去几十年见证了各个领域的变化,对此本书的其他章节将会作进一步探讨。

殖民时代是革命性的,还是说只是一段较长历史中的"插曲"?当代非洲国家的边界以及殖民者向非洲精英移交权力时的历史情境,为非洲之后至少数十年的政治生活奠定了基调。无论非洲领导人在独立后采取什么政策,殖民统治期间形成的与全球经济的联系依然是构建各国经济的基础。人们当然可以争辩说,在这两个范畴,殖民时代的确是有影响力的,但还需要再等几十年才能看出这一遗存能否持久。在文化领域,我们却很难看出殖民遗产对非洲本土创作的影响。人们可能会指出欧洲语言在非洲的持续使用,但非洲生活的许多方面都是用当地语言表达交流的。关于在艺术、文学、宗教和其他表达领域受到欧洲(或其他非洲以外的地方)的显性影响方面,是的,非洲人会被新的想法和做法所吸引,但他们也一如既往地吸收了长期存在的地方和区域文化资源。非洲人吸纳并改造了新思想,但他们也保存和调整了旧思想。活力和创新贯穿整个非洲历史:从最初向食物生产的过渡,到非洲人分布到整个大陆,到国家的形成,到长距离商业网络的建立,再到现在,都是如此。殖民统治抑制了其中一些方面,但非洲文化或非洲文化生产的生命力并没有遭到破坏。今天的非洲人和过去一样富有创造力。今天的非洲人正在建设民族国家,发展经济,创作艺术、文学、音乐和其他文化表现形式的作品。

拓 展 阅 读 建 议

African Cultural Heritage Sites and Landscapes. Aluka (Ithaka Harbors, Inc.). Available at www.aluka.org/page/content/heritage.jsp.

The African Diaspora in the Indian Ocean World: Essays. Schomburg Center for Research in Black Culture, New York Public Library. Available at http://exhibitions.nypl.org/africansindianocean/essays.php.

Akyeampong, Emmanuel, and Henry Louis Gates Jr., eds. 2011. *Dictionary of African Biography.* Oxford: Oxford University Press.

Allman, Jean, Susan Geiger, and Nakanyike Musisi, eds. 2002. *Women in African Colonial Histories.* Bloomington: Indiana University Press.

Boahen, A. Adu. 1989. *African Perspectives on Colonialism.* Baltimore: Johns Hopkins University Press.

Casely-Hayford, Gus. 2012. *Lost Kingdoms of Africa: Discovering Africa's Hidden Treasures*. New York: Random House.

Cooper, Frederick. 2002. *Africa since 1940: The Past of the Present*. Cambridge: Cambridge University Press.

Freund, Bill. 2007. *The African City: A History*. Cambridge: Cambridge University Press.

Getz, Trevor, and Liz Clarke. 2012. *Abina and the Important Men: A Graphic History*. New York: Oxford University Press.

Gomez, Michael. 2004. *Reversing Sail: A History of the African Diaspora*. New York: Cambridge University Press.

Herbert, Eugenia, and Candice Goucher. *The Blooms of Banjeli: Technology and Gender in West African Ironmaking — Study Guide*. Documentary Educational Resources. Available at http://der.org/resources/study-guides/blooms-of-banjeli.pdf.

Keim, Curtis. 2013. *Mistaking Africa: Curiosities and Inventions of the American Mind*. 3rd ed. Boulder, CO: Westview Press.

Phillipson, David. 2005. *African Archaeology*. 3rd ed. New York: Cambridge University Press.

第3章

社会关系：家庭、亲属和社会

玛丽亚·格罗斯-恩加特

有关非洲暴力冲突的新闻报道常常会提及"部落"（tribe）或者"部落主义"（tribalism）两个名词，并把它们当作造成不和谐的主要因素。在非洲语境下，"部落"这个词的使用是殖民主义的遗产，也是早期人类学家研究的对象。人类学家想要知道，没有集权领导制度的非洲社会是如何维持秩序和稳定的，而殖民官员划分非洲社会则是为了统治，忽视了内在复杂性、群体之间的沟通和边界的流动性。把非洲人口长久定性为"部落"给了人们一种时光停滞的假象，让过去存在过的各种形式的政治组织黯淡无光。这个词含蓄地暗示部落（或者族群）是非洲人身份认同的主要来源，也是这片大陆上社会政治组织的普遍模式。它还模糊化了身份、亲缘和归属等更重要因素的存在，它们直接参与、抵制或推动了冲突解决。与世界上其他地方的人们类似，非洲人也有无处不在的传统习俗和多种多样的集体认同。一个非洲女性可能是母亲，是妻子，是姐妹，以及女儿；可能是一个耕种者，染工，或者一位教师；可能是年龄群体的成员，当地或全国性的女性组织的参与者，族群的一员乃至国家的公民。这些社会地位和身份相互重叠交织，要结合特定的情境才能确定要把其中哪一个放在前台。

本章主要关注通过亲属、婚姻和家庭之外的其他联合形式构建并存续的社会关系,阐明了个人处理这些社会关系的不同方式,以及非洲男女面对不同历史、政治和经济因素影响所作出的日常选择和由之带来的变化。社会关系是动态的,变化也不是一个新名词,但在人们可以清楚地看到或者承认之前,变化又通常是微妙的,直到某个时间让它们浮出水面。当被问及具体做法时,非洲人可能会强调连续性。与此同时,老年人会认为年轻人的行为与自己以前大不相同,但实际上他们往往忽视了年轻时自己同样的反复不定。

亲属关系的形式和意义

20世纪的现代化理论家借鉴西方的经济转型模式,认为一旦非洲经济发展起来,国家制度体系能为社会安全兜底的话,亲属关系的重要性就会减弱。但亲属关系并没有失去其作为一种道德秩序的显著性,它能够建立关系,并能在人们面对生活的挑战时指导人们的行为。人类学家利用"亲属关系"(kinship)的概念来理解不同非洲社会中什么样的人才算作"家庭"的一员。[1] 他们认为亲属关系,即通过后代和婚姻来建构的关系[与美国人通常所称的"血缘关系"(blood relations)概念类似],是居首位的组织原则。在根据组成亲属群体的方式对社会进行分类时,他们发现,单系继嗣群(unilineal descent groups)在整个非洲盛行:大多

---

[1] 本章的讨论没有强调移民人口的特殊性,如南部和东部非洲的南亚人、西部和中部非洲的黎巴嫩人、南非的阿非利坎人以及南非和非洲其他地方的英国人和其他欧洲人。这些人通常以其祖国的社会结构适应新的环境,但仍然主要与自己社区内的其他人通婚,甚至在他们世代生活在非洲并且在非洲之外不再有"家"之后也是如此。

数非洲社会是父系的,只能通过父亲追踪祖先,但也有相当一部分是母系社会,通过母亲追踪祖先。生活在阿尔及利亚、布基纳法索、利比亚、马里和尼日尔的图阿雷格人的继嗣制度似乎在伊斯兰化进程中已从母系向父系转变,虽然社会中地位较高的群体保留的母系因素看起来要比地位较低的群体多。如科特迪瓦的邦人(Beng)或南部非洲的桑人(San)等一些族群有着双重继嗣制度,同时通过父亲和母亲追溯祖先。这种制度与欧美人看待祖先和后代之间关联的方式不同,即个人同时属于两个单独构成的继嗣群。在桑人中,同时是母亲和父亲的继嗣群的成员意味着被赋予了每个群体领地中植物和动物的所有权。在邦人社会,不同情境下每个亲属群体都有其重要性。例如,农业土地是通过母亲一支继承的,而葬礼仪式则由父系成员进行。

可以追溯到一个共同祖先的亲属群体通常会构成类似企业集团的世系。宗族则包括那些也声称有着共同祖先,但不是所有家谱关系都为人所知的群体。有些族群同时有世系和宗族,有些族群只有其中一个,最分散的人群则一个都没有。在一些地方,当土地变得稀缺时,世系会与特定领地挂钩。世系和宗族制度在利比亚和索马里的存在构建了人们的身份认同和团结,但在许多其他地方,两者的社会政治重要性已然改变。在西非撒哈拉地区,当地的柏柏尔人和阿拉伯移民通婚数百年后,社会地位变得比血统或族裔更重要,这也模糊了世系和文化之间的区别。在摩洛哥,财富或高教育水平等个人成就的重要性往往超过了家庭出身。在尼日尔北部图阿雷格人居住的农村地区,血统仍然很重要,但在城市地区,由于文化自主的关系,人们淡化了血统的重要性。

在母系和父系社会中,子女分别属于母亲或父亲的家系,最有威信的人往往是这些家系中地位较高的男子(即舅舅和父亲)。与父母另一方男性亲属的关系,类似于与姐妹之间的关系,通常以亲情为特征,当一方的儿童或青少年在原生家庭中有困难时,可以向他们寻求支持。非洲社会中"家庭"的定义比欧美社会更为宽泛,更多的个体会被视为兄弟姐妹。谁算作兄弟姐妹主要取决于继嗣制度。在父系社会,兄弟的子女互相称呼兄弟姐妹;他们也把父亲的兄弟叫作"父亲",但会区分父亲的兄长和弟弟。兄弟姐妹的称呼一般也反映年龄等级,也就是说,某个人一直会是"哥哥/姐姐"或"弟弟/妹妹"。同父不同母的子女也被视为兄弟姐妹,尽管他们之间的关系可能充满紧张气氛和竞争。领养在非洲不是一种常见做法,甚至可能因为收养的子女来自不同的"血脉"而不被提倡。然而,寄养却是非常普遍的。它包括将儿童从原生家庭带到他们后来受到抚养和照顾的家庭,而且这并不只会发生在诸如父母双亡或婴儿母亲逝去等危机时候,没有孩子的女性往往通过抚养兄弟或姐妹的子女而成为"母亲";姑姑/姨母、叔伯/舅父或重要的长辈也都会接纳到城市里的中学或大学就读的青少年。非亲属的寄养父母通常是较富有的人。在所有这些情况下,原生父母不会失去对子女的合法权利。

  父系和母系社会在居住模式、家庭中权威者的身份和个人资源获取等方面表现出相当大的差异。20世纪30和40年代人类学家在非洲进行了亲属关系研究,目的是厘清这里的社会组织。他们的研究强调社会组织的结构、规则和规范。虽然其研究在关于亲属关系的人类学思考领域成为经典,但相比实际情况,他们笔下的亲属制度也显得有些僵化和刻板。他们没有考虑到殖民政策或奴隶贸易通过影响继承等实际操作对亲属结构造成的改变,也没有把那些经由通婚产生或并不属于某个世系的个体和社会群体考虑在内。非洲历史学家已经证明,定居和游牧社会中的亲属群体往往通过将被征服的族群、奴隶或者冲突或其他灾难事件导致的难民纳入自身而得以扩张,其他群体则因饥荒、疾病或劫掠奴役而缩小。为了更好地记录社会动态,人类学家现在关注的是个人和社会群体三方面的行为方式:解释和使用规则、通过日常实践构建相互关系、随着政治和经济环境的改变而调整亲属关系。

通过婚姻建立关系

在许多社会中,婚姻是扩大亲属关系和繁衍继嗣群的主要手段。虽然近几十年来整个非洲的出生率都有所下降,越来越多的夫妇们开始控制生育数量,但无论是对群体还是对个人而言,生儿育女仍然是婚姻的一个重要目标。子女可以在父母步入老年时提供社会保障;他们还是成年男女社会人格的标志和某种形式的不朽。身后无子女意味着一个人的姓名和在世间的影响没有延长。婚姻也可满足战略上结为联盟的需要,特别是在那些社会地位高的人之间,非洲的这一做法和欧洲皇室或世界其他地方有势力的家庭所做的类似。

在20世纪晚期马里中部的巴马纳人(Bamana)中,男性的一家之主有义务按年龄顺序为适婚男子确定合适的配偶。他们考虑自己家庭与那些有适婚年龄女性家庭的关系、家庭的社会地位和潜在新娘的性格,然后派遣中间人到女方亲属那里表达兴趣,并寻求对方对婚事的同意。通过婚姻在亲属群体之间建立联系被视为在村庄内部和跨村之间团结彼此的一种手段。当两个亲属群体之间数代人发生多次婚姻联结时,姻亲关系就转变成了血缘关系。表亲之间的婚姻更受欢迎,因为它们延续了已经建立的关系。这样的婚姻还被认为更加稳定，因为新娘也是亲属的一员，家庭其他成员在必要时可以进行干预，帮助解决冲突。这些做法将跨代际的家庭和村庄联系在一起，例如，女子的女儿将嫁给她一个男性亲戚的儿子。年长者在娶第二任妻子时，不必遵从年龄等级，因为当地普遍认为一些男子的个人特质使他们作为配偶更具吸引力。一个家庭可以让年轻女孩与另一家的年轻男孩提早订婚，以加强两个亲属群体之间的关系。

这种重视家庭而非个人的内在假设是这对夫妇在一起生活时会日久生情。过去，男女只有在婚姻安排定下来之后才会得到通知。20世纪后半叶开始情况有所变化，此时的长辈们依靠年轻男子外出务工挣来的钱来支付税款和聘礼（即新郎家庭向新娘家庭转交的物品和服务）乃至购买农业设备。赚钱的能力让年轻男子在家庭中获得了更大的自主权。其结果之一便是他们的长辈在商定亲事之前会问年轻人，是不是想娶这个女人。有了收入的年轻男子可以要求他们的长辈为他们寻找二房妻子，或者帮他和一个已经见过并且心动的女子开始谈婚论嫁。

年轻女性没有获得同样的机会表达她们的意见，即便20世纪70年代她们开始参与经济作物种植或外出赚钱，以便购买一些带入婚后家庭的商品，但她们依然没有择偶机会。母亲如果反对她们的择偶选择，有时会进行干涉，但其观点常常不会被接受。然而，母亲们会借口称她们需要更多的时间来备好女儿的嫁妆，从而把婚礼推迟一年或更长时间。有时，强烈反对婚事的年轻女子会留在城市工作，不愿回家，另一些人则结完了婚就选择逃离。这些行为使她们与自己的男性亲属站到了对立面，这些人的母亲也会遭到谴责。

从熟悉的社会网络内择偶的偏好，在巴马纳人村落以外的其他非洲社会以及适婚男女在选择配偶方面拥有更大自由的环境中也屡见不鲜。对南部非洲的桑人而言，合适结婚对象或性伴侣的祖父母或曾祖父母应该是兄弟姐妹。血缘关系和姻亲关系重叠，因此姻亲也可被重新归类为亲属。虽然在外人看起来这可能有很强的限制性，但实际上它有相当大的灵活度，因为桑人个体可以利用一系列可行的选项来发展和管理社交网络，并在关键时刻为自己提供支持。倾向于在单个（通常是广泛的）关系网络中结婚并不意味着人们只在自己的社会群体中通婚。在历史上宗族举足轻重的社会中，同一宗族成员之间的婚姻往往被明确禁止。人们也会跨越族群界限结婚。这不是最近才有或者仅限于城市的现象，在农村地区人口中也有发生；例如，坦桑尼亚中北部的马赛人牧民与阿鲁沙（Arusha）地区的种植者通婚，以丰富生产，特别是在干旱或疾病导致畜群死亡的时候，更是如此。许多非洲社会中的婚姻往往在战略上被用来加强和巩固基于物质利益的关系，但这并不意味着非洲的婚姻关系已经或曾经缺乏情感联结和激情。

无论婚姻是一夫一妻制还是一夫多妻制，其稳定性都因时因地而异。在一些群体中，如尼日尔马拉迪（Maradi）的豪萨人，喀麦隆的姆伯罗罗富拉尼人（Mbororo Fulani），或卡拉哈里沙漠的昆族（!Kung）桑人，离婚和再婚已经司空见惯。其他族群的离婚率一直很低，这不仅是因为离婚意味着两个家庭之间的关系破裂，也是因为这可能导致关于偿还新娘聘礼的争议，特别是当要偿还的部分已经被妻子的家庭使用殆尽的时候。生活在父系社会的女子本身可能不愿意离开丈夫，因为她们不能带着子女离开。许多女子只有在冲突达到极端程度时才会寻求离婚；例如，在尼日利亚西南部城市中生活的女性通常只有在想与他人再婚时才这样做。但非洲越来越多的女性在离婚或丧偶后不会考虑再婚,因为贸易或其他职业的成功使她们有了经济自主权。

受到非洲青年对浪漫爱情的普遍兴趣的启发,学者们开始探索爱情相关的话语、情感和实践,以及非洲人随着时间推移和外界影响参与和重塑理想中亲密关系的方式。他们发现,非洲年轻人长期以来一直用亲密无间的激情来把自己与父母一代区别开来,而那些年轻时为这种激情辩护的人,上了岁数之后往往会质疑其是否是婚姻的坚实基础。今天的年轻人讨论的是拉美电视连续剧、南亚电影、尼日利亚视频和当地流行的纸质媒体所刻画的浪漫爱情。许多人接受了这种浪漫爱情,它和一夫一妻制一起,成为婚姻的一种理想基础和现代生活的一种方式。年轻女性将浪漫爱情与美好婚姻、丈夫的更大支持以及从亲属关系中的独立联系在一起。然而,学生或城市新移民如果希望与已经建立感情关系的伴侣结婚,一般还是会通知家里的父母和长辈,然后由长辈来完成对话、适当的仪式、礼品交换和实际安排的一整套过程。为爱结婚和过上美好生活的愿望经常会面临严酷经济现实的挑战。随着非洲经济的衰退,越来越多的男子不得不推迟自己的婚事,只因为他们的收入负担不起小家庭的住房和其他基本需要,在城市尤为如此。因此,他们没有在社会意义上成人——婚姻通常被认为是迈入成年的必经之路。在这种情况下,男人可以通过向一个或多个女朋友提供支持和礼物来表达他们的爱,彰显他们的男子气概。有些女性不想结婚(或离婚后不想再婚),会与他人发生性关系以换取经济支持,一直到能够自力更生为止。

非洲的基督教传教士至少从 19 世纪起就把浪漫爱情和友爱婚姻的理想作为建立一夫一妻制和消除一夫多妻制努力的一部分。他们认为非洲婚姻里没有爱情,只有义务,长期以来一直试图让皈依者践行一夫一妻制。教会,特别是近年来在非洲许多地区迅速扩张的五旬节教会(Pentecostal churches),也提倡一夫一妻制的核心家庭(nuclear family)和资源在此类家庭中的集中。他们更强调教会成员组成的"一家人",而非他们眼中"传统的"几代同堂的大家庭。只要他能够平等供养每个人,伊斯兰教允许一个男人最多娶四个妻子,但许多穆斯林只有一个妻子。多妻制不只发生在农村地区或那些没有受过正规教育的群体中,但即使在多妻制合法的社会,此类婚姻形式也远没有到普遍的地步。外人经常认为多妻制是非洲人的典型特征。但并非所有非洲男性都支持多妻制,除了女权主义者外,也不是所有非洲女性都持反对态度。支持多妻制的非洲人在论证时经常简单地用"传统"一笔带过,而忽视了这种制度与社会地位的联系,从过去开始便是如此。

婚姻和社会依附的物质性

婚礼是许多非洲社会最重要的社交活动之一。它是社会关系的具象化,并通过互惠行为进一步加强了这些联系。西非萨赫勒地区举行的婚礼既反映了当地人在 20 世纪皈依伊斯兰教产生的影响,也彰显了物质和金钱来源增加带来的变化。婚礼仪式程序在农村和城市地区以及不同族裔群体之间各有差异,但非洲各地婚礼不仅庆祝的是两个人的结合,也是两个亲属群体的结盟。在马里塞古(Segou)地区的村庄里,亲属关系是婚礼仪式的核心,不过,非亲属关系之间的团结同样表现得非常明显:新郎和新娘都由他们的同龄人协助,新郎的家庭会得到其他村户的帮助,以确保有足够的食物供给客人,新郎家族的男性长者从其他长者那里获得小额捐款,新郎在当地建立的人际关系从他所接受他人的捐款上也可见一斑。男性在外地务工赚到的钱使得他们建立互助关系网的能力大大提升。

婚礼之前,新娘和新郎的家庭会进行仪式性的交流与物品交换,即使在这种关系是由这对夫妻而非家庭长者发起的时候。父权制社会中的礼物在双方家庭之间流动,但新郎一方家庭提供的礼品相较而言更多一些,这种情况会持续几年。尽管礼物种类多样,但人类学家将它们统称为"聘礼"(bridewealth)。其中有些是一次性的,另一些则在整个订婚期间持续。随着时间的推移和社会经济的发展,礼物的种类也发生了改变。马里的巴马纳人主要以农业为生,因此每年双方家庭之间的物品交换主要是农产品,包括小米和啤酒。随着成为穆斯林的人数量增多,小米酿造的啤酒被谷物或金钱取代;而随着年轻人越来越多地移居到城市以赚取额外收入,小米也逐渐让位于金钱和布料。每年的所付由新娘一方的家庭在商定婚事时决定。在畜牧业起着重要作用的游牧社会或其他种类社会中,婚姻关系是通过牛、绵羊、山羊或骆驼等动物的转让来建立的。即使采用现金形式,在这类社会中聘礼也可能继续以牛或羊的数目来计算,并且一个家庭中儿子的婚姻可能与女儿作为新娘的聘礼收入挂钩。

在一些社会,如果聘礼没有付成,结婚就会被推迟。也有一些地方,如果婚礼之前聘礼没有转交给女方或者婚礼后也没有完成,那么双方之间的婚姻状态,乃至生育的孩子都会处于一个不明不白、模棱两可的境地。聘礼缺失的后果甚至会延伸到女方去世之时,她的亲属常常会要求由女方亲属安葬,声称男方没有权利处置她的后事。这种情况在一些由经济困难造成聘礼数额减少但对于聘礼的期望和需求仍然存在的地区屡见不鲜。在城市贫困人群中，夫妇一般只是按照"习惯法"（customary law）住在一起，而此类"习惯"及其包含的权利和义务一直在被重新定义。在以穆斯林为主的马里，一对年轻夫妇的父母经常会举行宗教仪式，以给住在一起的双方赋予社会意义上的合法性。宗教婚姻也被认为比附加聘礼条件和/或在国家代表面前举行民事仪式的婚姻更灵活，而且更容易解除。

对聘礼有一定认识的非洲早期传教士仅仅把它看作对一名女性所有权的购买，并把这些支付称为"新娘价金"（brideprice）。人类学家试图通过强调新郎家庭利用这些聘礼获得的女性生产和生殖能力方面的权利来纠正这种误解。他们指出，支付聘礼使准新郎及其家庭有权获得女性的劳动，并给予了他们索要婚姻产生子女的权利；也就是说，即使夫妻之后离婚，孩子也属于父亲一方的家庭。此后的研究为我们提供了更加细致的叙述：聘礼的交付不仅补偿了女性的"损失"，也确立了女性及其家人的"价值"，表现了社会差异，构成了婚姻和亲属关系。在一个亲属群体（家族）中，向构成聘礼的畜群提供动物是一种确认成员归属感和在群体内相应地位的切实方式。在巴马纳社会中，给新娘一方作为聘礼的农产品包含了新郎一方亲属的劳动成果，因为他们一起栽种并收割了这些作物。同样，新娘一方的家族成员在收到谷物或共同饮用小米啤酒时，成员各自的地位也得到了重申。当聘礼中涉及钱款时，家庭成员便会减少参与筹措，因为新郎可以通过在城市工作来自己赚取聘礼的钱。尽管在严重干旱期间聘礼可以免除小米或牲畜，但无论经济情况如何，金钱形式的聘礼仍然是必不可少的。聘金不会在新娘家庭中重新分配，而是会给新娘的父亲，父亲又将其中一部分拿给新娘的母亲，她可以用这笔钱为女儿购买家庭用品；布料则以新娘的名义赠送给母亲。20世纪现金经济(cash economy)的发展以及消费品供应的增加导致了聘礼支出的逐步商品化和通货膨胀。

聘礼的水涨船高也与对新娘带入婚姻的物质期望有关。随着时间的推移,被认为是嫁妆不可或缺组成的炊具、碗、布料、家具和首饰的种类和数量都在增加,样式则受流行趋势的影响。年轻女子凭借其嫁妆内容的独特性与自己的母亲一代区别开来,同龄人之间也会彼此比较,尤其是在一夫多妻制家庭中。更重要的是,首饰、衣物和家居用品可以巩固新娘的地位,并成为新娘未来居所的基础,同时,也可以作为艰难时期的一份保障。新娘带入新家庭的一部分布料和碗会在婚礼上分发给新郎的女性亲属;新郎和他的父亲也会获得一些布料。新娘的母亲通过自己和女儿的工作收入、新郎送来的礼物以及她与女性亲属和其他女性的关系来张罗这些物件。当女性亲属或朋友的女儿结婚时,某位女性献出一件衣服或一件家庭用品也就意味着受助者需承担礼尚往来的义务。通过这些礼物和物品交换,女性建构了自身作为有价值社会一员的身份。女性之间的社会关系便是通过对嫁妆的贡献而得以建立和获得再确认的,并在聘礼的收集和再分配中得以凸显和确定。

对准丈夫,尤其是那些移居海外者而言,聘礼的种类、质量和数量要求在不断提高,这在城市地区体现得尤为明显。贝斯·布根哈根(Beth Buggenhagen)在撰写有关塞内加尔的文章时指出,新自由主义政策精简国家机构和调整经济的战略损害了很大一部分人的生计,聘礼已成为获取有价值消费品并满足准新娘家庭物质需求的一种手段。在提出具体的聘礼要求和进行再分配时,新娘的母亲和女性亲属在此过程中扮演着越来越重要的角色,辈分高的男子则越来越说不上话。她们收到的金钱、布料或其他礼物一般为自己或者家庭所用,也会用来巩固家庭关系和建立自己的社交网络。她们在互助信贷组织投资的钱将会轮流为其提供资金。然而,聘礼重要性的日益提升,往往使年轻女性自身的愿望让位于女性亲属的利益,并给作为另一方的青年男人带来巨大压力。年轻人为爱情结婚的热潮可能是对这些困境的反应,也是抵制婚姻商品化的一种方式。同时,拥抱浪漫爱情理想的年轻人也会通过互赠礼物表达自己的情感。

男人们常会抱怨说,这些经济要求让结婚变得难上加难,女人花钱的方式也很轻率。他们并不孤单,五旬节派基督徒和改革派穆斯林群体对不断增加的聘礼和婚礼花销也表示了谴责。例如,在尼日尔,伊扎拉运动(Izala movement)规定,聘礼应被限制在一笔不大的数额,并鼓励女性减少物质商品的添置。尼日尔和周边国家的政府以及当地社区在不同时期都对聘礼金额设定了限制。这些限制的成效因时因地而异,因为共识可能被打破,法律条文可能未得到执行。此外,现金支付的限制也很容易规避,因为新娘的聘礼主要包含的是一系列礼物,而不是一堆现金。

在承认母系或双方血统的社会中,新郎们经常会为准妻子的家庭工作一段时间。例如,在南部非洲的桑人中,新丈夫将和妻子的家人一起生活和工作,直到夫妇的几个孩子出生之后才告一段落。他向妻子的亲属提供他在牧场或矿场工作换来或者捕猎得来的动物,以表明他对对方家庭作出的承诺。这段时间中,这对夫妇定期访问男方的继嗣群,并参加生产活动,以保留对继嗣群所占用土地的权利。新婚夫妇如果打算在为新娘家庭服务结束后与丈夫一方的人住在一起,则情况会相反,变成定期访问女方的继嗣群。这种访问不仅维持了社会关系,而且维护了子女享有的土地权利。一些非洲社会既不实行新婚劳务期制度,也不交换实质性的聘礼。例如,在加纳的阿散蒂人(Asante)中,婚姻没有赋予男方其妻子的劳动权或她所生子女的所有权,只是由家中长辈举行仪式来表明两个亲属群体之间的联合。

在整个非洲,男女之间的爱慕和依恋之情都是通过准新郎送给准新娘的礼物来表达的。婚后送礼也继续进行:丈夫应向妻子提供服装,特别是在重要节日之前;牧民群体中,在孩子出生时,女性会收到牲畜作为礼品,并可任其处置。礼物和其他形式的物质支持是情感承诺的表达,是关爱的证明,在经济困难的时期更是如此。因此,正如西方思想所表达的那样,情感和经济利益是交织在一起的,而不是对立关系。

虽然与婚姻有关的社会交际和礼物交换在亲属关系的确认中起着至关重要的作用,但它们并不是表达社会依附的唯一手段。其他的生命周期事件,如命名仪式和葬礼,可能同样重要或更重要。在马里和塞内加尔的城市,男性亲友们聚在一起举行命名仪式,向初生婴儿的父亲提供现金,而女性则带着服装等礼品围在母亲身边。这些礼物交换起到的作用与婚礼时类似。城市居民或海外移民在原籍所在地的村落建设家园时,社会依附和归属也会显现出来。尼日利亚的城市居民,像在法国工作的北非人一样,经常会在他们的原籍地建造精致的房屋,展示他们的成功。他们可能永远不会回来定居,但他们能够通过让家庭成员住在里面,并让其他村民参与房屋维护等方式来维持与故土的联系。

在肯尼亚和乌干达的部分地区,对父系亲属的忠诚和对故土的依恋已紧密交织在一起,祖坟的存在使拥有共同祖先的后代能够获得某块土地的所有权。因此,一个人的安葬之地就变得非常重要,而且具有引发争议的可能。即使在土地身份认同不那么强烈的地方,归乡入土对于死者身份的建构和生者之间的联结也是重要的。葬礼和之后的仪式本身将家庭、家族和更广泛的社区联系起来。通过引起人们对谁在花费上提供帮助或拒绝帮助的注意,这类仪式对社会团结和差异进行了创造、重新确定或调适,尤其葬礼这类需要大量资源的奢侈活动,更是如此。新的通信技术使人们能够跨越国内和国际的边界调动社交网络。政府、宗教人士和经济专家经常批评巨大的丧葬开销是从生产性投资中抽走的,大多收效甚微。然而,出于突出地位和威望的目的而组织一次昂贵的仪式活动,并不意味着家庭成员不会就此开展严肃的争论。丧葬仪式的进行方式在非洲各地差别很大,并受到宗教变革的影响。在加纳的阿散蒂人中,它们一直是最为突出的社交仪式。在其他地方,精心组织的仪式出现的时间相对晚近,当然也有人认为它们是一种传统。在另一些背景下,生育较多子孙的男女的葬礼常常是一场对生命的礼赞,但在该地的人们皈依伊斯兰教后,葬礼变得更加严肃了。

家庭组成结构和成员互动

美国主流的理想家庭形式是丈夫、妻子和孩子共同居住在一个物理空间(如独栋房屋或公寓)的几口之家。他们拥有共同财产、共同收入和共同资源。这种理想形式把关系层面上的"家庭"(family)和作为空间共同体的"家庭"(household)两者等同了起来。尽管家庭结构和家庭组成发生了变化,但这种形式依然根深蒂固。在非洲,历史上则从来没有这种共住同一屋檐下、共享资源并就其使用作出集体决定的家庭单位。虽然"家庭"一词在非洲文献中广泛使用,但它在特定情境下的含义仍需要进一步界定。亲属关系的准则是继承权、财产权以及成员之间关系的基础,但对这些准则的解读则受到政治和经济情况、通过教育和媒体传播的意识形态、宗教信仰与国家政策的形塑。基督教与殖民时期引入的欧洲法典密切相关,两者共同加强了父系亲属的权威。伊斯兰教的影响在一夫多妻制方面已可见一斑,但在广泛实行一夫多妻制的地区,它也影响到配偶之间的关系和继承权的问题。家庭法(family law)主要见于前法属殖民地国家,旨在规范家庭内的权力和权威。最近,马里和塞内加尔等国家为加强女性地位而对修订法律的立法努力,由于穆斯林团体的反对,以失败告终,没能够带来女权主义者所希望的结果。

根据地位、年龄和性别,家庭成员有着不同的权利和义务。成员之间相互商定获得物质、社会和象征资源的机会。此外,每个人能力不同、愿望和个性相异,可能会造成矛盾。无论家庭形式如何,母亲在家庭中都占据中心位置,对子女的行为和生活的成功负有责任。子女与母亲有着强烈的情感纽带,甚至贯穿一生,尤其是在一夫多妻制家庭中。夫妻权利和义务构成了两性之间协商的焦点。夫妻双方各自应该贡献什么、做什么或者成为什么样的人,与不断变化的责任观念息息相关。丈夫和妻子不是彼此的一切,婚后同性之间的关系仍然重要。女性继续与家庭内外的其他女性进行广泛合作和社交,并建立社交网络;男人也这样做。尽管在城市和农村地区,家庭供养都与男子气概有关——且先不谈"供养"的内涵(例如住房、食物、学费、属于妻子的可耕种土地),但女性越来越多地承担起以前赋予男子的任务和角色。在摩洛哥的城市,从事公务员职业和从商的女性现在也经常会担当家庭的顶梁柱,成为庇护网络(patronage networks)的中心,提供资源和帮助管理官僚机构。女性经济角色的转变亦延伸到了非经济领域,但也可能导致丈夫和其他男性亲属对其权威的异议。

在整个非洲的农村和城市地区,以女性为一家之主的家庭都有所增加。在南非、肯尼亚和乌干达,也越来越多地出现了以儿童为主的家庭。一些因艾滋病而失去父母之一或双亲,没有祖父母、外祖父母能够给予照顾的儿童宁愿自己生活,也不愿搬到已经捉襟见肘的亲戚家中。这种所谓的以儿童为一家之主的家庭可能涉及几个自食其力的儿童或青少年、一个负责照顾弟弟妹妹的年长一些的儿童,或者一个协助身体有恙的祖父母或/和外祖父母一起管理家庭的青少年。

在马里巴马纳人居住的农村地区,以及许多其他沿袭父系血统的社会中,一个家庭主要由兄弟及其妻子、已婚的儿子及其妻子、孙辈和未婚的子女组成。有时候,成员还会包括短期或长期客居的已婚女儿和姐妹、其他亲戚或朋友。从历史上看,当持久未决的冲突导致家庭的裂变和分歧,或者家庭成员因当地的生态条件或为了寻求新机会离开该地区时,家庭会出现收缩,新的单位因此萌发,形成核心家庭。在这样的家庭中,成员种植一大家共有的田地,平常在家中老人的家里吃饭;食物是由儿媳妇们共同准备的。家中长者负责家庭事务的处理,但随着年岁的增长,也会将日常活动的管理交给弟弟或儿子;家庭决策通常是在讨论后作出的。家庭成员分开居住。

年轻男子成年后就开始建造自己的房子,这些房子在他们结婚后会成为新家庭的核心。那些娶了多个妻子的人必须给每个妻子提供一所房子。虽然男人是这些房子的所有者,但每栋房子实际上都是妻子的专属领地;在那里,她和孩子们住在一起,偶尔做饭招待客人。女子过去在家里的田地间干活,但现在许多人只有在收获期间才需要这样做,这也给了她们更多的时间去从事创造个人收入的经济活动。女性成员之间的家庭地位差异与男性相似,但权威大小是以嫁入家庭的时间长短为准的,而非年龄。生活在大家庭对女性来说是一种挑战,但另一方面,她们彼此间也能提供支持,使女性能够分享各自的劳动成果,年长的女子则可以完全免除这类义务。

未婚的巴马纳族男女在一年中有一部分时间会外出赚钱;年轻的已婚男子也会这样做,但他们可能会带妻子(或年纪最小的妻子)一起前往,除非是出国。理想情况下,一个人一旦成为家庭的长辈,就会减少外出的时间,但如果他没有能够赚钱的弟弟或儿子,这仍然是几乎不可能的。虽然家庭中外出务工的男子表面上听命于家里的长辈,但当地自给自足经济能力的缺乏实际上使得这种长者权威大打折扣,即便在外出的男子回到家时也是如此。自20世纪90年代以来,在城市永久定居并成为新的一家之主的移民人数大幅度增加。在这里,和其他地方一样,儿子婚后需要住在父亲附近的传统规定正在让位于对经济收入的迫切需求。

在加纳南部,基于母系血统的阿坎人(Akan)夫妇往往不共享住房:大约三分之二的已婚妇女不是与母系亲属一起居住,就是居住的房子由后者建造。男人也一样;如果他们的原生家庭地处遥远,他们会在配偶住所附近租一间房居住。尽管基督教会试图推广共同居住和共享收入,但这种模式并没有得到显著改变。这里的家庭单位包括可以追溯到共同母系祖先的亲属以及可以归为近亲或远亲的儿童和成人。因此,夫妻之间的情感和物质纽带超越了居所的界限,通过一起吃饭或为不住在一起的丈夫带饭来分享食物成为婚姻的物质表现。这种文化鼓励丈夫和妻子与各自的母系亲属密切合作,而当父母离婚或父亲无法履行其经济义务时,这也会为其子女提供一个社会安全网。科贝纳·汉森

（Kobena Hanson）认为，个人在家庭单位内的地位受到她/他可利用的内部和外部经济、社会与象征性资源的影响，这些资源部分与他/她通过送礼和其他捐助而建立的关系有关。大家庭在农村和城市的阿坎人群体中的重要性已经有所下降，但核心家庭也不像欧美家庭那样泾渭分明，所以大家庭的成员继续享有权利并需履行义务。

不断变化的经济状况、新的生产制度和向城市的人口移徙导致东部和南部非洲的农村家庭发生了根本性变化。在 20 世纪初的南非，当黑人农民被迫退入黑人保留地或与白人农场主签订不公正的租赁协议时，家庭团结和互助便已经遭到了损害。那些在钻石或黄金矿场工作的人无法将他们的家人带到采矿中心，令情况雪上加霜，导致一些人只能在城镇建立新的家庭。住在肯尼亚东南部泰塔丘陵（Taita Hills）的人们很早就开始背井离乡，寻找工作，其人数比前面讨论的巴马纳人要多。詹姆斯·H. 史密斯（James H. Smith）发现，到 20 世纪 90 年代，核心家庭已经基本成为主流，其中超过 80% 由于男性外出工作，由女性主导。这一现实与父权主义的理想和认为家庭是男性付出聘礼后从其原生家庭中独立的表现的观念形成了鲜明对比。这些家庭虽然按理说自给自足，但很多仍然要依靠邻居、亲属的帮衬，甚至依靠国际非政府组织的援助才能维持生活。在基库尤人中，没有足够土地的男子往往会带着妻子和孩子搬到城市，从而避免需要维持两个家庭的境况。

城市家庭的组成结构由于经济条件的不同而有很大差别。受过教育的人往往生育意愿更低，子女更少，住在以核心单元为中心的家庭中，但他们也经常与年迈的母亲、上中小学或上大学的年轻亲戚以及一名或多名佣人住在一起。他们与自身社交关系网成员的互动可能比与邻居的互动更多。在中低收入社区,住房被细分为公寓,这些公寓要么由大家庭的成员,要么就是由多个没有关联的核心家庭居住,其中一些可能是城市的新移民。个别房间也出租给单身人士,一般是男性,或租给一群男性新移民。除了发生冲突的情况之外,租房者之间可能如家庭成员一样相处融洽。许多家务工作都是在户外进行的,较小的家庭空间得到了扩展,也增加了社交活动。作为空间的家庭是热闹的社交场域,邻居和朋友来来去去;不同年龄的人也在家门口开展交际。城市居民与农村亲戚之间联系的紧密程度各有不同。有些定期回乡访问并提供支持,而另一些人,即使他们有足够的资源,也会主动减少相关联系。

非洲新兴城市棚户区中日益增多的家庭单位经常会解体或重组,因为贫困和疾病常常使居民无法过上理想中的家庭生活。菲奥娜·罗斯(Fiona Ross)的研究表明,南非西开普省一个棚户区的许多居民不得不对他们的家庭进行重新配置,并将以前不稳定的关系正式化,才能有资格进入旨在打造成模范社区的新住房。新的住房形式给社会整合带来的压力以及在法律和美学等方面的限制和缺憾,催生了一种新的核心家庭模式,也在不愿遵守新生规则的居民之间造成了冲突。从前依靠互惠和共享社交网络的居住方式也让位给新的交往模式。

近几十年来,很多非洲家庭已成为跨国家庭,家中成员分散在祖国和其他非洲国家、中东、欧洲、北美或亚洲。这种情况的动力来自寻求工作或教育等新机会,以及国内冲突导致的被迫搬迁。长途迁徙曾经是一种专属男性的现象,但现在也包括女性自主进行的迁徙。在受过教育和职业化的阶层中,女性可以在另一个国家学习或工作,而丈夫则留在家里。对于经济条件一般或较差的人们而言,所处的国家与祖国之间的人口流动受到经济条件和法律的限制,但他们仍然可以通过电话、互联网、照片、家庭仪式的视频、礼物和汇款保持联系。正如关于生计的一章将会讨论的,他们的汇款有助于为国内的家提供经济支持,但同时也改变了家庭动态。年轻男子经常向母亲汇款,帮助她们解决日常生活支出,这也导致年长的一代人之间内部权力的性别平衡发生转变。出于经济或法律原因不能陪伴丈夫的妻子也可以跟着婆母一起生活,并获得部分汇款。分别汇款可能会引发冲突,因为她们互相之间可能会怀疑对方拿到了更多的钱。在海外工作养家糊口的移民夫妇必须在建立家庭、教育子女及向故乡的父母和其他有需求的亲属汇款等方面保持平衡,但这些方面有时也具有内部矛盾性。他们大多会送孩子到家乡的亲戚家里待一段时间,或者趁着假期送他们回去,以加强亲属之间的关系,并教导他们故土的文化价值观。有些夫妇则被迫只能把年长的孩子留给祖父母、外祖父母或其他亲属抚养。这些儿童可能在物质和情感上有一种被忽视感,特别是在夫妇的其他孩子出生在国外的情况下。分离也可能导致兄弟姐妹之间的紧张关系。虽然跨国家庭已成为不同经济水平非洲人共有的社会面貌的一部分,但关于这一现象的许多研究才刚刚开始。

国外和国内的亲属都是一种资源。亲属关系,即便远在天边,也或多或少带着互帮互助的意涵,小到招待一个亲戚或者同村人来城里就医和借钱(即使明知借款人没有能力偿还),大到支持和帮助亲戚建立一个小企业。那些取得了一点经济成功和(或)受到过高水平教育的人,承受的压力更大,不仅包括物质上对亲戚的帮助,而且很可能要利用他们的关系来为自己的家庭成员提供机会。家庭内部的援助可以产生一种恩庇-侍从关系,因为那些受到帮助的人往往会通过为提供帮助者做家务或其他事情作为回报。对亲属伸出过多援手可能会导致夫妻之间的矛盾。个人愿望和不断变化的家庭观念,加上经济的不确定性,正导致年迈的父母、亲戚和寡妇得不到妥善照顾的情况越来越多。艾滋病病毒/艾滋病的流行也损害了家庭和睦与亲属关系,所以现在教会会众常常会照顾那些得不到其他支持的生病成员,或向成员施加压力,迫使他们履行其家庭义务。不帮扶亲属可能会使人受到巫术指控。相反,那些经历不幸的人则往往将其归咎于嫉妒的亲戚实施的巫术或缺少关爱的父母的诅咒。

代际关系

对长者的尊重是多元化非洲社会的常态。儿童在社会化的过程中被教导要尊重父母和年长亲属,传统上,任何年纪更轻的人都应服从于年纪较长的人。长辈可以要求儿童、少年和刚成年的青年人帮助完成任务。不过,尽管年长的不相关者仍经常被尊称为"母亲"或"父亲",但对年长亲属和非亲属的顺从性正在降低。

内战和儿童兵役造成孩子们流离失所,破坏了家庭的稳定,也动摇了之前广为接受的父系权威根基。在艾滋病大流行背景下出现的以儿童为一家之主的家庭是不断变化的家庭动态的另一个突出体现。除此以外,随着家庭和政府无法确保基本的经济安全,集体团结性遭到新自由主义经济战略的破坏,西式教育的扩张改变了个人期望,以及全球媒体对消费主义的散布,代际关系正在经历新的转变。

年轻男子开始赚钱,为家庭提供急需的金钱,而导致男性长者权威下降,这从几十年前便已开始,在有关移民的讨论中我们也有提及。最近的发展是,当新的经济机会出现,儿童和青少年能够自给自足甚至为家庭提供经济来源时,父母的权威不再。查尔斯·皮奥特(Charles Piot)看到多哥北部的青年常常以"人权"为理由拒绝在田间工作,或违背父母的意愿出走尼日利亚找活儿干。大卫·柯亚唐多(David Kyaddondo)强调了乌干达东部的儿童由于参与当地蓬勃的水稻经济,相对于其父母获得越来越大自主空间的过程。过去的常态是作为父母的帮衬,他们应该担起更大的责任,但赚钱和支配金钱的能力正在改变他们与父母的关系。他们与其他成年人的关系也发生了变化,因为他们在获得工作时有效利用并锻炼了个人能力,和他人交流也因此更有底气和威信。虽然长者对年轻人的经济贡献持欢迎态度,但他们也对失去尊重和家庭角色的逆转感到担忧。这一最新的事态发展正在引起关于代际关系的道德辩论。在南非西开普的一个小镇,男女青年正在利用全球青年文化重新界定他们的社会人格和在当地社会中的地位。加上社会经济的变迁,成年女性长期以来在家庭和社区的中心地位正在受到侵蚀。

一部分年轻女子以性为砝码,与"甜爹"(sugar daddies)交换物质上和象征性的好处,一段时间以来,这已经成为都市社会面貌的一部分。这种现象已扩大到游客和外派的职场人士范围。通过建立短期或长期的性关系,年轻女性可以得到她们无法从父母或来自同一阶层的男友那里获取的金钱和抢手的商品。有些人甚至能够用这笔钱自己创业。虽然有违道德,偏离了获得名利的正道,但这样做也使得她们成为其亲属和未婚夫的恩庇者,从而改变代际和两性关系。

非亲属形式的团体

亲属关系和家庭往往成为其他社会关系的榜样,原本专属于亲属关系框架下的术语可以用于从城市协会到公民身份等新的团体形式和身份。同学之间像亲戚一样建立纽带,并在之后的生活里从中获益。朋友可以像亲人一样相处,当作兄弟姐妹或表亲对待,家中长辈的朋友也可以被称为"叔叔"或"阿姨"。在西非的曼德人当中,不同宗族和族群之间仪式化的玩笑在陌生人之间建立了联系,并促进了社会和谐。

自从有社会生活的证据以来,非洲男女一直被从亲密友谊到各种协会的非亲属关系围绕。对男性和女性儿童进行的割礼,使年龄相仿的孩子们在一群参与者中结成了伙伴,有着类似经历的他们跨越亲属关系和社会地位铸成的友谊会持续一生。男性同龄伙伴在社会生活中发挥着重要的作用,因为他们在婚后一般仍留在同一地区。18世纪建立的塞古巴马纳国家(在今马里境内)便是缘于一个同龄群体对长辈的反叛,而前殖民时期的祖鲁王国(Zulu Kingdom,在今南非境内)也是靠着同龄男子来组建军团的。年纪较小的同龄人经常被要求在田间劳作或承担社区项目。现在的男孩通常在诊所接受割礼,而且由于皈依基督教或伊斯兰教和上学,相关的仪式已大大简略或完全取消,因此同龄伙伴的重要性已经大大减弱。然而,他们可能仍然在一年中的某些特定时间一起举行化装舞会。

在东非游牧社会中,年龄等级是一种高度发达的社会制度,不同的年龄等级构建了男性生命周期的社会经验,并塑造了他们的阳刚之气。男子的角色、权利和责任随着他们在割礼前、割礼后和成为各个级别的长者后的不同人生阶段而变化;女性在为划分不同人生阶段而进行的仪式中处于核心位置。在肯尼亚和坦桑尼亚,由于殖民政策,年龄等级制度开始改变,这一进程在最近几十年中得到加强:旅游业使得"勇士"等级日益显示出商品化的特征,也使马赛族"勇士"成为牧民男子气概的象征。

在西非说曼德语的族群中,过渡仪式社团在男性之间和一些地区的女性之间建立了特殊纽带。学者们称它们为"秘密社团",因为随着时间的推移,入会者获得了深奥的知识,他们的活动亦对外人保密。利比里亚和塞拉利昂的"桑德"(Sande)和"波罗"(Poro)曾分别是很有影响力的男性和女性社团,"科莫"(Komo)是北方稀树草原地区一个同样有影响力的男性社团。由于这些社团与本土宗教实践紧密联系,一旦其成员成为穆斯林或基督徒,社团就会急剧衰落下去。与这些社团相关的面具和其他物品现在可以在博物馆找到,我们会在有关艺术的章节中讨论。相比之下,曼德族的猎人社团仍然活跃,尽管它们也需要深奥的专门知识和过渡仪式。与商业猎人不同,其成员有着严格的行为守则和对动植物的深入了解。猎人社团根据成员入门时间的先后来设定年龄等级,社会地位并不重要。猎人社团的音乐已经非常流行,社团本身也在新的条件下扮演了新的角色:他们充当安全巡逻队,保护当地社区免受犯罪的袭扰,在国家公园担任警卫,并参与和打击叛乱。他们的领导人跨越国界的限制与其他国家的同侪建立了联系。

在非洲的许多地区,工匠构成了一个单独的社会类别。他们和牧民或耕种者一样,是亲属团体的一员,但不同之处是他们因职业而联系在一起。与被奴役的群体一样,他们通常也是一些特定家族的后代。以这种方式区分的工匠种类因时因地不同,但大多包含铁匠。西非的萨赫勒和稀树草原地区以高度发达的职业群体体系而闻名,这些职业群体包括铁匠和陶工(后者是铁匠的姐妹和妻子)、吟游诗人[也被称为"格里奥"(griot)]、皮革工人,以及常见于富尔贝人(Fulbe)中的织工。他们只应在其所属的社会类别内结婚,并把身份传给子女;不过,这种界限也有被重新定义的可能。他们的社会地位低于农牧民。但同时,他们也被认为具有特殊的精神力量。特别是铁匠以他们的超自然能力和治愈能力而著称。格里奥记述统治者的家谱,传播家族传统,并为那些成就卓越的人吟唱赞歌。他们受到他人的尊重和敬畏,因为他们熟知家庭秘密,随时可以吐露。他们与社会中的权贵走得很近,这些格里奥常常与铁匠一起担任调解人,因为这两个职业类别的人都无法担任政治职务。而在撒哈拉沙漠的图阿雷格人中,曼德人那里由格里奥完成的工作,许多都是由铁匠代劳了。铁匠和皮革工人的工作到现在也没有大的差别,然而编织作为一门手艺已经大幅衰退。格里奥现今在社会和政治活动中仍然具有一定作用,但他们也时常因为被那些希望提高自己地位的政客和富人利用而受到批评。有些人在国际音乐界声名大噪,或者像其他工匠一样,靠着他们的教育基础,转而从事完全不同的工作。这些群体的任何成员现在都有机会获得政治职位,但与其群体以外的人口通婚则还没有被社会普遍接受。

詹姆斯·埃里森(James Ellison)在埃塞俄比亚南部的研究表明,孔索(Konso)的技工和商人用一种亲属关系的术语表达他们各自的社会地位,称自己是富尔托(Fulto)"家族"(以他们的同名祖先命名)。近年来,随着贫困农民不断寻求新的经济机会与富尔托"家族"广泛的关系和贸易网络的影响,他们的成员数目有所增加。"家族"成员互相帮助,参加宴会和公共仪式。20 世纪 90 年代的新自由主义改革以及对于自由市场精神的广为接受促进了农民对这种新身份(以及社会等级的降低)的认同。

　　非洲男女在追求共同目标时也会组成各种类型的社团。其中的一些在达成目标后就宣告解散,也有一些则成为社会生活的永久特征。这些社团包括文化组织、致力于发展的协会和朋友们在非正式场合讨论当下问题的俱乐部。即使是那些具有经济性质的社团(例如各种自助社团,包括关于生计的一章中讨论的互助信贷组织,以及近年出现的社区和非政府组织),也向其成员提供社交、道义支持和扩大个人关系网络的机会。城市新移民组成的同乡会经常赞助建造学校、教堂或清真寺或者其他发展项目;当一名成员去世时,同乡会或同族会也会帮助将遗体送归家乡。乡村或城市的妇女协会和政党中的女性分支在节日期间穿着相同的衣服来表示她们的团结。无论是以教会团体、唱诗班、研究团体的形式,还是以专门从事社会和宗教事务团体的形式,宗教正在成为日益重要的结社基础。在塞内加尔宗教和社会生活中非常重要的"达埃拉仪式"(daairas)在国外的离散群体中得到了重建,包括美国,在那里,苏菲派(Sufi)教团的信徒会组织宗教仪式,相互之间和为新移民提供帮助,支持宗教领袖,并代表该团体与地方当局谈判。最后,生活在海外的非洲人利用互联网创建了关注家乡动态的虚拟社区,与国内外成员讨论涉及公共利益的问题。

　　鉴于非洲的规模之大,非洲各地在家庭单位的建立、亲属群体的界定和不相关个人之间联系的形成等方面采取的方式方法大相径庭,这点我们并不感到奇怪。然而,这些差异总是相对的,比如,当政治和人口迁徙进程推动与他人进行新的互动时,群体会对他们的文化理想和习俗相应进行调适。因此,非洲社会关系的巨大活力是比国家内部和不同国家之间家庭、婚姻和团体形式的变化更为重要的因素。变革虽然早已有之,但它似乎在20世纪末和21世纪初加速了。从阿尔及尔到开普敦,从蒙巴萨到布拉柴维尔和达喀尔,非洲人在日常决策和争取更美好未来的过程中深度参与到了全球化进程之中,发展出新的关系形式。各行各业的人们受到教育、宗教、通过各种媒体传播的影像、市场经济的发展和环境变化等的影响,开始重新诠释相互关系的理想形式和对它的期望。家庭单位似乎正在收缩,两性关系正在重组,代际关系正在重建。超越亲属关系、恩惠和种族的新团体形式也正在形成。然而,这些变化不是单向的,也不会在最后简单地成为一个新的单一模式。非洲内部和海外的非洲人是这些进程不可或缺的组成部分,正在对约定俗成的"非洲式"社会关系提出挑战。

致 谢

感谢格蕾西亚·克拉克和罗莎·德·朱里奥(Rosa De Jorio)对本章草稿提出的意见。

拓 展 阅 读 建 议

Buggenhagen, Beth. 2012. *Muslim Families in Global Senegal: Money Takes Care of Shame*. Bloomington: Indiana University Press.

Coe, Cati. 2008. "The Structuring of Feeling in Ghanaian Transnational Families." *City and Society* 20(2): 222–50.

Cole, Jennifer, and Lynn M. Thomas. 2009. *Love in Africa*. Chicago: University of Chicago Press.

Cornwall, Andrea. 2002. "Spending Power: Love, Money, and the Reconfiguration of Gender Relations in Ado-Odo, Southwestern Nigeria." *American Ethnologist* 29 (4): 963 – 80.

Ellison, James. 2009. "Governmentality and the Family: Neoliberal Choices and Emergent Kin Relations in Southern Ethiopia." *American Anthropologist* 111(1): 81 – 92.

Hanson, Kobena T. 2004. "Rethinking the Akan Household: Acknowledging the Importance of Culturally and Linguistically Meaningful Images." *Africa Today* 51 (1): 27 – 45.

Jindra, Michael, and Joël Noret, eds. 2011. *Funerals in Africa: Explorations of a Social Phenomenon*. New York: Berghahn Books.

Kyaddondo, David. 2008. "Respect and Autonomy: Children's Money in Eastern Uganda." In *Generations in Africa: Connections and Conflicts*, ed. Erdmute Alber, Sjaak van der Geest, and Susan Reynolds Whyte, 27 – 46. Berlin: LIT Verlag.

Masquelier, Adeline. 2004. "How Is a Girl to Marry without a Bed? Weddings, Wealth and Women's Value in an Islamic Town of Niger." In *Situating Globality: African Agency in the Appropriation of Global Culture*, ed. Wim van Binsbergen and Rijk van Dijk, 220 – 53. Leiden: Brill.

Newcomb, Rachel. 2009. *Women of Fes: Ambiguities of Urban Life in Morocco*. Philadelphia: University of Pennsylvania Press.

Rasmussen, Susan. 1997. *The Poetics and Politics of Tuareg Aging: Life Course and Personal Destiny in Niger*, DeKalb: Northern Illinois University Press.

Ross, Fiona C. 2005. "Urban Development and Social Contingency: A Case Study of Urban Relocation in the Western Africa." *Africa Today* 51(4): 19 – 31.

Salo, Elaine. 2005. "Negotiating Gender & Personhood in the New South Africa: Adolescent Women & Gangsters in Manenberg Township on the Cape Flats." In *Limits to Liberation after Apartheid: Citizenship, Governance & Culture*, ed. Steven L. Robbins, 173 – 89. Oxford: James Currey.

Smith, James Howard. 2008. *Bewitching Development: Witchcraft and the Reinvention of Development in Neoliberal Kenya*. Chicago: University of Chicago Press.

Van Dijk, Diana. 2008. *Beyond Their Age: Coping of Children and Young People in Child-Headed Households in South Africa*. Leiden: African Studies Centre.

第 4 章

谋生：非洲人的生计

格拉西亚·克拉克、凯瑟琳·威利

生计的意义

非洲人的不屈不挠和聪明才智使他们在极为困难的条件下生存了下来，甚至兴盛了起来。面对非洲人为了保护家庭利益，确保下一代的安全与发展而进行的矢志不渝的努力，认为非洲人是被动受害者的普遍刻板印象自然就分崩离析了。这是一场时常有人逃避，且许多人无法取胜的斗争。即便如此，普罗大众的作用依然值得书写。持之以恒的试验和创新几乎是非洲每一个社会的鲜明特质，这是因为人们往往需要在严重的资源限制和诸如最近的汽油和玉米价格不断上涨等外部冲击下谋得一份生计。

通过分析人们为维持家庭和社区生活，适应这些制约因素而采用的策略，研究人员采用了"生计"（livelihood）这一术语，来表示在较长时间内维持社区和个人生活的有偿和无偿活动。传统的美国式经济分析方法对工作和家庭进行严格区分，将经济活动限制在工作一侧，主要以货币形式衡量经济表现，即国内生产总值（GDP）——某国一年中生产的商品和服务的价值。即使经济学家们试图将官方记录之外的商品和服务计算在内，例如供人们直接消费的农业或无偿家庭劳动，其也往往会忽略从烹饪和清洁到促使人们共同工作的价值观和社会体制等长期维持家庭福祉的家务和思想文化工作。

生计这一概念公正地反映了大多数非洲人把各类公共和家庭责任领域交织在一起的方式。相较于之前将生产和再生产活动两者独立分析的研究,生计也更能反映非洲日常生活的现实。一般所认为发生在农场、市场、办公室、工厂或车间的生产活动,实际上与那些创造家庭和两性和谐关系、生育和养育以及社区团结的再生产活动并不是全然没有关系。对工作和家庭安排的多样化、合理化选择能增强灵活性,使人们可以为不可预知的未来作好准备。在这样的基础上,人们集体和单独制定战略,以实现和维持自身站得住脚的经济地位。本章将生产和再生产活动放在一起探讨,并试图梳理两者是如何促进非洲的人们过上和带领他人过上有意义的生活的。

生计这一概念在各个分析层面上都有用处,包括个人、家庭和大家庭或家族,以及当地社区、经济阶层、族群、区域、国家乃至次大陆。在每个层面上都必须有各类不同经济活动一起建构的可行的谋生手段,为该层面的物质需求服务。这里所说的可行性在不同层面上主要由不断变化的资源配置、当地的文化习俗和历史经验等标准确定。就国家一级来说,石油储量丰富的国家很多,但作为石油储量丰富国家的尼日利亚、苏丹和安哥拉的发展水平却和同样拥有石油的挪威、英国和美国大不相同。就个人层面来说,儿童入学的可能性在很大程度上取决于父母的居住地以及是否能负担学费。然而,贫穷并不意味着年轻人就失去了受教育的可能,因为一些贫困家庭的孩子可能会得到亲戚、邻居或教师的资助,从而完成学业。

以生计为切入点的研究也承认,在对人类行为的研究中也穿插着各种不同层面的负面因素和歧视(诸如种族、性别、阶级、国籍、族群、地理和生态环境等),并塑造了人们的选择和受到的制约。芭芭拉·库珀(Barbara Cooper)展示了尼日尔一位精英阶层的豪萨妇女面临的比比她阶层低的表亲更为严格的与世隔绝境况。她的表亲没有仆人帮她取水和买东西,因此便无法待在家里,但她至少能够自己去市场采购,与家人和邻居一起在耕地中劳作。是的,这位表亲有更多的行动自由,但由于她的生活方式不符合对女性端庄的文化期望和限制女性自由活动的传统观念,她的经济保障更少,声誉也更低。在这个案例中,族群(豪萨族)、性别(男或女)、阶级(富人或穷人)和宗教(伊斯兰教)都对同一行为的结果(到市场去)造成了很大影响。特定层面的行为标准很少去规定人们应该去做什么;相反,它们会根据可能的结果和先决条件给你一系列选项自主选择。即使在受限最严重的情况下,例如难民营中,人们也不可能只有一种维持生计的选择。在更大的区域或国家层面,前景可能乐观,也可能暗淡,但在某种程度上总是不确定的。服从与反叛、风险和预防产生了无数相互矛盾又相互强化的层面,最终汇流成历史。

非洲村庄的可持续发展

生计的概念肇始于与农户相关的研究,根据世界银行的一项数据,2010年时依然有62%的非洲人生活在农村,因此,对撒哈拉以南非洲的人们来说,这类研究很有意义。虽然农业在许多非洲国家占国内生产总值的25%以上,但大多数家庭和个人在一年、一个月甚至一天中都会从事几种不同的工作。能够创收的非农经济活动对于面临气候或医疗挑战的农村社会而言,重要性往往与农业不相上下。某种作物的灾年可能是另一种作物的好年景。不同经济活动的组合可以起到缓冲风险的作用,通过预测,人们得以在其中一种经济活动不景气时,还有另一种可以依赖,甚至化危为机,使其能够扩大生产。

气候和国际市场价格在一年中的变化和波动意味着非洲农业社区很少能够只靠农业生存。农村居民通过从事以粮食、现金或其他物品作为报酬的一系列其他经济活动来贴补家用。他们可以在别人的农场工作,以换取一天的食物或从收成中分一杯羹,或者得到对方的允诺,之后来自己的农场帮忙。其他活动可能包括采集用于手工艺或作为食物的野生植物、制作篮子或陶器或金属工具、收集木柴进行出售以及售卖从其他地方引进的食物。没有土地权的寡妇和孤儿,或者没有在农场工作必需的体力或家庭成员帮助的人,可能更多地转向上述其他收入来源以维持生计。

尼日尔是世界上最为贫困的国家之一,根据 2011 年联合国人类发展指数,该国排名倒数第二。这个国土大部分被沙漠覆盖的内陆国家的人均收入每天只有不到两美元。西蒙·巴特伯里(Simon Battherbury)的研究表明,面临这样严苛的经济状况,当地哲尔马族(Zarma)的村民,比如凡杜贝里(Fandou Béri,意为沙地高原)的 400 个成年居民,就发展出了具有创造性的生存策略。他们从这个弱势国家聊胜于无的发展计划中得到的外部援助非常少,即便在当地主要作物雨季小米遭受干旱和反常降雨时也是如此。在个人的技能、财富以及获得劳动力和技术的机会等因素的共同影响下,当地人果断作出了将谋生方式多元化的战略选择。

在 20 世纪 90 年代末,尽管所有参与调查的哲尔马人家庭都从事农业,但其中只有两个家庭能够只靠种植的作物满足粮食需求。其余人则还需要依靠其他一系列经济活动,包括经营小型企业、贸易、饲养牲畜、移居国外(通常为季节性地)、在本地打工挣钱和收集供出售的木柴等。男女都通过这些方式营生,但具体到工作类型而言,男女往往不同。男性负责大部分农活,通常也会在旱季前往科特迪瓦等地寻找额外的工作。女性一般做点小生意,如贩卖食品或家养的绵羊等,这样她们可以获得可观的收入。年龄也是影响工作类型的因素之一。年长的男女总体而言在参与经济活动的灵活性方面更高,这是因为他们拥有更多的土地和资本等资源。儿童则会去收集可在市场上出售的当地食品,或者从事一些轻松的有偿工作(如取水和售卖首饰),为家庭收入添砖加瓦。由于凡杜贝里的人们信奉伊斯兰教,女性的行动在一定程度上受到了限制,于是儿童也加入进来,帮助完成母亲的工作,比如母亲在家里煮好食物,儿童再拿到市场上出售。尽管这种创收活动开展十分广泛,但这里似乎并没有产生对工资收入的依赖。人们依然耕种,差别是一些人为了抵御干旱和其他风险而引入了多样化的作物品种,这种情况的一部分原因是农业仍然是哲尔马族文化的重要内容。

农业可持续发展的首要原则之一是多样化。种植多种作物的农民遭遇大灾年的风险通常较低,这主要是因为一般来说,受到干旱或蝗虫等负面因素影响的作物对水分的需求以及面对虫害和病害的脆弱性各不相同。仅仅依靠一种作物忽略了这一基本的对冲措施,譬如玉米在南部非洲农业中占据主导地位的时候。拥有多种海拔或不同降雨模式的田地的农民可以种植不同的作物,并把它们种在最适合的位置。非洲农民也经常在同一地块中间种不同的作物,例如,培育一种生长迅速的高大作物大蕉,从而保护生长较慢的可可树的嫩苗，这些可可树在大蕉收获的很多年后才会趋于成熟。热带土壤通常很薄，很容易被阳光烤硬，雨天容易流失养分，这种间作法通过模仿自然植被的模式保护土地。将出口作物与在当地销售或食用的作物混合种植，也可以降低市场波动带来的风险。例如，杂交玉米主要用于出口，因为每年必须购买新的杂交种子和化肥，而且相比它而言人们更喜欢当地品种的口感。混合农业也使人们摄取的营养更加均衡，并分散了收获期，减少了仓储需求和劳动力短缺瓶颈。

大部分非洲本土的耕作体系都涉及较长的休耕期，使得野生植物能有时间在空旷的田地里再生。在再一次种植前烧掉土地上的植物，就能够使土地最大程度地获得储存在野生植物中的氮和其他营养物质。这种灰肥只能持续几年，因此为了获得大丰收，农民必须不断清理出新的已经休耕超过二十年的地块。有一些因素会限制土地的轮作能力，导致土壤肥力的迅速丧失和土壤侵蚀。而当大片土地被转设为商业种植园或被白人侵占时，非洲人只能挤到剩下的土地上，长时间休耕的可行性大大降低。劳动力迁徙，特别是年轻男子的离开，也可能迫使留在村庄的家庭成员选择植被生长不尽如人意的新地块，因为它们更容易开荒。如果法律有明文规定禁止焚烧田地，焚烧活动会转到"地下"偷偷进行，人们一般会选在旱季的高峰期进行焚烧，这样能够轻易把责任推给野火。不过在这个时间段焚烧和雨季到来之前相比，焚烧后土壤的肥力要低一些，造成火灾的可能性也更大。

将农业与牲畜饲养或狩猎相结合是整个非洲的常见做法。在埃塞俄比亚，穆尔西族（Mursi）女子负责耕地，男性放牧。男人只有在结婚时才可能分配到一块家庭土地，而且如果一个男人不能为妻子提供土地耕种以养家糊口，那么他的婚姻可能不会长久。对肯尼亚的马赛人来说,男子放牛,女人则负责挤奶,另外女性还会准备一些食用奶制品,并和基库尤妇女交换谷物。最近几千年大规模的班图人迁徙之所以能够如此迅速地扩散到南部和东部非洲,主要是因为移居者每到一个地方,都根据当地的生态情况改变了农业和畜牧业之间的平衡。大多数牧民在经济活动多样化上更进一步,除了牛之外也开始饲养起诸如山羊、绵羊和家禽等小型动物。

非洲社会发展出了许多巧妙且行之有效的方法,来协调不同家庭成员的劳动以及分配工作量。一些群体会把男性耕作的作物和女性耕作的作物区分开来,也就意味着每个家庭都应该进行品种多样化的农业生产。比如在西非,薯蓣通常是男人的作物,因为薯蓣田在种植前必须费力地锄成一个个土堆。女性则把她们做汤用的蔬菜种在小丘的两侧,既能稳固土堆又能同时为两种作物除去杂草。到了旱季,其他地区的妇女会在不适合种薯蓣或小米的土地上种植水稻或木薯(从巴西引进)。在其他社会,特别是在种粮区,男女分别承担同一种作物的不同工作。一般来说,男人在地里开荒并播种,女性在整个生长季节都负责除草。在喀麦隆的草原地区,种植和啤酒酿造被比作怀孕过程中婴儿的孕育,因此都自然而然地归于女性专属的领域之下。相反,在尼日利亚的约鲁巴人看来,男子务农和女子经商同是自然而然的事情。当然,在许多地方,人口迁徙和其他社会变革已经改变了这些历史分工的平衡。

尽管如此,一些地区差异依然绵延了数世纪未曾改变。在西非的多数地区,每个成年家庭成员都有权获得一些独立收入,从而激励他们每个人作出额外的努力。在尼日利亚豪萨人的村庄,整个大家庭都在当地首领的田地里工作,首领则在收获时将粮食分给每个母系核心群体。此外,年轻男女希望获得另外的田地,在那里他们可以种自己吃的食物,也可以种植供出售的农作物来为自己赚钱。母亲可以让自己的年幼孩子帮助耕作,但等成年后,他们会要求拥有自己的田地。而在东部和南部非洲的多数地区,很少有人会认为女性需要有自己的收入来源,尤其在男子付出结婚彩礼的父系社会,更是如此。

粮食安全

当干旱来袭时,人们采用的第一个应对策略往往是扩大他们正常的旱季生产活动。格拉西亚·克拉克在她的著述中讨论了1983年严重旱灾期间,加纳北部稀树草原小镇达蒙戈(Damongo)的女性在她们的庄稼已经枯死,因而没有必要去除杂草的情况下是如何采取行动的。她们放弃了田地,开始采集乳木果做成黄油,以及洋槐树豆荚发酵成豆酱;为了增加收益,她们也会前往更遥远的树林并在那里过夜,以加强这种通常的旱季工作。一些女性注意到木薯类作物比其他种类的作物更易存活,于是她们便决定把木薯加工成"加里"(gari)[①]来赚钱,这种干燥的烘烤食品在寄宿学校很流行。由于这是沃尔特地区的传统食品,她们联系了当地的一些教师,请求他们教授提高产品质量的诀窍,之后这些产品成功地打入了学校、军营和监狱。从这些女性自己每日食用的角度而言,她们更喜欢用木薯粉做的粥,所以她们把木薯磨成加里之后留下的残根擦干,然后把它们和面粉一起捶打,最后使

[①] 一种由发酵的木薯泥烘烤而成、颗粒或粗或细的预糊化木薯粉,这是西非、中非贸易和消费最多的木薯食品。——译注

之融为一体。这些劳动密集型产品需要使用大量的水和柴火,但在常规食品稀缺且昂贵的糟糕年景里,市场里总有它的一席之地,毕竟至少它能帮助人们避免挨饿。

在20世纪70年代苏丹西部半沙漠地区的达尔富尔(Darfur),男女都使用类似的策略帮助自己抵抗并熬过饥荒的年份。亚历山大·德·瓦尔(Alexander de Waal)对此进行了研究,他发现人们开始吃野生谷物和浆果,甚至会收集它们到市场上出售。在饥荒的年份,那些只有很少或者根本没有牛的穷人可以比平常更早前往城镇打工糊口。相对富裕一些家庭的男子拥有更多的牛和积蓄,因此在饥荒时期有更大的承受能力。由于牛群数量庞大,即便是在正常的年份,他们也不得不把牛群带得更远,才能找到丰茂的草场,所以他们一般都会与多个草场的所有者保持联系,以保证牛群的食物供应。这些人的现金积蓄是他们不至于落魄到卖牛境地的关键。在带着牛群离开之前,他们会把家庭开支的钱留给家里的妇女,她们在饥荒时期能比贫穷妇女在村里待得时间更长。当留下的钱耗尽时,她们便也不得不搬到附近的城镇,但在那里她们缺乏工作技能,而且比较好的工作岗位早已人员饱和。

在农耕季节很短的地区,如撒哈拉沙漠或卡拉哈里沙漠附近的旱地,一部分家庭成员作为农场工人迁移到土壤更肥沃的地区是年度工作周期的必要组成部分。前往附近城镇的季节性迁徙也很常见,在这些地方人们会从事建筑业、贸易或服务业等日常工作。加纳北部的年轻人在每个旱季都会前往库马西(Kumasi)的二手服装批发商那里工作。他们负责从卡车上卸下成包的衣物,应客户要求送到运输中转场地,有时也会带一些回家在村庄里兜售。雨季来临时,他们回到农场,批量服装贸易这时明显进入淡季。年轻男性历来是这种迁徙类型的主要构成,但时至今日女性也经常离开家到外地从事家政服务或搬运等工作。来自加纳上东部省和西部省的年轻女性现在多数希望能在南部城市待上一段时间,做点搬运工的工作,为她们的母亲负担不起的搪瓷锅碗瓢盆等嫁妆筹钱。

  当农村面临经济压力时,这种人口迁徙模式可以持续多年。冈比亚花生产区的"陌生农民"(stranger farmers)和加纳南部被称为"阿布萨"(abusa)的可可佃农是两个例子,迁徙而来的劳工创立了整个行业,并持续了多年甚至几代人。由此造成的来源地农业劳动力缺失只会加重其农业体系的压力,但人口的减少也降低了当地的粮食负担,移民劳工也能够寄钱回去贴补家用。这种持续的迁徙模式通常有社会和生态两方面的原因。在西非,殖民统治下针对出口作物的税收和强制种植形成了难以扭转的迁徙动机。在南部非洲和肯尼亚,殖民当局帮欧洲移民征用了最佳的土地,部分原因是为了更容易招募到本来要去别的地方找工作的流动劳工。在白人统治的南非共和国,种族隔离法律代表了英国殖民地通行证法的极端形式,使劳工被迫离乡背井。纳尔逊·曼德拉成为总统后的多数统治终结了这一法律框架,但殖民统治遗留下来的土地所有权和财富分配方面的不平等基本没有得到改变,这些不平等造成的经济环境仍然是迫使农民向城市迁徙和扰乱家庭的罪魁祸首。

  在一些情况下,农民应对干旱的策略自由度会受到诸如通行证法、产权法和移民管制等条件的限制,这可能会使一场干旱恶化成致命的饥荒。即便是在干旱程度还没有达到无法耕种地步的时候,在路边和移民的主要目标城市发生的暴力或政治动荡也会对人口迁徙或牛和野生食物的市场流通造成干扰。其还可能导致运输途中损失的作物比例升高,并使粮食无法流入急需的地区。在殖民地尼亚萨兰(Nyasaland,今马拉维),英国当局对日益严重的粮食短缺作出的反应居然是禁止粮食在地区之间的流动。由于母系家族的男子为了给妻子和孩子带回粮食,通常会前往更富裕地区出售篮子或在农场和公路上工作,当局这种禁止运输粮食的规定基本上使得这些男子无法履行自己承担的责任,许多人因此甚至羞于回家。

在干旱时期,即使是发展项目也可能产生意想不到的后果。例如,马里的牧民通常会在雨季将牛从耕种区域带走,因为在此期间,远方干燥地区的牧场有新鲜的青草发芽。然而,在严重干旱时期,这种情况不会发生,牧民会迁入一些放在正常年景对农业和牧业而言都过于潮湿、沼泽化的地区。在干旱期间,这些沼泽地会干涸,牛群可以在此安心吃草。在马里,尼日尔河湾的灌溉工程占据了大部分沼泽地,干旱时期却可能导致严重后果。牧民们只能在灌溉区放牧,但这样做很可能严重破坏运河和沟渠,因此当他们带着牛群到达时,会发现武装警卫早已经等在那里。

为了建立关系和建构人设的礼物交换

上文举的例子很明确地显示,非洲人早已积极参与到当地和全球的市场经济当中,购买并售卖商品和劳动。通过对非洲人生计的分析,我们也认识到他们为了生存而采取的一些创造性的非市场策略,礼物的交换就是其中之一。在这类送礼经济中,赠予人不会立即获得金钱的回报,而是在一段时间后收到一件等值或更高价值的礼品。这类交换会在很多情境下发生,在集市里,人们会交换啤酒或小食品,而在诸如婚礼和命名仪式等人生重要场合,人们交换的就是包装浮夸的贵重物品。这种赠予行为在人们的经济活动中占有重要的一席之地,能够帮助与他人建立关系,显示赠予人的财富和社会地位,以及获取其他类型的经济机遇。

人类学家查尔斯·皮奥特曾经于 20 世纪 80—90 年代在多哥北部与卡布利人(Kabre)一起工作。他注意到卡布利人之间经常交换礼物。这里的男人会用自己收入的一半给另一个男人买啤酒,这令他感到很惊讶。卡布利人把酿制啤酒的器具或者用于献祭的动物送给帮助他们收割作物的人,甚至会把收成的三分之一送给那些帮助运送谷物的妇女。这里的居民之间也会相互借用土地,甚至在提出借用的一方自己还有剩余的土地没有得到利用的时候。人们刚开始时都是交换一些无足轻重的物品,但随着时间的推移,交换的东西就变得越来越贵重。卡拉布(Karabu)是一个五十多岁的卡布利男子,他向皮奥特描述了自己是如何通过交换啤酒而和市场里的另一个男子结识的。当这名男子需要一只红公鸡作为祭品,并问卡拉布是否可以用一只白鸡换他的红鸡时,他们的交流升级了。后来卡拉布借用了这个男子的一块闲置土地,过去这么多年间他们俩就一直这样互相借用自己的土地。这种交换满足了人们的物质需求,所以在本质上似乎是实用主义的,而且从经济角度来看,此类交换也能帮助家庭提高收入。但卡布利人之间的交换远比这要复杂,我们所看到的不只是物质的交换,更是人与人之间建立长久纽带的过程。

交换让各种各样的人联系在一起。因此结缘的人们可能本身就是同伴或亲属,但也可能是不同社会地位的人,因而情况也有一定区别。在过去的毛里塔尼亚,依附群体向社会地位更高的群体上贡,以换取其对自身的保护。一些文化中,在某些情况下建立交换关系是受到鼓励的。比如在毛里塔尼亚,姻亲之间应在节日和仪式期间互相赠送特别的礼品。与之相似,许多非洲人的婚姻也包含新郎和新娘家庭之间精心安排的金钱与礼物交换,而且常常会持续数年时间(参见第 3 章)。由于这种交换关系有时比较费钱,人们通常会战略性地选择交换伙伴,有时是基于一个人值得信赖和靠得住的程度。

交换不仅是人们寻求财务安全和建立关系的方式,也是人们建构和展示自我的渠道。例如,在婚礼上公开进行昂贵礼物的交换就是展示个人财富和影响力的一种方式。在尼日尔,新娘的母亲为女儿购买价格高昂的家具和家居用品,这象征着母亲的社会地位、生产能力和集体网络,因为女性经常要靠家人和朋友来筹集购买这些物品所需的资金。经济学总是与社会关系交织在一起,例如,在美国,节日礼物既可以服务于功利目的,也可以使人们联系得更紧密。当母亲给你买了一条你需要的牛仔裤时,她的礼物表明了你们之间的关系。赠送礼物也可以是显示对他人拥有掌控权的一种方式,因为这会使接受者欠下赠予人的人情。卡拉布向他的朋友提供其所需要的红公鸡,朋友将来便必须要回报卡拉布的恩惠。这样的债务能够在人们需要的时候提供保障,因为他们可以收回过去赠送礼物的等值物品。在发展水平较低的国家无法提供足够医疗保障或其他社会福利的地区,这种交换形成的社会安全网显得尤其重要。这种情况下,交换网络可以让处在困难时期的人们享有一份经济保障。举例来说,亲朋好友会帮助支付医疗或旅行费用,举行婚礼或葬礼等重要仪式囊中羞涩时他们也能帮上一把。

参与交换网络也能够为开展其他经济交易创造机会。新娘在结婚时从母亲那里获得的家居用品可以当作储蓄,在需要的时候兑换成现金。它们也为女性保留了一些自主的空间,因为西非很多地方的文化中,妇女在离婚时依然可以保留这些物品的所有权。在塞内加尔,女性在仪式上交换昂贵的布料也就意味着她们是富有、信用可靠的人,这能帮助她们掌握更多的现金流。

看似利他性或礼仪性的关系可能会成为危机中的物质保障因素。詹姆斯·弗格森(James Ferguson)展示了赞比亚的矿工是如何挣得相对不错的工资,并且在经济上支持许多城里和原来村庄的亲戚的。一些一辈子住在矿业城镇的人从未想过会回到自己的原籍地,因此也就忽视了对农村亲戚的帮助。然而,当铜价下跌,矿井关闭,矿工们不得不突然回到他们的村庄,在那里他们只能暂时甚至永久依靠亲戚提供的食物、住所和农田生活。对那些先前逃避自己的道德义务的人而言,迎接他们的可能是羞辱和一贫如洗的生活。

当然,这种交换亦有可能引发冲突、带来挑战。人们可能会因为他人对赠予人的高期望值而质疑,如在塞内加尔,年轻男子对长辈们期望他们付出的大量彩礼就提出了异议。建立交换关系也有风险,因为接受者可能没有能力偿还,或者干脆拒绝偿还。同样,交换伙伴会对人们的资源提出需求,因此开源节流或投资生产活动可能没有那么容易。这也意味着,获得经济成功的关键之一是在受到赠予要求压力的情况下,为自己保留财富。达成平衡是困难的,这是由于给予不够的话可能会给他人留下吝啬的印象,而过于慷慨则意味着有失去财富的风险,因为无法保证送出去的财产能够收回。人们将财富从交换网络中保留下来的策略包括投资土地、建筑、牛群、布料或黄金等商品,所有这些商品都不太容易变现。

参加互助信贷组织也能使资金从交换网络中抽离。这些组织的成员每天、每周或每月要向组织交纳固定数额的金钱。每次会议收集的全部款项都会发给其中一名与会者;每个参与者都有机会依次获得这些款项。这意味着组织者在会议之间不持有资金,从而降低了偷窃的风险。参加这类团体可以保护参与者的资金安全,使之不会不明不白被花在冲动消费上,钱不在手中,亲戚自然也就无法要求赠予礼物或提供借款。

在非洲城市中过活

与其他地方的城市一样,非洲的城市能够吸引移民,部分原因是它们相比村庄或小城镇能提供更多谋生和身份认同的选择。教育和医疗设施,以及公共和私人投资大多都集中在城市。虽然大部分正规部门就业也位于城市,但许多非洲城市居民靠在非正规经济部门工作为生,这些行业往往不用缴纳税款,不受政府和其他相关部门的监管或保护,而且没有纳入各国的国内生产总值统计。虽然城市生活总是与现代性和向上的社会流动有关,但在大部分非洲国家,只有少数城市居民能够真正享受到城市生活带来的繁荣和有保障的生计。一边是舒适的中产阶级社区,另一边则是大量未经规划的低标准住房,这些住房往往是非法的或勉强合法的,而且缺乏供水、排污和电力等基本的公共基础设施。尽管如此,成为获得经济成功的极少数幸运儿中的一员,就像买彩票一样,依然对很多非洲人有着强大的吸引力。许多家长也认为,孩子们到城市去定居的话,将会获得更好的教育和商业机会。比如在加纳,阿散蒂人中比较富裕的可可种植者会在地区首府库马西建造或购买房屋。对此,有人解释说,"我不想我的孩子在村子里长大",即使送他们去城里上学已经太晚了。年长的商人,甚至那些从小在村里长大的,对因缺乏城市资产而不得不退休还乡的前景都感到十分恐惧。一个人说道:"(回去)我活不过三天,(村子里)没事可做。"城市的生活和工作对非洲人来说,既是机遇,也是挑战。

不过,我们对于城乡生计之间的差异也不应过分夸大。贝里达·恩丹布基(Berida Ndambuki)是一位阿坎巴族(Akamba)女性,她向历史学家克莱尔·罗伯特森(Clarire Robertson)分享了她的生活故事。贝里达于1936年出生在肯尼亚,在一个乡村小镇长大。结婚后,贝里达与丈夫恩丹布基靠种田为生,但收入微薄,部分原因是她的丈夫有酗酒的问题。为了抚养他们的十个孩子,贝里达决定,除了务农,她要做一些额外的工作,以期减轻家庭和孩子的困苦。一开始,她在附近的一个小镇帮忙酿造啤酒,之后在肯尼亚首都内罗毕附近卖过玉米粉。最后,她开始在内罗毕出售来自家乡的各种食品,包括玉米、豆子、小米和高粱等,选择内罗毕的原因是那里卖得出好价钱。

搬到城里居住后,贝里达参与创立了基孔巴(Gikomba)市场,商贩们可以在此购买或租赁摊位,售卖干粮、蔬菜、二手衣服和其他物品。虽然他们在营业许可证问题上要与当局进行斗争,警察也会时不时拆除他们的货摊,但总体而言市场经营得很好。举例来说,贝里达在市场委员会任职,帮助解决商贩之间或商贩与顾客之间的债务和其他争端。当然,在城市中工作也有独特的挑战,贝里达就曾经因为遭到抢劫和坏账问题损失了一些资产。

贝里达也从事过一些其他创收的经济活动,包括卖奶牛和从肯尼亚与坦桑尼亚、乌干达接壤的边境进口一些产品,如布料等,再在国内售卖。她选择做什么买卖主要根据当时的经济和生态大环境。20世纪70年代的旱灾期间,她从急需为家人购买食物的马赛族牧民那里低价购买了奶牛。后来雨季来临,牛的价格水涨船高,贝里达把这些牛以很高的价格卖了出去,赚了个盆满钵满。

贝里达与她农村的家依然保持着很多联系,在雨季,她会回家耕种,趁着采购货品也会经常回家看看。她成了好几个农村和城市妇女群体的成员,这些群体旨在集聚资源,帮助成员省钱或者帮助她们支付医疗和子女上学的费用。在农村地区,这些群体也会参与到诸如共同耕作或者组织社区建筑堤坝等活动中。但她与自己乡村故里的联结也带来了矛盾:丈夫没能力养家糊口,自己的孩子似乎也并不是她教育资助的受益者。尽管挑战一直存在,贝里达依然对自己的工作持有比较积极的态度,她提到,"回过头看,我来到城里谋生这个选择让我免于苦役……我挣的钱再少,也会保证我的孩子都能上学。我对我的工作非常满意,我可以自力更生,别的都没问题"。

这样的关系的确会有冲突发生,但它对生活在城市和农村的家庭成员都很重要。加纳的城市居民同样努力与农村亲戚保持联系,他们经常回乡拜访,用城市的消费品交换农产品。来自农村地区的年龄较大的儿童到城市上中学时经常会住在城里亲戚家,或者单纯在亲戚家帮忙做些家务活。相应地,当父母觉得孩子需要管教或者贸易中断导致城市食品供应出现问题时,城市儿童也可能会被送到村里生活。在许多国家,合格的交通基础设施使城市居民能够在他们的家乡建设农场,雨季时人们回乡在农场工作,收获后则将农场交由乡邻照看。也有一些城市居民继续在城郊乃至城里耕种,养鸡和养山羊的人家也很常见。在后花园种点东西对于中产阶级和贫困家庭来说都能减少食品消费的支出。

在城市里耕种是极少数的情况。更多的则是一大批家庭作坊提供的服务,如裁缝、美发和汽车修理,或有限的消费品生产,包括熟食、家具和鞋子。在中等收入社区,家庭开设售卖冷冻肉类和鱼的商店或药店可能需要更大的资本和人脉。在大多数西非城市,贸易仍然是占主导地位的职业,因为这些地方拥有悠久的经商历史,通行证法之类的流动管制也比较松弛。在加纳,2010 年的人口普查显示,大约 80% 的城市成年女性从事贸易工作,具体而言主要是市场和街头的商贩。她们为城市居民提供大部分消费品,向农村居民分销来自其他生态区的副食与来自港口和当地工厂的商品。专业买手前往非洲、欧洲、亚洲和中东等地的其他国家购买各种产品,从手机和音响到服装和家居用品,应有尽有。大部分类似工作并不在政府的官方记录范围内,也不计入国内生产总值。但这些商贩仍需要缴纳税金,例如,市场里的商贩要交摊位税,不过通常和其他行业征税的方式不太一样。

正式和非正式工作

在任意一个特定城市中,经济领域正式部门和非正式部门的平衡都取决于该城市的地理位置和国家政府创造的监管环境;两种部门之间的边界经常会变得模糊。一些分析家指出,之前认为非正式部门独立于国家体系之外的假设是十分值得怀疑的,因为其亦通过腐败或市场税等渠道与政府相连。这些模棱两可的定义导致一些学者倾向于只区分合法贸易和非法贸易,或法人组织和非法人组织,而避开正式部门和非正式部门之间的区别。市场贸易虽然常常被认为是非正式部门的一个典型,但长期以来与政府密不可分;加纳的殖民当局就曾经一直推动它的发展,以将其作为重要的税收来源。市场贸易得到法律的承认,但获得的法律保护程度与法人组织相比还有差距(这往往远非绝对)。法律保护在法人企业中的执行参差不齐,非正式部门的工人更是完全没有任何法律保护。这些矛盾导致国际劳工组织将工作重点转向"体面的工作",但在政策制定和国际援助领域,"非正式"仍然是主流话语。

贝里达的故事正说明了非正式部门就业的不稳定性,但是也体现了这种工作是如何受到政府的监测和影响的。非正式部门的企业可能与政府官员或啤酒厂等私营工厂建立关系,但它们通常可以安全地选择利用不需支付报酬的家庭和学徒工。鲁迪特·金(Rudith King)研究了库马西的一个小型烘焙师协会,他们试图让政府正式承认其作为各个所有人成员组成的合作机构的性质,但另一方面依然雇用那些不受最低工资法律法规保护的工人。这种情况会促使非正式部门的工人尽快自立门户,并与供应商、客户、亲属和邻居搞好关系,而不是简单地做着保管书面账目和合同等的工作。今天的加纳,在街头和市场拆除非正规贸易商摊位的行为仍然很普遍,津巴布韦、坦桑尼亚和贝里达所在的肯尼亚也在发生类似的事件;而属于正式部门的商店尽管偶尔也会遭到法律规定以外的罚没,但它们很少被随意取缔。

正式经济和非正式经济达成平衡的模式在非洲几个次大陆之间有很大反差:西非是一种,东部和南部非洲是另一种。在西非,非正式部门占据优势,并显示出与本地传统的连续性。在很多方面,西非的非正式部门比正式部门组织得更好、更可靠,尤其是它能够迅速适应气候或政治动荡的变化。在东部和南部非洲,相当部分白人和亚洲人的定居推动了更多的正式部门发展,但管理岗位往往是白人专属的。例如,津巴布韦的进口商品和当地食品的批发贸易主要是通过欧洲人和黎巴嫩人所有的正式公司组织的,而加纳和尼日利亚的非正式部门主要由非洲本土的大型分销商掌控。规模稍大一些的非正式贸易活动和企业的酬劳比许多基层公务员或工厂工作的要高。南部非洲矿场的工作人员中男性占绝对主导地位,这也促进了其他在正式企业工作的男性工资的提高,而薪资较低的农场和工厂的劳动力则有男有女。

在南非,几十年来,非正式部门甚至属于正式部门的非洲商业的发展受到了严格限制。即使在多数统治实行多年之后,这一地区的大部分街头贸易活动仍然集中在亚洲人的商店,此外,来自西非和中部非洲的移民也是主要从业者。对城市黑人聚居区生活的研究表明,非洲人只在少数行业中形成了有效的组织,主要是作为无执照酒馆的酿酒师以及出租车站的司机。菲奥娜·罗斯研究过开普敦十字街区(Crossroads)这样的棚户区,她发现当地人的生计是通过邻居之间的一个个临时工作拼凑起来的,报酬有现金也有实物。这些关系网的核心通常是少数在正式部门工作或有养老金可供支配的人们。

作为全球金融网络组成部分的汇款

许多非洲人为了寻求更好的就业机会和更高的收入移居到本国的城市地区,也有一些人选择移居国外。根据国际农业发展基金的数据,有三千多万非洲人在国外生活。大部分移民的目的地是非洲其他地方或欧洲和中东,另一些人则前往美国。2000 年的美国人口普查显示,有 881 300 人的出生地位于非洲;时至今日这个数字可能已经接近一百万。其中的很多人居住在人口稠密的都市区,如纽约、华盛顿特区、明尼阿波利斯和亚特兰大,但越来越多人亦开始选择较小的城市,如北卡罗来纳州的格林斯博罗(Greensboro)和俄亥俄州的哥伦布(Columbus)。尽管人们普遍认为移民主要是年轻男性,但根据世界银行的统计,女性占到了撒哈拉以南非洲向外移民总数的47.2%。

像这样的移民现象不算什么新鲜事。几个世纪以来,有群体向非洲移民,有群体离开非洲向外移民,也有一些群体在非洲内部迁徙。20世纪,摩洛哥和非洲其他地区的城市化进程使得人们纷纷涌向城市寻找工作,进一步推动了非洲内部的移民。同样地,跨国移民有时会受到目的地国的鼓励。法国在20世纪60和70年代积极从前殖民地招募工人,包括曾经作为法国保护地的摩洛哥。今天,更严格的移民限制意味着许多工人成了黑户,一些非洲人冒着生命危险乘坐木船前往欧洲。虽然有些人永久移居到了国外,但很多人在国外居住的时间较短,最终都会回国。

这些移民可以对家乡留守群体的生计产生巨大影响,特别是通过汇款的方式,这在非洲的语境下主要包括寄回给朋友和家人的钱或货物。虽然几乎所有的非洲国家都是移民来源地,但大部分汇款都寄到了北非,这主要是因为其与欧洲在地理上较为接近,在历史上也有千丝万缕的联系。据国际农业发展基金统计,2006年,向非洲汇款总额的45%流向了这一区域。举例来说,根据世界银行的报告,2010年,摩洛哥收到的汇款额为64亿美元,在非洲排名第三(仅次于尼日利亚和埃及),占该国国内生产总值的6.6%。毫无疑问的是,这些巨额汇款与移民数量呈正相关关系。2010年,超过9%的摩洛哥人口已经移居国外,其中最热门的移民目的地是法国、西班牙、意大利和以色列。留守家庭往往由女性担任一家之主,她们以各种方式使用这些汇款,如满足家庭的日常需要,以及支付教育、医疗和营养费用。

海因·德·哈斯(Hein de Haas)在摩洛哥高阿特拉斯山区(High Atlas Mountains)南部廷德加河(Todgha River)河谷开展的

研究分析了这类移民以及随后的汇款对当地和区域经济的影响。获得汇款,尤其是从海外寄来的汇款,对全家人来说影响很大:那些接收海外汇款的家庭收入是其他家庭的两倍。这些家庭也有更高的本地现金收入,这表明家庭成员并没有满足于或者仅仅依靠汇款过活,而是积极地利用这笔钱在当地扩展自己的事业。获得的资金可以在家庭谋生方式多样化过程中扮演重要的角色,也可以起到别的地方保险的作用,降低风险。

由于许多非洲人往往难以接触到贷款等金融服务的正式渠道,汇款在资助小企业和发展项目方面可以发挥重要作用。例如,除了利用汇款满足日常家庭所需外,廷德加河河谷的人们还把这笔钱投资到农业技术的改进等方面,如购买灌溉用的水泵或购买新的农田。也有一些人把这笔钱用来建造房屋进行收租,或投资私营经济。虽然该区域不是每个人都直接收到汇款,但建筑工程的增加和消费率的上升创造了新的就业机会,使整个区域受益。除了帮助家庭保障生计外,在某些情况下,汇款甚至能够帮助人们克服歧视。它使一些社会地位较低的人得以获取新的收入和权力,不过也可能导致获得汇款的家庭与没有汇款的家庭之间出现新的收入不平等。尽管获得汇款并不能保证经济成功,但它可能是非洲家庭谋生方式多样化和保护自己免受意外困苦的一种方式。

从生计的角度理解非洲民众过活的方式,使我们认识到其生活策略的复杂性、塑造这些策略的诸多因素以及人们在面临巨大限制的情况下采取的创新方式。正如本章及其例子所显示的,非洲人利用地方、区域、国家和国际的各种网络维持生计。性别、年龄、族裔和社会阶层等因素也会影响人们付诸行动的可能性,并可以相应提高和限制成功的机会。虽然他们的选择也可能受到更宏观的历史、社会经济和生态环境的制约,但人们在这些约束下努力探索并制定创造性的策略,从而使他们的生活有了意义。围绕生计的研究认为客观限制和个人力量实际上是共存的,并不断地在相互作用和响应。

强调个体作用并不意味着否定世系和社会团结的力量;相反,个体的作用在这些社会关系中才能得到体现。换言之,这并不是一个人们不应该加入群体的问题,而是一个人们在群体中发现自己的价值,并获得进步的问题。行为准则和资源的所有权也许可以规定谁做什么事和谁拥有什么财产,但在实践中,有些人总是表现糟糕或不能履行职责,有时正是因为他们缺乏完成职责必需的资源。在任何文化中,无论多么虔诚地遵循理想中的模型,总是要为万一事情进展不如预想的情况作好准备。这些"B计划"或应急策略也是文化宝库中有价值的部分。虽然它们可能很少被使用,但总是有备无患,因为它们对于长期生存至关重要。

现在对许多问题还有争论,比如汇款对收款人及其所在区域的影响。虽然在摩洛哥的研究表明,这些钱可以对整个区域产生积极的影响,但也有一些学者认为,这些钱可能是有害的。一些发展研究学者列举了不同的例子,担心家庭逐渐变得依赖汇款,而这种情况下汇款一旦停止,将导致毁灭性后果。尽管汇款可能会增加一些家庭的财务保障,但移民也可能导致"人才外流",受过教育的非洲人为了更高的收入而移居国外。另一些学者则认为,当移民返回家乡时(事实上确实人数很多),会带回新的技能、知识和资源。发展研究学者们也认同,公共政策可以在鼓励汇款并更好地将汇款与发展联系起来等方面采取更多的有力措施。这可能包括降低汇款手续费、放宽汇款税以及制定方案使人们可以利用汇款作为小型企业贷款的抵押。这些措施还将使移民能够更好地与自己的祖国和家庭保持联系,从而提高他们及其拥有的技能回流的可能性。

在口头争论之外,非洲人正在开展一场体现在行动上的非语言辩论,他们设想并执行了一系列谋生策略,其中反映了他们受到的物质和意识形态限制以及他们的无尽创造力。顺从与反叛、风险与预防产生了无数的矛盾,也绘就了历史。个人总是保持相当程度的自主性,这有助于他们应对生活中不可避免的变化和意外。政策和行为可变通的空间是个人或集体进行社会变革的基础,但对维持社会秩序或社会再生产也至关重要。在人类社会中,规则和例外都有存在的必要,这样社会体系和个人才能有生存和延续所需的灵活性和适应性。如果没有不断适应环境变化的能力,任何社会制度都不会长久。生计是在社会层面上建构的,在永不落幕的竞争中更新与毁灭,不断延续和变迁。

拓 展 阅 读 建 议

Ardener, Shirley, and Sandra Burman, eds. 1995. *Money Go Rounds: The Importance of Rotating Savings and Credit Associations for Women*. Oxford: Berg.

Batterbury, Simon. 2001. "Landscapes of Diversity: A Local Political Ecology of Livelihood Diversification in South-Western Niger." *Ecumene* 8 (4): 437–64.

Buggenhagen, Beth Anne. 2012. *Muslim Families in Global Senegal: Money Takes Care of Shame*. Bloomington: Indiana University Press.

Clark, Gracia. 1991. "Food Traders and Food Security in Ghana." In *The Political Economy of African Famine: The Class and Gender Basis of Hunger*, ed. R. E. Downs, D. O. Kerner, and S. P. Reyna, 227–56. London: Gordon and Breach.

Cooper, Barbara M. 1997. *Marriage in Maradi: Gender and Culture in a Hausa Society in Niger, 1900–1989*. Portsmouth, NH: Heinemann.

de Haas, Hein. 2006. "Migration, Remittances and Regional Development in Southern Morocco." *Geoforum* 37(4): 565–80.

de Waal, Alexander. 2005. *Famine That Kills: Darfur, Sudan*. New York: Oxford University Press.

Ferguson, James. 1999. *Expectations of Modernity: Myths and Meanings of Urban Life on the Zambian Copperbelt*. Berkeley: University of California Press.

Hansen, Karen Tranberg, and Mariken Vaa, eds. 2004. *Reconsidering Informality: Perspectives from Urbal Africa*. Uppsala: Nordiska Afrikainstitutet.

Horn, Nancy E. 1994. *Cultivating Customers: Market Women in Harare, Zimbabwe*. Boulder, CO: Lynne Rienner.

King, Rudith, and Imoro Braimah. 2010. "Earning Dignity and Recognition through Formalisation: A Study of a Bakers' Association and Its Members in the Informal Sector of Ghana." Unpublished paper.

Ndambuki, Berida, and Claire C. Robertson. 2000. *We Only Come Here to Struggle*. Bloomington: Indiana University Press.

Piot, Charles. 1999. *Remotely Global: Village Modernity in West Africa*. Chicago: University of Chicago Press.

Ross, Fiona C. 1995. *Houses without Doors: Diffusing Domesticity in Die Bos*. Pretoria: Cooperative Research Programme on Marriage and Family Life, Human Sciences Research Council.

Vaughan, Megan. 1987. *The Story of an African Famine: Gender and Famine in Twentieth-Century Malawi*. New York: Cambridge University Press.

第5章

非洲的宗教

约翰·H. 汉森

今天,魂灵附身、丰收节和其他与非洲传统宗教(或根源于非洲的宗教)有关的活动仍然十分重要,但自20世纪以来,进入非洲基督教教堂和伊斯兰教清真寺的人数已经有了显著增加。从1900年到2010年,非洲的基督徒人数从不到1 000万增长到4.7亿,在世界基督教教徒中占比超过20%。非洲的穆斯林人数也超过了4.5亿,占全球穆斯林的25%。本章讨论的是根源于非洲的宗教的持久生命力,以及非洲人在过去两百年间如何接受、改信及阐释基督教和伊斯兰教的历史。

定义和视角

宗教是指把社会关系结构与看不见的力量结合起来的思想和实践。它与预言、道德指引和对万物的解释有关,宗教信徒之间通过仪式建立联系,在恍惚中体验狂喜,通过仪式、祈祷和其他宗教活动获得治愈和安慰。完整的宗教体验是很难研究的,但学者可以分析宗教思想,并讨论宗教领袖及其信徒在特定时期与地方的作用和行动。

根源于非洲的宗教是这片大陆上最早的宗教,也塑造了这里的宗教格局。这类宗教一般都有一个造物主和可感知的精神力量,仪式专家可以在特定的地方与之接触,或将其召唤并呈现到人身或物体(如面具或雕像)上。他们在公共仪式中与这些看不见的力量建立联系,继而在私人咨询时利用这些力量帮助个人。在 20 世纪初的非洲,欧洲殖民势力扰乱甚至有时禁止了这些宗教活动,因此,我们最好把现在的宗教表达理解为一种以复杂的方式唤起本土思想和实践的当代建构。

基督教和伊斯兰教是基于经文的一神论宗教。《圣经》和《古兰经》为信徒提供了道德指导,并警示人类,到了生命的终点,上帝或真主将审判人类,只有那些被认为有资格的人才能进入天堂。早期的基督徒在天主教和东正教传统中构建了教义和教会组织,欧洲宗教改革期间则出现了新教教派。早期的穆斯林从未建立过总揽全局的宗教组织,他们基本上都赞成把《古兰经》和《圣训》(对先知穆罕默德行为和事迹的记录)以及一些核心仪式,如日常祷告,作为信仰的基础。然而,伊斯兰世界出现了分歧,逊尼派和什叶派的分化就是例证。对神学和仪式的阐释与细化在基督教和伊斯兰教中仍在继续,这也符合人们对欢迎新教徒的宗教的期望。

人们经常用"融合"(syncretism)一词来指代非洲对伊斯兰教和基督教的阐释,然而这个词传达了一种不准确的印象,即非洲人在某种程度上辜负了宗教理想,但实际上现实中并不存在完全"纯粹"的宗教形式。所有时代和地方的基督徒和穆斯林都通过解释经义及加强践礼来把宗教应用于生活之中。例如,历史研究表明,基督教礼拜的核心要素,如赞美歌和祈祷,发端于古代基督教诞生前的地中海世界以及早期基督徒的宗教实践。非洲皈依基督教或伊斯兰教的人同样放弃了他们以前的宗教,并借鉴当地有意义的思想和做法,通过对其所作的解释和表达丰富他们的新信仰。

根源于非洲的宗教

历史上,根源于非洲的宗教也是非洲数量最多的宗教。其中的大部分没有留下书面记录,但学者们发现了它们的思想、实践和对前殖民时代社会进程影响的证据。承认造物主以及次级神明和魂灵的存在是普遍现象,但具体理解和宗教习俗各不相同。魂灵的力量往往与当地的特征物有关,包括丘陵、岩石和神圣的森林,但正如有关非洲视觉艺术的章节将会讨论的,魂灵也可能在面具和雕塑等可移动物品中显现。在某些情况下,宗教专家可以作为召唤魂灵的灵媒;在另一些情况下,他们只是接收神灵信息的先知,还有的时候,他们是能够预言未来的占卜师。大多数社会都把为了人们共同利益而工作的宗教专家和为满足一己之私引导看不见的力量对付他人的宗教专家区分开来。有时,一些特殊角色会专门保留给男性或女性,但性别分工在非洲各地并不是整齐划一的。宗教专家可能来自与当地社区有着长期联系的家庭,但也可能来自外部,他们与当地的社会和物理距离反而增加了他们的权威。

根源于非洲的宗教具有多重社会功能。正如关于非洲的健康和治疗的一章将会提到的,一些仪式治好了病人或治愈了不孕症。也有一些则被用来进行"神明裁判"(ordeals),查明做坏事的人,或开展大规模运动,鉴别被认为是巫师的不合群者。还有一些仪式旨在造雨。政治领袖也举行仪式,如与新领导人上任或纪念当地重大事件有关的仪式。这些活动往往是保守的,主要是为了强化对恰当社会行为的认识,或仅仅是为了庆祝社区的团结,但它们同样可以产生社会变革。例如,求雨仪式中允许公众评论领导人的绩效,并可以通过鼓励推翻一个被认为无法实现大众利益的领导人来激发政治行动。在其他情况下,如果酋长们的就任庆典与凳子等器物相关,则相应地存在"拿掉凳子"(destool)——表示罢免领导人——的仪式。并非所有的习俗都有同样的用途,但所有宗教都与社会进程相互交织。

根源于非洲的宗教因时而异。缺乏文献资料使得具体变化难以重建,但对其他宗教的参考是一个指标。例如,"伊法"(Ifa)是从加纳到尼日利亚沿海地区诸多当地宗教的崇拜形式之一,它是一种占卜术,明显地借鉴了被称为"沙书"(sand writing)的伊斯兰教实践。伊法的专家要么从别的宗教借用新的习俗,要么就根据自己的占卜实践采用伊斯兰教沙书的某些可取部分。宗教变革的另一个例子是今天马赛人居住的肯尼亚和坦桑尼亚的放牧区域。仪式专家定期为马赛青年举行成年仪式,许多马赛妇女把向至高之神"恩盖"(Engai)的祈祷作为她们日常宗教活动的一部分。19世纪,一些马赛人群体扩张了其领地,并把别的族群纳入了自己的社区,新的宗教角色也在这个扩张时期出现。先知即"伊洛伊博诺克"(iloibonok)在这一进程中不可或缺,他们协助特定的马赛人团体在19世纪的变革期间夺取了领地,并在新融入者中取得了权威地位。

欧洲殖民干预和统治下的发展

在一些地区,宗教专家参与到了反对欧洲帝国主义的武装斗争中。让我们举个例子细说。殖民统治期间,德国在现今坦桑尼亚的土地上征税并推动了橡胶采集和棉花种植业的发展。事情的导火索是 1905 年的一场严重干旱，在这之后很多农村居民起来反抗殖民地中间人，并最终与德国军队作战。许多团体参与了其中，但这次运动后来被称为马及马及起义（Maji Maji）的原因，是宗教专家用水［马及（maji）］和其他物质制成、可以帮助信徒抵抗子弹的饮剂。灵媒金吉基蒂勒·恩格瓦勒（Kinjikitile Ngwale）是最早调制马及保护剂的人，他和其他与运动有关的仪式专家在德国当局镇压反抗时被抓捕并杀害。另一个例子发生在 1915—1917 年的布基纳法索，当时，当地居民利用第一次世界大战的机会，趁法国军事相对软弱的时候奋起抵抗。不同的团体利用宗教专家控制的当地神龛网络努力组织斗争。在这个案例中，穆斯林与非穆斯林一起面对敌人，并肩作战，因此也都成为法国人的攻击目标，并且在这项失败的运动中有人丧生。

殖民时代的变迁影响了当地的宗教习俗。欧洲殖民官员鼓励开展在他们看来能巩固殖民管理中非洲中间人权力的仪式，但在某些情况下，这些仪式是"捏造的传统"，与持续的文化习俗并无联系。欧洲人还积极劝阻或取缔某些被认为有争议的做法或挑战他们统治的仪式，迫使它们离开公众的视线。随着宗教专家日渐式微，许多人可能调整甚至放弃了他们的宗教习俗。例如，以前广泛开展治疗的专家变得只在个别情况下看一些不孕不育的病例；关于健康和治疗的章节将会为我们揭示这些实践的活力。一些根源于非洲的宗教在殖民时代得以延续，但有时也需要秘密进行，当地宗教习俗的要素仍然是当代艺术和音乐表达、政治仪式及其他活动的来源之一。例如，当代马里的多贡（Dogon）社区定期组织面具舞，并邀请外人见证他们的一些仪式和典礼。

一些根源于非洲的宗教在殖民时期得到了扩张。例如，在今天的加纳东北部地区，英国人盯上了位于通山（Tong hills）的一个祖先和大地神龛建筑群,认为其是颠覆当地统治的源头。英国官员派遣一支军队摧毁了这些洞穴,然后重新安置居住在建筑群附近的非洲居民,试图消除神龛的影响。20世纪20年代英国放宽限制后,之前的祖先崇拜教派之一——"通纳布"(Tongnaab),在加纳南部一个新的神龛网络中兴盛起来,其他族群在猎捕巫师时也需要以"纳纳·通加"(Nana Tonga)的名义利用这一网络。当一些非洲人获得了财富,并不再承认社会义务时,巫术指控就会有所增加,当地认为北部地区没有不合群者是由于其神灵的效力,纳纳·通加猎巫的声誉因而得到加强。直到今天,通纳布和纳纳·通加的嬗变一直在进行时,其神龛网络仍然活跃,来自加纳以外的游客也来到通山参观。

殖民时期,根源于非洲的宗教也借用了基督教的象征。例如,自20世纪20年代开始在加蓬进行、被称为"布维地"(Bwiti)的一场运动建立了一个教会网络,强调以仪式和其他共同宗教体验为支撑的平等主义。祖先在布维地中占据重要位置,入会仪式也很重要,人们会服用一种本地的致幻物质,载歌载舞。虽然布维地的核心宗教体验是与耶稣基督的相遇,但这个形象不是基督教教义中的"上帝之子",而是以当地的一名治疗师作为代表。布维地的一些成员在基督教传教士举办的学校接受过教育,但他们和其他信徒都不会声称自己是基督徒。布维地是一种根源于非洲的宗教,它利用基督教的象征,在殖民时代的变革中被赋予了关联和权威。它借鉴了具有深刻历史共鸣的思想和实践,吸收了基督教的成分并将之融入了自身复杂的仪式和象征意义中。

近期发展

由于近年来伊斯兰教和基督教在非洲的扩张,根源于非洲的宗教的影响力正在减弱。例如,福音派五旬节教会和灵恩教会(charismatic churches)往往将"传统的"非洲宗教思想和习俗定义为"邪恶的",这些教会成功地消除了公共话语中的许多此类表达。然而,正如关于艺术和音乐的章节将要讨论的,这些地方宗教的号召力仍然很强。向宗教专家的私下咨询也仍在继续,因为对于当地人来说,根源于非洲的宗教仍然在提供令人信服的信息,并可提供治疗和其他服务。

巫术指控在当代非洲持续存在,但这也让我们对这些主张与现行做法之间的关系产生了疑问。请注意,指控和对超自然神秘现象的实际参与是不同的。在某些情况下,人们会忏悔自己被邪灵附体的经历,但这些叙述无法证实,此外,忏悔本身往往是加入基督教运动或五旬节会众的一个方面。不止一个人耸人听闻地声称自己按照仪式杀过人,作为他或她过去"邪恶"历史的一部分,但被要求与当局当面对质时,他们却退缩了。尽管如此,巫术指控仍是真实的,因为社会变革时期往往会爆发公众对那些不与他人共享社会规范的人的普遍恐惧和怨恨。当代猎巫的仪式常常从过去的符号和做法中汲取灵感,但我们也不能就此认为非洲巫术几个世纪以来一直作为一项传统不断延续。换句话说,非洲可能会经历周期性的猎巫浪潮,但不一定真的有巫师居住在此。

基督教

最早的一些基督教团体位于非洲北部。尼罗河流域下游的亚历山大(Alexandria)是早期的基督教中心,西边的其他城镇也很重要,如今天阿尔及利亚的希波(Hippo),奥古斯丁在那里写下了流传于世的神学著作。由于当地的科普特人(Copts)和柏柏尔人接受了阿拉伯语,并在7世纪阿拉伯人征服此地后的几百年里皈依了伊斯兰教,基督教在非洲北部逐渐衰落。非洲北部仍有几个基督教团体,如埃及的科普特教会(Coptic Church),东正教在非洲则主要集中在埃塞俄比亚。阿克苏姆(Axum)曾是埃塞俄比亚的一个高原国家和区域商业强国,其统治者于公元4世纪皈依基督教。通过基督教修士随后的活动以及前后数个世纪埃塞俄比亚政治精英的支持,基督教在高原地区兴盛起来。时至今日,埃塞俄比亚台瓦西多教会(Tewahedo Church)拥有约4 000万名成员,是东正教传统中的一个自治分支,有自己的圣徒、宗教节日、用盖兹语(Ge'ez,一种起源于高原的古代闪米特语言)进行的礼拜仪式以及圣像。

19世纪传教士的努力

基督教于19世纪在非洲不懈扩张。经过15世纪最初的探险航行,欧洲人在之后的几个世纪持续进行传教活动,但成功总是没那么简单,只有在刚果等地,国王改变了信仰,当地出现了拥有自己圣徒的基督教团体。到了19世纪,传教活动愈加频繁。天主教徒继续着自己的努力,新教徒也增加了他们的参与,部分原因是受18世纪晚期欧洲和北美宗教复兴的影响。这类新型传教活动与废除奴隶贸易的长期努力形成了合力。大卫·利文斯顿(David Livingstone)是19世纪苏格兰的传教士和探险家,他记录了自己在非洲的工作,激励了许多人以他为榜样,走上这条道路。基督教传教士利用欧洲沿海贸易飞地作为通往非洲大陆的前哨站,从非洲领导人那里获得小块土地,并试图构建新的基督教皈依者群体。

非洲皈依者的传教活动使基督教的发展事半功倍。非洲社会的顶层或底层最先接受基督教。王室成员有时会皈依基督教，并鼓励他们的臣民皈依；除了基督教信仰和仪式本身，提升文化素养和获得商品的机会往往也是吸引非洲精英的因素。在战争导致人们背井离乡寻求新的开始之类的情况下，基督教也对受压迫者具有吸引力。19 世纪最成功的传教士中，有一些就是刚刚皈依的非洲人。例如，塞缪尔·阿贾伊·克劳瑟（Samuel Ajayi Crowther）于 1821 年在今天的尼日利亚南部成了一名奴隶，他在一艘奴隶船上获得解放，并于塞拉利昂弗里敦被英国海军释放，在那里他皈依了基督教；后来克劳瑟回到尼日利亚传教，并在 19 世纪末尼日利亚蓬勃发展的圣公会（Anglican）中升任主教。克劳瑟和其他非洲基督徒从个人经历出发，用当地语言传达信息。他们的信仰十分坚定，即使在热带疾病夺走了大量第一批欧洲传教士的生命之后，他们仍然坚持传教。一些早期的基督教皈依者面对的是殉难的结局：例如，在布干达（Buganda），基督徒和穆斯林于 19 世纪晚期对双方在首都的影响力展开了争夺，支持率天平的倾斜导致了一些非洲天主教徒的死亡，至今乌干达每年都会举行仪式纪念他们殉难的这一天。19 世纪并没有太多的非洲人皈依基督教，但它为 20 世纪基督教的扩张奠定了基础。

欧洲殖民干预和统治下的发展

基督教与欧洲在非洲的殖民统治之间的关系是复杂的。殖民主义的"文明使命"与基督教对非洲的愿景很接近，一些欧洲传教士在 19 世纪晚期鼓励非洲精英阶层与欧洲列强签署条约并结盟。尽管所有基督教的派别都在一定程度上于非洲建立了存在，但与宗主国有影响力的教会保有联系的传教士往往更能受到非洲殖民官员的青睐,法国殖民地的天主教徒和英国殖民地的新教徒就是例证。随着19世纪末起越来越多的欧洲传教士来到非洲,并取代了非洲基督教皈依者的领导位置,传教组织也开始呈现出与殖民主义类似的社会和种族等级制度。但也有一些传教士对殖民征服和统治巩固过程中的暴行持批评态度。具有讽刺意味的是,欧洲殖民官员支持那些举办本土宗教仪式的非洲政治领袖,而这些人正是传教士所谴责的。在某些情况下,殖民当局甚至会阻止基督教传教士在有大量穆斯林人口的地区(如尼日利亚北部地区)传教。

殖民统治为皈依基督教创造了肥沃的土壤。欧洲的殖民征服使人们对根源于非洲的宗教的效力产生了疑问,而殖民统治的巩固鼓励非洲人抓住机会接触基督教。传教士兴办的学校提供欧洲语言的教学,非洲人可以利用这一语言技能在殖民地官僚机构或欧洲人的公司担任职员。在非洲人重新审视基督教教会学校的同时,欧洲传教士也在改变策略,将儿童作为潜在皈依对象:两者相互加强,在殖民时代早期产生了年轻一代的皈依者。成年人的皈依也仍然在发生。例如,在卢旺达,跟随几十年前皈依的精英阶层的脚步,成千上万个农民在20世纪30年代加入了天主教会。机缘巧合也能起到一定的作用。在今天加纳的西北部地区,当一位爱尔兰传教士在当地干旱期间下雨的承诺成真时,一些农民便会皈依天主教;这些皈依者的子女随后进入了教会学校,并成为该地区充满活力的天主教群体的社会基础。

一些非洲人从传教会中分离出来,建立了新的教会,通常称为非洲独立教会(independent churches)。这些教会由非洲神父带领,名称各不相同,但有许多共同的特点,如更活跃的仪式生活和相信圣灵通过活着的先知发挥作用。例如,尼日利亚的阿拉杜拉教会(Aladura churches),或称"祷告教会",就是在殖民初期由一群在尼日利亚南部殖民城镇从事行政工作的教会学校毕业生组成的基督教祷告圈子中形成的。在富有魅力的非洲神职人员的带领下,祷告圈子发展成新的教会,成员扩大到农村地区,并加强了对击鼓和治疗仪式的重视,而这些活动在当时的传教会是被禁止的。南部非洲的非洲独立教会,通常被称为锡安教会(Zionist churches),也强调非洲先知的作用和当地的象征主义;其中一些锡安教会参与了反对种族隔离和种族歧视制度的斗争。

学者们常常把与非洲独立教会有关的宗教变革称为基督教的"非洲化"(Africanization)。这个词有其优点,因为它使我们注意到非洲人如何结合自己的生活与基督教的教义而对宗教仪式作出调整。但如果说非洲独立教会比经历分离之前的传教会更具有非洲特色,那就会产生误导。一方面,传教会最终参与了关于礼拜仪式和领导权的讨论,随之进行的内部改革逐渐促使服务和礼拜仪式自由化,非洲人重新登上了领袖之位。今天,这些教会通常被称为主流教会(mainline churches),一般由非洲人领导,他们仍然隶属于传教士最初创立的天主教或新教团体。另一方面,对非洲化的强调掩盖了在非洲的所见所闻对欧洲传教士的改变。最近的研究揭示了跨文化交流如何影响了20世纪基督教在欧洲宗主国的实践。

在20世纪,大量非洲女性皈依基督教,并成为许多教会中具有影响力的成员。例如,在博茨瓦纳,基督教传教士的努力最初使恩瓦托人(Ngwato)的男性精英在19世纪末改信基督教,但到了20世纪20年代,基督教团体中占主导地位的成员变成了茨瓦纳(Tswana)女性,她们积极推动禁酒等社会事业。她们的宗教活动推动了茨瓦纳人社会预期性别角色的转变,在茨瓦纳人社会,女性原本负责酿造啤酒,且被排除在公共领域之外。女性在脱离传教会的教众中也发挥了重要作用。比如在肯尼亚,非常多的女性被非洲独立教会罗霍教会(Roho[①] churches)的创始人阿尔法约·奥东戈·曼戈(Alfayo Odongo Mango)的宣道所打动。1934年曼戈在反对者故意引燃的火灾中去世后,这些女性保留了罗霍教会的信仰和做法;她们的赞美诗、歌曲和狂喜幻觉(ecstatic visions)是罗霍教会的继承者鲁韦圣灵教会(Ruwe Holy Ghost Church)的核心。

将《圣经》翻译成非洲语言对基督教团体的扩展十分关键。有些翻译工作是由熟悉非洲语言的欧洲人完成的,但大多数传教士还是要依靠非洲皈依者作为他们的助手;在另一些情况下,非洲人在翻译中起了主导作用。例如,在乌干达,干达人种(Baganda)的基督教皈依者率先将《圣经》翻译成(卢)干达语(Luganda),并使之随着20世纪初成功的传教浪潮被带到了远方。他们的翻译融入了当地"至高之神"和其他宗教话语的表达;更重要的是,他们让当地的宗教观念和习俗渗透到基督教的神圣文本中。翻译后的《圣经》也有其他影响。一旦《圣经》被翻译出来,随着时间的推移,译成的方言文本就成了标准。例如,非洲传教士于19世纪的尼日利亚南部传播了一本翻译成约鲁巴语的《圣经》后,不仅译文使用的约鲁巴语方言成了该语言的公认版本,而且《圣经》和当地传教活动还促使人们围绕约鲁巴语建构了统一的身份认同,这种身份认同在《圣经》的当地语言译本出现以前,并没有得到该语言众多方言使用者的承认。

[①] 斯瓦希里语"圣灵"(Roho Mtakatifu)的简写。——译注

近期发展

过去三十年来基督教最引人注目的是福音派五旬节教会和灵恩教会的蓬勃发展。这些教会起源于殖民时代的"神召会"(Assemblies of God)和其他教会在非洲建立的传教机构,但其主要发展还是在后殖民时代,且往往是以牺牲非洲独立教会和主流教会为代价的。五旬节教会和灵恩教会的非洲裔牧师借鉴非洲人对五旬节派教义的解释,强调个人得救、圣灵的洗礼、说方言、祷告医治和驱魔。此外,他们还利用大众传媒来突出自己的"现代":他们大声广播教会的礼拜仪式显示自己的存在,并宣扬"繁荣福音"(prosperity gospel),将物质和精神的繁荣与上帝的亲自干预联系在一起。有些教会实际上提供了促进经济发展的机制,如向较贫穷的成员提供贷款以助其创业,但他们对此的解释仍然强调是上帝的干预才确保了人们财务上的成功。宗教领袖经常炫耀性地消费昂贵的服装、豪华汽车和最新的电子设备,以表示上帝的祝福。全球联系也影响着这些五旬节教会和灵恩教会,非洲和北美之间的福音传道者存在着交流访问。

一些学者将福音派五旬节教会和灵恩教会的兴起与 20 世纪 70 和 80 年代许多非洲国家的经济衰退联系起来。在普遍财政困难的时期,上帝赐福的承诺很有诱惑力。还有人指出,新富起来的非洲人之所以被一个排他性的灵修团体所吸引,主要是因为这样会减少他们在教会以外对家庭履行亲属义务的需要。在一个日益相互联系的世界里,全球交流也受到重视。这些社会学观察不谈,我们必须承认参加非洲五旬节教会和灵恩教会的"重生"个人拥有的强烈宗教团体意识。

主流基督教会不是一成不变的,很多教会采用了五旬节教会和灵恩教会的做法，如利用新兴媒体和说方言。举例来说，天主教传统中的灵恩运动在非洲以及世界其他地方蓬勃发展。非洲基督徒正在撰写神学著作，为新一代人阐释上帝的信息。其中一些非洲宗教领袖在非洲以外也获得了信徒，特别是在美国的新教教会中，那里的全国性教会对当代社会问题采取了较有争议的立场，进而引起了一些团体的反对。一些人认为，这些当代非洲人对经文的诠释遵循了《圣经》的字面要求，但所有解读的构建都具有社会性，不能绝对地将其描述为在多大程度上"符合《圣经》"。

非洲基督教团体有时会使用暴力来推进其事业。20世纪80年代，爱丽丝·奥玛（Alice Auma）在乌干达北部建立了一个名为"圣灵运动"（Holy Spirit Movement）的非洲独立教会。奥玛声称自己是一位从圣灵那里得到信息的先知，刚开始她主要是驱除恶灵，但她逐渐组建起了一支民兵队伍，即"圣灵机动部队"（Holy Spirit Mobile Force），在乌干达内乱时期保卫阿乔利人（Acholi）社区不受中央政府的进攻。奥玛声称，在信徒身上涂抹受到神灵赐福的乳木果油可以保护他们不受伤害，并带领圣灵机动部队在1987年取得了几次胜利。然而，当1988年她的部队向首都坎帕拉进军时，被乌干达军队击败。奥玛逃到了肯尼亚，但她的副手之一约瑟夫·科尼（Joseph Kony）——一个自称被神灵附身的前天主教辅祭，说服了奥玛的残余民兵和其他持不同政见者接受他的领导，进行叛乱活动。科尼领导的"圣主抵抗军"（Lord's Resistance Army）无恶不作，绑架儿童充当其士兵，并下令谋杀或残害平民中的可疑敌人。十年暴乱后，圣主抵抗军于2006年与乌干达政府签署了停战协议，科尼及其信徒撤到了刚果民主共和国［刚果（金）］东部地区，并继续在那里活动。有部网络电影《科尼 2012》便围绕着这场运动展开，但这部电影缺乏历史性，它所掩盖的东西比它所揭示的东西更多。

基督教在非洲有着悠久的历史。早期的几个世纪，它开始在亚历山大和希波等城镇出现，在埃塞俄比亚等地扎下根来，不断延续，过去两百年间外国传教士和非洲信徒坚持传播教义，并将《圣经》翻译成了非洲语言，基督教因此在非洲发扬光大。非洲先知也在《圣经》的启发下创立了非洲独立教会，更为晚近一些出现的福音派五旬节教会和灵恩教会则强调圣灵在非洲的积极作用。除此之外，基督教有着更广泛的影响，因为教会学校提供了教育，这在殖民时期并不易得。非洲目前存在着多种多样的基督教表现形式，为不同教会之间的对话和竞争创造了机会。

伊斯兰教

非洲从先知穆罕默德时代起就走进了伊斯兰教的历史，据说穆罕默德为了躲避阿拉伯人反对者，将早期穆斯林团体的一些成员送到了埃塞俄比亚的阿克苏姆王国。公元 7 世纪阿拉伯穆斯林的征服之后，穆斯林就成了撒哈拉以北非洲的多数人口：几代人之后，当地的科普特人和柏柏尔人逐渐采用了阿拉伯语，接受了阿拉伯身份，并皈依了伊斯兰教。穆斯林商人穿越撒哈拉沙漠和印度洋，改变当地居民的信仰，而这些皈依伊斯兰教的居民又向其他人传教。撒哈拉以南非洲最初的皈依者往往是商人，伊斯兰教和商业在几个世纪里一直交织在一起。政治精英和其他人中也有一些皈依了伊斯兰教，但伊斯兰教此时传播的区域仅限于撒哈拉以南的热带草原和非洲东部的沿海地区。撒哈拉以南非洲的大多数穆斯林保留了非洲语言和地域特性；社会层面上对阿拉伯语的接纳仅见于少数地区，如苏丹北部的尼罗河上游流域和撒哈拉沙漠最西部（今天的毛里塔尼亚）。在非洲东部沿海地区，非洲穆斯林讲斯瓦希里语，这是一种含有阿拉伯语借词的班图语言。沿海地区讲斯瓦希里语的非洲精英阶层从公元10世纪开始皈依伊斯兰教，此后当地的伊斯兰教习俗受到当地穆斯林学者以及来自阿拉伯、波斯湾和南亚的穆斯林游客和移民的影响。非洲穆斯林走遍四面八方，其著作和思想也由此向外流传。14世纪的摩洛哥裔穆斯林旅行家伊本·白图泰有记录的旅行里程比马可·波罗还多，而他只是最著名的旅行家之一：千百年间，许多非洲人都为了朝圣或从事长途商业贸易而踏上了漫漫旅程。

19世纪的复兴、改革和势力扩张

伊斯兰教的复兴和改革是19世纪的一件大事。很多地方的穆斯林开始质疑当时存在的伊斯兰宗教观念，强调先知穆罕默德及其同伴的道德榜样。一些改革者成立了新的组织，提供宗教教育和社会服务。这些思想和组织上的创新并没有被所有穆斯林接受，改革者之间有时会发生争执，形成了许多改革运动争夺信徒的局面。

苏菲派教团是非洲穆斯林复兴和改革的前沿阵地。苏菲主义（Sufism）重视精神修炼，弟子们通过诵读祷文等仪式寻求启迪，希望体验到与真主的亲近。苏菲主义改革派领袖利用教派的组织结构建立了新的团体，提供精神指导，并协助社会和经济事务。例如，在非洲之角，苏菲派把那些从本地宗族制社会中脱离出来的人安置到新的定居点，在那里提供伊斯兰教育，并协调当地农业和贸易的发展。一些索马里苏菲派教团表现得十分引人注目,它们允许教徒在宗教活动中通过喝咖啡和打鼓来获得感官刺激;另一些教团则谴责这些做法,力行严肃、简朴的仪式。苏菲派教团也在其他地方扩张:在北非,苏菲派历史悠久,并在 19 世纪得到振兴;在从塞内加尔一直延伸到苏丹的区域,以及非洲东部沿海地区,苏菲主义也是一种新的宗教取向。

苏菲派可以参与政治活动。阿拉伯语"吉哈德"(jihad)的意思就是宗教努力或斗争,它可以解释为非暴力的宗教宣传或内在的精神发展,但另一个重要的解释是为捍卫伊斯兰教而采取的武装行动(即"圣战"之意)。19 世纪的苏菲派领袖似乎更认同后一种含义。例如,奥马尔·塔尔(Umar Tal)居住的地方位于今塞内加尔境内,他也是西非提加尼亚(Tijaniyya)苏菲派的领袖,他号召弟子在今天的马里境内与非穆斯林作战。奥马尔追随的是早期穆斯林领袖奥斯曼·丹·福迪奥(Uthman dan Fodio)的步伐,后者在 19 世纪初号召进行军事圣战,建立了一个覆盖今天尼日利亚北部大部分地区的广阔国家——索科托哈里发国(Sokoto Caliphate)。奥斯曼和奥马尔建立的伊斯兰国家对非穆斯林发动宗教战争,抓到的俘虏会被奴役,成为家庭奴仆或在大种植园工作,从而使得穆斯林精英得以自由开展宗教活动,比如用阿拉伯语和当地方言写作苏菲派诗歌。19 世纪的军事圣战运动建立了几个由穆斯林领袖领导的国家,这些国家留下的遗产影响了尼日利亚北部和其他地方至今的政治发展。

其他地区的穆斯林也在 19 世纪参与了伊斯兰势力的扩张。穆罕默德·阿里(Muhammad Ali)在开罗、来自阿曼的布·赛义迪(Bu Saidi)家族在桑给巴尔开创的穆斯林王朝建立了庞大的帝国,并鼓励分别在埃及南部和桑给巴尔西部劫掠的商业冒险家搜寻象牙和奴隶。奴隶们在帝国中心地带的种植园工作,生产丁香等出口作物。苏菲派教团则在边缘地区活动,经常和背井离乡的人融为一体,成为新的穆斯林团体。例如,在当时属于埃及的苏丹北部领土上,穆罕默德·艾哈迈德(Muhammad Ahmad)因自称是伊斯兰末世论的"蒙受真主引导的人"("guided one")而被称为"马赫迪"(Mahdi),他在19世纪晚期起义并组织了一场武装运动,推翻了埃及的统治。

欧洲殖民干预和统治下的发展

欧洲列强在19世纪末的殖民干预中与穆斯林政治领袖进行了正面对抗,收编了一些精英,使用武力征服了余下部分。在埃及,英国在19世纪80年代一方面建立了对该国的霸权,另一方面仍然维持着象征性的王朝统治。在苏丹,英国面对的是马赫迪,交战后英方击败了他的继任者阿卜杜拉(Abdallah),阿卜杜拉于1898年率领军队同英国、埃及联军打响了恩图曼(Omdurman)会战,并最终和约两万名穆斯林战士一起死去。欧洲人的干预有时会导致穆斯林发动游击战,如在阿尔及利亚和索马里,苏菲派领袖对殖民当局发起了几十年的持续袭扰,最后才被欧洲人打败。一些穆斯林移民到阿拉伯半岛,以避免生活在欧洲殖民统治之下。还有一些人认了命,退出政治舞台,专注于宗教。奥马尔·塔尔的亲属反应各不相同,有与法国人作战并牺牲的人,也有与殖民当局合作的人,还有的比如奥马尔的孙子博卡尔·萨利夫·塔尔(Bokar Salif Tal)等人,致力于利用苏菲派教义在奥马尔多年前曾经占领过的地区扩大伊斯兰教的影响。

一些穆斯林精英阶层与欧洲殖民当局保持着密切的关系,共同塑造了殖民地经验。例如,在前文提到的索科托哈里发国,素丹反抗殖民入侵未果后,穆斯林群体与英国人达成了谅解。英国保留了穆斯林精英的职位,并允许行使伊斯兰教法,维持之前的相关秩序,但在某些领域实行控制,如废除某些种类的体刑,并逐步结束尼日利亚北部的奴隶制。其他地方也出现了类似的精英和解,如英国与桑给巴尔的阿曼社会精英之间的关系。法国人与塞内加尔的苏菲派领袖阿马杜·班巴(Amadu Bamba)的关系则更为暧昧。班巴试图与政治保持距离,但他吸引信徒,包括曾被奴役的人的能力导致了法国人的猜忌,于是他两次被迫从塞内加尔流亡,并被软禁到1927年去世为止。班巴的穆里德(Muridiyya)教团最终获得了法国人的认可,他们从经济作物种植中获得物质支持并不断扩大规模,同时继续注重伊斯兰教育的普及。

在欧洲殖民时期,撒哈拉以南非洲的穆斯林人数有所增加。穆斯林精英群体与殖民者的和解使伊斯兰教在一些地区获得了受人尊敬的地位,但启发式布道作为赢得新信徒的主要方式一直无可取代。苏菲派领袖欢迎新来者如曾被奴役者加入他们的教团,为外来者提供进入基于宗教而非阶级或亲属关系的新团体的机会。苏菲派领袖用口语化的语言创作诗歌,在他们的宗教仪式中加入了舞蹈和鼓乐等当地文化表现形式,并培育了能够支持商业种植或贸易活动扩大化的组织。针对当地人对宗教领袖治病救人的期望,他们提供草药,并根据《古兰经》经文制作护身符,以为民众提供灵性保护。一些领袖出身于穆斯林的学术世家,但苏菲主义对精神修炼的强调意味着虔诚的弟子可以迅速登上高位,因此也有一些宗教领袖出身低微。苏菲派领袖在当地建立组织,与此同时与全球苏菲派网络也有联系。

苏菲主义的扩张也改变了女性的生活。一些苏菲派领袖会为他们的姐妹、妻子、女儿和其他女性亲属提供教育机会,并引荐她们加入教团。这些女性通过在家中进行的性别隔离的日常活动(专属女性从事的家务活),又会把其他女性带入教团。随着女性加入运动,苏菲派领袖经常允许男女一起参加诸如先知穆罕默德诞辰纪念日(圣纪节)的庆祝典礼和祷告会等公共活动;考虑到当地穆斯林的着装标准,女性通常会选择穿着较为简朴的服装。然而,这些聚会还是招致了一些穆斯林的批评,并且随着时间的推移,造成了更广泛的性别隔离。例如,20世纪的索马里见证了女性苏菲派活动的兴起,女性在活动中朗诵"西塔特"(sittaat),即祈求伊斯兰教早期历史上著名女性保佑的赞美诗,她们相信这些人物可能会帮助她们解决生育或分娩的顾虑和问题。

其他穆斯林也为伊斯兰教在撒哈拉以南非洲的推广作出了贡献。在农村地区,曾被奴役的人回到他们的原籍,其中的有些人仍然信奉他们主人的信仰,并在新的环境中对其进行重新塑造。在城镇地区,担任警官或殖民当局职员的非洲穆斯林在遇到非穆斯林时,会尝试说服一些人皈依伊斯兰教。也有一些穆斯林成立了支持阿拉伯语学校发展的城市协会。海外的伊斯兰宣教者也很活跃。例如,印度穆斯林古拉姆·艾哈迈德(Ghulam Ahmad)于19世纪末创立的艾哈迈迪亚(Ahmadiyya)伊斯兰教派就曾派遣少量南亚传教士来到非洲,试图改变非洲人的信仰,并与非洲皈依者一起创办学校,将《古兰经》翻译成非洲语言。穆斯林一般不翻译《古兰经》,但也有人效仿艾哈迈德的做法。最值得一提的是,东非学者阿卜杜拉·萨利赫·法西(Abd Allah Salih al-Farsi)将《古兰经》的部分段落翻译成斯瓦希里语,并将其添加到他用斯瓦希里语编写的关于举行伊斯兰仪式的教学手册中。撒哈拉以南非洲的伊斯兰世界一直在努力推广他们的信仰,并为越来越多的新伊斯兰教皈依者提供必要的知识。

在北非,欧洲帝国主义带来了当地政治意识的转变。世俗民族主义是一股强大的潮流,但伊斯兰教同样如此。在埃及,教师哈桑·班纳(Hassan al-Banna)于 1928 年成立了穆斯林兄弟会[Muslim Brotherhood(al-Ikhwan al-Muslimun)],该教派强调保守的穆斯林价值观,同时通过卫生诊所和社会合作社提供社会福利。穆斯林兄弟会反对英国的殖民统治,其军事分支在 20 世纪 40 年代曾参与制造爆炸和暗杀,最后班纳在当局的镇压和报复性杀戮中死亡。穆斯林兄弟会最终放弃了暴力,但它的早期历史影响了其成员之一赛义德·库特布(Sayyid Qutb),他撰写了关于穆斯林武装反抗腐败统治者的文字,这些文字至今仍然对极端主义分子产生着影响。

近期发展

非洲国家的独立浪潮给非洲穆斯林带来了新的挑战。特别是在撒哈拉以南非洲,独立后一些欧洲语言被新独立的非洲国家定为官方语言,相关政府机构为懂得这些语言的个人开放了越来越多职位,此时穆斯林发现自己与基督徒相比处于不利地位:基督徒可以进入教会学校学习欧洲语言,但殖民当局此前往往没有在穆斯林聚居地区提供覆盖广泛的西式学校体系。后殖民国家还强调世俗主义,一些穆斯林对此较有情绪,他们认为这些变化破坏了宗教自治。最近穆斯林呼吁更多地实施"沙里亚法"(sharia),也是针对这些变化的反应。沙里亚法(这个词通常被翻译成"伊斯兰教法")是指千百年来发展而成的伊斯兰法律程序。近来对沙里亚法的使用有时也会求助于古典法学家编写的伊斯兰法律手册,以严格规范对某些特定罪行的适用,但长期以来,沙里亚法的实践运用都是有着细微差别的。穆斯林认为,最高的法官是真主,而真主是宽容的,因此在司法裁决和惩罚方面允许有一定的自由度。

新的伊斯兰改革主义浪潮席卷了后殖民时代的非洲。世界其他地区穆斯林的影响是显而易见的。萨拉菲主义(Salafism)就是一例,它以一连串不同的强调"萨拉菲"(salaf,阿拉伯语"先人"的意思)先例的伊斯兰运动命名,"先人"在这里也包括先知穆罕默德及其最初的信徒。萨拉菲作为榜样的重要性在伊斯兰世界具有很深的渊源,许多人把当代萨拉菲主义的兴起归功于18世纪沙特改革家阿卜杜勒·瓦哈卜(Abd al-Wahhab)与19世纪穆斯林学者穆罕默德·阿布笃(Muhammad Abduh)、贾迈赫·丁·阿富汗尼(Jamal al-Din al-Afghani)和拉希德·里达(Rashid Rida)的宣道。当代非洲的伊斯兰改革者吸取了这些思想,信奉强调阿拉伯语知识、提倡将《古兰经》和《圣训》作为培养社会生活中的虔诚度基础的经典主义(scripturalism),以此作为解决当地问题的药方,并为此付出了努力。非洲伊斯兰改革者对大多数苏菲派领袖持批评态度,认为他们在宗教实践中的创新是不可接受的。改革者用口语化的语言来论证他们基于经文的理解,并利用新的媒体与受众沟通,不再强调苏菲主义亲密的面对面接触。在很多情况下,这些改革者创办的阿拉伯语学校所采用的教学方法主要是教学指导式的,而非苏菲派和其他非洲穆斯林开办的《古兰经》学校中的死记硬背。跨国网络为非洲改革者提供了获取资源的途径,尤其对于阿拉伯语学校而言,受益于阿拉伯和其他地区石油富国政府的财政支持,其优秀学生往往能获得奖学金,到国外继续深造。一些非洲国家愿意将阿拉伯语学校纳入国家教育体系,从而扩大就业机会。不过,教育援助仅仅是阿拉伯和伊朗提供的支持之一,此外还有诊所的建设和其他人道主义援助。来自阿拉伯地区的援助往往导致更多的人信奉萨拉菲主义思想,而伊朗的援助则更多针对的是非洲小规模什叶派群体。

苏菲派教团和其他在殖民时代发展起来的穆斯林运动继续在当代非洲的宗教生活中发挥着作用。苏菲派虽然在一些地区式微,但在另一些地区仍然居于重要地位,使用新型媒体继续进行传教。例如,在塞内加尔,穆里德教团从最初的塞内加尔农村扩大到达喀尔和其他塞内加尔城市地区。每年前往穆里德运动的宗教中心图巴(Touba)朝圣仍然是一个重点活动,苏菲派领袖定期在各大城市巡游,包括纽约和巴黎等移民定居的城市,移民们在那里依靠苏菲派祷文的录音和其他新媒体来保持他们的信仰。苏菲派教团在东部非洲也一直很活跃,比如在坦桑尼亚,苏菲派教团仍然是分布最广泛和最受欢迎的穆斯林组织。艾哈迈迪亚派穆斯林团体在非洲持续发力:从20世纪70年代开始,"为人类服务计划"(Service to Humanity Scheme)通过由世界各地艾哈迈迪亚派穆斯林捐款资助的发展项目,在当地艾哈迈迪亚派成员和承诺在非洲工作一段时间的外籍艾哈迈迪亚派志愿者的领导下,增加了非洲的教育和医疗服务的供给。

在北非,穆斯林兄弟会和其他穆斯林组织在近期的抗议活动将树大根深的政府赶下台后,成为主要的政治力量。抗议活动始于2010年的突尼斯,当时一名水果商贩自焚,引发了针对扎因·阿比丁·本·阿里(Zine El Abidine Ben Ali)总统的大规模游行示威活动。抗议活动使本·阿里于2011年1月下台,并在该地区引发了其他抗议活动。在埃及,胡斯尼·穆巴拉克(Hosni Mubarak)总统也曾进行国家镇压和推广经济自由主义,抗议者采用了与他们的突尼斯同行类似的策略,比如利用社交媒体,通过占领开罗的解放广场(Tahrir Square)组织非暴力的民间抗议示威。穆斯林兄弟会加入了抗议活动,并在2011年该运动推翻穆巴拉克总统时提供了支持。埃及和突尼斯的政治过渡并不彻底：埃及的穆斯林兄弟会和突尼斯的复兴运动党（Ennahda）等穆斯林政党赢得选举，获得了执政地位，但仅过了两年，2013年的军事行动就将埃及穆斯林兄弟会赶下了台，新的抗议活动也不断挑战着突尼斯的伊斯兰复兴运动党政府的权威。在利比亚，受到突尼斯和埃及抗议活动的影响，在外国空中军事力量的支持下，利比亚的抵抗组织发动了军事运动，最终导致在位已久的统治者穆阿迈尔·卡扎菲（Muammar Qaddafi）的倒台。利比亚起义并没有带来一个稳定的中央集权政府，许多团体——包括那些伊斯兰改革派团体，都在争夺后革命时代的影响力。

当代非洲出现了一些激进的穆斯林运动。例如，刚刚提到的在非洲北部发生的一系列事件也引发了撒哈拉以南一些地区的起义。正如关于非洲政治的一章将要讨论的那样，马里的图阿雷格人分离主义团体最近在马里北部发动了一场叛乱，一些参与叛乱的图阿雷格战士刚从利比亚逃离，还携带着来自卡扎菲武器库的装备。其中一个叛乱组织名为"伊斯兰卫士"（Ansar Dine），这是一个穆斯林民兵组织，他们与"伊斯兰马格里布基地组织"（Al-Qaeda in the Islamic Maghreb）结成联盟，后者是一个阿尔及利亚团体，目前正在从整个地区招募年轻的穆斯林男子参加马里的叛乱活动。在尼日利亚，被称为"博科圣地"（Boko Haram）的穆斯林组织发起了一场连环爆炸恐怖活动，其最初的目标是警察，但后来也袭击了联合国办事处和基督教教堂；一些谴责"博科圣地"激进策略的尼日利亚穆斯林领袖遭到了暗杀。在索马里，二十年的内乱导致了青年党（al-Shabab）的崛起，青年党是一个支持"伊斯兰法院联盟"（Union of Islamic Courts）的索马里穆斯林民兵组织，后者是一场寻求削弱索马里部族武装领导人权力的草根运动。当埃塞俄比亚于 2006 年介入索马里以驱逐"伊斯兰法院联盟"时,青年党与埃塞俄比亚人作战,并获得了民众的支持;2009 年埃塞俄比亚撤军后,青年党控制了索马里南部的大部分地区。青年党掌权后,就立即严格执行对《古兰经》的字面解释,这也导致其迅速失去了索马里民众的支持。其领导层还在乌干达组织了恐怖爆炸袭击,并在互联网上宣传全球"圣战"。一个突出的例子是奥马尔·哈马米(Omar Hammami),他是一个土生土长的美国亚拉巴马州人,皈依伊斯兰教后移居索马里,并创作了鼓吹为青年党事业献身的嘻哈音乐歌词。肯尼亚和埃塞俄比亚于 2010 年出兵索马里,虽然青年党失去了对城镇的控制,但它在一些农村地区仍然是一股不容小视的力量:激进的领导层巩固了控制权,通过暗杀清除了奥马尔·哈马米等成员,并在索马里的城镇和其他地方策划并实施恐怖主义活动,如 2013 年对肯尼亚一家购物中心的袭击。然而,在青年党控制之外的地区,索马里的苏菲派教团正重新树立其影响力。青年党、"博科圣地"和"伊斯兰卫士"等激进团体使用武力将其对伊斯兰教的解释强加于人的行为引起了人们的注意,但大多数非洲穆斯林从事的是和平的宗教宣传活动,并对非洲的宗教多元化持宽容态度。

在过去的两百年里,存在已久的非洲穆斯林团体的数量和影响不断提升。苏菲派教团在 19 世纪领导了伊斯兰教改革,在欧洲殖民干预后,他们转而通过改宗运动来扩大信徒的数量。这些改变促进了当地与伊斯兰教的深入接触,但由于非洲与伊斯兰世界其他地区互动的增加,同质化的压力也在增长。非洲穆斯林改革者基于对《古兰经》的解读和与伊斯兰世界富裕地区的联系对伊斯兰的宗教形式进行了改善,以期解决当地和全球伊斯兰潮流之间的紧张关系。但是,苏菲主义在某些情况下仍然具有重要意义,其他形式的伊斯兰宗教表达也是如此。在北非,穆斯林组织从政权更迭中受益,参加选举并取得政治权力。在马里和索马里等一些案例中,出现了好战的激进穆斯林组织,他们利用武力强加的对伊斯兰教的诠释并不为其他大部分人所认同。

非洲的宗教多种多样,充满活力。根源于非洲的宗教具有丰富的历史内涵,当代一些人认为它无关紧要的观点是站不住脚的。基督教在非洲的悠久历史造就了诸多如东正教、主流教会、非洲独立教会、福音派五旬节教会和灵恩教会等教派力量。伊斯兰教也有类似的长寿和活力,苏菲派、改革派和其他穆斯林组织构成了当代伊斯兰教在非洲的图景。根源于非洲的宗教已经传播到美洲和其他地方的非洲裔群体中,全球的互动也使非洲穆斯林和基督徒能够与其他地方的信徒保持联系。宗教与非洲人的生活息息相关,而非洲人也将继续用自己的方式阐释宗教的思想和实践。

拓 展 阅 读 建 议

Allman, Jean, and John Parker. 2005. *Tongnaab: The History of a West African God.* Bloomington: Indiana University Press.

Bascom, William. 1969. *Ifa Divination: Communication between Gods and Men in West Africa.* Bloomington: Indiana University Press.

Brenner, Louis. 1983. *West African Sufi: The Religious Heritage and Spiritual Search of Cerno Bokar Saalif Taal.* Berkeley: University of California Press.

Falola, Toyin, ed. 2005. *Christianity and Social Change in Africa.* Durham, NC:

Carolina Academic Press.

Isichei, Elizabeth. 1995. *A History of Christianity: From Antiquity to the Present*. Grand Rapids, MI: William B. Eerdmans.

Kalu, Ogbu. 2008. *African Pentecostalism: An Introduction*. Oxford: Oxford University Press. Landau, Paul. 1995. *Realm of the Word: Language, Gender and Christianity in a Southern African Kingdom*. Portsmouth, NH: Heinemann.

Levtzion, Nehemia, and Randall Pouwels, eds. 2000. *The History of Islam in Africa*. Athens: Ohio University Press.

Loimeier, Roman, and Rudiger Seesemann, eds. 2006. *The Global Worlds of the Swahili: Interfaces of Islam, Identity and Space in Nineteenth- and Twentieth-Century East Africa*. Berlin: Lit. Verlag.

Mack, Beverly, and Jean Boyd. 2000. *One Woman's Jihad: Nana Asma'u, Scholar and Scribe*. Bloomington: Indiana University Press.

Mbiti, John. 1969. *African Religions and Philosophy*. New York: Praeger.

Peel, J. D. Y. 2000. *Religious Encounter and the Making of the Yoruba*. Bloomington: Indiana University Press.

Pew Forum on Religion and Public Life. 2012. "Tolerance and Tension: Islam and Christianity in Sub-Saharan Africa." Available at www.pewforum.org/executive-summary-islam-and-christianity-in-sub-saharan-africa.aspx.

Robinson, David. 2004. *Muslim Societies in African History*. New York: Cambridge University Press.

Spear, Thomas, and Isaria Kimambo, eds. 1999. *East African Expressions of Christianity*. Athens: Ohio University Press.

Umar, Muhammad Sani. 2005. *Islam and Colonialism: Intellectual Responses of Muslims of Northern Nigeria to British Colonial Rule*. Leiden: Brill.

第6章

非洲的城市：生活和事业

卡伦·特兰伯格·汉森

在非洲和世界其他地方，城市都是熙攘之地。城市是通向全球的门户，是全球化转化为当地理解和体验的主要场所。城市的全球曝光度要求生活在非洲城市的学者关注人们在从经济到文化的各种进程中的参与。不同的城市区位使得这种全球曝光度与当地文化和实践产生了复杂的共鸣。本章集中讨论这些互动过程中萌发的一些主题，关注空间的转变（居住空间和住房，商业空间和市场）、经济的转型（非正式化）、人口的变化（年轻人）以及消费带来的文化问题。当然，也有一些重要议题并没有在本章中出现：人口快速增长对城市生计的总体环境和人们健康的影响、人们的预期寿命和丧葬相关话题等。本章也不涉及以城市为主要中转地的跨境、跨区域和跨国移民过程。本章总的背景是撒哈拉以南非洲，其中不少（但不是全部）具体例子来自南部和东部非洲。

非洲迅速发展的城市是其悠久历史的一部分，在非洲的一些地方，城市的历史可以追溯到一千多年前（如埃及的开罗和亚历山大），而在另一些地区，城市则是殖民统治的产物（如肯尼亚的内罗毕和赞比亚的卢萨卡）。也有一些新的城市是在取得独立后建立的首都，如尼日利亚的阿布贾。一些起源于前殖民时代的城市定居点已被遗弃或仍然很小(例如,埃塞俄比亚的阿克苏姆和马里的廷巴克图)。尽管有着这些不同,但总体而言,城市的快速扩张是一个相当新的现象,在 20 世纪城市化高峰时,同质化倾向也较为明显。自 20 世纪 70 年代以来,城市生活和计划发生了重大变化。70 年代的债务危机、80 年代由国际货币基金组织推动的经济结构调整以及更近期围绕减贫战略的方案转变,共同构成了一个全球政治和经济联合框架,对非洲城市产生了深远的影响。这些进程在许多方面都有助于改变非洲的城市空间,包括推动了非正式化经济的发展和非正式住房的增长。同时,新技术特别是移动电话的迅速应用,正在带来社会交往和经济实践的新一轮变革。所有这些事态发展的共性是性别的政治经济发生了复杂的变化,也就是说经济困难正在颠覆传统的两性关系常态。综合而言,尽管非洲各城市之间在历史上存在差异,但这些进程最终使非洲大部分城市出现了某种程度的趋同。在今天非洲的大多数大城市中,这种趋同的一个明显例子就是有南非人投资的超市或商场和一个或多个中国人拥有的店铺。

非洲城市的新时代来临了。自 2000 年以来,学术研究的发展让非洲城市研究真正能够近距离考察非洲城市生活动态的方方面面。其中一些观点对"世界"或"全球"城市和"第三世界"城市进行了无益的区分。在一些学者看来,世界或全球城市作为全球金融体系的组织节点,形成了一个等级森严的核心网络和在其之下的第二层级。这种考察城市动态的方法优先考虑全球金融资本主义,将其作为增长的引擎,却将城市世界的广大地区排除在外。它还忽视了交换和消费在城市经济中的建设性作用,以及它们对城市空间社会文化的影响。近期的著作采用了全球城市的方法,从而误解了非洲城市的动态,并且认为非洲城市只是在西方工业城市崛起走过的老路上有所延迟。在这些学术研究中，普遍假设第三世界城市的发展道路最终将遵循西方城市的发展道路。而由于没有完全达到西方的标准，非洲城市被认为是"失败的"。

这种对世界/全球城市和第三世界城市的公式化处理方法掩盖了非洲多姿多彩的城市动态。相反，詹妮弗·罗宾逊（Jennifer Robinson）指出了当代非洲城市的多样性和城市生活的平常性。她没有着重讲述特定类型的城市，而是将所有城市作为同一分析领域的一环。她认为所有城市在全球范围内都是相互关联的，并希望研究城市生活的学者能够将这种关联纳入他们的分析当中。

世界各地城市之间的相互联系意味着城市起着重要的中介或经纪作用。从一个既包含多样性又包含平常性的角度来研究非洲城市，我们需要一个非常具有包容性的研究策略，将城市作为一个将全国各地乃至更广泛世界的人、物和思想汇集在一起的互动空间来分析。在这种极具包容性的层面上，所有的城市都是全球性的，正如安东尼·金（Anthony King）在很早以前就指出的，今天所有的城市都是世界城市。实际上，在互联互通的全球城市网络中，空间、经济、人口和文化等相互重合的主题都体现在地方扮演的多元角色里。

"城市"词典

首先我们有必要厘清城市生活研究中涉及的一些术语。"城市化"（urbanization）是指越来越多的人从农村迁往城市的过程，应与"城市性"（urbanism）即城市中人们的生活方式区分开来。

这一看似简单的区分有助于我们从生活在全球化和城市化进程中的人的角度,以及从他们在日常生活中如何体验其影响并对其作出反应的角度,探讨全球化和城市化等宏大进程。当社会学家路易斯·沃思(Louis Wirth)提出这一区分时,他将城市性视为一种生活方式,视为一种工业化、市场经济发展和现代社会常规化的文化产物。本章则认为,城市性作为当今非洲的一种生活方式,是后殖民主义,特别是过去几十年的政治和经济发展在整个非洲所引发的独特类型经济活动的产物。城市性有其自身的空间、经济、人口和文化特征,这些特征表现出显著的反差和鲜明的不连续性,但也并不是完全二元对立的,而是贯穿于城市的各个角落,为城市增添了活力和戏剧性。以这种方式来看待城市性,我们就有可能同时探讨约束人们生活的结构性制约因素以及人们为了驾驭和解决这些制约因素所采取的措施。

那么"城市"(urban)一词怎么定义呢?在城市和城镇之间没有明确的划分,对城市场所也没有被普遍接受的定义;"城市"各类定义之间的差异主要涉及的是那些可能被归类为农村或城市的小型城镇和小型城市。为了进行比较性的讨论,联合国关于城市一级的估计和预测较有帮助:每年出版的《人口年鉴》(*Demographic Yearbook*)提供了广泛的数据;第二个重要的数据来源是每两年发布一次的《世界城市化展望》(*World Urbanization Prospects*)。

这与非洲有什么关系?世界上的城市正在以惊人的速度扩展。在全球范围内,城市化水平预计将从2011年的52%上升到2050年的67%(United Nations, 2012:4),南半球的增长速度更快,而非洲的城市化速度比世界上任何其他地区都要快。根据联合国的数据,2011年非洲39.6%的人口是城市人口,预计这一数字将在2030年上升到47.7%,2050年上升到57.7%。非洲的城市人口将经历快速增长,在未来几十年内将增长至三倍。事实上,联合国的数据显示,到21世纪中叶,世界上大部分城市人口将集中在非洲和亚洲(United Nations, 2012: 11, 12)。这种快速增长是近期才出现的,尽管非洲在殖民时期之前就拥有悠久而多样的城市历史,并受到殖民时期复杂的影响。这种增长有些是农村地区移民的结果,有些是城市人口本身增加的结果。20世纪中叶,由于消除了殖民时期对城市发展的诸多限制(如移民、就业和住房等方面的限制),许多非洲国家的首都在独立后的规模扩大了一倍。到了70、80年代,随着人口从大城市向稍小城镇转移,城市人口增长的速度有所放缓。自90年代以来,很多国家的政治和经济制度发生了变化,而由于人口、社会经济和政治等几个方面的重大变革,非洲的城市正在经历大规模的增长。同时,非洲与世界其他地区的关系也发生了变化。

空间的转变

除了近期与南非有关的少数例外情况外,国际学术界并没有关注国际发展工作对发展中国家城市和城市空间的影响,城市发展政策也没有成为有关全球化的课程体系的一部分。主要的全球化问题学者一直专注于金融和经济循环、技术和各种文化流动等议题。他们很少关注作为全球化重要形式的国际发展合作,以及这一进程如何促进南半球城市空间的重组。实际上,以国际发展计划为媒介的全球化对城市空间的塑造有着重要的影响。结构调整计划(structural adjustment program)和新自由主义改革一直在通过重塑特定城市内部、特定区域城市之间以及全球范围内经济机会的分布和区位来改变城市空间。这些政策对整个城市空间产生了重大影响，以不同的方式影响着不同人口阶层的生计，加剧了社会和空间的不平等，并以新的方式扩大了这种不平等。

例如，在非洲的许多城市里，城市空间的性质和可用性在土地、基础设施和市场方面正在发生变化。外国投资导致了城市空间布局和商业活动区位的变化，形成了新的物理和市场分割模式。南非的零售资本就是一个重要的案例。自20世纪90年代中期以来，它们在非洲其他地区不断扩张，获得了资本积累，特别是（但不仅仅是）高档购物中心的开发。绍普莱特(Shoprite)是一家总部设在南非的大型跨国企业，已将业务扩展到赞比亚和莫桑比克，其在卢萨卡和马普托两地的工作人员牵涉了一种新的规模政治，这种政治对权利的主张不仅在地方一级，更是延展到了区域、国家乃至全球范围内，绍普莱特的工作场所也因此成为新的区域想象的一个重要媒介。这些赞比亚和莫桑比克籍员工要求与南非员工在公司内获得平等对待，借此，他们也可以通过公司与南非建立起特殊的联系。也有一些地区性公司投资建设了规模不等的商场，包括由亚洲裔入籍者组成的财团在卢萨卡和黎巴嫩人在塞内加尔达喀尔的投资，以及黎巴嫩、葡萄牙商人以及印度裔和巴基斯坦裔南非商人在纳米比亚与安哥拉边境港口城镇奥希坎戈(Oshikango)开发的仓储项目等。

比后种族隔离时代南非零售业在整个非洲的扩张更引人注目或者至少可以说更有争议的，是中国在非洲日益提升的经济参与度。问题不在于中国对矿产和农产品等第一产业商品的投资，也不在于其对铁路和公路等基础设施的投资，甚至不在于其对建筑业的投资(比如在南非，中国工人的数量就超过了南非人)。相反，备受争议的主要是来自中国的大企业和有中国背景的小商贩所从事的批发和零售商业，自20世纪90年代末以来，这些中国贸易商已经在许多非洲城市成为普遍的存在。

由于销售和贸易活动是非洲很大一部分城市居民的主要生计来源，中国人向城市商业进军的做法正引起越来越多的异议。例如，在城市里的小规模批发和零售部门，中国人拥有和管理的销售廉价家庭用品和服装的商店相比过去的从业者就已经建立起了竞争优势。在达喀尔，一部分塞内加尔消费者赞扬中国人提供了价格低廉的日常用品，也有一些人认为他们挤占了达喀尔居民的一部分工作，这反映了人们对中国人在达喀尔商业舞台上日益增长的存在所产生的矛盾心理。在纳米比亚北部的奥希坎戈，其作为边境主要贸易中心的快速发展以及允许免关税进口中国商品的海关法规也使来此开创事业的中国企业得益。在提供廉价商品和创造就业机会的同时，中国商人也在当地建立了新的依附关系，但并没有回应当地产业的关切。

自20世纪90年代中期以来，商业发展带来的一个非常明显的结果是小规模贸易和服务业从城市中心向城市外围地区扩散，以此为购物中心、高档商店、酒店和私人住宅开发，包括封闭式社区等腾出黄金空间。由于近期的投资多以高档消费者为目标，许多新的市场开发项目收取的租金高昂，将小规模的经营者排除在外，后者则转而将街道作为经济活动的场所。城市管理机构与街头小贩之间因使用公共空间从事商业而发生的暴力冲突仍在继续，这些小贩时不时地被赶走也就不足为奇了。随着体制改革导致的政治权力下放，很多非洲城市的地方政府在管理城市住宅和包括露天市场的商业活动空间方面陷入了两难的境地。两方的冲突成了许多城市的政党政治利用的工具，因为在这些城市中空间稀缺，这些小商贩被政客当作潜在的票仓。商贩们与管理者之间这种爱恨交加的关系已被证明难以调节。

促进外国投资和私有化的政治经济改革不仅影响了商业活动的地点和性质,如非洲城市里购物中心的建设和小规模贸易空间的边缘化,还改变了城市土地的价值,对住房市场产生了不利影响,特别是对经济能力有限的城市居民群体而言。在东部和南部非洲的大部分地区,城市住宅空间根据种族进行隔离的遗留问题依然存在,而如今的衡量标准只是由种族变成了收入水平。在大多数城市,高收入群体居住的封闭式社区就建在低收入者居民区边上。在整个南部非洲,"大院"(compound)①一词被用来描述非洲人的隔离性住房,这种聚居区最早出现于19世纪80年代末南非的黄金和钻石矿区。如今,卢萨卡75%以上的人口居住在城市周边地区的非正式住宅区或棚户区——当地人仍称其为"大院",因为住房市场已经私有化,自20世纪70年代以来,没有建造过任何政府经营的低成本住房。其结果是,现有聚居区的人口极度拥挤,当地的租房市场发展迅猛,包括以极为高昂的租金转租房间,这些房间往往由不自住的房东掌管,这一过程在整个非洲城市中广泛存在。由于电力、水、卫生和交通等基础设施不足或极度缺乏,其中许多居住区发展服务业和小型制造业的前景并不乐观。因此,居家企业在高收入居住区可能有更好的发展潜力。卢萨卡国际机场、商业农场和紧邻低成本住宅区的养牛场等大型发展项目也限制了居民区在城市周边扩张的可能性。

住房市场的私有化除了导致现有聚居区的极度拥挤外,还造成了新的不平等。以前由政府和私人雇主严格控制的出租房屋

---

① 西非和南部非洲一种典型的非洲人聚居区形式,为一组由墙连接的居住单元。许多"大院"在平面图上是圆形的,但也有一些因受不平坦地形的限制,呈现出更为复杂的形态。——译注

市场在很多城市随着私有化的进程已经大大放松。这些住房单位向目前的租户出售，但许多租户没有足够的经济能力购买，房屋便被卖给了更富裕的人。由此，中等价格的住房区域得到了升级改造，而以前的租户别无他法，只能在已经很拥挤的棚户区寻找住所。在很多情况下，女性获得贷款的机会比男性少，因此性别对寻找住房至关重要。年轻人也是处于劣势的一方，因为他们很少能够靠自己获得住房，于是结婚成家也只能推迟。青年大量的失业和结婚率下降正在影响涉及性和经济支持的两性关系，这对社会组织、领导地位和家庭权力关系产生了影响，其后果在社会关系和空间中体现得很明显。

经济的转型

经济自由化，包括以前国有企业的私有化，使得就业前景变得暗淡：现有工作人员遭到裁员，非洲大多数城市正式工作机会的供给受到限制。因此，越来越多的人被推入已经拥挤不堪的非正式经济中。20世纪80年代的结构调整计划和90年代的新自由主义政策本身并没有产生这种广泛的非正式化进程，而是为长期存在的非正式城市化进程增添了新的动力，这些进程在非洲因地而异，在西非比在东部和南部非洲更为突出。更重要的是，世界银行推荐的最新减贫战略并没有解决就业岗位严重缺乏、住房不足、基础设施和服务水准下降引发的城市挑战。新一轮的非正式化浪潮将非洲城市的经济卷入了远程的商品流通圈子，使其受到全球市场力量的影响，原本市场活动在水平和强度上的许多区别，如西非城市和南非城市市场活动之间的区别，也正在消失。今天，市场和街道为非洲各地城市中越来越多的居民提供了经济渠道。

经济非正式化的新动态乍一看是人口方面的，但它对整个城市空间产生了多方面的社会和文化影响。根据人口学的统计观察，在非洲不断发展的城市中，年轻人随处可见，在一些地方占城市总人口的 60% 甚至 70%。下一节我们将讨论有关青年的定义性问题。这里需要指出的是，年轻人与他们的父母不同，他们的父母生活在政府管制和基本商品匮乏的环境中，而今天的年轻人则是自由化制度改革后成长起来的。年轻人在全球范围内接触到的商场、网吧和媒体与他们父母那一代人截然不同，他们的个人期望也是如此。这种影响令人困惑，因为除了这种视野的扩展，一些年轻人获得教育和相关服务的机会还是有限，这是国际货币基金组织实施的基本服务经济定价政策的结果，也是 20 世纪 70 和 80 年代结构调整计划的核心。即使是受过高等教育的年轻人，也不能指望可以像父母当年那样在完成中学学业后就轻而易举地在政府或私营公司得到工作。

另一个重要的人口学观点涉及两性和代际互动。当提到自 20 世纪 70 年代以来非正式经济的巨大增长时，我们常常有意无意地忽略了非正式经济在活动、区位、组织及性别方面所蕴含的诸多不平等现象。此外，年龄或代际也起着一定的作用，而且其对于未来城市生计的重要性还没有得到应有的重视。当 80 年代的结构调整计划对正式就业的不利影响开始变得明显时，若丈夫或伴侣被解雇，是中年妇女从事非正式行业获得的收入保证了家庭的生计。90 年代初经济向私有化的转变将更多的成年男女推向了非正式经济，留给年轻人的空间越来越少。南部非洲的城市不太流行西非的学徒制，许多年轻人最终沦为非正式经济的边缘人，从事低级工作，几乎没有向上流动的前景，也无法获得可能使他们改善经济前景的职业资格。

市场和街道是城市非正式就业最重要的载体之一。比起在政府批准的市场上交易,街头摊贩要面对更多的风险和威胁,很多街头摊贩都是年轻人和男性,这并不奇怪。由于城市空间是一种稀缺品,其使用被严重政治化,充满了紧张关系。小规模创业者因越界进入公共空间而受到批评,尤其当他们是年轻人或男性时更加如此,经常被认为会妨碍公共卫生,扰乱既有的商业活动,最严重的情况下甚至会被认为是罪犯或非法移民。在非洲的许多城市和小城镇,在政府批准的市场和公共空间中对非正式贸易进行的监管经常会引发冲突,为了整治不交租金的摊贩,有关部门时不时会取缔街头摊点,甚至直接关闭市场。这种清场行动往往只有暂时的效果,为了争夺交易空间,新的争吵和冲突仍在继续。摊贩们以新的伪装和新的销售策略,换个时间和地点重返街头。正如本章开始时所述,这些冲突事件是一个生计受到全球和当地变革洪流挤压的群体不满情绪的集中体现。

在西非,市场联合活动有着很长且记录详尽的历史,但直到最近,非洲其他地区的学者才开始关注非正式市场行为主体建立组织的努力。由于与地方政府的爱恨情仇,许多非正式经济组织通过在当地建立组织网络或联合会以及建立国家、区域和国际层面上的联盟来改善自己的处境。这种新兴团体将基层倡议与受非政府组织和人权启发的言论结合起来,自20世纪90年代以来开始在它们之前长期被排除在外的城市和国家中立足,并取得了不同程度的成功。例如,卢萨卡的城市管理环境通常对非正式经济活动极为不利,而跨境贸易商协会(Cross-Border Traders Association)却取得了几乎令人难以置信的成就,它在市中心获得了一块黄金地段,建设了一个市场专供协会成员使用。

跨境贸易商协会等13个非正式组织于2001年成立了一个联盟组织,即赞比亚非正式经济协会联盟(Alliance for Zambia Informal Economy Associations);该联盟由一系列协会组成,其中包括锡匠和木匠等特定工种群体的协会,以及临时摊位(tuntemba)协会等覆盖更广泛群体的协会。该联盟寻求与政府谈判,目标是让非正式工人能够享有国际劳工组织规定的劳动力待遇。在赞比亚以外,该联盟是国际街边摊网络(StreetNet International)的一个分支机构。后者受到1995年成立的自由职业妇女协会(Self Employed Women's Association)的启发,于2002年在南非德班(Durban)正式成立。国际街边摊网络在非洲、亚洲和拉丁美洲设有分支。在以阶级为基础的组织模型的启发下,该组织寻求与劳工运动和社会运动建立联合,而不是与小微企业和非政府组织发展部门开展合作。这种组织模式与那些非正式部门中关注非正式住房问题的组织网络或联合会形成了鲜明对比,后者的一个突出例子是国际棚屋居民协会(Shack Dwellers Association International)。

青年的城市

在当今转型后的城市空间中,家庭背景不佳的青年男女的经济选择比他们父母那一代人更少。虽然"青年"的含义取决于不同的语境,但在任何地方,对青年的定义都是由年轻人自己的主观界定以及成年人和周围社会及其制度体系的相对界定共同完成的。一般来说,年轻人渴望体验到的青春是一种独特的人生观、心态和经验,而成年人和社会则主要从社会运作的等级和老人政治角度的理解出发,将他们定义为依附者和从属者。

正如我们所看到的那样,非洲城镇中的年轻人在总人口中占有很大比例；他们在城市公共空间中无处不在，而且非常引人注目。在这些青年的城市中，城市空间因性别而有不同的含义。由于年轻女性在公共空间活动时比男性更容易受到伤害，她们享有的行动自由往往比年轻男性更少。当年轻人把市场和街道变成自己谋生的经济渠道时，在街头叫卖中占主导地位的是作为独立行为个体的青年男子，而青年女性则在市场的摊位上打杂，或在居家贸易中碰运气。她们从事的这类经济活动大多是计件工作，极不正规，收入低且不稳定。

各个性别和阶层的城市青年正在以自己的方式努力实现独立。成年社会的普遍准则是男性拥有家庭领导权，但今天很少有青年男子能够赚取足够的收入来为自己的家庭提供住房和经济支持。而年轻女性则希望丈夫有固定的工作和稳定的地位（例如教会成员身份）并能养活妻子和孩子。由于男女相互之间的期望并不同步，性征（sexuality）在城市场景下的展现成了一件难事。男子气概往往被理解为一种有闯劲的男性特质，这对许多青年男子来说是个问题，因为他们没有足够的能力为女性提供物质支持。

亲密关系的政治经济学正在兴起，部分原因是消费主义的扩张和新的爱情观念。在日常交往中，礼物是爱的见证。但在城市经济日渐下滑的背景下，礼物与交换的区别开始变得模糊不清。因此，在对城市性行为和生殖行为的研究中，越来越多的学者提到了交易性性行为这一概念。由于年轻女性可能没有什么经济能力，交易性性行为就成了一种赚钱的手段。一些年轻女性连学费等基本开支都要依靠男朋友和年长的男性伴侣，更不用说购买诱人的消费品了。例如，在卢萨卡，年轻女性将她们理想的男友描述为拥有"四个 C"的人：汽车（car）、婴儿床（crib，意指房子）、现金(cash)和手机(cell phone)。但礼物和金钱并不是全部。虽然乍一看礼物交换围绕着性，但它们并不排除爱情、支持、住房和其他形式的互助。事实上，在没有正式步入婚姻的情况下，礼物可能意味着承诺、信任和爱。

在非洲迅速发展的城市中，青年随处可见。男孩和年轻男子挤满了市场和街道。他们以及越来越多的年轻女性把空地变成足球场，有时还用废品做的球踢球。他们全都使用手机作为一种显示其城市人身份的工具。简而言之，城市青年追求的互动种类多样，超出了他们长辈的想象。

城市、消费和新的社会性

综上，本章前几节所述的进程——新的投资、非正式化和经济行为主体——以多种方式重塑了城市空间，其中包括让城市居民可以追求心之所向的新消费场所以及以通信技术为基础的新社交场域。这些转变过程同时发生，给当代非洲的城市发展留下了特殊的印记。在过去的殖民时期，劳工移民和城市生活是将非洲人变成活跃消费者的关键过程和因素。这在历史上既涉及监管方和供给侧，如市场、商店和销售技巧，也涉及需求方和消费者对物质商品的具体要求。但是，独立后许多非洲国家加强了经济管制，从而遏制了消费主义。但20世纪90年代的政治转型与市场改革使得不同定位的消费者可以获得各类廉价商品。针对不同的消费群体和不同的城市空间，销售进口时装的精品店和销售进口二手服装的市场摊位如今让每个人都能各取所需，挑选到最新的潮流商品。事实上，近年来购物场所的激增令我们通过消费的角度来描述非洲城市生活的变化与全球化的关系难上加难。

从小小的市场摊位和街边摊到高档商场,这些购物场所共同构建的商业活力是城市活力的一部分,也是消费在城市中发挥建设性作用的核心。这一点在前面讨论的工作、购物和家庭生活的各类地理和空间转变中表现得很明显。本地市场中挤满小规模创业者的商场和摊位是人们消费和闲逛的主要场所。有富余消费能力的年轻人经常会去光顾商场里的电影院和快餐店,而经济能力有限的人则可以去逛街和社交。所有这些场所提供的是一定程度的与同龄人和其他人一起观看电影和相互交流的自由。这些场所促进了实际消费或替代消费,创造的活力转化为自由和休闲,下面我们举两个例子:一个关于足球,另一个则是手机。

虽然足球是殖民主义的舶来品,但它带有的团结精神和民族主义的文化观念使它成为今天非洲的第一运动。足球是一项真正的全球性运动,随着非洲男子足球球员与国外各大联赛签约,足球的本土化推广有着广阔的想象空间。在后殖民时代的发展议程中,足球是一种在农村和城市都非常普及的消遣方式,儿童和年轻人可以在街头的非正式比赛和俱乐部、协会、学校的有组织比赛中纵情驰骋。此外,足球还是一种鼓励年轻人注重自我提升、教育、增强体能和社会能力并促进纪律和责任感的运动。国际性体育联盟、各国政府和非政府组织试图通过足球运动的普及来改善不平等和性别歧视,实现行为改变,并遏制艾滋病病毒/艾滋病流行。女性也因此越来越多地参与到足球运动中去。

足球在形成以男性为主的独特城市青年文化方面发挥了重要作用,但它其实是在资源稀缺、各阶层严重分裂的社会背景下开展的。虽然非洲女子足球和其他运动(无挡板篮球、手球、篮球和田径)拿到的冠军越来越多,但男子足球运动的巨大知名度和社会重要性使得女子足球运动难以望其项背。事实上,家务劳动的重担过多地落在了女孩和年轻女性身上,使她们没有更多的时间去玩耍和发展技能。人们一直认为,踢足球的女性花太多时间暴露在公众的目光下,会使她们的名誉受到威胁。由于衣着和引人注目的程度,这些年轻女性被认为是非常易受伤害的,在男人中间也不受欢迎。一些父母和监护人对年轻女性在运动场上的社交和闲逛持怀疑态度,因为他们很容易便会把招蜂引蝶的行为与在公共空间进行的社会化实践混为一谈。

今天,在各个非洲城市(以及越来越多的农村地区),手机正在成为一种主要的互动载体,它的应用仍然符合消费、阶级和收入之间长期存在的联系。与足球不同的是,手机可能是一种不分性别的工具,因为男女使用手机的做法似乎差别不大。这既包括他们使用手机的地点和频率,也适用于他们使用手机的目的。

塞巴斯蒂亚娜·埃佐(Sebastiana Etzo)和盖伊·科伦德(Guy Collender)指出,非洲移动电话市场增长非常迅速,2000年至2006年,非洲手机用户增加了十二倍,尽管总体市场渗透率还是偏低,但非洲已经是世界上移动电话市场增长最快的地区。联合国贸易和发展会议也证实了这一发展趋势(UNCTAD, 2008: 251)。手机让用户能时刻保持联系,建立了广泛的社交网络和联系,这些网络和联系中既蕴含了当地的社交实践,又促进了新社交网络和梦想的萌发。

非洲手机用户广泛使用的预付费电话系统适合收入不稳定或不正规的人。聊天和联系等社交用途可能也是不富裕人群使用移动电话的原因,其中许多人只在公共通信接入点使用。手机的使用习惯受到当地互助和支持行为规范的影响,经常在几个用户之间共享。普遍的做法是"传呼"(beeping),即拨通一个号码,但在接通之前挂断电话,对方回拨电话并支付电话费。而短信是一种简单而廉价的通信方式。手机电话和短信是宣布丧事等紧急事项的重要手段,也能引起人们对社会上发生的事情的关注。最后也是最重要的一点,手机让年轻人(包括恋人之间)在私下保持联系。事实上,在各个阶层中,年轻人都认为手机是城市生活的必备品。

除了广泛的社会用途外,移动电话还迅速成为商业交易的必要工具。它的灵活性和便捷性对微型企业和小型商业非常有帮助。用户可以获得有关具体商品价格和供应情况等的信息,这对确定采购地点和向客户供货的时间等短期决策有实际影响。在一些国家,如尼日利亚、乌干达和肯尼亚,人们可以通过使用移动电话获得信贷。简而言之,移动电话可能有助于维持生计。手机的互联互通性使人们能够保持联系,并帮助他们建立新的联系。在非洲迅速转型的经济体中,人们热衷于使用移动电话以符合其背景和能力的方式进行联系。以这种方式建立的联系和社交空间不仅是为了与家人保持联系,也是为了追求新的社交和联合方式。对城市青年来说,在当地与外界乃至与全球各地相连是一份不错的感觉。

非洲城市一直是变革的前沿。过去三四十年来的政治和经济事件标志着新时代的来临。本章重点关注的是非洲城市的空间、经济和文化等方面,描绘了一个大融合的图景,其中年轻人作为自主行为体在开拓新空间和身份认同的过程中表现得最为显著和戏剧化,他们运用了新的技能和新的手段。这种代际差异体现了他们独特的城市生活观,并可能影响变革的走向。

非洲城市是青年的城市,在这里,消费、阶层和性别形成了新的互动机制。交易和消费的创造性和生产性功能应得到承认,而不是像以前使用雇佣劳动作为研究非洲城市经济的切入点时那样将其作为次生活动扫到一边。21世纪的城市是一个全球化的世界,在这里,资本、商品和劳动力流动的转变正在重新定义城市的地位和角色,非洲也是如此,现如今,在这片大陆的许多地方,建筑用地产生的收入超过了农业。由于非正式工作及其组织资源是非洲大部分地区城市生计的主要来源,却大多没有被纳入统计,我们仍然难以评估非洲城市生活的经济全貌。学术界对城市可持续发展这一问题普遍关注,而非洲城市生活的多样性、活力和动态却鲜有人问津。即使如此,正如已经证明的那样,毫无疑问,非洲城市进入了新时代,其中占人口多数的年轻人正在不断努力打破对其行为的诸多限制,以期将自己平凡的日常生活变成明天的战略资源。

数据引用来源

National Research Council. 2003. *Cities Transformed: Demographic Change and Its Implications in the Developing World.* Washington, DC: National Academies Press.

United Nations Conference on Trade and Development (UNCTAD). 2008. *Information Economy Report 2007 - 2008: Science and Technology for Development. The New Paradigm of ICT.* New York: United Nations.

United Nations Department of Economic and Social Affairs/Population Division. 2012.*World Urbanization Prospects: The 2011 Revision. Highlights.* New York: United Nations.Available at www.esa.un.org/undp/index.htm.

拓展阅读建议

Alden, Chris, D. Large, and R. Soares de Oliviera, eds. 2007. *China Returns to Africa*. London: Hurst.

Anderson, David M., and Richard Rathbone, eds. 2000. *Africa's Urban Past*. Oxford: James Currey.

De Boeck, Filip, and Marie-Françoise Plissard. 2004. *Kinshasa: Tales of the Invisible City*. Tervuren, Belgium: Royal Museum of Central Africa.

Etzo, Sebastiana, and Guy Collender. 2010. "Briefing: The Mobile Phone 'Revolution' in Africa: Rhetoric or Reality?" *African Affairs* 109(437): 659–68.

Hansen, Karen Tranberg. 1997. *Keeping House in Lusaka*. New York: Columbia University Press.

King, Anthony. 1990. *Urbanism, Colonialism and the World-Economy: Cultural and Spatial Foundations of the World Urban System*. London: Routledge.

Larkin, Brian. 2008. *Signal and Noise: Media, Infrastructure, and Urban Culture in Nigeria*. Durham, NC: Duke University Press.

Myers, Garth Andrew. 2003. *Verandahs of Power: Colonialism and Space in Urban Africa*. Syracuse, NY: Syracuse University Press.

Robinson, Jennifer. 2006. *Ordinary Cities: Between Modernity and Development*. London: Routledge.

Wirth, Louis. 1938. "Urbanism as a Way of Life." *American Journal of Sociology* 4: 2–24.

第 7 章

非洲社会的健康、疾病和治疗

特蕾西·J. 利德基

与世界其他地方一样,在非洲社会,健康和疾病对个体和社会两个层面都有影响。个人的痛苦往往揭示了社会结构和紧张关系,譬如孩子的病痛会让家庭关系紧张,一种可治疗的疾病在社会贫困阶层中就是致命的;当医生和病人形成一种持久的联系,或者当对医疗保健的不满引发一场社会运动时,治疗的实践也可能创造新的社群。无论是塑造、妨碍、加强还是施压,与健康、疾病和治疗相关的经历总是反映并影响着社会关系。本章将撒哈拉以南非洲的健康问题作为社会背景的一个产物和一个项目来讨论,其范围小到家庭,大到全球政治经济的宏观权力动态。

全球背景下的非洲健康状况

在讨论具体文化背景下的福祉和疾病问题之前,我们必须首先考虑对世界人口健康进行生物医学评估的比较分析框架。我们可以清楚地看到,疾病的发生率和严重程度与政治和经济权力动态密切相关;简而言之,贫困模式与疾病模式密切相关。非洲的经济地位与其疾病状况相关,其中包括较高的传染病流行率、孕产妇死亡率和婴幼儿死亡率以及大流行病的显著影响。总体健康指标显示,非洲人口的健康状况普遍不佳,2009年非洲的平均预期寿命为54岁,是世界上预期寿命最低的地区(WHO,2011b：54)。根据世界卫生组织的资料,非洲人的主要死亡原因(基于2004年的数据)依次是艾滋病病毒/艾滋病、下呼吸道感染、腹泻和疟疾。传染病是非洲人健康的主要威胁,占死亡原因的70%(WHO,2008a：54)。

艾滋病病毒/艾滋病和疟疾是对非洲人民福祉的重大挑战,这也从宏观角度说明了边缘化模式在全球范围内对健康的影响。撒哈拉以南非洲是受全球艾滋病病毒/艾滋病流行影响最严重的区域。根据联合国艾滋病联合规划署的数据,2009年共有180万人死于艾滋病病毒/艾滋病,其中72%(130万人)是非洲人(UNAIDS,2010：25)。艾滋病目前是撒哈拉以南非洲人口的首要死亡原因。这反映出艾滋病病毒/艾滋病在非洲是一种影响整个人口群体的普遍性流行病(与非洲不同,在世界其他地区,艾滋病病毒的传播主要集中在特定的人口亚种群中)。但该疾病的影响程度在区域上也有很大的差异。南部非洲(安哥拉、博茨瓦纳、莱索托、马拉维、莫桑比克、纳米比亚、南非、斯威士兰、赞比亚和津巴布韦)是受影响最严重的地区,2009年该地区艾滋病病毒感染者占全球的34%,艾滋病死亡人数占全球的34%,年度新感染艾滋病病毒人数占全球的31%。四个南部非洲国家的艾滋病病毒感染率超过15%(UNAIDS,2010：23,28)。艾滋病病毒/艾滋病的高感染率也增加了其他疾病的发病率。例如,以前基本得到控制的结核病,由于是艾滋病相关的主要机会性感染疾病,在1980年至2000年期间,发病率增加了近四倍(WHO,2008b：52)。在南部非洲,50%以上的结核病患者经检测发现呈艾滋病病毒阳性(USAID,2011：3)。

尽管西方艾滋病病毒/艾滋病的流行病学和公共卫生研究往往强调个人行为,最近的许多社会科学成果却突出了影响其易感性、传播和治疗的社会、政治和经济结构。例如,梅雷迪思·图尔申(Meredith Turshen)指出,结构调整政策加剧了经济衰退,增加了劳动力的迁移,破坏了家庭生活,所有这些都促进了艾滋病病毒/艾滋病的传播。非洲社会内部的权力动态也决定了传播的模式。安妮·阿克罗伊德(Anne Akeroyd)认为,性别影响了女性面对疾病的脆弱程度和获得护理的机会。女性对其性生活的控制权往往较少,她们依赖男子获得关键资源,并可能为了养活自己和子女而从事高风险行为。在所有感染艾滋病病毒的成年女性中,约有40%生活在南部非洲(UNAIDS,2010:28)。艾滋病病毒/艾滋病对个人身体和整个人口的巨大影响以及它与性和早逝的联系,使感染艾滋病病毒/艾滋病在非洲和其他地方一样,成为一种耻辱,因此感染者身体上遭受的痛苦往往也伴随着社会孤立的痛苦。正如保罗·法默(Paul Farmer)所指出的那样,艾滋病病毒/艾滋病明确的社会含义和关联使其成为感染者受到怀疑和指责的标签;当地对这种疾病的解释和反应是找"替罪羊",这种被认为应负责任的"替罪羊"可能是"滥交"的个人,可能是邪恶的巫师,也可能是贪恋权力的西方国家政府。

虽然媒体对疟疾的报道不如艾滋病病毒/艾滋病那么频繁,但它对非洲人的生活也产生了深远影响。2010年,全世界81%的疟疾病例和91%的疟疾死亡病例(596 000例)发生在非洲,其中5岁以下儿童受影响最严重(WHO,2011c:xiii)。疟疾感染的直接原因是由蚊虫叮咬传播的寄生虫,然而宏观的社会情况,包括贫困和武装冲突等,对这一流行病的形式和严重性也具有很大影响。在贫穷的地区,由于缺乏杀虫剂和蚊帐、缺乏预防和治疗疟疾的药品以及住房质量差等导致蚊虫肆虐，人们更有可能感染疟疾和病死。武装冲突进一步加剧了疟疾的影响，因为流离失所的难民被迫迁移到疟疾流行地区，住在临时住房里，医疗系统被破坏或摧毁，植被甚至也发生了改变，助长了蚊子的滋生，营养不良和冲突条件下的其他身体压力则令情况雪上加霜。除了贫穷会增加患上疟疾的风险以外，还有证据表明两者之间存在着相互加强的关系，即疟疾也会增加贫困的发生率。保拉·布伦特林格（Paula Brentlinger）认为，在受影响最严重的非洲国家，疟疾对人的生产力有重大影响，每年国内生产总值增长因此估计损失1.3%；在家庭层面，疟疾的危害主要体现在照顾病人所花费的大量时间和资源上。随着疟原虫对氯喹等药物的抗药性逐步升高，当疟疾发病率和死亡率增加时，治疗方案不得不转向使用更昂贵的药物来对付这些抗药性疟原虫，从而进一步加剧了患病者家庭的经济压力，或者使病人得不到充分的治疗。

虽然本土和国际上对于非洲不佳健康状况的生物医学应对措施随着时间的推移而不断发展，但这些措施在大部分情况下仍然是不够的。1978年签署的《阿拉木图宣言》（Alma Ata Declaration）是公共卫生政策的一个里程碑，国际社会成员赞同将初级卫生保健战略作为到2000年实现"人人享有卫生保健"的主要策略。在随后的几十年里，非洲各国政府试图制定综合的国家卫生计划；不幸的是，在大多数非洲国家，生物医学医疗保健资源仍然远远没有达到《阿拉木图宣言》所列的目标。包括经济疲软和高额外债在内的各种因素使得非洲国家难以实施可能解决上述重大公共卫生挑战的医疗保健计划。贫困率高、缺乏清洁饮用水等基本社会服务、粮食供应不稳定以及政治冲突造成的混乱，进一步损害了人类健康和医疗保健工作。非洲各国政府在医疗保健方面的支出仍然很低,2007年非洲各国平均为每人137美元(WHO, 2011a: 14)。

在后殖民时期,很多非洲国家建立了多层次的医疗保健体系,在这个体系中,决策权和资源按等级组织起来,从卫生部和首都的教学医院到省级医院、地区医院,最后到农村的诊所和卫生站。通过对非洲初级医疗保健的回顾我们发现,医疗保健体系内城市和农村获得的资源存在巨大差异:尽管农村诊所、药房和卫生站是人们和医疗保健体系之间主要的接触点,为总人口的80%服务,但它们只分配到卫生服务资源的20%(WHO, 2008b: 37)。因此,这些农村医疗保健机构往往缺乏设备、物资和合格的医务人员。大多数训练有素的卫生从业人员,特别是医生,都在城市里工作,不少非洲医生最终会选择搬到国外寻找更好的机会。《阿拉木图宣言》还鼓励将传统治疗师和传统助产士作为国家医疗保健体系的一部分,但迄今为止,这些从业人员大多并没有被成功地纳入医疗保健体系。一些非洲国家在这方面取得了较大的成功,如加纳,它通过卫生部认证并管理传统治疗师,但许多国家却发现很难弥合生物医学和本地传统医疗实践在疾病分类、病因观念、治疗方案和从业人员培训方面的不协调性。布鲁克·舍普夫(Brooke Schoepf)等批评者质疑将传统治疗师纳入国家医疗保健体系的呼吁,认为文化接受性和成本效益等理由实际上只是并不太想向世界上的穷人提供最新、最有效生物医学治疗手段的一种掩饰。

通过梳理国际组织和非洲各国政府为应对最紧迫的健康问题而采取的公共卫生干预措施,我们可以了解到这些疾病所带来的巨大挑战和对当地政治经济环境的严重制约。1998年,世界卫生组织、联合国儿童基金会、联合国开发计划署和世界银行联合发起了"击退疟疾"（Roll Back Malaria）倡议，它是全球共同努力解决疟疾在非洲和其他地区造成损失的先锋计划。该倡议和其他抗疟计划所依赖的主要干预措施是驱虫蚊帐的使用、室内喷洒杀虫剂和青蒿素综合疗法。尽管这些技术对疟疾有效，而且在一些地区取得了显著进展，但这些措施中的每一项也都面临着明显的挑战。正如保拉·布伦特林格所言，经杀虫剂处理过的蚊帐往往会落入社会上较富裕的成员手中，当它们通过社会营销（social marketing）①计划分发时尤其如此，社会上最贫穷和最脆弱的成员仍然面临威胁。在家中和周围喷洒杀虫剂会出现物流和成本问题，以及对潜在毒性的担忧。虽然基于青蒿素的综合疗法是目前最有效的抗疟治疗方法，但鉴于疟原虫对氯喹和其他单方疗法的普遍抗药性，这些新疗法比其他药物昂贵得多，由于成本问题，其在许多非洲国家难以铺开。

不过，近年来针对这些问题已经取得了重要进展：撒哈拉以南地区至少拥有一顶驱虫蚊帐的家庭比例从 2000 年的 3% 增加到 2011 年的 50%。虽然这是一个令人瞩目的增长，但也带来了新的挑战——据估计，这种经过处理的蚊帐的驱虫效力可维持三年，因此近年分发的很多蚊帐现在都到了要更换的时候。2005 年至 2010 年的五年间，非洲地区受室内驱虫剂喷洒保护的人数增加了七倍，但这仍然只覆盖了 11% 的人口。在诊断和治疗方面，接受寄生虫检测的疑似疟疾病例的比例在大幅上升，但许多非洲国家的总体检测率仍然很低。但是，强有力的抗疟运动还是使非洲的疟疾死亡率在 2000 年至 2010 年间下降了 33%。抗疟

---

① 一种通过运用商业营销原则和技术解决社会问题的策略，旨在影响个人和群体的行为，以实现社会福祉的目标。——译注

运动取得持续成功的最大障碍之一是资金。据世界卫生组织估计,实现疟疾控制和消灭目标所需的资金为每年50亿美元,但目前的资金仅为每年20亿美元,且预计今后几年还会减少(WHO,2011c: ix)[1]。

R. 拜耳(R. Bayer)等一些学者认为,非洲和其他地方的艾滋病病毒/艾滋病预防和治疗政策之所以不如预想当中奏效,主要是因为"艾滋病病毒例外论",即强调携带者和患者的个人权利和隐私,而反对像处理任何其他具有公共卫生危害的传染病一样处理艾滋病病毒/艾滋病问题的倾向。因此非洲社会的艾滋病病毒检测率仍然相对较低。詹姆斯·法伊弗(James Pfeiffer)认为,许多撒哈拉以南非洲国家的艾滋病病毒/艾滋病教育和预防策略一直被社会营销计划所主导,这类计划利用自由市场经济的原则来促进安全套的分发和使用。批评这种计划的人认为,它只注重改变个人行为,而忽略了健康行为的结构性因素:包括结构调整政策造成的经济压力和日益加剧的社会不平等现象。这种活动的有效性也有争议,因为其所声称得到的结果往往来自通过调查手段收集的行为报告,而非能证明实际使用安全套的证据。

但也有迹象表明,最近的防治艾滋病病毒/艾滋病努力正在产生积极的成效,艾滋病病毒/艾滋病患者的治疗选择已大大增加。2001年至2009年间,估计有22个撒哈拉以南非洲国家的艾滋病病毒感染率下降了25%以上。在南部非洲,与2004年相比,2009年新感染的儿童减少了32%,与艾滋病相关的死亡人数减少

---

[1] 根据世界卫生组织《2022年世界疟疾报告》,2021年,全球疟疾应对供资总额为35亿美元,所需资源为73亿美元,缺口在过去三年间持续扩大。——译注

了18%。2009年底,该地区符合抗逆转录病毒治疗条件的成人和儿童中有49%接受了治疗(东部和南部非洲为56%,西部和中部非洲为30%),而2003年仅为2%(UNAIDS,2011:97;UNAIDS,2009:25)。然而,各国治疗方案的覆盖范围差异很大:2010年,博茨瓦纳93%的患者接受了抗逆转录病毒治疗,而在莫桑比克,同年的数字仅为40%(UNAIDS,2011:98)。

医疗多元主义和对治疗的探求

如上所述,非洲人的健康状况受到了重大的结构性制约,但我们必须认识到,人们不仅仅是疾病的被动受害者。即使面对巨大的障碍,病人也会积极地追求健康。这种"对治疗的探求",正如约翰·詹曾(John Janzen)所说的那样,其参与者往往涉及患者及其家庭和社区成员,并可能导致那些寻求照护和治疗的人尝试各种不同类型的治疗手段。在非洲的大部分地区,卫生资源涵盖多种从业人员和治疗方法,包括经过生物医学培训的医生、能够被魂灵附身的灵媒、草药师、占卜师、基督教和穆斯林治疗师等,他们利用药品、药用植物、祈祷和经文来治疗他们的病人。在多元化的表象下是创新的洪流——新的治疗技术、魂灵和药用植物不断被发现;生物医学和招魂术疗法相结合的新方法或药品和草药相结合的新药方不断被发现。事实上,病人很欣赏这种创新,创新现有服务范围的治疗师很有吸引力。在这样一个医疗多元化的背景下,病人和他们的陪伴者必须在一系列可能的治疗师、技术和治疗药物中进行选择。研究表明,人们往往选择同时或先后使用多种治疗方案。非洲的医疗多元化并不是独一无二的。事实上,全世界的人们都在利用多种治疗方法。例如,在美国,一个病人可以拜访医生、灵气大师、脊椎按摩师、芳香疗法师、自然疗法师或中医专家以及其他各种医疗从业者。此外,美国政府在国家卫生研究院(National Institutes of Health)之下还设有国家补充和替代医学中心(National Center for Complementary and Alternative Medicine),对上述和其他未提到的治疗方法进行研究。

由于非洲医疗环境的文化复杂性,在很多非洲社会还存在着针对各种医疗从业人员相对效力、合法性和在国家医疗保健计划中的适当地位等进行的活跃和持续的讨论。所谓的传统治疗师抱团建立起专业协会,将生物医学技术纳入他们的实践中,并寻求国际认可。在非洲生物医学医疗人员在人口中占比过低的背景下,传统治疗师在国际卫生组织看来是人力资源方面一项有益的补充,并得到了鼓励,至少是口头鼓励。例如,在莫桑比克,据估计,大约每200人就有一名传统治疗师(Greenetal., 1994: 8),而生物医学医生的数量约为500人,要服务全国2 300万人口,即每4万多人约有一名医生(WHO, 2011b: 120)。非洲其他地方情况也类似,世界卫生组织估计,大约80%的非洲人会在一生中的某个时候求助于传统疗法。鉴于这些数字,世界卫生组织非洲区域办事处于2007年发表了《传统医学宣言》(Declaration on Traditional Medicine),承诺"建立将传统医学的积极方面制度化地纳入卫生体系的机制,并改善西医和传统医疗从业者之间的合作"(WHO, 2007: 3)。然而,如上所述,由于生物医学和其他治疗方式在认识论上的差异,以及这些讨论所处环境的政治复杂性,合作的尝试往往是困难的。因此,非洲的健康和治疗问题往往与国内和国际政治交织在一起,涉及卫生资源的组织和使用、"文化"在国家政策中的地位,以及科学与宗教、自然世界与超自然世界、"传统"与"现代"之间的关系。

个案分析：医疗多元主义与
莫桑比克中部的宗教治疗

在医疗多元化背景下，对宗教治疗进行案例研究能够更形象地说明撒哈拉以南非洲涉及健康和治疗方面的主题。这项案例研究是基于我在非洲东南部国家莫桑比克中部的田野调查写成的。在这个地区，当地人在生病时可以——而且现实中确实——求助于各类医疗资源。在省和地区首府，有政府设立的健康诊所或医院，在农村有较小的卫生站。这些诊所的工作人员有时是医生，但更多的是护士或医疗技术人员，他们为病人检查，并开出处方，病人凭着这些处方可以在药店买药。我在参观一家地区首府的医院时发现，很多病人一大早就开始排队，往往要等几个小时才能见到医生。就在这家医院的同一条路上，不远处有一个出售各种食品和生活用品的露天市场。此外，也有办法无需处方就可以购买药品，许多药品是在马拉维边境地区购买的，草药也通过这种渠道流入莫桑比克。在农村地区，还有一些不太正规的诊所，这些诊所通常由在家中工作的治疗师组成。在我走访的一家诊所里，行医者既配草药又配药品。很多病人都是来打青霉素针剂的，这位治疗师也因打青霉素针剂而闻名。另一些治疗师则靠着在年长的治疗师或亲戚处做学徒所获得的知识，配制植物性药物（主要是各类树根）。这些治疗师经常使用占卜工具，帮助他们确定病人病情的性质，并为其提供适当的治疗。我拜访过一位这样的治疗师，他使用一个在手柄上旋转的动物角：治疗师如果想要知晓有关病人健康的问题，手上的角会指向一个特定的方向，从而揭示答案。也有治疗师利用他们与魂灵的关系来诊断和治疗他们的病人。其中一些治疗师与已故祖先的魂灵合作。这些魂灵有的来自遥远的过去，有的生前认识治疗师本人，他们回来附身于后人的身体，治疗师通过他们进行治疗。我遇到的一位治疗师解释说，她的祖先在生前服用了强效药物，能够在死后以狮子的形态回来，并作为一个治愈之魂融入她的身体。另外的治疗师与另一种魂灵有关系，这类治疗师被称为先知，他们被基督教的魂灵附身，如玛丽、约瑟夫、拉撒路和约伯。这些治疗师身穿白色长袍，上面缝有十字架，在治疗过程中使用《圣经》。

尽管在这一领域工作的非生物医学治疗师在外表、做法和知识来源方面各不相同，但他们有时会在莫桑比克国家传统治疗师协会（Associação de Tradicional de Moçambique）的主持下走到一起。这个专业组织最早出现在 20 世纪 90 年代初，当时正值莫桑比克历史上的一个重要时刻。莫桑比克曾是葡萄牙的殖民地，经过长期的武装斗争，于 1975 年才获得独立。独立后，莫桑比克新政府在也曾领导过解放战争的政党"莫桑比克解放阵线"（Frente de Libertação de Moçambique，以下简称"莫解阵"）的领导下，采取了社会主义的政治纲领。政策中的一项任务便是反对"落后的"文化习俗，传统疗法被包括在内。莫解阵希望在科学社会主义的基础上建立一个新的现代社会。在这个时代，治疗师受到了限制，许多人不得不隐瞒自己的活动。

不幸的是，在从葡萄牙人手中独立后不久，莫桑比克再次陷入了战争，这次的发动者是试图扰乱这个新国家稳定的区域强权，包括罗得西亚（后来成为津巴布韦）政府和南非的种族隔离政权。第二次战争一直持续到 1992 年，对国家造成了巨大的破坏，损坏了卫生、教育和交通等基础设施，人们饱受战争之苦，流离失所，甚至失去了生命。这场战争也使莫桑比克失去了真正独立的可能性。莫桑比克的生存在这之后就依赖于外国援助,因此,其也必须遵从国际贷款机构(如国际货币基金组织)的要求。根据20世纪80年代末制定的结构调整计划,莫解阵放弃了其社会主义口号,转向了自由市场经济。同样,它也放宽了对包括宗教和传统医学在内的文化习俗的限制。正是在这样的背景下,莫桑比克国家传统治疗师协会才得以在公共对话中为传统医疗从业者争取到空间。该协会在我进行实地考察的地区开展的活动揭示了它与政府之间模棱两可的关系。协会领导人经常对他们所认为的缺乏来自政府——特别是卫生部——的支持和尊重表示失望,但同时,他们也频频声称自己与政府有联系,甚至说自己是政府的一部分,以正当化他们对治疗师及其做法的权威。

先知的治疗

在我田野调查期间见到的多种治疗方法中,我的研究重点是先知。我之所以对他们的做法和观点感兴趣,部分原因是莫桑比克的政治历史对该地区治疗活动产生的影响。莫桑比克在20世纪80年代和90年代初的战争时期生灵涂炭,有100多万人被杀,约600万人被迫离开家园。在中部的太特省(Tete),许多人为了躲避战争而越过边境进入马拉维、赞比亚和津巴布韦等邻国。我在太特省北部遇到的许多先知,已在马拉维作为难民生活了十年之久。事实上,正是在马拉维的时候,他们第一次接触了后来自己工作中的《圣经》里的魂灵。他们告诉我,在战争年代及其导致的流离失所之前,太特省北部有各种类型的治疗师,但没有先知;当莫桑比克人在1992年战争结束后的几年里回到故土时,他们也把在边境另一边遇到的事物带回了家乡,其中就包括先知的魂灵。此后,先知的数量和治疗活动的规模不断增加,并形成了一个充满活力的社会网络。因此,战后太特省的先知治疗现象是人们应对战争带来的身体和社会伤痛的方式之一,先知治疗既医治了生病的身体,又催生了新的社会性和社群。

先知群体社会关系的本质对于理解他们所进行的治疗非常重要。先知是一个由治疗师和病人组成的网络,他们因病痛和战胜病痛的愿望而会聚一堂。痛苦和治疗都被认为来自被称为先知[在当地的齐契瓦语(Chichewa)中被称为"阿内内里"(aneneri)]的基督教的魂灵。先知的魂灵以疾病的形式进入个人的生活,特别是那些拥有奇怪或慢性症状的疾病。往往是在多次尝试治疗无效后,受病痛折磨的人会来到一个公认的先知治疗师那里,治疗师将疾病原因诊断为魂灵附体。如果病人接受了这一诊断和治疗师所提供的治疗,他或她就会被带入一套新的关系网中:查明病因的治疗师将会成为他或她的"母亲"和导师;患者将经常与其他先知一起参加集体的仪式活动;当然,还有他或她身体里居住的一个或多个魂灵。因此,一个先知的个人道路和其对治疗的探求与先知群体产生和成长背后的宏观过程是密不可分的。成为一名先知既是个人从受难者到治疗者的转变,也是对社会大家庭的融入。

进行痛苦崇拜的先知

虽然先知治疗对于太特省北部地区来说是一个新事物,但它也是非洲各地长期存在的文化习俗的一个例子,这在人类学文献中被称为"痛苦崇拜"(cults of affliction)或"恩格玛"(ngoma)。维克多·特纳(Victor Turner)在其关于赞比亚宗教生活和仪式的著作中创造了"痛苦崇拜"这一术语,以描述解决特定疾病的社会群体。特纳对成为这类群体成员的转变仪式特别感兴趣,他采用了"过渡仪式"(分离、边缘、聚合)的三方模型来描述这一过程。他对中间阶段,即阈限——"介于两者之间"——的状况尤为感兴趣,这一状况一方面与死亡和衰败有关,另一方面与孕育和出生有关,它标志着从一种状态向另一种状态的过渡。很多地方和区域研究案例都印证了特纳所描述的那种非洲治疗仪式或团体的样子。

约翰·詹曾对非洲南部和中部地区同类群体(他称之为"恩格玛")所做的综合研究提出了一个更广泛、更深入的框架,以适应这些不同的案例。詹曾利用他自己对刚果、南非、斯威士兰和坦桑尼亚治疗网络的研究以及其他研究者的证据,确定了一个长期存在的区域性"仪式治疗机制"的关键特征和基本逻辑。恩格玛涉及对疾病的体验、群体成员对疾病的识别和归类,以及与加入群体有关的过渡仪式。恩格玛修行者经常通过灵媒来评估疾病,并辨别不同的魂灵在疾病和健康中的作用。恩格玛最有特色的元素是"受伤的治疗师"这个角色:通过参与到这类群体中,病人变成了治疗师,痛苦和疏离被转化为治疗和社会融合。最后,恩格玛还涉及仪式活动,特别是包括唱歌、跳舞和打鼓在内的表演。恩格玛不是宗教、医学或政治,而是一种独特的区域性机制,它以一种有组织的、团体性的方式来认识和应对生活中的不幸。

莫桑比克的先知具有许多这样的特质,他们的做法很符合上面的描述。新的先知因疾病和痛苦而进入这类社群,寻求先知治疗师的帮助,并走上仪式转变的道路。通过与魂灵的接触,新进者成为"受伤的治疗师",反过来又能治疗他人。这种治疗工作在进行期间经常会有通宵达旦的仪式活动,充满了舞蹈、歌唱、鼓声和魂灵附体——这些生动的聚会集合了更大范围的区域性先知网络,公开演绎了先知之间的社群关系。

如果说先知治疗是一种基本的社会现象,那么值得我们注意的是先知社群核心的关键关系。首先是宿主与魂灵的关系。魂灵使宿主生病,并对宿主提出诸多要求。先知们常常努力满足这些要求,包括避免摄入特定的食物和饮料,如某些肉类和酒精,为魂灵购买特殊的衣服,建造医院和教堂,让魂灵可以在其中工作,并举行上述的通宵仪式。如果魂灵的需求得不到满足,宿主们可能会患上新的疾病。另一方面,先知们认识到这些魂灵是上帝派来的治疗之源;他们解释说,魂灵来到人间的目的是利他的,就是帮助那些受苦的人。

同样重要的是新的先知和发现他或她身上魂灵的治疗师之间的关系。作出这一发现的治疗师被称为此人的"母亲"(mayi),这一称谓的使用与发现者的性别无关,而新的先知被称为先知治疗师的"孩子"(mwana)。许多关于治疗网络的研究都遇到了亲属关系称谓、类似亲属的关系以及生育相关的意象和象征,这表明这些群体在某种意义上是"重构的家庭",正如贾尼斯·博迪(Janice Boddy)所示。在先知之间使用亲属关系称谓增强了魂灵发现过程的"诞生"的意涵,成为社会关系再生产过程中的一个关键因素。

"母亲"并不教新的先知治病,也不教他们如何使用药用植物。所有这些知识都是直接从魂灵传给宿主的。但"母亲"确实是一个导师,指导新人学习如何与魂灵共同生活。这既包括指导新人适应魂灵要求的生活方式的改变,也包括协助他们适应魂灵存在给身体带来的压力,对没有经验的新人而言,这可能是相当猛烈的。"孩子"对于他们的"母亲"同样重要。这些"后代"现在起将为他们的"母亲"服务,作为其工作成效的展现和其工作过程的积极参与者。

尽管我一直在强调"痛苦崇拜"的内在体验和动态,但这些群体并没有与社会的其他部分相隔绝。虽然确实存在一些社会边界,比如先知遵循的食物禁忌(禁止他们在非先知的家里吃饭),但先知依然花了大量的时间来医治到他们医院进行咨询和治疗的广大社会成员。这些病人有的是住在附近的邻居,有的则是远道而来,根据口口相传的医疗经验来寻找特定的治疗师。这些病人中的许多人自己不会成为先知。虽然病人转变为先知是先知社群成长的核心机制,但魂灵的主要任务是帮助所有受苦的人,在医院的日常工作中,先知治疗师接待各种病患并治疗各种疾病。

疾病的分类和成因

对先知们为治疗更广泛社群疾病所作努力的考察揭示了当地对疾病、诊断和治疗三方面的理解,这些理解不仅是先知治疗的基础,也是该地区现有各种治疗方式的基础。疾病有三类成因,治疗师可以将病人的病因归结为:自然的、魂灵的和巫术的。"自然的"疾病是"恰巧发生的"疾病。这是最不详细的一类归因,似乎是对那些没有其他起因的病症的统称。如上所述,魂灵导致的疾病是由魂灵的存在引起的疾病,魂灵折磨宿主,作为要求宿主遵从其愿望的一种方式,并通过附身于宿主产生一种持续的关系。巫术导致的疾病是那些由他人的邪恶意图造成的疾病。这类病症是通过某些药物和技术引发的;并且,据说这类病症一般是由嫉妒引起的,通常发生在家庭成员或邻居之间。当地的一种主要巫术常常被称为"土地雷"[在齐契瓦语中被称为"恩切索"(nchesso)]——巫师将药用物质埋在他们的目标受害者会走的路上或门口,踩到上面就会造成疾病或死亡。

当我问先知们哪一类病因的患者最多时,他们几乎都报告说,他们接到的患者,更多甚至大部分是由巫术引起的疾病。大多数治疗师都断言,现在的疾病比过去多,尤其是与巫术有关的疾病,他们认为这是由于战争期间和战后土地冲突中产生了越来越多的嫉妒和仇恨。病人自己解释说,在怀疑有巫术的情况下,他们会找先知治疗师治疗,因为他们知道先知特别善于识别巫术。识别和治疗与巫术有关的疾病既是先知治疗实践的中心,也是先知如何理解自己角色的重要方面。

先知治疗师解释道,很多病症可能致病原因是自然的,也可能是巫术的结果,任何具体疾病的成因只能通过向魂灵问诊来确定,在问诊期间,魂灵能够看穿病人的身体,以确定疾病的性质和原因。例如,疟疾就是这种情况,它是该地区和非洲许多其他地区非常常见的疾病。对于自然产生的疟疾,治疗师们提出了几种原因,包括不卫生的条件(家中缺乏打扫,吃了脏东西,加工糟糕的食物,不干净的水)、蚊子(在雨季,蚊子在家中附近的垃圾或死水中繁殖),以及暴露在寒冷中。据了解,巫术引发的疟疾与其他巫术导致的疾病感染方式相同,即通过对目标受害者使用药物,人们认为它比自然产生的疟疾更凶险,导致死亡的速度更快。在对巫术疾病和自然疾病进行这些区分的同时,治疗师们也在鉴定传统医学与生物医学的不同领域和优势,以及不同种类的治疗师在医学多元化社会中的相对社会角色。他们称,巫术疾病只能由传统治疗师来治疗。如果有人患了这种病,到政府开设的诊所看病并服用处方药物都是无效的,最坏的情况是吃下去的药会变成毒药。这就是为什么病人要仔细观察疾病症状和所接受的各种治疗有效与否；如果他们察觉到"非自然"疾病的迹象，就有必要去传统治疗师那里就诊。

患者和先知：三个案例

我在先知治疗师的医院里读到过病人的病历，其中记录了这些病人为自己迟迟得不到健康问题的改善四处寻医问诊，追踪了特定病人咨询各种治疗师、尝试各类治疗方法的历程，以及他们对问诊途中遇到的相互矛盾的解释和不同效果的治疗方法的反应。下面的三个案例研究并展示了先知治疗加强一些关系和挑战其他关系的方式。事实上，和谐和不和谐的力量都在同一个仪式空间相遇，具体内容我将在关于夫妻先知治疗师保罗和玛丽亚的医院举行的每周一次魂灵问诊会的部分中细说。

> 病人一。我们见面时，病人一已经在保罗和玛丽亚的医院住了三天，试图治疗困扰她六年的腿部、心脏和胃部的疼痛。在来到这家医院之前，她已经找过另外五个传统的草药治疗师，他们都说她踩到了"土地雷"。他们对她进行了治疗，但治疗没有效果。到了保罗和玛丽亚的医院，她感觉好多了，但一回家病马上又犯了。她还去过她家附近市场的一个摊位，买了几种治疗疼痛和胃部不适的药片，但这些药片也没起作用。在保罗和玛丽亚的医院的初次问诊中，魂灵解释说她的病是坐木造成的。有人拍下了她的照片，拿到了她穿过的衣服上的一些线头，并将其与墓地的泥土和一种药物混合在一起，这就是疾病的起因。
>
> 病人二。病人二是一个年轻母亲带来的九个月大的孩

子。她和孩子在保罗和玛丽亚的医院住了六天。孩子的发烧、咳嗽和呼吸道症状已经持续了一周。孩子生病后,母亲首先带孩子到政府开设的诊所,他被诊断出患有疟疾和贫血,随后吃了药也输了液,用的药据母亲说是氯喹和青霉素。一开始孩子的病情似乎有所好转,但没过几天,病情加重,母亲甚至担心孩子会死。看到这种情况,她在半夜带着孩子找到保罗和玛丽亚,进行了会诊,会诊时魂灵解释说,孩子的疟疾和贫血是由巫术引发的,并要孩子留下来接受治疗。在保罗和玛丽亚的医院里,六天的治疗中,这个孩子接受了植物性药物的治疗,现在已经好转了很多。

这位母亲解释道,她知道保罗是因为她住得不远,而且之前也来他们这里看过病。在前一次问诊中,她带了她另一个生病的孩子来。事实上,那个孩子最后死在了保罗和玛丽亚的医院里。她解释,之所以会出现这种情况,是因为她之前花了太多的时间带孩子去找其他的治疗师,耽误了时机,所以当她把孩子带到保罗和玛丽亚这里的时候,他已经快死了,最后不幸去世。不过,她说,她看到过很多其他重病患者痊愈出院,所以对他们的医术有信心。她还解释,她之所以决定来这里,是因为她在政府办的医院尝试过,但没有效果,这使她怀疑孩子患的是一种只有传统治疗师才能医治的疾病。

病人三。患者三是一名快二十岁的年轻人。他解释说,他和朋友坐在一起喝啤酒的时候,座位附近突然一道闪电劈下。这之后不久,他就开始感到全身不适,骨骼疼痛,腹部也感到剧痛。在到达保罗和玛丽亚的医院之前,他没有接受任何生物医学治疗,他说,他认为这是自己的死对头送来的疾病,他知道有必要直接去找一个传统治疗师。他之所以这样想,是因为在雷击发生前几天,他和家庭成员之间发生了争执,因此他认为雷击是由此而针对他发出的。

在最初的治疗后,住在保罗和玛丽亚的医院的病人会每周接受魂灵的问诊,以监测他们的病情。问诊通常在星期六进行,这是治疗师接待和诊断病人的主要日子。在一个这样的星期六,我近距离观察了病人看病的过程。在这个特殊的早晨,大约有四十人聚集在保罗和玛丽亚的医院里,这是一栋房子里用横幅和十字架装饰的大房间,另外还有几个病人住的小房间。聚在一起的人包括保罗和玛丽亚的八个精神上的"孩子"(他们聚在一个角落里,像合唱团一样伴随着治疗师唱赞美诗);六个新病人期待着他们的第一次诊断;大约有十五个回访病人进行检查并调整治疗方案;还有一些陪伴病人的家庭成员。因此,在这个仪式空间里,代表了融入恩格玛社会团体的各个阶段的人,从普通的外行人(新病人和他们的家人)到长期的圈内人(参与治疗活动的"孩子")。人们靠墙而坐,将房间的中央留给医生。

保罗和玛丽亚走进了医院。只见保罗身着一件红色长袍,戴着一顶橘黄色的软帽,帽子上有一个十字架,上面系着许多鲜艳的带子,贴着背垂下来。他带着一本《圣经》和一个动物尾巴做的拂尘。玛丽亚穿戴着白色的罩衫、白色的裤子和白色的头巾,上面都装饰着蓝色的十字架。她两手各拿着一面小镜子,脖子上还挂着口哨和十字架。这对夫妇立即开始富有感情地歌唱,聚集在一起的人也加入了进来。

保罗双膝跪地,边唱边摇摆旋转。玛丽亚开始颤抖,跳跃着,比画着。虽然她原本相当冷静和矜持,但身体里的魂灵让她变得大胆而有侵略性,大声说话,指挥着整个过程。她带领大家唱了一首歌,其间她跳跃舞动,十分活跃。然后玛丽亚开始为聚集在一起的病人诊断病情,轮到自己的时候,每个病人都站上前去。在她完成了一系列的诊断后,保罗接手,继续进行问诊,这种组合式的安排反映了这项工作的严谨性:一个人很难有支撑连续四个小时魂灵现身的体力。

病人一的会诊时间到了,她是一位希望治好慢性疾病的年轻女性。她的母亲在问诊时站在她身边。附在玛丽亚身上的魂灵说话了,细述了这个女孩的症状和治疗方法。她接着说:"这些问题不是自然产生的,她并不像她家乡一些人所说的那样得了艾滋病。我看得出,你(母亲)和其他人都认为这种病是艾滋病。如果是艾滋病,我会告诉你。但这个病是巫术造成的。"她解释道,让女孩得病的人,是她母亲那边的家人。她说,女孩的母亲被邻居和家人认为有钱又傲慢,这才引发了对其女儿的攻击。魂灵让女孩和她的母亲放心,她一定能治好这种病,她的药会净化女孩的身体,让她好起来。

病人二是一位年轻女性带着的一个生病的婴儿,这位女性过去在保罗和玛丽亚的医院失去了另一个孩子。魂灵宣称,孩子的健康问题是一群邻居施展巫术的后果,他们想杀死孩子。魂灵解释,这群人给孩子喂了墓地里的泥土,使孩子经受疼痛,咳嗽不止。玛丽亚向这位母亲保证,孩子在她的帮助下会逐渐康复,并鼓励母亲自己也吃点药,以防家庭再次受到巫术的攻击。

病人三是一名经历过雷击的年轻人,他站着就诊,父母陪伴左右。玛丽亚解释说,这道闪电击中的地方正好在这名男孩附近,这也是他感到虚弱和精神混乱的原因。她进一步解释,这道闪电是他的一个叔叔发出的,他的父母与此人有土地纠纷。玛丽亚说,她知道男孩的家人和当地社区领导都在等待她对这一病例的声明,找出罪魁祸首,但她拒绝卷入这些家庭政治。相反,她宣称,她计划把重点放在男孩的福祉上——她将继续照顾他,直到他完全康复。

这里描述的病人,以及其他类似的病人,都是在一个非常不确定的情况下尝试着治病的。患者们既不知道眼前疾病的性质,也不知道哪种治疗师或治疗方法可能有效,而且失能和死亡的威胁始终存在。因此,病人往往会寻求多种治疗师和治疗办法,正式的和非正式的,生物医学疗法和基于魂灵的疗法,药品和药用植物,都会试试。这些病例揭示了现有医疗服务的局限性——病人在治疗疾病、追求健康的过程中所经历的挣扎以及所面临的不同结果。这些病例也显示了当地人的一种认知,即疾病和治疗也有政治性的一面,它们涉及人与人之间的权力斗争、资源纠纷、强大力量的操纵以及社会联盟的建立和破裂。虽然从生物医学的角度来看,将巫术作为疾病的成因解释和治疗依据的概念似乎是错误的,但作为一个分析框架,它在社会政治背景下处理个人疾患,提醒人们疾病和战胜疾病的可能性不仅仅是生物学的问题。

非洲健康和治疗问题的复杂图景

在非洲,我们面临着深度的健康需求和对疾病的多元化医学处置这两方面的一系列重要挑战。我们必须将大量的卫生资源用于改善非洲人的福祉,也必须承认当地对疾病和治疗方法的见解,两者都是至关重要的。这里介绍的三个病人的例子展示了他们患有疾病的经历和作出的反应蕴含其中的复杂社会场域:与生物医学疾病分类以及艾滋病病毒/艾滋病和疟疾带来的社会威胁一起出现的是关于巫术和魂灵的讨论;氯喹和青霉素与当地生产的植物性药物相互交织;土地纠纷、家庭内部的紧张关系与人身体上的痛苦相伴相随;公共卫生文献中出现的儿童死亡模式在一位母亲为保住孩子的生命而进行的斗争中得到了体现。这里所描述的治疗师和病人组成的社会网络,即恩格玛,是非洲各地人们评估和应对疾病的一个重要平台。恩格玛与多种多样的治疗师和治疗实践并存,并与之相交叠,他们从生物医学、基督教和伊斯兰教、魂灵附身和占卜中汲取灵感,并不断以创新技术拉近当地各类医疗实践之间的距离,拓展其疾病诊治的覆盖面。

恩格玛治疗网络例证了多种非洲治疗方式共有的基本原则:健康、疾病和治疗的内在社会性本质,以及其中凝聚力和分裂力的推拉作用。鉴于影响撒哈拉以南非洲健康状况的宏观社会环境和结构性制约因素——贫困、武装冲突及全球政治经济的权力动态对个人和社会团体造成的压力,这些治疗实践构成了对疾病的重要解释和反应。在应对包括疟疾和艾滋病病毒/艾滋病在内的巨大健康威胁以及这类流行病对当地生活、家庭和社区的影响时,莫桑比克的先知等非洲治疗师面对许多方面比他们自己更强大的力量并不畏惧,正视并主张分析和实践的作用。要想解决非洲面临的重大健康挑战,我们需要的是地方、国家和全球各个层面持续的政治意愿、敏锐的分析和创造性地解决问题的能力。

数据引用来源

UNAIDS. 2009. *AIDS Epidemic Update*. Geneva: UNAIDS and WHO.

———. 2010. *Report on the Global AIDS Epidemic*. Geneva: UNAIDS.

———. 2011. *Global HIV/AIDS Response: Epidemic Update and Health Sector Progress toward Universal Access*. Geneva: WHO.

USAID. 2011. *HIV/AIDS Health Profile, Sub-Saharan Africa*. Available at www.usaid.gov/our_work/global_health/aids.

WHO. 2007. *AfroNews* 8 (3): September-December 2007. Brazzaville, Congo: WHO Regional Office for Africa.

———. 2008a. *The Global Burden of Disease (GBD)*: 2004 Update. Geneva: WHO.

———. 2008b. *Report on the Review of Primary Health Care in the African Region*. Brazzaville, Congo: WHO Regional Office for Africa.

———. 2011a. *Health Situation Analysis in the African Region: Atlas of Health Statistics 2011*. Geneva: WHO.

———. 2011b. *World Health Statistics 2011*. Geneva: WHO.

———. 2011c. *World Malaria Report 2011*. Geneva: WHO.

拓 展 阅 读 建 议

Akeroyd, Anne. 1996. *Some Gendered and Occupational Aspects of HIV and AIDS in Eastern and Southern Africa: Changes, Continuities, and Issues for Further Consideration at the End of the First Decade*. Occasional Papers, No. 60. Centre of African Studies, Edinburgh University.

Bayer, R. 1991. "Public Health Policy and the AIDS Epidemic: An End to HIV Exceptionalism?" *New England Journal of Medicine* 324: 1500 – 1504.

Boddy, Janice. 1994. "Spirit Possession Revisited: Beyond Instrumentality." *Annual Review of Anthropology* 23: 407 – 34.

Brentlinger, Paula E. 2006. "Health, Human Rights, and Malaria Control: Historical Background and Current Challenges." *Health and Human Rights* 9(2): 11 – 38.

Farmer, Paul. 1992. *AIDS and Accusation: Haiti and the Geography of Blame*. Berkeley: University of California Press.

Green, Edward C., Annemarie Jurg, and Armando Djedje. 1994. "The Snake in the Stomach: Child Diarrhea in Central Mozambique." *Medical Anthropology*

Quarterly 8(1): 4 – 24.

Janzen, John. 1978. *The Quest for Therapy: Medical Pluralism in Lower Zaire*. Berkeley: University of California Press.

———. 1992. Ngoma: *Discourses of Healing in Central and Southern Africa*. Berkeley: University of California Press.

Last, Murr G. L. Chavunduka, eds. 1986. *The Professionalization of African Medicine*. Manchester: Manchester University Press.

Pfeiffer, James. 2004. "Condom Social Marketing, Pentecostalism, and Structural Adjustment in Mozambique: A Clash of AIDS Prevention Messages." *Medical Anthropology Quarterly* 18(1): 77 – 103.

Schoepf, Brooke G. 2001. "International AIDS Research in Anthropology: Taking a Critical Perspective on the Crisis." *Annual Review of Anthropology* 30: 335 – 61.

Turner, Victor. 1968. *The Drums of Affliction*. Oxford: Clarendon Press.

Turshen, Meredith. 1998. "The Political Ecology of AIDS in Africa." In *The Political Economy of AIDS*, ed, Merrill Singer. Amityville, NY: Baywood.

West, Harry G., and Tracy J. Luedke. 2006. "Healing Divides: Therapeutic Border Work in Southeast Africa." In *Borders and Healers: Brokering Therapeutic Resources in Southeast Africa*, ed. Tracy J. Luedke and Harry G. West. Bloomington: Indiana University Press.

第 8 章

非洲的视觉艺术

帕特里克·麦克诺顿、黛安·佩尔林

　　非洲艺术已经有几千年的历史了,几个世纪以来,非洲艺术经历了无数次重大的、往往是戏剧性的变革,直到今天依然在变化中。它的形式和材料、意义和功能总是千变万化,具有丰富的想象力,是个人和社会生活的动态反映。它常常令人惊叹,形式上也很复杂。早在五百年以前,西方人就开始收藏非洲艺术作品,而它事实上也深刻地影响了欧洲现代艺术。

　　时光荏苒,对非洲艺术的研究也经历了巨大的变革。过去的几百年间,欧洲人把它看作陌生社会的带有异国情调的产物,不需要太多的解释。到了 20 世纪,人们开始认识到非洲艺术作品背后反映的社会、宗教和政治因素,但相关背景知识仍然欠缺。自 20 世纪 60 年代以来,艺术史学家和人类学家发展出越来越成熟的方法来学习和理解非洲艺术的微妙性、复杂性以及其与社会和文化的动态关系。

　　为了将复杂的话题简单化,本章将会介绍三类非洲艺术:传统艺术、波普艺术(popular art)[①]、纯艺术或当代艺术。

　　传统艺术包括在非洲当地制作和使用的面具、人像和其他

[①] 又译作流行艺术。——译注

物品,这些物品涉及精神实践、过渡仪式或声望和地位的展示,包括与领袖相关的活动。传统艺术品通常由木头雕刻而成,与它所处的群体紧密相连,反映并塑造了这里的信仰和习俗。从如今西方博物馆收藏的大多数非洲传统艺术品来看,艺术家的名字并没有被保存下来,所以作者通常被认定为特定的族群。因此,这些艺术品常常会被称为多贡人像或约鲁巴面具,诸如此类。

波普艺术是指随着殖民主义到来而出现的多种艺术表现形式。波普艺术家可能会使用一般与传统艺术无关的材料,如画布、纸板乃至用塑料皮包裹的线材。波普艺术的目的是让任何人都能看到;它与神圣或秘密的机构无关,而且常常是为了娱乐或广告而制作的。

纯艺术或当代艺术是指 20 世纪开始作为个人表达和审美展示的渠道而创作的艺术。纯艺术与其他艺术类别的主要区别在于,它不像传统艺术和许多波普艺术那样,在当地背景下或作为纪念品创作;相反,艺术家创作当代艺术的目的是将其作为"艺术"进行展示,大多数艺术家希望的是得到全球公众的欣赏。此外,与大部分传统艺术和波普艺术不同,几乎所有的当代艺术作品都是署名的。

以上三种艺术类别表明,非洲艺术和表达文化(expressive culture)的各种形式之间存在着差异。但它们在形式上和概念上也有很多重叠,并且事实上,几十年来,非洲艺术学者一直在努力界定它们之间的区别。我们选择了三个被广泛接受的类别,但不应将它们视为僵化的分类。相反,它们可以作为开始理解和欣赏今天非洲艺术多元性的框架。

传统艺术

对很多人来说,非洲传统艺术主要由来自两个广袤地区的面具和人像组成:西非的尼日尔河和贝努埃河(Benue River)周边地区与中部非洲的刚果河流域。虽然面具和人像一直(并经常继续)被这些地区的许多民族所使用,但它们绝不是非洲传统艺术多样性和丰富性的全部,只能说是反映了外国收藏家的兴趣。事实上,非人物艺术(nonfigural arts)是不少非洲民族,特别是东部和南部非洲民族的主要视觉艺术传统。例如,生活在肯尼亚和坦桑尼亚的游牧民族马赛人不制作自用的面具或人像,但他们以其美丽新颖的珠饰而闻名于世。除服饰和身体装饰外,非人物传统艺术还涵盖了家具,如凳子和头枕;其他家用物品,包括陶瓷器皿和篮子;甚至是武器——西方人常常把它们归入"手工艺品"的范畴。这些艺术也出现在出产人物雕塑的地区,在非洲的许多地方创造了丰富、复杂的艺术风格流派。事实上,对大多数人来说,非人物艺术比面具和人像更为普遍,也更为常见,因为后者可能只能在某些场合或由特定的人观看。

非洲传统艺术最常见的是按制作和使用它的族群来划分。在很多学术文献和博物馆展览中,艺术作品的独特风格和视觉特点都与特定的族群有关。例如,在人物面部、颈部和躯干上以浮雕形式雕刻的精致疤痕是刚果民主共和国卢卢瓦人(Luluwa)雕塑风格的一个元素。但许多族群,如尼日利亚的伊格博人和马里的巴马纳人,他们的艺术创作则具有多种风格。另外,族群之间的艺术差异往往并不牢靠,这一点,我们不仅在大部分城市(往往吸引了来自许多地区的人)里可以看到,在某个族群家园的边缘地带，以及在许多农村地区也是如此，这些地区的空间由一个以上的群体共享，并发生了大量的互动，诸如友谊、通婚以及通过耕作和放牧及联合经营来对土地进行互补利用等。

此外，长途旅行和商业是非洲历史的重要组成部分，扩张主义政治亦然，因此，艺术的形式、思想和功能往往具有高度的流动性和互动性。众多民族共享多种类型的艺术，具体实例的外观和功能往往非常相似。带有精神附属物的人物雕塑就是一个很好的例子。它们从尼日利亚和喀麦隆穿过刚果民主共和国，一直到南部的安哥拉和东部的坦桑尼亚都有分布。从几内亚海岸到尼日利亚中部乍得湖附近发现的巨大横式面具(horizontal mask)[①]是另一个很好的例子。

传统艺术品的所有权可能很复杂。在某些情况下，个人对艺术品的所有权是惯例。例如，在马里，木雕门锁通常被雕刻成抽象的动物或人物，用于保护人们的私人房间。但也有一些物品则可能由一个家庭或宗族拥有。在坦桑尼亚北部海岸附近，扎拉莫(Zaramo)女孩在标志着她们开始成为女人的隐居时期，会得到一些小型的抽象女性人偶。在不使用时，这种人偶由家庭中父系的一位年长妇女保管，她把它作为重要的传家宝。此外还有些情况下，宗教或社会组织甚至整个社区"拥有"艺术品。如巴马纳青年聚会表演时戴的面具，即由牧师或领导人负责保管。

材料与技艺

木头是最常与非洲传统艺术联系在一起的材料。传统的雕

[①] 西非广泛使用的一类面具，形似头盔，横向两端较长，面具上偶尔会缀有头饰。这种面具通常用来表示野生动物，如野牛，并且通常由一种以上动物的元素组合而成。——译注

刻工具叫作扁斧(adze),它类似斧头,但刀刃与手柄垂直。雕刻完之后,工匠会在有些物品上面涂上颜料。最初,人们使用当地制造的植物和矿物颜料。今天,工厂生产的颜料因其色彩鲜艳、持久性强而成为首选。对希望艺术品保藏长久的西方人来说,木头可能看起来是一个奇怪的材料选择,由于非洲大部分地区气候和昆虫的影响,它可能很快就会腐烂。然而,除了少数例外,非洲的这些艺术品在创作之时并没被打算保存太久——更新是人们普遍的预期和愿望。

另一种同样重要的材料是铁。在一些族群中,如多贡族和巴马纳族,漂亮的铁制灯具和铁杖是铁匠技术能力和审美水平的证明。然而,更多时候,他们的产品还能有其他用途:用铁锄耕种田地,用铁刃的扁斧雕刻木材。在铁匠大师的手中,即使是这些看似平常的工具,也能让物件显示出一种超越平凡的形态和工艺之美。

非洲传统的黏土艺术包括碗、罐和其他器皿以及独立式的人像。和金属一样,陶土也不易腐烂,尼日利亚诺克(Nok)文化遗址出土的陶俑是撒哈拉以南非洲已知的最古老传统雕塑。大多数陶瓷器具都是实用性较强的器皿,使用泥条盘筑、模具成型和泥板成型的方法,由手工制成。随着塑料和珐琅容器的广泛使用,陶器制作在一些地区有所降温,但在另一些地区仍很兴盛,现在已成为收藏家们趋之若鹜的收藏品。

布料是用当地的棉、毛、蚕丝以及人造丝等进口纤维织成的。在早期,一些地区还制作了树皮布。大部分布料是条织的,即在织布机上织出几英寸到两英尺宽的布条,然后缝合成一个大的长方形。编织图案、涂绘、印、染、刺绣、贴花等手法,使非洲出产的布成为世界上最美丽、最复杂、最多彩的布之一。非洲各地进口和制造的工厂布也很受欢迎。印制的图像可以纪念特殊的场合,特别是在东非,这里的布料往往印有谚语,将语言艺术和视觉艺术结合起来。

其他材料,如黄金、铜合金和象牙,都是贵重材料:它们的使用通常意味着财富或者在宗教或政治领域的重要性。例如,在西非的贝宁王国,使用黄铜是王室的特权;纪念已故国王的祭坛上陈列着黄铜雕塑,如纪念头像。在非洲的许多地方,大象因其体形和力量而与领袖的形象联系在一起,因此,用象牙雕刻成的号角、哨子、首饰、容器和挂饰,成为特别合适的政治权威标志。

传统上,除了在大约六个国家(尼日利亚、塞拉利昂、几内亚、刚果民主共和国、津巴布韦和埃塞俄比亚)之外,非洲雕塑家不会经常使用石头。那些风格流派都没有延续到今天。然而,至少在其中一个地区,即津巴布韦,石雕技艺已经成功地回到了艺术馆和旅游市场。

传统艺术以立体艺术为主,绘画、素描和雕刻的例子很少,而这些艺术形式在波普艺术和现代/当代艺术中很突出。但在非洲南部和现今撒哈拉沙漠的洞穴和岩石遮蔽所壁上的绘画和雕刻是非洲已知的最古老的艺术实例。在更为晚近一些的时代,马里的多贡人在岩石上画出了神圣的符号,囊括了他们民族精神的重要方面,坦桑尼亚苏库马人(Sukuma)中的驯蛇人和蛇咬伤治疗者团体也是如此。从布基纳法索到喀麦隆和南非,在房屋的外墙上经常可以见到令人惊叹的绘画设计。然而,除了装饰雕塑外,涂料最常见的用途可能是装饰人体,不仅是为了美观,也是为了展示重要的社会和精神状态以及各种转变。

艺术家

在非洲传统艺术中,某些材质和技艺只属于一种性别的工匠。

在几乎所有的社会中,金属加工和雕刻,无论是木头、象牙还是石头雕刻,都是男人专属的领域。肯尼亚的图尔卡纳人(Turkana)是一个例外,那里的女性制作的木制容器里就有世界上最优雅的碗形容器。陶艺一般被认为是女性的技艺,在一些社会中,陶艺师很可能是铁匠的妻子。但也有例外,如在尼日利亚东部的某些族群中,女性制作盛放食物和水的陶罐,而男子则制作用于占卜和治疗的拟人化祭祀器皿。

男子或女子从事编织的情况主要因地区而不同,有时候织布机的种类也是决定因素之一。在西非部分地区,男子能用卧式织布机织出很长、很窄的布条,而同一地区的女性则用宽幅立式织布机织出较宽的布料。中部非洲的男子编织拉菲亚布(raffia cloth,酒椰叶纤维布),而在马达加斯加,同样的材料主要由女子负责编织。

无论性别如何,创作传统艺术的人们和全世界的艺术家一样,都要接受培训,并在自己选择的领域得到认可。这里存在一个关于非洲艺术的常见但完全错误的既定观念:这片大陆的艺术是由无名无姓、无师自通的男人和女人创造的。这种刻板印象很典型地显示了西方对非洲的偏见和误解。首先,之所以大多数非洲传统艺术在非洲以外是匿名的,只是因为收藏家没有记录艺术家的名字。在非洲范围内的大部分情况下,无论物品是以仪式用途还是以功利目的为导向,艺术家的名字都是众所周知的。真正伟大的艺术家声誉遍及四方,以至于人们会长途跋涉去购买他们制作的物品。其次,无师自通的艺术家的神话可能契合西方关于"高贵的野蛮人"(noble savage)的浪漫想法,但这些物品其实揭示了非洲艺术家们对材料、技术和构成的深刻理解。在许多情况下,培训是非正式的。而在另外一些地方,正式的学徒制度是专业训练的必需,有时会持续很多年。例如,在巴马纳人中,铁匠也是木雕师,而铁匠是一种世袭的职业。当一个小男孩正式开始他的学徒生涯时,他已经在他父亲的锻造工坊里度过了无数个小时,观察和执行小任务。他的正式学徒期可能会持续七八年之久,首先学会使用风箱,然后学会雕刻木材,最后学会锻造铁器。

除了少数例外情况,大多数传统艺术家都是兼职创作,以此来补充家庭收入。当然,著名的艺术家可能会赚到足够的钱,让其他家庭成员承担他或她本来需要做的务农或放牧工作,从而使艺术家有更多的时间投入创作中去。

艺术家通常会提前制作一批实用性物品,然后在家中出售或拿到市场上销售,但面具、人像和最负盛名的实用性物品一般都是按个人订单制作的。客户可以详细解释他们想要的东西,他们可以指定物品的类型,由艺术家决定细节,艺术家和客户也可以协商委托制作的具体细节。

传统艺术与历史

艺术品的年代越久远,就越难了解它。对非洲来说尤其如此,在那里,许多艺术品的材质极易腐烂,书面文献很少,而考古作为一项耗资颇大的工作,很多时候在一个国家内的重要性不如其他更紧迫的需求。因此,我们对非洲古代艺术的了解是不全面、不完整的。但我们从永久性材料中得到的证据还是表明,非洲的艺术传统是丰富多样的。

在纳米比亚南部沙漠山区一个被称为"阿波罗 11 号"(Apollo 11)的巨岩上发现的岩画是非洲已知最古老的艺术品,其历史可追溯到公元前 21000 年之前。在非洲南部和东部的其他地区也发现了古代岩画和雕刻,但这些岩画和雕刻的具体创作时代仍然是个问题，有证据表明，一些地区数千年的艺术传统一直延续到了欧洲人到来的时候。遥远的北方，在现在的撒哈拉沙漠中部，岩画的年代已经可以用碳-14法测定，约为公元前1万年左右。无论它们的地理位置在哪里，这些岩画和雕刻都包括抽象的图案以及奇妙的动物形象和狩猎、宗教或社会活动的场景。撒哈拉的岩画还记录了马和骆驼来到非洲大陆以及古代面具的使用。南部非洲年代较近的岩画描绘了欧洲火器的使用。虽然这些岩画和雕刻被普遍认为反映了人们关于世界和宇宙的信仰，但几乎没有证据能对其中的详情作出明确的解释。

非洲的建筑也是拥有悠久历史的艺术品。公元1000年左右，在古加纳帝国的首都昆比萨利赫（Koumbi Saleh）就出现了干砌石建筑，这一建筑传统始于公元前第二个千年中期毛里塔尼亚中部的达提希特（Dhar Tichitt）地区。公元1000年至1500年间，在非洲南部，现在被称为大津巴布韦的文明发展出了复杂的生产和贸易网络、统治精英阶层和复杂而精美的石建体系，并出现了几个区域中心。在东非斯瓦希里海岸，还发现了同一年代或更早时期用珊瑚砖石切割而成的城市和清真寺建筑遗迹。大约在同一时间，或者可能更早，埃塞俄比亚的基督教教堂是由巨石雕刻的。还有一些地方，需要定期维护和整修的材料，如黏土、木头和茅草，已经成为建筑的常态，这些材料的易损性也导致我们对这种建筑的历史知之甚少。

由于历史的偶然和考古学研究的发展，我们对尼日利亚的古代艺术了解最多。在撒哈拉以南非洲地区发现的最古老的雕塑是黏土制成的，可追溯至公元前500年到公元500年之间，不过它的起源可能还要更早。它来自尼日利亚一种被称为"诺克"的文化，这种文化是以发现其中大部分遗迹的城镇命名的。从细节上看，如男性人像身上描绘的大串珠子，表明这是一尊领袖雕像。诺克人像的雅致简约与尼日利亚东南部伊格博-乌库遗址中发现的9世纪的精致金属制品形成了鲜明的对比。在遗址的神庙和墓葬中发现了大量非凡的青铜铸雕塑。今天的伊格博人的祖先制作了它们，包括动物塑像和人的头像、器皿以及贝壳和葫芦等物的复制品。这些器物与一个复杂的、广泛的、强大的宗教-政治组织有关。在更往西的地区，领导也同样重要，早在公元前第一个千年的晚期，这里就出现了以商业和扩张为目标的复杂、松散、相互间不断竞争的城邦联盟。这些城邦的中心是伊费（Ife），在11世纪到15世纪，伊费出现了用黏土和黄铜制造的艺术品，包括赤陶头像——很可能是领导人的肖像，这是自然主义和理想化抽象艺术的巧妙结合。此后，在同一片广袤的土地上，贝宁王国从15世纪开始兴盛，直到1897年被英国人打败。贝宁雕塑向我们展示了为国家服务的艺术是多么丰富和复杂，艺术家们为国王工作，创作出纪念已故国王的黄铜头像等神器以及宫廷家具和王室服饰。英国占领该地后，被掠夺的贝宁艺术品很多都在欧洲被拍卖了出去，西方艺术家们由此真正见识到了什么叫作非洲的创造力。

  在非洲其他地区的研究结果表明，尼日利亚的早期艺术成就并非独一无二。例如，在马里的尼日尔河中游地区，20世纪中叶发现的一系列具有复杂象征意义的赤陶人像引起了外界的注意。它们的制作年代通常为12或13世纪，半个世纪中，殖民者大量掠夺这些赤陶人像并销往欧洲和北美，但在系统性考古发掘中发现的赤陶人像却少之又少，因此有关它们的资料极为有限。大多数描绘的是个人、夫妇和蛇，它们可能被放在祖先的神龛，或作为家庭的守护神。

  与欧洲人的经常接触给非洲人带来了新的材料，如油画颜料和化学染料,并使其他如黄铜和玻璃珠等材料更容易获得。习俗和信仰的改变导致了新艺术形式的诞生和旧有艺术形式的淘汰。另外,变迁还创造了新的艺术市场。非洲-葡萄牙象牙市场就是一个很好的例子。在西非沿海地区,15世纪的葡萄牙探险家和商人对他们于今天的塞拉利昂和几内亚所在的土地上看到的雕塑非常感兴趣,于是委托当地艺术家雕刻象牙制品,如勺子、盐瓶、装饰性的猎角和圣餐盒,并出口到欧洲。这种早期的旅游艺术品虽然形式上是欧洲的,但雕刻风格明显是非洲的。

不同情境下的传统艺术

与许多波普艺术和当代艺术不同,传统艺术是在特定的情境下被造就的,其重要性和意义也来源于此。从广义上讲,它们涉及宗教实践、过渡仪式或威望和地位的展示。在大部分情况下,一件传统艺术作品一般都会涉及其中至少两类。

宗教实践

很多传统的非洲艺术都与约翰·H. 汉森所说的"根源于非洲的宗教"密切相关(见第5章)。无论其具体内容如何,这些植根于当地的宗教大多都相信神明、魂灵或强大的自然力具有影响人类、群体或社会的力量。因此,为了使这些力量能够改善人类的生活,人们发展出各类实践和仪式(其中许多涉及面具、人像和其他物品)也就不足为奇了。

生活在尼日利亚和贝宁共和国的约鲁巴人建造了非洲最著名的"万神殿"之一,内中包括数以百计的神(orisa),并经常使用艺术作品与祂们进行精神交流。例如,人形的法杖或权杖常常与神灵埃苏(Esu)联系在一起,祂既是一个信使又是一个诡术师,体现了反差、挑衅和矛盾的概念。埃苏帮助人们将祭品送到其他神的面前；同时，祂又具有挑衅的本性，给那些祂认为没有给出合适祭品、没有正确认识到祂的力量或没有遵循约鲁巴道德标准的人带来不幸和伤害。献给祂的雕塑经常使用货贝贝壳（cowrie shell）作为材料之一，这种材料的颜色与暗色的木头形成对比，是对神灵性格中对立面的视觉重述。此外，作为以前的交易媒介，货贝贝壳也能提醒参观者金钱可能引起的分歧，以及当年信徒的慷慨。

与祖先魂灵相关的艺术作品很多，一些也很有名。通过创作这类作品，人们更能珍视和亲人有关的回忆，向死者表示敬意，并在宗教界获得一些影响。例如，在加蓬，科塔人（Kota）纪念他们的祖先，同时也请求祖先保护他们，他们把装着宗族祖先遗骨的抽象人像放在篮子里，然后将之放到社区的神殿围墙内。科塔人认为这些人像能够保护遗骨，他们用木头雕刻完成后，再用纯铜和黄铜覆盖，让这些人像看起来更贵重、更漂亮，从而取悦祖先的魂灵。

在塞拉利昂和利比里亚沿海的门德族（Mende）和附近的民族中，一个名为"桑德"的团体的面具代表了荒野之灵。"桑德"团体的成员引导少女走向成年，训练她们成为好母亲、好妻子和好公民，并教给她们社会和精神生活的错综复杂。该团体还为年长的成员提供融入社区生活所需的信仰和活动机会，女性也因此能够拥有较大的权力和权威。在团体的仪式上，成员们戴着代表荒野之灵的美丽的乌黑头盔面具跳舞，面具的主人与魂灵建立了亲密和有益的关系。这些面具被认为是美丽的缩影，它反映了魂灵的本质，也反映了拥有面具的女性获得的成就和拥有的能力。

在非洲当地的宗教中，更为广义的力量和能量也很重要，而艺术作品往往是积累和激活这些力量的工具。这些力量被描述为创造宇宙的能量、所有活动背后的力量以及创造和构成有机生命的力量,只有经过训练的人才能管理这些力量:这些人包括非洲社会的祭司、草药医生和占卜专家,以及独立的巫师,他们可以利用这些力量造福或伤害他人。

在西非,人们设计面具的目的常常就是积累这些力量。曼德人的"科莫"团体制作的面具就是一个很好的例子,据信这些面具具有消灭反社会巫师和保护社区不受邪恶的荒野之灵伤害的力量。面具的主人是"科莫"领袖,他们与门德人"桑德"面具的主人一样,也与荒野之灵有着密切的关系。"科莫"面具被设计成在舞者头上水平放置,凸显了它们所蕴含的能量。它们的嘴和羽毛代表着鬣狗和鸟类对世界的深刻认识,它们的角代表着荒野和那里丰富的原始能量。献祭品材料暗沉的涂层能够增加能量,并暗示着面具中运行能量的模糊性、不确定性和神秘性。

在整个中部非洲,带有各种附饰,如镜子、角、钉子、贝壳、珠子和草药等的雕像,也拥有为个人和群体服务的力量,使用它们的民族有刚果族、贝特族(Bete)、特克族(Teke)、库巴族(Kuba)和桑耶族(Songye)等。这些雕像根据所要利用的力量和要帮助人们进行的活动,有着不同的大小、姿态和附饰。有的治病,有的挡灾,还有的寻找并惩罚罪犯或试图给他人带来不幸的人。

过渡仪式

在非洲,艺术品在过渡仪式中扮演着重要的角色,这些仪式标志着个人或群体的身份、地位或角色的改变。在大多数传统的非洲社会,几乎每个人都至少参加一次过渡仪式:标志着从童年到成年的转变的仪式。在几内亚沿海的比热戈斯群岛(Bissagos Islands),男孩们要经历一个包括化装舞会在内的两部分的成年仪式。在某些阶段,男孩们要戴上描绘凶猛掠食性海洋生物的面具,强调他们正处于体能和力量的巅峰,但还不具备作为成年人在文明世界取得成功所需的知识和智慧。在非洲其他地方,面具是仪式的一部分,代表男孩在真正成人以前必须获取的信息,也可能代表吞噬男孩,然后重生成为男人的怪物。在许多地方,化装舞会是庆祝活动的一部分,欢迎参加仪式者以新的成年人的身份回到他们的社区。

过渡仪式也可能标志着接受社会中的某些角色或职位,例如成为统治者或牧师就职。刚果族酋长要经历一个复杂的就职仪式,其中包括一段时间的隐居和磨难,以确定其是否得到灵性力量的认可。在成功地完成考验后,酋长被交予特定的物品,包括一把剑和一根权杖,作为其领导的象征。最后,如果男女选择加入致力于特定事业或理想的协会或社团,他们也会经历一种过渡仪式。刚果民主共和国东部的大多数莱加族(Lega)男女都加入了"布瓦米"(Bwami)组织,这是一个复杂的、多层次的机构,致力于提倡并推广日常道德。社团内的晋升有两个要点,即会费的支付和与每个层级相称的知识。一个初入门者从各种来源学习必要的信息,包括谚语、歌曲和对自然或人造的各种不同物品的操作。在某些层级,这些物品包括木制和象牙雕像及面具,它们不仅是教育工具,而且是等级和地位的象征。

声望和领导力

许多传统艺术都是社会、政治或经济地位的体现。这些艺术通常被称为"声望艺术"(prestige arts),我们可从其使用的材料,一种更简单、更普通形式的精心制作或装饰,或者物品本身的种类或形式进行识别。用昂贵或稀有的材料,如加纳的黄金、中非的铜或遍布整个非洲的象牙等制成的物品,传统上都与财富或地位有关。包括丝绸在内的精巧的肯特布(kente)比只用棉花作为原料编织的纺织品更有价值,但由于这类布料的复杂性,即使是棉制的肯特布,也比其他大部分纺织品更贵。值得注意的是,声望并不总是等同于经济上的财富。例如,传统上,在马赛族社会,只有已婚妇女才会在颈部戴上某种特定的盘绕金属饰物。

声望艺术的一个重要子类是与政治领导力有关的物品:许多非洲艺术形式宣扬、美化和加强了传统统治者的能力。加纳的阿散蒂人就是很好的例子。"金凳"(Golden Stool)被认为体现了阿散蒂联邦的灵魂和阿散蒂土王(Asantehene)①的领导力。除此之外,阿散蒂人的王室艺术还包括壮观的仪仗队及其使用的以黄金装饰的剑和以金箔装饰的权杖,这些权杖上的图像与谚语和故事有关,代表着王室的信息。名人要士聚会时使用带有金顶饰的布伞为自己遮挡阳光,同时也增加了视觉上的展示效果。一些国家官员佩戴象征国王灵魂净化的金盘坠饰,而国王本人则佩戴金首饰、穿着镀金凉鞋和肯特布服装,这种布在早期是王室成员的特权物,至今仍与政治领导层有关,不过现在谁都可以穿,谁都买得起。所有这些华贵富丽都是为了表明阿散蒂领导人确实拥有管理国家所需的社会、经济和精神影响力。

波普艺术

波普艺术是一个在世界各地都有争议的艺术门类,特别是在非洲。它引发了许多涉及社会地理、世界历史和艺术训练的重要议题。事实上,在非洲的创造性表达中使用波普艺术的分类,使一些学术问题变得更加突出。

---

① 意为"土地掌管者",即首长,当地语言表示身份的一种特定称谓。——译注

这个类别通常被认为仅在非洲较大的城市中心出现,其历史非常短暂,伴随着晚近以来扩张的、极具侵略性的西方势力而存在,非洲的波普艺术始于殖民时期,是对社会、经济、政治和精神等方面的巨大而快速变化的反应。这些变化掀起了一种新的艺术类型的风潮,其基础一般被认为是非洲和欧洲表达传统的融合。这种对变革、城市性和外部影响的突出常常被用来区分波普艺术和传统艺术,这也是人们对传统艺术产生误解的一个原因。

很多种类的视觉表达方式都可以被归为波普艺术。包括餐馆、理发店、冰激凌店、照相馆等商业场所的彩绘招牌和装饰墙;公共汽车、出租车和卡车的油漆和其他材料的装饰;油画布、硬纸板和其他各种材质上的风俗画和主题画;通常来说具有强烈社会政治倾向的漫画;水泥制成的殡葬用肖像雕塑;构造精巧、绘画精美的木质棺材;墙上和桌上陈列的进口搪瓷餐具;新式布料和时尚套装,包括非洲工厂生产的华丽布料;以及宣传电影、政治集会和卫生运动等活动的海报。有些学者把儿童制作的铁丝和铁皮玩具也归入其中,另外还包括成人制作的卖给游客的类似玩具,以及其他形式的旅游艺术品。这种流动的、不断变化的艺术表达方式在音乐、舞蹈和化装舞会、戏剧、电影、广播、电视、网站和博客等各种活动和媒介的创意中都能见到。

分类的问题

我们很容易就能发现前文讨论过的面具、雕像、纺织品和陶瓷等传统艺术品与波普艺术品之间的差异。这些差异使得许多观察家将波普艺术描述为主要是对殖民时期和后殖民时期生活的一种兼具都市性、创新性和现代性的反应,并且是"非官方的",因为它们与某个社会的官方意识形态或其由来已久的表达传统无关。这种观点有一定道理,但有过度简化之嫌,因为波普艺术和传统艺术有许多共同的特点。事实上,一些艺术作品很难归到上述的任何一类。

彩绘建筑装饰就是一个很好的例子。在城市中心的墙面上充斥着抽象和具象的涂鸦,通常是为了做广告或吸引注意力和供人欣赏。卡通人物、如瓦塔妈妈(Mami Wata,一种水之灵,通常以美人鱼或耍蛇人的形式出现,在非洲大部分地区都能见到)之类的魂灵、飞机和其他交通工具或者时尚的抽象图案都是壁面涂鸦可能涉及的内容。虽然可以说这些艺术作品更多集中在城市里,但也并非没有例外,达累斯萨拉姆西北部一条乡村道路上斑马条纹装饰的餐厅和酒吧就表明了这一点。

在加纳北部和布基纳法索的城镇中,女艺术家们有着创作豪华而引人注目的抽象房屋墙画的传统,并且广为流传。另一种这类传统则存在于南非的恩德贝莱族(Ndebele)女性群体中,她们的绘画风格是从索托族(Sotho)妇女一种更古老的做法发展而来的,这种做法至少可以追溯到五个世纪以前。最近,恩德贝勒女性在政府的鼓励下,面向游客建立了以其绘画为特色的村庄。

马里的多贡人有一种悠久的岩壁画传统,其特点是抽象的符号和更多的人物图案,绘画者利用两者将信息和论点代代相传。类似的图像也被画在或刻在支撑公共会议区的木柱上,已经成为许多欧美游客到西非旅游的打卡点。由此,我们仅从这一个例子就可以看出,波普艺术并不只是城市的专属,其出现的历史远远早于殖民时期,与官方意识形态也并非毫无关系。我们也可以看到,被认为属于波普艺术范畴的非洲艺术形式,很多时候也与旅游艺术有交叉关系。

虽然变化一直是非洲社会和视觉表达的一部分,但快速的变化仍然是波普艺术最显著的特征。自从殖民主义的冲击开始,非洲历史一直在经历着非常剧烈而迅速的社会、经济、精神和政治等方面的变革,这自工业革命以来也成为全球史的一部分。表达文化对变革带来的制约和机遇都有着迅疾而又深刻的反应,所以非洲的艺术传统也已经发生了巨大的转变,并且得到了充分的拓展。西方艺术也是如此,它在20世纪发生了显著的变化,在很大程度上也是由于接触了非洲和其他地区的非西方艺术。

因此,我们在叙述时常常模糊了学者们对非洲艺术的分类界限,这一点在考虑传统艺术和波普艺术时尤为明显。两者皆是由开创精神所激发的,这是一种创造、创新、对机会敏感和富有想象力,同时与世界的现实保持联系,并利用经验和技能将想象变为现实的意志和能力。仪式中的艺术可能比公共娱乐艺术变化得更慢。而被视为传统的艺术可能以不同于被视为流行的艺术的方式来展现创新。但开创精神推动塑造了这两类艺术。也许两者之间最重要的区别来自从殖民时代开始的剧烈变迁,正是它推动了波普艺术的发展。

波普艺术家

很多创作波普艺术作品的男女都没有接受过正规的艺术训练,他们通过对各种材料和技法的实验自学成才。随着新的艺术表达传统的发展和流行,新入门的从业者已经有机会向先前业已成名的艺术家学习。通常情况下,这些艺术家会举办工作坊,让年轻的成员可以获得经验,积累声誉。然后,许多人就会自立门户,甚至与他们以前的老师和同事在艺术上展开竞争。与大多数传统艺术一样,我们不知道这些艺术家的名字,但越来越多的艺术家开始在他们的作品上署名,特别是在波普绘画这一领域。

材料与技艺

许多用于创作波普艺术的材料往往源于艺术创作的需要，兼具多样性和创造性。在这方面，艺术家们必须具有极强的开创精神，因为材料往往是稀缺和昂贵的。

绘画也许是全世界最著名的波普艺术，形式多样且灵感来源不一。例如，在刚果民主共和国，从20世纪50年代开始，当地消费者对风俗画、宗教画和历史画等绘画传统表现出了浓厚的兴趣。很多艺术家都参与其中，包括谢里·桑巴（Cheri Samba）和齐本巴·坎达（Tshibumba Kanda）等著名画家。这些艺术作品的受众也得以扩展到了世界各地。殖民主义及其残暴后果、伦理和灵性问题以及艺术家们的个人经历，往往与乡村场景、风景和日常活动一起在画作中呈现。在坦桑尼亚，廷加廷加（Tingatinga）绘画在达累斯萨拉姆流行了近半个世纪。这一传统是由爱德华多·赛义迪·廷加廷加（Eduardo Saidi Tingatinga）始创的，但此后许多其他艺术家也创作了类似的作品，这类作品特别注重迎合游客的需求，以色彩丰富、装饰性强的花卉、动物和人物场景为特色。以D. B. K. 穆萨古拉（D. B. K. Msagula）为代表的一些艺术家在绘画中着重突出个人对世界的观察，生动地描绘了当代社会和当代人精神上的一些弊病，这一流派的画作尺寸有时候比廷加廷加绘画大，而后者大部分都是能被装进手提箱里的大小。20世纪中叶，在尼日利亚的奥尼查（Onitsha），当代音乐、艺术、文学和戏剧结合在一起，融汇成了一个具有强大创造力的"熔炉"，许多画家在这里创造了新的艺术符号，作品中有着更多的个人表达。以"中间艺术"（Middle Art）为名作画的一位画家奥古斯丁·奥科耶（Augustin Okoye），在欧洲学者、尼日利亚艺术支持者乌利·贝耶

（Ulli Beier）的资助下，画出了比夫拉战争（Biafran War）的全景。在这里必须提及前文所说的模糊的分类，因为这些艺术家中有很多人参加了当代艺术展览，并且很明显是世界当代艺术舞台的一部分。

有些画作被固定在某个位置，也有一些作品则随着公共汽车、小货车、卡车和出租车在大街小巷移动，通常配以从宗教信仰到非洲职业司机和路政人员的失职行为等诸多主题的文字谚语和声明。这些画作经常由团队创作，可以是抽象的设计，也可以是著名音乐家和电影明星的画像。有时，就像内罗毕被称为"马塔图"（matatu）的大型公共汽车一样，这些车辆的内部和外部都经过了彻底的改造，搭载着雷鸣般的音响系统和带有浓厚戏剧风格的驾驶人员。这就是移动的集绘画、雕塑和戏剧于一体的作品。

各种类型的颜料在绘画中都有使用：油彩、丙烯酸涂料、海报颜料和珐琅彩，最后一种有时更受欢迎，因为它天然而具有活力。虽然西方人认为油画布是便携式绘画的常用载体，但其高昂的成本使得许多非洲波普艺术望而却步。作为替代，非洲的艺术家们会在各种材料上作画，不同种类的布、纸板、胶合板、刨花板、篮筐和玻璃都成为非洲波普绘画的媒介。在 20 世纪 80 和 90 年代的加纳，画家用面粉袋来制作电影海报。创作廷加廷加绘画的艺术家通常使用刨花板，但在没有刨花板的情况下，也可能会转而使用纸板或粗麻布。20 世纪 80 年代，达累斯萨拉姆一个名为"尼维达符号与艺术"（Nivada Sign and Arts）的画家群体因在篮筐上画花、水果和其他物品而变得声名远播。

塞内加尔的玻璃画在当地和国外都非常受欢迎。自 19 世纪晚期出现以来，伊斯兰主题的绘画一直盛行，但这种玻璃画的图案也包括英雄和历史事件,以及被视觉化的故事和谚语。这里又涉及了分类的问题:这些易碎的艺术作品是模糊分类的另一个例证。因为一些创作玻璃画的画家认为自己属于纯艺术类,而且这些作品经常在世界各地的纯艺术画廊中出售,所以它们也可以被认为是非洲当代艺术。

对材料的想象力和创新性使用在物件的制作中表现得更为明显。廷巴克图的一种平价首饰用金黄色的稻草代替金属和珠子。巴马科市场上出售的宽大、扁平簸箕是用打包带的塑料代替纤维制成的,而在南非,不同形状和大小、色彩缤纷的电话线制篮筐在商店里出售并出口到国外。从油灯到旅游纪念品等各种各样的物品都是用废弃、回收和再利用的材料制作的,包括金属罐、铁丝和破旧的人字拖等。

汽船行李箱(steamer trunks)[①]是波普艺术开创精神的一个很好的例子。它们由回收和再加工的金属桶制成,然后画上抽象图案或人物形象,如美人鱼般的水之灵瓦塔妈妈。这种行李箱在装饰方面有很大的地区差异,远在马里、尼日尔、喀麦隆和苏丹都能找到。它们经常被作为礼物送给新婚夫妇,也被广泛用于储存甚至展示。它们的历史凸显了非洲波普艺术的开创精神。20世纪初,从欧洲进口的汽船行李箱很受欢迎,不过价格非常昂贵。当地的创新者无师自通,学会了如何以人们可承受的价格制作这种箱子,并根据当时的流行趋势进行装饰,很快便生意兴隆了起来。由不同艺术家制作的一些更小的容器,如公文包和钱包,也使用了回收材料。有些是把瓶盖组装在以富有想象力的方式构成的

---

① 流行于19世纪晚期至20世纪20年代欧洲和美洲的一种方形或圆拱形扁行李箱,通常用于长途旅行,尤其是乘坐蒸汽动力船时,因此得名。——译注

框架上,从而制成的;这种框架使包体呈现半透明的效果,非常有波普艺术感。还有一些则是木头的,盖子是压扁的易拉罐,内衬是报纸上的连环画。

不管使用什么媒介制作,作品的色调通常都很大胆,构图经常使用撞色(包括黑色和白色)。在南部非洲的电话线制篮筐和西非的房屋墙画中,也可以看到类似色彩和对比的运用。它们也可以在纺织品、一些传统的篮筐,甚至彩色雕塑和人体彩绘中找到——这是在不同艺术类别之间架起桥梁的另一个例子。

波普绘画的风格和审美也是值得注意的。有些艺术家采用了近乎卡通式的技巧,用黑色勾勒人物和物体的轮廓,将意象叠加在意象之上,或者在作品的整个表面上创造出棋盘式的人物和物体组合。创作者往往不考虑任何透视感或立体感。还有一些艺术家则创造出一种超现实主义的感觉,主要集中在人的头部或面部。另一些创作者,如尼日利亚的"中间艺术",则结合了这两种方法,为他们的作品增添了生动的趣味。

不同情景下的波普艺术

与传统艺术一样,情景对理解波普艺术也很重要——它往往能给人以创新和衔接方面的丰富启示。加纳的"梦幻棺材"(fantasy coffins)就是一个很好的例子。阿塔·奥沃(Ata Owoo)因为设计了一个供当地酋长巡游时乘坐的老鹰形状的交通工具而在当地名声大噪。大约在1950年,另一位酋长委托他设计了一辆可可豆荚形状的马车,可可是该地区重要的经济作物,也是当地财富的重要来源。然而,他还没来得及使用就去世了,于是阿塔·奥沃的作坊将该车改造成了棺材,梦幻棺材就这样诞生了。

在阿塔·奥沃的鼓励下,凯恩·奎(Kane Kwei)成立了第一家专门制作梦幻棺材的店铺,制作出了各种象征成功和地位的造型,比如为成功养育了几个孩子的女人制作的母鸡形棺材,为技艺高超的木匠制作的巨锯形状的棺材,为富有的商人制作的奔驰车形棺材,为靠海为生的人制作的模仿船、舷外发动机和各种海洋生物的棺材。到1992年他去世时,凯恩·奎所制作的棺材已经开始在欧洲和北美的博物馆展览中亮相,如今,他以前的几个徒弟都有了自己的店铺,包括他的儿子欧内斯特·阿南·奎(Ernest Anang Kwei),他的作坊设计并制作了鲜艳的粉红色鱼形棺材。在加纳,对逝者的纪念、追悼活动是很重要的,在古代,葬礼上都会有一座殡葬陶俑。棺材以其精巧而又充满想象力的形态和其上面极为大胆的绘画,成为精心准备的丧葬活动的一部分,葬礼上有食物、音乐和舞蹈,送葬者会抬着装有死者的棺材走过城镇,让死者能够在下葬前最后再向喜爱的地方和人说一声再见。

梦幻棺材、彩绘招牌和带有装饰的车辆,在传递信息、激发想象力、吸引注意力的同时,也提高了艺术家的声誉,并相应推动了艺术家的生意。这凸显了波普艺术与商业的关系。但这其实与艺术的类别无关,只是艺术的主要功能之一。如果做得好,艺术可以起到启发和影响的作用,非洲艺术家也说,经过有效装饰的物品对潜在客户更有吸引力。值得注意的是,审美的考量往往也是能否有效地传递令人难忘的信息和成功地获取客户的一项重要因素。

旅游工艺品和玩具

有两种视觉表达形式特别难以归类:旅游工艺品和玩具。非洲各地都有制作旅游工艺品的作坊。科特迪瓦和马里的工坊尤其以复制传统艺术形式而著称——有些模仿得堪称惟妙惟肖。做好的工艺品被运往大城市，最终走进世界各地的客厅。其他工坊制作的工艺品包罗万象，从餐巾纸架到充满诗意的黑檀木动物，还有面具和人像，这些面具和人像兼收并蓄地结合了非洲各地传统艺术类型的元素，通常在单个作品上即能体现出这一点。与西方国家这些物品的主人交谈是很有趣的，他们中的很多人都坚定不移地相信自己拥有的是传统艺术真品。许多中产阶级和非洲城市居民也出于各种原因收藏这些物品，因此这些工艺品可以说在国内外都很受欢迎。还有一些漂亮的传统式篮筐，有的用纤维制成，有的用颜色美丽的铁丝甚至纸制成，也可以被归于旅游工艺品这一类。

玩具可以是一种奇妙的波普艺术形式，制作者和受众都是孩子们，也可以是成年人制作的一种专门卖给外国游客的旅游工艺品。玩具飞机、直升机和各种地面车辆都是用铁丝、罐头和其他废旧材料制成的。在某些情况下，这些东西也会在工坊中制作完成，比如在1985年的达累斯萨拉姆和附近的城镇，那些对制作这些交通工具充满激情、拥有丰富技能和想象力的青少年常常组建自己的玩具作坊，交换材料和想法，互相帮助启发新的创意。他们的父母对他们的奉献精神和聪明才智印象深刻，并引以为豪。有一天晚上，我们在达累斯萨拉姆的一个停车场看到一个男孩拉着一辆玩具卡车走了过来，卡车的驾驶室后面至少挂着十辆拖车，所有的拖车都是用闪亮的金属制成的，有可爱的小轮子、设计精良的车轴，还有一根很长的转向柱从驾驶室内一直延伸到这位年轻创业者的手中。当他开着这辆车在空旷的停车场转悠的时候，他简直满面春风。

玩具交通工具并不是年轻人制作的唯一物品。在同一城镇的其他一些地方，男孩们用小米秸秆制作微型家具和装饰鸟笼，用木头、黏土、布、葫芦甚至篮筐制作玩偶。尽管这些物品一般不会出售，但其他非常相似的物品则走上了市场。在非洲各地的商店中和路边摊上都有我们称之为玩具复制品的物件售卖——汽车、卡车、摩托车、自行车、飞机、直升机、玩偶等，这些小物件都是由成年人制作的，他们清楚地知道西方游客对非洲玩具着迷的程度。不管怎么分类，这些富有表现力的物品都是值得人们关注的。

纯艺术或当代艺术

20世纪下半叶，非洲的纯艺术（通常也称为当代艺术）经历了爆炸式的发展，到20世纪末，许多非洲艺术家得到了国际艺术界的认可，他们的作品到外国画廊巡展，被邀请参加著名的威尼斯双年展等活动，有的纯艺术家的作品被世界各大博物馆永久收藏。在很多方面，非洲的纯艺术家与世界各地的同行一样：至少接受过一些正规的培训、他们的作品有着各种媒介和风格、很少有人能够仅靠出售艺术品谋生。

艺术家

今天，许多非洲纯艺术家和全世界的艺术家一样，都在国内外的艺术学校和大学接受过专业训练。在殖民时期，加纳、尼日利亚、苏丹和乌干达等一些国家的高等教育机构就已经开设了正规的艺术课程和学院。例如，乌干达麦克雷雷大学（Makerere University）是艺术教学方面最具影响力的院校之一，从1940年开始，该校就吸引着整个东非艺术专业的学生。麦克雷雷大学中以一位英国女士的名字命名的玛格丽特·特罗威尔工业美术学院（Margaret Trowell School of Industrial and Fine Arts）一直是一个主要的艺术学习中心，其课程设置已经从素描、油画和雕塑扩展到了平面设计和数字艺术。其毕业生包括弗朗西斯·恩纳根达（Francis Nnaggenda，乌干达人，1936 年生）、山姆·恩蒂罗（Sam Ntiro，坦桑尼亚人，1923—1993 年）、埃利莫·恩乔（Elimo Njau，肯尼亚人，1932 年生于坦桑尼亚）、特蕾莎·穆索科（Teresa Musoke，乌干达人，1942 年生）等，他们不仅成为教育家与艺术的推广和倡导者，创作的雕塑和绘画也获得了国际认可。自独立以来，非洲也建立了其他一些重要的学校，包括 1960 年由利奥波德·塞达尔·桑戈尔（Léopold Sédar Senghor）总统在达喀尔建立的塞内加尔艺术学院[Ecole des Arts du Sénégal，现为国立美术学院（Ecole Nationale des Beaux Arts）]。

出国留学使许多纯艺术家进一步磨炼了自己的技能，拓宽了自己的视野，更容易走上全球当代艺术的舞台。不足为奇的是，他们的目的地往往是与其祖国有着特殊政治或文化关系的国家。例如，塞内加尔先锋艺术家伊巴·恩迪亚耶（Iba N'Diaye，1928—2008 年）和帕帕·伊布拉·塔勒（Papa Ibra Tall，1935 年生），塞内加尔艺术学院的第一批导师，都是在法国接受的艺术训练。在后殖民时期，留学目的地还包括在非洲开展援助和合作项目的国家。比如在 20 世纪 60 年代，随着新独立的马里政府与苏联签署了文化合作和贸易协定，来自马里的艺术专业学生开始到莫斯科国立苏里科夫美术学院（Surikov Moscow State Academy Art Institute）学习。

在非洲，殖民时期和后殖民时期都组织了一系列以工作坊等形式举办的非正式艺术培训课程。在这条路上成才的艺术家中最著名的一位是特温斯·塞文·塞文（Twins Seven Seven，尼日利亚人，1944—2011年）。作为一名多才多艺的音乐家和舞蹈家，他在20世纪60年代开始参加由德国编辑兼作家乌利·贝耶和他的妻子、同样也是艺术家的乔治娜·贝耶（Georgina Beier）在尼日利亚奥绍博（Osogbo）组织的工作坊。这些工作坊是贝耶夫妇为了鼓励作家和视觉艺术家并为他们提供出路的更大计划的一部分，特温斯·塞文·塞文受到很大鼓舞，开始尝试版画和油画；他对精神世界和约鲁巴人民间故事的描绘具有生动的想象力和独特的风格。《对抗幽灵的鸟》（*The Anti-Ghost Bird*）是他在60年代创作的一幅蚀刻版画，这一作品充分彰显了他作品的活力和对线条的熟练使用。从1998年，参加过1968年奥绍博工作坊、一路从工作坊中走出来的尼日利亚著名版画家布鲁斯·奥诺布拉克佩亚（Bruce Onobrakpeya，1932年生）开始举办一年一度的哈玛坦工作坊（Harmattan Workshop），并在同一时期举办多种媒介创作的短期课程，所有这些都向各种类型和技能水平的艺术家开放。艺术家组织的工作坊往往由外部企业或非营利性机构资助，并且已成为艺术家在当地和国际上相互交流的重要途径。

并非所有的纯艺术家都接受过正规的艺术教育或参加过相关的工作坊。有些艺术家通过学徒制或者师傅的指导来学习如何在他们所选择的媒介上进行创作，这有些类似于很多传统和流行艺术家成长的过程。例如，国际认可的马里摄影师马利克·西迪贝（Malick Sidibé，1936年生），以他在20世纪60和70年代拍摄的巴马科青年文化照片而闻名，他曾在一位摄影师的工作室里做学徒，学习摄影技巧。同样，约鲁巴摄影师提贾尼·西图（Tijani Sitou，1932—1999年）成名前曾在马里的加奥（Gao）一位专业摄影师那里做了三年的学徒，然后才在几百英里外的莫普提（Mopti）开设了自己的工作室，他从事了近三十年的人物相片拍摄，记录了该城市不断变化的时尚潮流。此外，还有一些艺术家是自学成才的，比如刚果艺术家波迪斯·伊塞克·金格勒兹（Bodys Isek Kingelez, 1948—2015年），他制作的建筑和城市模型色彩斑斓、奇异华丽，曾在欧洲和美国的群展和个展中展出。

虽然许多非洲纯艺术家可以自由地从事专门的艺术创作，但无论是受过大学教育的还是自学成才的，大多数人与世界各地的同行一样，无法仅凭艺术为生。不过，很多人都在中小学校和大学担任艺术教师或管理人员，担任文化部门官员，或从事其他一些与艺术界有关联的职业。例如，阿卜杜拉耶·科纳特（Abdoulaye Konaté，马里人，1953年生）的作品曾在非洲和国外展出，他目前是巴马科一所多媒体艺术学院的院长。

今天，越来越便利的旅行使人们对如何定义非洲艺术家产生了疑问。一些离开非洲求学的学生留在了国外，在那里他们更容易融入全球艺术界。除此之外，随着各行各业越来越多的非洲人移民到或出于其他原因长期生活在国外，他们与非洲的直接接触也变得仅限于度假或其他短途旅行。尼日利亚裔英国艺术家因卡·修尼巴尔（Yinka Shonibare, 1962年生）最著名的作品是他的无头人体模型，模型穿着在非洲流行了几百年的工厂印花布，"非洲"这一标签越来越常见的模糊性在他身上体现得很明显。修尼巴尔出生于伦敦，他的父母是尼日利亚人，为了追求更好的教育而暂时移居英国，在他三岁时，他和家人回到了尼日利亚。他在拉各斯上学，但家人还是会经常去伦敦度假，十六岁时他又搬回了那里，先是上寄宿学校，然后上艺术学校，1991年他获得了艺术硕士学位。他目前居住在伦敦。修尼巴尔的作品探讨了种族、阶级和非洲人身份认同的相关问题，并在非洲艺术的展览和博物馆中展出，但也会被选入与非洲无关的展览中，如20世纪末在伦敦和纽约巡回展出的"感觉：萨奇收藏的英国年轻艺术家作品"（"Sensation：Young British Artists from the Saatchi Collection"）。

因为出生地的政治情况而移居国外的艺术家占的比例不高，但绝对数量还是很大的。对其中一些人来说，在非洲以外生活的时间可能比在非洲生活的时间还要长。例如，沃塞尼·沃克·科斯洛夫（Wosene Worke Kosrof，1950年生）于1972年获得亚的斯亚贝巴美术学院（School of Fine Arts in Addis Ababa）的美术学士学位，但由于1974年海尔·塞拉西（Haile Selassie）皇帝在政变中被推翻后笼罩该国的暴力局势，科斯洛夫于1978年离开了祖国。1980年，他在霍华德大学（Howard University）获得美术硕士学位，并一直留在美国，他的绘画有一部分元素来自埃塞俄比亚国语阿姆哈拉语（Amharic）文字，为他赢得了国际声誉。

纯艺术使用的材料、技术、主题和风格

世界各地的艺术家们今天所使用的材料、技术、主题和风格有着极大的多样性，这在非洲也得到了体现。当然，与非洲传统艺术相关的材料，如木头、布和黏土，正在创造出有影响力而令人兴奋的纯艺术作品。例如，南非的克莱夫·西索尔（Clive Sithole，1971年生）根据祖鲁族的传统形式创作陶瓷制品，通过使用黏土这种传统上属于女性的媒介，跨越了长期以来的性别差异。他的作品《乌菲索》（*Uphiso*，2007年）是使用过去用来运输啤酒的容器制成的，但三头牛围绕着容器的凸起图案和精美的斑驳表面又诠释了当代艺术的特点。

另一些艺术家则接受了从国外引进的材料和技术，如版画、油画、摄影等。此外，和世界其他地方的艺术家一样，一些非洲艺术家也不太重视经典纯艺术的材料和技术，而是选择观念艺术、

行为艺术、装置艺术等形式来表达自己的想法。

使用人造材料和天然材料进行的艺术创作值得我们特别注意。尽管因为油画颜料和画布等绘画用品价格昂贵,有时还很难买到,有些艺术家可能会选择替代材料,但也有一些艺术家则有意选择通过回收使用过的物品和材料来进行艺术创作。比如画家卡利杜·西(Kalidou Sy,塞内加尔人,1948—2005 年)创作的《西瓦拉》(*Ci Wara*)中就有黏土和金属碎片,将发现的材料加入作品中,反映了他对艺术家与环境互动的重要性的信念。同样,莫里斯·姆比卡伊(Maurice Mbikayi,1974 年生)是一位刚果出生的艺术家,自 2004 年以来一直生活在南非,他在 2010 年创作的《反社会网络》(*Antisocial Network*)系列作品主要探讨人类和技术之间关系的问题,里面就有使用键盘按键和树脂制作的人类头骨。

无论使用什么材料,一些非洲艺术家都认为,他们艺术作品的内容或主题应该突出与自身非洲经历的直接联系。这种想法在 20 世纪 60 年代初特别流行,当时大多数非洲国家已经独立,黑人运动如火如荼。塞内加尔的帕帕·伊布拉·塔尔等艺术家的作品就体现了这一点,他在自己的画作及其塞内加尔艺术学院的学生的画作中,都主张以非洲为主题。在其他地方,类似的概念在波格隆[①]卡索班内工作室(Groupe Bogolan Kasobané)的作品中也很明显,这是一个由六位艺术家组成的团体,他们在马里国家艺术学院(Institut National des Arts)学习绘画后,于 1978 年开始一起工作。他们摒弃了传统的画布与商业性的油

[①] 马里的一种传统手工艺纺织品,以其活力奔放的布画图纹著称。制作时利用泥土将布料进行染色,再用手将树干研磨而成的粉在上面涂抹作画,寓意着大地的生命力生生不息。——译注

画和丙烯颜料,转而寻找当地可用的材料,尤其是手工纺织的棉布和用于制作巴马纳泥染布(mud-dyed cloth)的天然染料。与传统布匹的图案只有熟悉布匹的人才能解读的情况不同,波格隆卡索班内工作室创作的图像既容易理解,又与西非生活和文化有关。

另一位马里艺术家阿卜杜拉耶·科纳特也经常在题材和材料上借鉴传统艺术作品。1994年他的壁挂纺织品《向曼德猎人致敬》(*Hommage aux Chasseurs du Mandé*)的红赭石色色彩,以及表面的小护身符状附加物,都是对传统曼德猎人衬衣的明确视觉参考,这类衬衣经常是类似的颜色,上面布满了动物的牙齿和爪子,以及内有祈祷语的皮革袋,保佑猎人的安全和成功。虽然科纳特制作的纺织品尺寸很大——宽度超过10英尺,高度超过5英尺,不会让任何人误认为它是衣服,但对于那些熟悉曼德族文化的人来说,它的外观不仅能让人立即联想到猎人的衬衣,还能让人联想到曼德生活的其他方面,如马里南部的红土、与猎人和狩猎有关的丰富的思想和实践(包括特殊的音乐和口述诗歌)以及精神信仰和实践。此外,从更广泛的意义上讲,《向曼德猎人致敬》提出了关于表象与实在之间关系的问题:虽然它的附饰看起来像曼德族猎人所穿衬衣上面的护身符,但它们是否具有同样的精神效力?

尽管《向曼德猎人致敬》明显植根于科纳特身上的曼德文化传统,熟悉曼德文化的人最容易理解,但他的其他一些作品也涉及了非洲和全球的问题,在这方面,这位艺术家也是他在非洲的同行中的典型代表。例如,他在2005年的《给以色列和巴勒斯坦的护身符》(*Gris-Gris pour Israël et la Palestine*)中再次提及护身符(gris-gris,非洲语境中的护身符)的力量,同时通过对以色列国旗和巴勒斯坦-阿拉伯头巾的描绘,对中东地区令世人瞩目的长期冲突进行了反思。

展览、观众和赞助

大多数从事纯艺术的非洲艺术家都很难找到观众甚至是展示作品的场所。在非洲,由于缺乏完善的画廊系统或其他被广泛接受的作品展示方式,艺术家在宣传、展示和销售他们的艺术作品方面普遍面临着挑战。另外,纯艺术博物馆和画廊的数量很少,这意味着展览通常只能在大使馆的文化中心、酒店和其他与艺术无关的商业场所或其他临时的展示空间举行。

从20世纪90年代开始,西方博物馆中的非洲当代艺术作品明显增多,但是在非洲以外的地方展出也是一种挑战。虽然20世纪欧美艺术的主要运动根源于受非洲传统艺术启发的艺术家的作品,如毕加索和亨利·马蒂斯(Henri Matisse),但在20世纪的大部分时间里,与这些运动有明显相似之处的非洲艺术常常被贴上"衍生品"的标签,在一个需要原创性才能得到认可的领域,这是一个贬义词。在同一时期,其他作品则被指责太过非洲化;这些对风景和日常农村生活的具象描摹经常被认为太过狭隘,无法在主要的西方艺术中心获得关注。当代非洲艺术很少受到赞扬,甚至没有得到承认的原因不仅仅在艺术层面,还包括盘桓不去的殖民态度、种族主义以及美国和欧洲博物馆及画廊系统的结构和业务。

传统艺术、波普艺术和当代艺术并不是相互孤立存在的。例如,波普艺术经常会将民众的传统观念或活动运用到新的表现形式中,并时常使用新的材料。许多当代艺术家在世界各地的画廊中展示他们的绘画、摄影、雕塑和混合媒介创作,他们往往与自己的家乡相距甚远,但他们所展示的意象却与家乡社会所珍视的价值观和概念紧密相连。

无论形式如何,无论在视觉上是复杂还是相对简单,艺术总是由错综复杂的人类想象和社会活动构成的。无论如何分类,非洲艺术的根基都是对于世界和宇宙本质的共同信仰,这些信仰有的是非洲某个区域内共享的,大部分传统艺术就是如此,也有一些是在全球范围内共享的。

伊斯兰教、基督教、殖民主义和进入全球化经济和历史体系确实改变了许多非洲的表达文化,但很多传统艺术仍然存在,甚至蓬勃发展。许多传统艺术被创作者和观众转化为新的形式,这个过程在非洲已经持续了上千年。而且很多非洲艺术也对世界其他地方产生了深远的影响。它在欧洲现代艺术的发展中起到了重要作用,它也是产生非洲裔美国人的民间艺术和许多地方的精神艺术的复杂历史进程的一部分,包括海地、古巴、巴西、墨西哥的部分地区,以及纽约、芝加哥、洛杉矶和一些其他西方城市的部分地区。

这三类艺术中的许多作品都呈现出成熟的美学智慧,从事创作的艺术家技术娴熟、深思熟虑。整个非洲可以见到的艺术品形式、功能和象征性的范围是惊人的,材料使用的高度创新性也是如此。这些特点本身就使非洲艺术值得人们研究。但同样重要的是,对于希望对世界及人类在其中的位置加深和丰富理解的人,或者希望对全人类所面临的问题以及可以用来解决这些问题的各种方案有更广泛理解的人来说,非洲艺术涉及的主题和情况让每个人都可以在更深层次洞悉人性。

---拓展阅读建议---

African Arts (Los Angeles). 1967 -.
Barber, Karin. 1987. "Popular Arts in Africa." *African Studies Review* 30, no. 3: 1-78.
Enwezor, Okwui, and Chika Okeke-Agulu. 2009. *Contemporary African Art since 1980*. Bologna, Italy: Damiani.
Grove Art Online. www.oxfordartonline.com/public/book/oao_gao.
Kasfir, Sidney Littlefield. 1999. *Contemporary African Art*. London: Thames and Hudson. McNaughton, Patrick, and Diane Pelrine. 2012. "Art, Art History, and the Study of Africa." In *Oxford Bibliographies in African Studies*, ed. Thomas Spear. New York: Oxford University Press.
Visonà, Monica Blackmun, Robin Poynor, and Herbert M. Cole. 2008. *A History of Art in Africa*. 2nd ed. Upper Saddle River, NJ: Pearson/Prentice Hall. Willett, Frank. 2002. African Art. 3rd ed. London: Thames and Hudson.

第 9 章

流动的非洲音乐

丹尼尔·B. 里德、露丝·M. 斯通

在西非科特迪瓦阿比让繁忙的阿加美（Adjame）市场，一名男子走在街上。在大街上的喇叭声、手机铃声、山羊叫声和人群喧嚣声中，他听到雷鬼歌手蒂肯·贾赫·法科利（Tiken Jah Fakoly）的最新热门歌曲从市场上一个CD卖家的摊位向他飘来。这首歌开头有一段独特的滑音吉他旋律，这段音乐其实来自1990年非洲东部乌干达的杰弗里·奥里耶马（Geoffrey Oryema）录制的样本。以重复的吉他旋律为基础，在二十一弦的竖琴似鲁特（harp lute）即科拉琴（kora）、架子鼓和键盘乐器的协奏下，这首歌有了新的发展。这名男子在CD摊前犹豫了一下，一边欣赏着这首歌曲引人入胜的节奏，一边思考着歌词——歌词批判了乡村年轻女孩受到不公正待遇的情况。最后，扩音器里传出祈祷的声音，提醒他继续向清真寺走去，参加星期五的礼拜。

在这一场景中，街道的环境噪声与涉及非洲及世界其他地区的声音和乐器叠加到了一起。雷鬼音乐反映了加勒比地区牙买加音乐以及非洲裔美国人的爵士乐和节奏蓝调的影响。滑音吉他也是从非洲裔美国人的音乐实践中衍生出来的。但滑音吉他的演奏者弹奏的音乐却来自一位乌干达的东非艺术家。然后，热带稀树草原地区西非音乐的科拉琴又叠加了架子鼓和键盘乐器，体现了来自西方流行音乐的影响。把不同种类的音乐叠加融合是非洲诸多音乐表演中的典型特征。

当周晚些时候,这名茅族(Mau,科特迪瓦60多个族群之一)男子乘坐行程数百公里的巴士前往位于该国西部的家乡,参加他父亲的葬礼。按照茅族葬礼的惯例,会有几个乐团在葬礼上演奏,其中包括一个为一位戴面具的舞者伴奏的打击乐和声乐团。由于这种面具和音乐流派起源于茅族的南方邻居——丹族(Dan),歌手们用丹族的语言唱起了丹族歌曲,以纪念这位茅族男人的一生。在关键时刻,戴面具的表演者唱道:"Ee, ge ya yi kabo."("'戈'的魂灵过河了。")这首歌的意思是被称作"戈"(ge)的魂灵从祖先的世界来到了这里,为参加葬礼的人祈福。对于魂灵的呼唤,歌者回应道:"Zere ya-ya。"这种回应没有明确的含义,却表达了强烈的情感和联系:魂灵的呼唤我们收到了。这也说明,音乐活动中经常出现的不仅是那些平时共享时空或同时代的人,还有超自然的生命。这些魂灵可能是以前的祖先,平时与人们素无交集。但在音乐表演的瞬间,时间和空间可能会因为普通人和魂灵的接触而被消解。

另一个在音乐表演中与魂灵接触的例子发生在利比里亚的克佩列人(Kpelle)表演者中,当时一名男子在演奏一种被称作"格贝格贝特莱"(gbegbetele)的多颈弓形鲁特琴(lute),他向他的守护魂灵呼喊,他认为守护魂灵是让他表演出色的原因。随后,他发出高亢的"噢"声,表示守护魂灵已经到达,现在就在表演现场。

这些例子不仅说明了联结灵界与日常世界在非洲很多地方的音乐表演中的核心重要性,还展示了一个基本的结构性前提——一种呼唤、一种回应和一种交流,这对于理解音乐表演以及非洲音乐随着时间的推移而发展的方式至关重要。在上述例子中,呼唤和回应发生在音乐活动中彼此交流的个体之间,他们在此相聚。

在共同表演中,呼唤和回应经常是多层次的。一位独唱者唱出一个呼唤,由许多歌手组成的合唱团就会作出回应。一位鼓手在鼓上表演一个呼唤,一位舞者直接回应他的邀请。同时,辅助鼓手也在回应主鼓手的呼唤。由此,呼唤和回应在歌手与器乐手之间形成了一个复杂的关系网。有时,呼唤和回应的衔接是如此的紧密,以至于一个侧吹的号角可能只吹出呼唤的一个或两个音符,而另一个号角可能只回应一个或两个音符。第三个和第四个号角可能会随之加入,所有的号角都会在一个精心调试的呼唤和回应模式中相互配合。

非洲音乐的特点是声音、人和思想跨越时间与空间的移动和流动。这些特质在上面的场景中体现得很明显。音乐在生者和祖先的世界间跨界流动。而戴面具的表演者经常借用邻近民族的传统,创造性地重新诠释某些外来的音乐元素。像非洲的千百万人一样,前文所述的这个茅族男子也经常在城市和乡村之间来回奔波,融合了城市和乡村的文化理念和实践。同时,像非洲裔美国嘻哈艺术家一样,雷鬼音乐人法科利借用并在新的场景下重新诠释了一个音乐主题——琅琅上口的吉他旋律,这个音乐主题是由相隔两千英里、时间上也相隔近二十年的另一位音乐家创作的。

大部分人都承认,这种对音乐的重新编排既富有创造性又聪明,非常值得钦佩。非凡的音乐家利用各类资源来塑造他们的音乐,并从广泛的材料中汲取灵感。对于那些寻找某种"纯正的"非洲音乐的人来说,这往往是意想不到的。

人员、思想和商品在非洲各地流动，进出非洲，甚至在全球范围内流通。本章强调在这些流动中理解音乐。就像使用一个允许用户放大和缩小的计算机制图系统一样，本章将在从远处观察非洲（以广阔的视角观察地理和连接世界各地的互动）与近距离观察特定的当地音乐实践之间进行转换。无论是考虑广义的历史趋势，还是思考具体的当代音乐理念和实践，在任何情况下，音乐显然都是流动的非洲生活的核心。音乐不是装饰品，而是人类交际和互动的重要组成部分。正如一位克佩列族仪式专家所说，如果你不高兴，你就创作音乐让自己平静下来；如果你很开心、很兴奋，那就让音乐来帮助你恢复平静。音乐成了人们生活中的一个中心点。

近景：生活流动中的音乐

非洲人民创作和聆听的音乐与视觉和戏剧艺术有关，更与人们的日常生活紧密相连。没有舞蹈，歌唱也会失去色彩。乐器就像是乐手的延伸，奏出的音乐也是乐手的心声。歌唱者常常会演绎或戏剧化他们所唱的内容，尤其在乐曲是一个叙事性的故事时更是如此。

表演渗透到非洲各地人们生活中的方方面面。在许多非洲人看来，音乐不是一件可以单独欣赏的美事，而是覆盖面更广的一系列活动的一个组成部分，这些活动还包括游戏、舞蹈、文字、戏剧和视觉艺术等。正如加纳舞蹈团团长 A. M. 伊博库（A. M. Ipoku）向民族音乐学家芭芭拉·汉普顿（Barbara Hampton）道出的那样，舞蹈和音乐应该不分彼此，让人"既能看到音乐，又能听到舞蹈"。或者也像喀麦隆的一位酋长向艺术史学家罗伯特·法里斯·汤普森（Robert Farris Thompson）表达的那样："舞者必须倾听鼓声。当他真正在听的时候，鼓声在他的心中回荡，那么他就已经开始真正地跳舞了。"（Thompson，1974）而意为"表演"或"活动"的词语，无论是克佩列人的"pele"还是索托人的"lipa-pali"，不仅适用于音乐创造、舞蹈和演讲等场合，而且在儿童游戏和运动中多有使用。因此，歌唱与跳舞、戏剧、游戏和运动混合为一，它们都被认为是表演的组成部分。当视觉、听觉和动觉相互交织时，一种感觉与另一种感觉几乎是无形地融合在一起。

在政治活动中，歌手会为职位候选人进行宣传。在科菲·布西亚（Kofi Busia）竞选加纳总统时，一辆流动货车上播放了带有警告性质的音乐，这一音乐围绕着该国前领导人夸梅·恩克鲁玛（Kwame Nkrumah）的政治活动展开。奥乌苏·布雷姆彭（Owusu Brempong）回忆了这首歌的歌词："下雨之前，风先临。我告诉过你，但你没有听。下雨之前，风先临。我告诉过你，但你没有听。"

格里奥是专业的赞美和批评歌手，在很多情况下会为他们的统治者传递信息，他们的历史可以追溯到马里第一任君主松迪亚塔（1230—1255年在位）统治的时代之前。

塞拉利昂门德人的传统叙事故事"多梅西亚"（domeisia）的表演者们用文字、歌声和手势为晚间的娱乐活动增添色彩。女性一边弯腰锄地插秧，一边唱着劳动之歌，即兴表演了一种轻松愉快的呼唤和回应模式。在别处，一位巴士司机在录音机里放着一盘磁带，鲍勃·马利（Bob Marley）的歌词和雷鬼音乐响起，司机的助手则随着车子奔跑。车子速度越来越快，助手便从敞开的车门跳上车，随着环境音踱着舞步。约翰·马兰克（John Maranke）领导的中东非使徒教会（East and Central African Apostolic Church）的成员用歌声召唤圣灵。在所有这些情境下，音乐已经融入生活,尽管在非洲各地的具体实践具有丰富的多样性,但一些共同的元素已经渗透在无数的细节中。

约翰·切尔诺夫(John Chernoff)在加纳北部观察到的一个事件显示了不同媒介在同一个场合的交织。

达贡巴人(Dagomba)的葬礼是一场盛宴。重要人物或受人爱戴的男女最后的葬礼可以吸引几千人参加和观看。小商贩们也会来做生意,他们摆起桌子,卖香烟、咖啡、茶叶、面包、水果和其他商品给来往的人群。在一片大面积的区域内,各类音乐团体分别组成一个个圆圈。在几个大圈子里,亲戚朋友们随着咚咚的鼓声起舞。小提琴手也在那里。傍晚的活动告一段落后,人们会去休息,晚上九点到十点之间开始重新集合。那时,几个辛巴族(Simpa)乐团已经开始演奏了。两三个非洲鼓(Atikatika)乐团也到了,各就各位,到了十一点,葬礼全面开始。午夜过后,更多的团体来跳起巴玛亚舞(Baamaya)或者其他特殊舞蹈,如杰拉舞(Jera)或比拉舞(Bila),不过后面两种并不常见。巴玛亚舞者的打扮很奇特,脚上、腰上都系着铃铛,戴着头饰,挥舞着扇子。舞蹈动作精彩而剧烈:当锣鼓和笛子奏响巴玛亚舞的节奏时,舞者就会绕着圈,不停地扭动腰肢,直到黎明时分葬礼结束。

其中一些舞蹈流派也在其他场合表演,如加纳舞蹈团就经常在音乐会舞台上表演简略版的巴玛亚舞。由此,一种背景下的音乐流动到了另一种背景下,并作出了一定改变,从仪式走向娱乐,但音乐本身仍然保留了原初的核心要素。

虽然上述葬礼表演发生在20世纪70年代,但这种传统在21

世纪依然存在。在内乱时期,葬礼成为政治抗议的主要场所。南非种族隔离时期的情况是如此,1989 年至 2003 年利比里亚内战时也是如此。1989 年,在曾与独裁者塞缪尔·多伊(Samuel Doe)发生争执的前内阁部长和政治领袖詹姆斯·巴尔贝亚(James Gbarbea)的葬礼上,一个克佩列合唱团唱出了那些说出来就会被投进监狱的话语。但在音乐方面,限制就没那么多:

> 耶稣是大大的"仪式祭司"(zoe)。
> 我们都会死去。
> 多伊会死去。

在日常生活中被压制的政治表达在仪式音乐活动中找到了出口,特别是在纪念人们逝去的生命的葬礼上。那些在公开场合想说又不能说的想法可以在葬礼上放声唱出来。人们在这些音乐场合能够表达自己的想法,也获得了相当大的慰藉和群体力量。

非洲人的宗教实践往往在观念上将音乐与其他艺术形式和思想联系起来。在科特迪瓦关于丹族森林之灵"戈"的表演中,表演的所有元素——舞者的面具和服装、舞步、谚语等口头语言、打鼓的节奏以及歌声——在概念上是一体化的,都被认为是"戈"的显灵。别人可能听到的是"音乐",观看表演的人则可能简单地认为这就是魂灵存在的声音表现。

同有关魂灵"戈"的表演情况一样,非洲的音乐常在根本上与特定的活动和/或人群联系在一起。儿童在完成成人仪式时需要为其所在的社区表演特定的音乐和舞蹈,以标志他们进入成年。女性在用巨大的木杵碾磨谷物时,会随着节奏唱起歌来。在西非,曼德族猎人一边弹奏猎人的竖琴似鲁特(donso ngoni)一边唱歌,鼓励他们的兄弟在追逐猎物的过程中克服困难。在这些情况下,音乐都是非洲人生活流动中固有活动和进程的一部分。音乐不仅仅是一种可以作为额外娱乐活动的不严肃表达,更是非洲社会中人与人交往互动的关键部分,而这些社会往往处于战争和其他各种胁迫的压力之下。

远景:文化流动中的非洲

音乐也作为一个更大的世界的一部分而存在,在这个世界,人们通过大众传媒、大众通信、商业往来和日益增加的人口流动不断进行文化交流。非洲人通过广播、电视、CD、磁带、手机以及城市里的网吧等渠道接触音乐。他们很自然地将听到的这些声音融入当地音乐中。在当地转一转,你会发现甚至在用土著语言演唱歌曲时,土著鼓与电吉他和其他乐器都会一起演奏,再加上运用电子手段的扩音,这种情况并不少见。反之,非洲音乐也通过上述渠道传播到世界各地。随着越来越多的非洲人移民到欧洲和北美,他们在当地新的社区与他人交流音乐和其他文化思想,同时通过手机和电脑与他们的祖国几乎每天都保持联系。

来自西非的著名歌手泽耶·泰特(Zeye Tete)在利比里亚内战时曾经住在科特迪瓦的一个难民营,在此期间她得到了一个非政府组织的资助,拍摄了一部包含声乐和舞蹈的音乐视频。她将难民营中的一些年轻女孩组成歌舞团,为她的独唱伴奏。她在难民营的演出营造了极佳的视听效果。几年后,当她移民到费城时,这部视频在非洲的利比里亚人和居住在美国的利比里亚人之间来回传播。在人们流离失所,等待和平和创伤愈合的过程中,是音乐记录了战争带给人们的苦难。

虽然不能否认,21世纪的全球化世界见证了跨文化交流的急剧增加,但文化交流对非洲来说并不新鲜。从音乐和文化的角度来看,非洲可以被理解为一个大洲,但将非洲视为一个独立的空间,而脱离其周围的地理环境,只能说是描绘了一幅不完整的画面。例如,北非既是地中海地区的一部分,也是非洲的一部分,而非洲之角与阿拉伯半岛只隔着极其狭窄的红海。这些地理现实都清楚地表现在乐器、音乐流派、音乐观念和音乐审美等的相似度上。

这种情况是如何发生的?对非洲的偏见认为,殖民前非洲历史的特点是各民族生活在相对孤立的环境中,而实际上并非如此,更多的是各族之间大量的文化交流。在非洲历史上的诸多文化互动形式中,最重要的莫过于贸易往来。贸易路线跨越撒哈拉,将撒哈拉以南的非洲与马格里布以及包括欧洲和中东在内的其他地方连接起来。当人们交换商品时,他们也交换其他文化元素,包括乐器和审美观念。事实证明,朝圣是文化交流的另一个重要促进因素。来自非洲各地的穆斯林向北穿越撒哈拉沙漠,到达阿拉伯半岛的圣城麦加和麦地那,并在此参加宗教仪式,这也会成为信众一生中最难忘的经历。当非洲的朝圣者前往阿拉伯半岛时,他们也带来了自己的音乐习俗和乐器,并与沿途的人们分享。反过来,来自阿拉伯半岛和非洲北部的商人及其他人也把乐器和习俗带到了非洲其他地区。萨赫勒和西苏丹地区的大量弦乐器可能源自该地区与北非的长期贸易和伊斯兰教的传播。单弦提琴(如豪萨族的"gorge"或达贡巴人的"gondze")几乎可以肯定是通过与北非的阿拉伯商人、教育工作者和伊斯兰教传教者的接触而传入西苏丹地区的。在这种文化交流下,商品和思想是双向流动的。摩洛哥人在"格纳瓦"(gnawa)①附灵仪式中演奏的一种三弦低音鲁特琴(hajhuj),是西非来的奴隶从南方带来的。同样,在阿拉伯半岛西部的一些城镇,晚上也能听到西非鼓的鼓声。朝圣者们留下了其中的一些乐器,甚至在那里永久定居,改变了他们所到之处的音乐面貌。20世纪末,金贝鼓(jembe)主要由巡回演出的非洲民族歌舞团引入欧洲和北美,特别是几内亚的非洲芭蕾舞团(Les Ballets Africains)。这种鼓最初来自几内亚与马里边境附近的曼德地区,最终传遍全球,从日本到加拿大到德国都可以见到这种鼓,它成为非洲无处不在的象征。

在其他情况下,学者们很难确定影响力的流动方向。例如,尽管拨弦鲁特琴(包含马林克人的"koni"、富尔贝人的"hoddu"、沃洛夫人的"xalam"和豪萨人的"gurumi")主要由西非的穆斯林使用,但这些乐器的起源尚未得到明确的证明。学者们认为,在这个乐器家族中,可以找到非裔美国人创造的班卓琴(banjo)的前身。

即使从撒哈拉以南非洲地区单独来看,单个乐器也可以讲述文化流动和交流的故事。上文提到的单弦提琴在从塞内加尔到乍得湖绵延约两千英里的地带都可以找到,这表明了这一地区各群体之间互动的历史。同样,从20世纪20年代至今,利比里亚的克鲁族(Kru)水手一直在西非海岸的各个港口之间穿梭,他们不仅运送货物,也传播了吉他和以吉他演奏的"棕榈酒吉他音乐"(palm-wine guitar music)风格。

---

① 一种包含了一系列音乐活动、表演以及宗教和治疗仪式的民乐,融合了世俗性和宗教性,是北非地区最有影响力的民间音乐种类之一。——译注

近景：乐器和审美实践

虽然特定的乐器可以帮助我们追溯非洲的音乐和文化史,但对乐器类型的总体考察却展示了非洲音乐创作的丰富多样性。非洲人眼里的乐器是拟人化的,弹奏乐器发出的声音往往被认为是乐器在"说话"。例如,在西非,一把框体式齐特琴(zither)根据其琴弦音调高低不同,可以被解读为不同的声音:低调的琴弦是母亲的声音,高调的琴弦是孩子的声音;两根音调相近的琴弦可被称为兄妹弦。乌干达的卢格巴拉人(Lugbara)用女性的身份术语来命名里拉琴(lyre)的五根弦。津巴布韦的绍纳族(Shona)音乐家告诉民族音乐学家保罗·伯利纳(Paul Berliner),他们将姆比拉琴(mbira)的最低音域命名为"老男人的声音","年轻男人的声音"代表中间音域,"女人的声音"代表最高音域。他们还进一步描述了各个声调:"疯子,放在一个稳定的位置,狮子,一个人进入恍惚状态时的摇晃,翻搅,大鼓,和迫击炮,这些名称显示了各个声调在音乐中起到的作用。"

弦乐器的"话语"微妙又通常是安静的,在大众的认知中常常被非洲五花八门的鼓乐器所掩盖。但在非洲,弦乐器也比比皆是。也许最著名的是科拉琴,这种竖琴似鲁特是西非格里奥的个人延伸,而格里奥是马里、塞内加尔和曼德人地区的巡回赞美歌手、历史学家和社会评论家。同样重要的还有多颈弓形鲁特琴、框体式齐特琴、弓琴(musical bow)、竖琴、里拉琴、鲁特琴等。在齐特琴低沉、共鸣、低音提琴般的声音伴奏下,东非地区那萦绕耳边的低吟浅唱令人难以忘怀。

就鼓来说,则有瓠形、沙漏形、圆锥形、桶形、圆柱形、框形(手鼓)等种类,其大小各异,从手持大小,到大到需要支架支撑或几个人抬着。这些乐器的"话语"具有有穿透力的音色和不同的音调,而不是只有简单的节奏。它们的特点相较西方音乐一般概念中的鼓的特点发展得更充分。比较有特色的非洲鼓就表演形式而言包括乌干达境内国王们的"恩腾加"(entenga)调音鼓乐队合奏、尼日利亚北部载于马背的行进鼓、西非沿海地区平放在平台上的仪式用鼓,以及西非的沙漏鼓——当演奏者以闪电般的速度按下连接两头的细绳并拉紧鼓皮时,这种鼓的音调就会上升或下降。

姆比拉琴在其他地区被称为"桑萨"(sansa),通过拨动它的金属舌发音,是一种多功能的乐器。它经常在津巴布韦绍纳人的治疗活动中演奏。在这些仪式中,乐手们逐渐增大音强,营造悬念。最后,魂灵会选择一个灵媒并附身。

各种各样的摇鼓,有容器式的,也有外面缀有珠子制成的网的,也是合奏的一部分。摇鼓常被附在弦乐器或一般的鼓上,使声音更复杂、更有美感。这些附加的摇鼓通常是金属圆盘,可能是由饮料瓶盖等回收物制作出来的。

用棍子敲击的无舌铃很重要,通常被用于设定合奏的时间线。挖空的原木是可独奏或合奏的狭缝鼓(slit drum)。敲击、弹拨、摇动的乐器种类繁多,甚至超出了人们的想象。而由于声音比外观更重要,啤酒瓶往往是比船形铁更受欢迎的敲击乐器。

很多非洲民族将笛子、口哨、号角等吹奏乐器的声音与魂灵的话语联系起来。克佩列人"波罗"秘密社团的魂灵是通过球状的陶哨表现出来的。同样,丹族人的魂灵"戈"也可以通过石哨和陶罐吹出的声音现身。

号角通常会在合奏中出现,往往与国王和酋长的宫廷联系在一起。它们伴随着统治者,有时专门为他或她的扈从演奏。号角有许多尺寸和形状,由木头、牛角、象牙或金属制成。在加纳的阿散蒂地区,地方酋长历史上一直使用短号角,而最高酋长则可以使用长号角。近代以来,非洲人延续了这一历史惯例,用同样的合奏号角来向民族国家领导人表示敬意。利比里亚克佩列族的一位最高酋长在1976年威廉·托尔伯特(William Tolbert)总统的就职典礼上,派出了由六个豹皮装饰的象牙号角和号角手组成的合奏团,向这位国家领导人致敬。2012年,利比里亚总统埃伦·约翰逊·瑟利夫(Ellen Johnson Sirleaf)为其办公室指派了一名皇家号角手,作为重要场合的陪同。当一个侧吹的象牙号角响起,就意味着她的到来。

中部非洲森林地区的巴本泽勒人(Babenzele)吹奏一种带有气息音的笛子,可以从低音域跳到高音域,循环往复。笛子手可以从笛音转到自己的声音,再转回笛音,交替进行。从听者的角度而言,他们力求达到的声音是如此相似,唱歌的音调与笛子的音调几乎没有什么不同。其他民族的长笛演奏有的是单人演奏,也有集体演奏的。一些知名的乐团包括贝宁的皇家长笛手和鼓手。

尽管如六支侧吹号角或一组木琴等单一种类的乐器完全可以合奏,但更典型的合奏由从鼓、号角到敲击的无舌铃等多种乐器组成。此外,各种各样的管弦乐队常常与一个或多个歌手和舞者一起表演,形成一个由不同类型的参与者组成的复杂合奏。

舞蹈在许多乐团合奏中几乎无处不在,被默认是所有表演的惯例。在某些情况下,这些舞者接受过专门的训练,舞姿非凡。秘密社团是对克佩列儿童进行特殊舞蹈训练的地方之一,在那里,孩子们会得到特殊的指导,表现出天赋的孩子会受到更特别的关注。在某些场合,舞者戴着面具出现。木雕和织物遮盖着舞者的脸或头,他们代表着魂灵的力量。酒椰叶纤维或织物可以掩盖舞者身体的其他部分,这样就构成了一套完整的服装。最重要的是身体要随着音乐舞动,并与器乐和声乐融为一体。

远景:思想和声音的流动

非洲本土的乐器以及审美观念,如音色偏好或音色细节和音乐形式,贯穿于非洲从传统到流行的多种音乐类型。如前所述,流行音乐乐队经常将本地乐器与外国乐器结合起来。尼日利亚的"弗吉"(fuji)音乐表演者将本土的沙漏鼓与夏威夷吉他、电吉他、键盘乐器和鼓乐器相结合。马里的"瓦苏鲁"(wassoulou)歌曲深深植根于当地猎人的音乐中,其富有特色的竖琴似鲁特(kamale ngoni)是由猎人的竖琴似鲁特衍生而来的。当地人在猎人所用的竖琴似鲁特基础上增加了额外的琴弦和吉他式的调音栓,用它与木吉他、小提琴和铁刮(rasp)①一起,为女性们以呼唤和回应的方式演唱的歌曲伴奏。在津巴布韦,"奇姆伦加"(chimurenga)音乐家将姆比拉琴的旋律模式转移到电吉他上,然后加入低音吉他、鼓点、姆比拉琴本身以及呼唤和回应的人声,创造出一种听起来趋向于电子化的、用于"比拉"(bira)魂灵附身仪式的音乐风格。这类混合式音乐是由大众媒体和非洲人在城市和乡村之间的不断流动所共同促成的。

同样,传统音乐人也将城市流行音乐风格的想法和声音引入

---

① 一种由木头或铁等金属所制的细长刮响乐器,经常被做成人形,表面呈锯齿状。使用时以一根棍子刮或锉其表面,发出声响。——译注

旧有形式中。在丹族的面具表演中,主鼓手们在鼓声独奏中加入了广播和电视里的流行歌曲的节奏。戴着魂灵"戈"面具的舞者用脚踝上的铃铛配合节奏,观众就会以呼喊和热烈的掌声回应。在塞内加尔,沃洛夫族的萨巴舞(sabar)鼓手创造出有节奏的段落(bàkk),他们的灵感正是来自日常生活:从日本和美国电视节目中的各种音乐到生活中电风扇的呼呼声,无所不包。

音乐风格,甚至音乐家本身,都在传统表演环境和音乐会舞台表演之间来回流动。在加纳,"阿科姆"(Akom)①仪式的从业者在阿坎人的村庄表演,一群人在村子里的公共场地围成一圈,就形成了表演空间。这些音乐家中的一些人还会在首都阿克拉的舞台上表演阿科姆仪式,向国家致敬。

正如本土乐器和音乐理念从当地社区环境流向音乐会舞台一样,它们也进入了基督教的礼拜仪式。在非洲许多地方,早期的基督教传教士只强调欧洲式的四声部和声,却忽略了当地的音乐风格。不过随着时间的推移,非洲人开始将当地的乐器甚至是当地的审美融入教堂礼拜中。例如,在科特迪瓦马恩(Man)的天主教堂,每隔一周的星期天都会有丹族合唱团的表演,他们使用丹族的鼓和摇鼓,按照丹族的习惯,以和声或平行四度和声的方式唱着呼唤和回应的赞美诗。这种模式在非洲很多地方都得到了复制。非洲人通过音乐和舞蹈,创造了一种比早期传教士引进的音乐更符合他们文化和民族特性的基督教礼拜形式。同时,这些基督教教会也融入了非裔美国人的宗教音乐。在利比里亚蒙罗维亚路德教教堂典型的主日礼拜中,经常会听到来自克佩列族和洛马族(Loma)的当地风格的音乐,以及从美国移植过来的福

---

① 阿坎人的宗教。这一名称来源于契维语(Twi),意为"预言"。——译注

音歌曲和四声部的赞美诗。电子琴与电吉他、本地的鼓和葫芦摇鼓一起演奏。

有时，思想会以一种隐蔽的方式通过音乐流动。津巴布韦的独立战争就像上面提到的音乐风格一样，被称为奇姆伦加（字面意思是"斗争"），音乐家们用绍纳语录制了一些含有隐喻的歌曲，向争取自由的战士们传达加密信息。殖民统治者理解不了这些歌词，往往要等到歌曲通过电台播放后才反应过来，此时信息已经传达，为时已晚。同样，奇姆伦加艺人也使用绍纳语谚语作为歌词来批评殖民统治者。

> Chiri mumusakasaka　（躲）在草棚中的那个他
> Chinozinzwira　　　会亲身尝到痛苦的滋味

由于没有提到统治者的名字，而统治者一般都缺乏解释这些谚语需要的文化背景知识，他们并不知道这些歌曲的含义，但这些歌曲及其意涵却清楚地传达给了绍纳族听众。同时，在农村的聚会中，村民们打鼓、跳舞、唱歌，为来访士兵加油打气。多种多样的音乐形式继而成了反对殖民主义的斗争的资源，帮助斗争走向了最终的胜利，这些风格的音乐和歌词也随之与斗争本身联系在了一起。

在这种情况下，严肃的信息和抗争在看上去只有娱乐性的音乐中得到了传达。就像利比里亚的合唱团于内战前不久在葬礼上的表演一样，津巴布韦的音乐家通过音乐进行政治斗争。

近景：循环中的声音

在非洲，声音处处受到人们的关注、欣赏和塑造。公交车司机尝试用喇叭演奏音乐,并以此为荣。加纳的邮政人员以刻意的节奏为邮票盖章,不仅完成了手头的任务,交错的节奏还能让他们感到快乐。在非洲音乐中,声音模仿了很多东西——自然的声音、鸟的声音、魂灵的声音。实际上,一切事物都可以用声音来描绘,所有这些声音和话语都在音乐活动中汇聚。

声音也成为其他感官的媒介。请看露丝·M.斯通在利比里亚录制的一首歌曲中妇女面对的困境:

> 我们的年轻女性同胞们,我抬起双眼望向天空,却又垂下。我的泪珠就像旧玉米农场的玉米粒一样,咔哒咔哒(gata-gata)地掉落。

"咔哒咔哒"不仅模仿了玉米粒掉落的声音,而且模仿了女子的眼泪从脸上滚落,掉在地上的画面。在另一些场合,歌手们描绘的是视觉上的美。克佩列史诗中英雄之妻雕刻了一只薄壁的精美的碗,他们唱出了碗壁那光滑亮丽的黑色。歌手们有时候也试图通过模仿一个小男孩的奔跑声来表现他跑得非常快:奇哩奇哩奇哩(ki-li-ki-li-ki-li)。

对许多非洲人来说,把小号与长笛、金属锣与鼓的声音区分开来的音色,是非常重要的。然而,讲英语的人缺乏描述音色的基本词汇,而西方的五线谱也只是粗略地表示了音色相关的内容。在20世纪30年代,民族音乐学家乔治·赫尔佐格(George Herzog)用早期的圆筒留声机记录了一些声音,发现在利比里亚东南部的贾博人(Jabo)中,对乐音的认知分为"大"或"小";大音出现在低音域的音调中,而小音出现在高音域。利比里亚中部的克佩列人也用类似的方式表述声音。但当他们提到大音和小音时,不仅指的是音高,也包括音色。他们认为大音是共鸣的、沉闷的,是"声音吞下去了",而小音穿透力强、共鸣少,是"声音出来了"。丹族鼓手们把"gbin"音和那些"kpè"音加以区分。"gbin"音音高较低,但也较"重",这里的"重"指的是音色密度。为了制造出更"gbin"的声音,鼓手会在乐器上加一个嗡嗡作响的金属共鸣器,这样敲鼓时就可以发出最低的频率和更暗的音色。相比之下,"kpè"音则被认为是比较"干"的,这种声音是通过敲击鼓的边缘附近来获得较少的共鸣和较高的音调实现的。

非洲人高度重视音乐"话语"的互动,所以常常从相互影响的角度来看待表演。就像两个人在拔河绳的两端拉扯,与两个人单独站立的情况不同,绳两端在绝大部分情况下都是彼此作用的。因此,要理解其中一个部分,就需要观察它与另一部分如何保持平衡。在非洲东南部,两个木琴演奏者会相对而坐,共享同一个乐器。一个负责开始表演,另一个负责回应。两个乐手演奏的音符相互交融。同样,津巴布韦的姆比拉琴乐手会将自己演奏的一个部分定为"引导段落"(kushaura),将其余部分定为"一首歌的交流部分"(kutsinhira)。非洲人把这种相互影响的倾向也延伸到流行音乐的乐器上。费拉·库蒂(Fela Kuti)的非洲节拍音乐(Afrobeat)乐队会以多条吉他旋律线为特色,这些旋律线似乎在他超长的歌曲中互相交谈。

从另一种意义上说,非洲音乐中盛行的呼唤和回应形式也是相互影响的。主唱发出呼唤,合唱者作出回应。虽然各部分可能重叠,但整齐的对接仍然使两个段落之间没有明显的空白,主唱有时候会作出一些变动,合唱者则始终如一给予支持。克佩列人说歌手"升起歌曲"而合唱者"在歌曲之下表示同意"正是指的这一方面。沙漏鼓鼓手不太可能单独演奏自己的部分,即使他的部分的节拍与接续的第二面鼓有所交叉;鼓手抱怨说,如果没有第二面鼓的演奏,他就无法"听清"自己的部分,这表明鼓手之间也和歌手的情况类似,有相互影响的因素存在。

在表演者那里,相互影响的概念超越了简单的呼唤和回应,因为他们喜欢对一项表演进行有意的划分和割裂,随后借此创造出一种更深层次的大和谐。在呼唤和回应中,乐团的一部分演奏一个乐句的音乐,其他部分演奏另一个乐句的音乐作为回应;而在交替演奏(hocket)中,一些乐手会各自演奏一个或两个音符,这些组合在一起形成一个单旋律。每个部分的时间都比普通的呼唤和回应要短得多,相互之间的配合也紧密得多。前面提到的如克佩列人的号角乐团之类传统上隶属于酋长的乐团,就很喜欢这种想法。六个号角将它们简短的乐章组合成一个音乐单元。克佩列人在清理灌木等场合中交替唱歌时,即使背景中敲着狭缝鼓,人们的声音也非常精确地连在一起。津巴布韦的绍纳人则将排笛声与歌声和音节连起来,并加入腿部和手部的摇动伴奏。事实上,依靠表演者瞬间协调能力的交替表演,是非洲最重要的音乐形式之一。一首歌曲开始时可能很简单,但随着表演的进行,表演者会用人声、乐器和摇动来增加一层又一层丰富的细节。他们将所有的声音和动作融为一体,创造了一个鲜活而又令人触动的美丽场景。

远景:交流的循环

呼唤和回应只是随着非洲人民及其音乐在全球范围内扩散而广泛流传的诸多审美实践之一。非洲可以被认为是跨大西洋区域的一部分,从南美洲到加勒比海,再到北美洲和欧洲,非裔人口大量生活在这一区域。非洲也可以被理解为跨印度洋区域的一部分，包括阿拉伯、印度和亚洲其他地区，都有非洲裔在当地生活。

非洲与美洲之间的文化和音乐交流循环始于从 16 世纪持续到 19 世纪的大西洋奴隶贸易期间，非洲人民在美洲各地痛苦地流散。另一次文化和音乐交流循环发生在非洲与阿拉伯半岛之间，当时另一个奴隶贸易时代使非洲东部、中部和南部地区的人口被贩卖到了阿拉伯半岛和印度次大陆。美洲的非洲人将非洲和欧洲的音乐理念融合在一起，创造了新的音乐类型，如爵士乐、非洲裔美国人的福音音乐和非洲裔古巴人的伦巴舞曲。

从 20 世纪初开始，这些来自离散非裔群体的声音开始通过电台广播和新生的 78 转唱片行业回流到非洲。这些新的音乐反过来促使非洲人创造出更多的新风格。例如，在 20 世纪中期，刚果音乐家改编了非洲裔古巴人的伦巴舞曲，创造了索卡斯音乐（soukous），其富有感染力的打击乐、充满节奏感的吉他琶音和流畅的主音吉他旋律使它在非洲广受欢迎，成为 20 世纪最具影响力的非洲流行音乐风格之一。

今天，随着新的音乐形式在大众媒体上的传播以及非洲和美洲之间的旅行不断增加，这种交流的循环仍在继续。说唱和嘻哈风靡非洲，这种新音乐形式的拥趸主要是非洲年轻人，他们往往会通过音乐对艾滋病病毒/艾滋病等社会问题进行评论。据亚利克斯·佩鲁洛（Alex Perullo）介绍，坦桑尼亚人气说唱歌手姆瓦纳法尔萨法（Mwanafalsafa）在 2002 年凭借一首斯瓦希里语歌曲《他死于艾滋病》（"He Died of AIDS"）大获成功，歌曲中的主人公向朋友们宣扬安全性行为，自己却因为没有遵守而死于疾病。在非洲各个城市的夜总会里，说唱比赛很常见。在马拉维布兰太尔的一家酒吧里，学者丽莎·吉尔曼（Lisa Gilman）和约翰·芬恩（John Fenn）观察到唱片骑师（DJ）们正在为说唱比赛预热，他们播放着各地的非裔音乐，包括马拉维热门单曲、刚果的索卡斯音乐、南非的库威多舞曲（kwaito）以及美国说唱乐和节奏蓝调。

雷鬼音乐最初是由非洲裔牙买加人在20世纪60年代开创的，直到现在仍然是非洲流行的一种音乐形式。像雷鬼音乐先驱鲍勃·马利一样，当代雷鬼音乐明星阿尔法·布隆迪（Alpha Blongdy）和科特迪瓦的蒂肯·贾赫·法科利也用雷鬼音乐表达自己的政治异议，呼吁社会变革。2001年，法科利批评政变领导人罗伯特·盖伊（Robert Guei）的歌曲《变色龙的承诺》（"Promesses de Caméléon"）取得了很大成效，以至于法科利只能被迫逃离祖国，流亡多年。

很多流行音乐家在单曲中结合了各类海外非裔音乐的元素。安吉丽克·基乔（Angelique Kidjo）的歌曲《欢迎》（"Welcome"）开头是贝宁北部她家乡穆斯林妇女的实地录音。用她的母语丰语（Fon）演唱一段后，基乔带领一个非洲裔美国人的福音风格合唱团（用英语演唱，尽管贝宁是一个法语国家）唱出了这首歌的副歌：" 人们说'欢迎'／人们说'我家就是你家'。"南非的索韦托福音合唱团（Soweto Gospel Choir）将南部非洲的声乐传统——它们本身就受到欧洲教会和声的影响——与非洲裔美国人的福音风格结合起来，创造出一种独特的、令人振奋的音乐。今天，许多非洲流行音乐更确切来说应该是跨国音乐，它是文化在大西洋区域流动数个世纪的结果，并在近年来得到了加速。

与美洲之间交流的循环只是影响非洲音乐的诸多文化流动之一。有着同样影响力的是与阿拉伯世界之间的文化交流史。和欧洲与非洲之间的互动历史一样，阿拉伯与非洲的互动包括征服、传教和贸易等几方面，也包括奴隶的贩卖。印度洋上的奴隶贸易将东非人带到了阿曼等阿拉伯半岛的部分地区。非洲东海岸的部分地区和桑给巴尔实际上几个世纪以来都是阿曼苏丹国的一部分。这种文化交流使阿曼出现了非洲的音乐风格，也使阿拉伯音乐和非洲音乐数百年间在斯瓦希里海岸不断融合。在坦桑尼亚，大型管弦乐队表演"古典"塔拉勃乐(taarab)，这是一种受阿拉伯文字影响的斯瓦希里诗歌唱法，而规模较小的扩音乐队则为跳舞的人群表演一种由塔拉勃乐衍生而来的流行音乐。

同样，贸易和伊斯兰教的传播是连接阿拉伯半岛、北非和撒哈拉以南非洲的主要因素。西非也受阿拉伯世界很深的影响。例如，在尼日利亚北部，豪萨族各州数百年来一直采用伊斯兰世界的称号和习俗。宫廷乐师敲着水壶形的鼓陪同埃米尔(emir)[①]公开露面，双簧管演奏者们利用循环呼吸法创造出不间断的优美旋律，这与非洲北部和中东的旋律短句非常相似。非洲的伊斯兰社区往往共有某些音乐审美偏好，如多用鼻音的花腔式唱法，以及单声部风格的华丽旋律。这些共同的喜好使得塞内加尔流行音乐人尤素·恩杜尔(Youssou N'Dour)穿越非洲大陆，与埃及的管弦乐团合作，创作了获得格莱美奖的专辑《埃及》(*Egypt*)。这张专辑展示了阿拉伯半岛和非洲之间的历史联系，也凸显了非洲内部根植于共同历史和共同宗教传统的文化交流。

变化中的马赛克

当今的非洲音乐通过多种多样、令人眼花缭乱的活动、乐器、

[①] 阿拉伯语音译，原有统帅、王公之意，现为穆斯林酋长、国王等统治者的泛称。——译注

服饰和形式流动。虽然从已有资料来看，非洲的音乐一直在变化，但随着人们以有趣的方式混合了他们的音乐，有些类型的音乐变化得比其他种类更快。克佩列吉贝伊拉塔（Gbeyilataa）人的口述历史（尽管现在已经没有这种做法）表明，一些宫廷乐师弹奏曼德格里奥的竖琴似鲁特。鉴于许多曼德族商人在克佩列地区的作用，这并不奇怪。东非的贝尼族（Beni）舞蹈和操练队演奏的是欧洲的铜管乐器，他们对西方音乐进行了改编，并创造性地在其中融合了当地元素。这些团体从19世纪90年代到20世纪60年代蓬勃发展，A. M. 琼斯（A. M. Jones）在1945年注意到了这些团体，他描述了他们如何随着音乐的节奏四人并排跳舞，以夸张的姿态模仿英国军官。

广义而言，现今有一些国家为那些表演本地舞蹈和歌曲的音乐团体提供了支持，他们登上西方式的舞台，并根据剧场观众的需求对演出内容和形式进行了相应调整。几内亚国家舞蹈团在纽约布鲁克林音乐学院演出时，保留节目中有一部分就是"波罗"秘密社团的一个改良仪式。许多歌舞团都尽量强调民族文化，减少地方差异的展现。

在利比里亚发展起来的肯德佳（Kendeja）艺术团就是如此。儿童从6岁、7岁或8岁起就被选拔到蒙罗维亚生活，与不同族群的年轻演员一起在宿舍里长大。虽然他们也会表演从家乡带来的歌曲，但为了适应国际观众的感受和舞台的要求，这些歌曲常常先要经过一定程度的改编。

国际观众习惯于从这些巡回音乐团体那里了解非洲，无论他们是在利比亚、中国还是在纽约演出。彼得·阿德博耶加·巴迪乔（Peter Adegboyega Badejo）的歌剧《约鲁巴人的国度》（*Asa Ibile Yoruba*）就是在加利福尼亚大学洛杉矶分校热情的西方观众面前首演的。

在地方一级，许多非洲的学校邀请了表演者教授幼儿本土音乐——通常也受到了西方教育背景下其他地方的影响。津巴布韦的学校以其合唱团或器乐合奏团而闻名，在区域性活动中总能见到他们的身影。在学校的毕业典礼上，非洲各地的这类乐团会前来表演，他们演奏的音乐既融合了外来的影响，也融合了当地的音乐传统。因此，艺术在非洲生活中的流动仍在继续。

最后，非洲音乐不仅在紧密的地方社区内流动，还在更广泛的范围内流动：流向北美洲，流向亚洲，流向欧洲，流向拉丁美洲，再从这些地区流回非洲。这种流动在历史上发生过不止一次，而是多次发生，不断循环。无论是娱乐、诸如葬礼等仪式，还是工作、战争，这些音乐在生活中是必不可少的，非洲的声音代表着生命力，代表着不断变化的马赛克，代表着日常生活中的平衡。无论是在战争中挣扎还是与艾滋病病毒/艾滋病作斗争，无论是纪念一个孩子的出生还是悼念一个伟大酋长的死亡，无论是清理稻田还是播种，无论是在矿井里工作一天后的放松还是在橡胶种植园里劳动后的社交，音乐都是一种必不可少的黏合剂，将一切黏合在一起。通过这些表演，人们可以重新整理自己的思绪，让生活的天平重归平衡，焕发出新的活力。

拓展阅读建议

Berliner, Paul. 1993 [1978]. The Soul of Mbira: Music and Traditions of the Shona People of Zimbabwe. Chicago: University of Chicago Press.

Brempong, Owusu. 1984. "Akan Highlife in Ghana: Songs of Cultural Transition." Manuscript. Indiana University, ProQuest, UMI Dissertations Publishing, 1986.

Charry, Eric. 2000. *Mande Music: Traditional and Modern Music of the Maninka and Mandinka of Western Africa.* Chicago: University of Chicago Press.

Chernoff, John M. 1979. A*frican Rhythm and African Sensibility: Aesthetics and Social Action in African Musical Idioms.* Chicago: University of Chicago Press.

Gilman, Lisa, and John Fenn. 2006. "Dance, Gender, and Popular Music in Malawi: The Case of Rap and Ragga." *Popular Music* 25(3): 369 – 81.

Hampton, Barbara L. 1984. "Music and Ritual Symbolism in the Ga Funeral." Y*earbook for Traditional Music* 14: 75 – 105.

Jones, Arthur M. 1945. "African Music: The Mganda Dance." *African Studies* 4, no. 4.

Perullo, Alex. 2011. *Live from Dar es Salaam: Popular Music and Tanzania's Music Economy.* Bloomington: Indiana University Press.

Pongweni, Alec J. C. 1997. "The Chimurenga Songs of the Zimbabwean War of Liberation." In *Readings in African Popular Culture*, ed. Karin Barber. Bloomington: Indiana University Press.

Reed, Daniel B. 2003. Dan Ge Performance: Masks and Music in Contemporary Côte d'Ivoire. Bloomington: Indiana University Press.

———. 2012. "Promises of the Chameleon: Reggae Artist Tiken Jah Fakoly's Intertextual Contestation of Power in Côte d'Ivoire." In *Hip Hop Africa and Other Stories of New African Music in a Globalized World*, ed. Eric Charry. Bloomington: Indiana University Press.

Stone, Ruth M. 1982. *Let the Inside Be Sweet: The Interpretation of Music Event among the Kpelle of Liberia.* Bloomington: Indiana University Press.

Tang, Patricia. 2007. *Masters of the Sabar: Wolof Griot Percussionists of Senegal.* Philadelphia. Temple University Press.

Thompson, Robert F. 1974. *African Art in Motion: Icon and Act.* Los Angeles: University of California Press.

唱 片

Fakoly, Tiken Jah. 2007. "Non àl'Excision." *L'Africain*. Wrasse Records.

———. 2008[2000]. "Promesses de Caméléon." *Le Caméléon*. Barclay Records.

Kidjo, Angelique. 1996. "Welcome." *Fifa*. Universal/Island Records.

N'Dour, Youssou. 2004. *Egypt*. Nonesuch Records.

第 10 章

非洲的文学

艾琳·朱利安

> 真相不只取决于听者,也取决于说的那个人。
> ——比拉戈·迪奥普(Birago Diop)

当大多数美国人和欧洲人使用"非洲文学"这一表达方式时,他们指的是非洲人写就并传到西欧和北美的诗歌、戏剧和小说。写作语言通常有英语、法语以及越来越多的葡萄牙语。然而,如果从长远或广义的角度来看,这些具有国际地位的当代文学作品只是非洲诸多文字艺术的一个部分,它们都有着悠久、复杂而又多样的历史。

我们没有关于非洲最早的口述传统的记录,但我们知道,非洲的口头和书面语言艺术是古老的,而且在以欧洲殖民主义和欧洲语言的引进为标志的现代之前就已经存在。非洲文学也可以说包括公元前二千纪和三千纪的埃及文本、6 世纪希波的奥古斯丁的拉丁文文本、用盖兹语(即现在埃塞俄比亚地区的古代语言)写成的文本——如阿克苏姆王国时期(公元 4 至 7 世纪)的文本,以及阿拉伯语文本——如 14 世纪北非、17 世纪萨赫勒西部的廷巴克图和 19 世纪非洲东海岸的文本。除了广为人知的使用原本外来但现在已经非洲化的语言和形式记述的当代文学外,还有采用阿姆哈拉语、斯瓦希里语、富拉尼语(Pulaar)、约鲁巴语和祖鲁语等非洲当地语言的书面和口头创作。另外,许多用这些语言进行创作的吟游诗人、讲故事的人、诗人和作家都对当代流派和新媒体持欢迎态度。当代非洲语言文学和"口述文学"(orature)的大量生产,在很大程度上并不为非洲以外的人所知,甚至受到了忽视。在非洲内部,这些口述和更容易理解的大众文本可能是最著名和最受人欣赏的文学形式。

使用欧洲语言的作家利用了这些本土的口述和书面文学传统,也利用了来自欧洲、美洲和亚洲的口述和书面文学传统,而使用非洲语言的作家和口述文学从业者同样会与使用欧洲语言的作家对话或参考他们的作品,并探讨当今全世界都感兴趣的各类问题。

非洲幅员辽阔,由五十多个国家组成,据估计,非洲分布着两千多种语言和族裔群体。除了整个非洲范围内一定程度的文化相似性以及几乎无处不在的帝国主义和新殖民主义的历史外,非洲也有很多独特的经历和相应的语言表达。非洲的文学从来都不是同质或一致的。此外,为了正确看待我们现在所称的非洲文学,也要认识到直到最近,它一直是一个因性别而异的事业。

非洲的文学实践和对它的理解在不断发展。在 20 世纪中叶非洲的非殖民化和独立浪潮期间,许多文学作品描绘了殖民时期的不公正、种族主义以及独立后的希望。20 世纪 60 年代以后,出现了新的关于阶级、种族、性别和国家认同的"非洲内部"主题,这种情况的部分原因是女作家数量的日益增加,再加上人们对上述那些母语的书面和口头创作有了更多的认识。除此之外,还出现了研究文化进程的新型框架和词汇,而这些文化进程本身就是争论的主题:后殖民主义、大众文化、表现、海外非洲人。更大的关注投向了当地和国际的出版和发行政治以及非洲内外的多种读者群。这些进展与文学自觉的总体转变相重合,事实上也帮助催生了这种转变,从作为纯艺术的文学——20世纪大部分时间的主要范式,转变为作为文本的文学——一种在历史、社会经济和其他背景下的各方之间发生的行为。在这些事态的发展中,非洲女性的写作尤其重要,因为它常常直接对文学前辈作品的意义发出了挑战,使这些作品重又走到聚光灯之下,促使我们看到它们的局限和优点。

对非洲人所写的文学作品进行划分的方法有很多。这些方法反映了这样一个事实,即非洲的族裔群体和文化习俗、政治地理和自然地理、本地和非本地语言大相径庭。因此,我们通常按区域(西非、东非、北非、中部非洲、南部非洲,每个区域在环境和历史上或多或少都有一定特色)、按种族(例如,曼德人生活在现在几内亚、马里、科特迪瓦、布基纳法索和塞内加尔下属一些州所在的地区)或按国籍(19世纪欧洲文学实践的遗产,它重视民族国家历史和身份认同的力量,其在非洲的价值多年来一直备受争议)来对非洲文学分门别类。

在非洲诞生的文学作品也经常按表述的语言进行分类,如豪萨语文学、林加拉语(Lingala)文学、科萨语(Xhosa)文学、葡语文学、英语文学、法语文学,并像其他地方一样按体裁分类:诗歌、谚语、史诗、故事、短篇小说、长篇小说、戏剧、散文(这些术语已经成为文学体裁的通用语,尽管它们常常忽略了书面和口述文学作品丰富的地方分类)。有时也会通过作家"世代",即以特定历史现实中的独特问题和风格来定义的同期群体的角度来研究非洲文学,比如那些在非殖民化时期写作的作家(反殖民主义、文化民族主义作家),那些在独立后时代写作的作家(后殖民主义作家),那些越来越多地在非洲以外地方写作的作家(海外非洲人作家),但这些所谓的"世代"在讨论的问题和观点上也有一些重叠。多种分类方法不仅表明本土及海外非洲人生活的多样性和复杂性,也指出了非洲文学内容的复杂性,这种复杂性涉及语言、审美和文学传统、文化、历史和社会政治现实等多个方面。

本章重点讨论美国大学生在课堂上经常遇到的非洲文本的主要主题和趋势,然后介绍当代学界对这一研究领域的讨论及其发展,以及非洲作家和非洲文本读者面临的挑战和前景。此外还将提到一些使用母语的口述和书面文学作品。

主题和趋势

非洲的文学创作浩如烟海、五花八门,在这些充满创造力的作品中,我们特别留意到几种倾向或潮流。首先是话语权和主体性的恢复,这一特点在殖民时期和独立后早期的欧洲语言写作中表现得尤为明显。我们将关注的其他主题包括对权力的批判——这一直是独立后写作的主要特征,以及对关于非洲前殖民时期的伊甸园式描写的质疑。此外,对非洲混合身份认同的认识和探讨也在日益增加。

殖民主义和自我呈现

在 20 世纪 50 和 60 年代,随着非洲各国非殖民化进程的不断推进,许多非洲人投身写作事业。在此之前,就有非洲的创意作家、散文家和辩论家用非洲和欧洲的语言写作;事实上,早在 19 世纪 20 年代,印刷机就已经来到非洲,并很快被非洲人用于政治和文化方面的目的。早在1926年,塞内加尔人巴卡里·迪亚洛(Bakary Diallo)就出版了《善良的力量》(Force-Bonté);到了1929年,多产的多哥作家费利克斯·库乔罗(Félix Couchoro)出版了《奴隶》(L'Esclave);南非作家索尔·普拉杰(Sol Plaatje)在1930年出版了《姆胡迪》(Mhudi);1931年,托马斯·莫福洛(Thomas Mofolo)出版了从塞索托语(Sesotho)翻译过来的《查卡》(Chaka);塞内加尔人乌斯曼·索塞(Ousmane Socé)在1935年推出了《卡里姆》(Karim);彼得·亚伯拉罕斯(Peter Abrahams)在1946年出版了《矿山小子》(Mine Boy)。阿莫斯·图图奥拉(Amos Tutuola)写作的《棕榈酒酒鬼》(The Palm-Wine Drinkard)是一部出色的小说,1952年在伦敦出版时给人留下了非凡的印象。图图奥拉的冒险故事和英雄基本上都是从约鲁巴口述传统的一些片段中提取出来的,并以有效但非"文学"风格的英语写在纸上。丰富的想象力和纯朴的语言相结合,这部作品因此有了新鲜感和独创性,在国外备受好评,但也在非洲作家和精英阶层中生了巨大的争议。

这些作品和其他作品涉及"民族国家"历史、复杂的(往往是相互冲突的)身份认同与现代性等问题,这些问题在作品问世的二三十年后仍然至关重要。但非洲文学正是在20世纪中叶大量类似的文学实践中得以迅速发展起来。这种文学可以理直气壮地被称为"非洲"的文学,因为它所论及的现象——种族和种族主义、消除异化、重塑身份认同,影响范围可以说遍及整个非洲。而此时,这类文本已经在大西洋周边地区和整个欧洲的海外非洲人以及在非洲公众中有了广泛的读者群体。

在正式宣布独立前后的时代,以欧洲语言书写的叙事作品和诗歌的出现是针对殖民时期历史和神话叙事的抗争。作家们努力纠正以欧洲为中心的形象,以虚构和诗意的方式重写非洲前殖民和殖民时期的历史,言明非洲人的观点。这种挑战殖民主义前提的隐性或显性冲动往往在自传或"伪自传"中有所体现,这类文体描述了作家们自己走过的旅程:从家乡到彼岸,再回到家乡。非洲知识分子和作家敏锐地觉察到,如塞内加尔人比拉戈·迪奥普在一个新传统故事中所写的那样,"真相"也取决于说话的人。

1958 年,钦努阿·阿契贝(Chinua Achebe)出版了《瓦解》(*Things Fall Apart*),这部小说在 20 世纪末成为世界上阅读量最大的非洲文学作品。这部小说和阿契贝后来的《神箭》(*Arrow of God*, 1964)以丰富的谚语和农耕生活的形象语言为特征,描绘了面对新来的帝国主义势力时伊格博村落生活中复杂、微妙平衡的社会生态。阿契贝作品中的主人公都是有缺陷但有尊严的人,他们与英国人的交往往往是悲剧性的,有时甚至是致命的。和当时的其他作家一样,阿契贝的写作也是针对 19 和 20 世纪如乔伊斯·卡里(Joyce Cary)、詹姆斯·康拉德(James Conrad)、儒勒·凡尔纳(Jules Verne)和皮埃尔·洛蒂(Pierre Loti)等欧洲作家诋毁非洲人的神话和表述而作出的回应,正如阿契贝所言,非洲的过去并不是欧洲到来之前的一个蛮荒长夜。

恩古吉·瓦·提安哥(Ngugi wa Thiong'o)早期出版的小说三部曲[《孩子,别流泪》(*Weep Not, Child*; 1964)、《界河》(*The Revir Between*, 1965)、《一粒麦种》(*A Grain of Wheat*, 1967)],以 1963 年肯尼亚独立前夕的茅茅起义时期为背景,探讨了殖民统治下肯尼亚个人生活的诸多方面:他们的教育经历、割礼、宗教冲突、集体斗争,以及抵抗的代价。此外,《一粒麦种》通过人物之间相互关联的故事,暗示了生命和力量在历史事件发生过程中的凝聚。

十年后,尼日利亚诗人、剧作家、小说家和散文家沃莱·索因卡(Wole Soyinka)走上了呼吁恢复非洲人主体性和应有作用的道路。在《死亡与国王的侍从》(Death and the King's Horseman, 1975)一书中,索因卡将殖民因素归为次要因素,在一个有缺陷的人物形而上的危机中,殖民统治只是一个催化剂,人物本身却是自己命运和更大历史的原动力。伊雷森·奥巴(Elesin Oba),这个为了追随死去的国王到"死亡彼端"而必须殉葬的侍从骑士,在英国殖民当局的干预下,看到了一个暂缓死亡的机会,转而把精力投入了生活和爱情。通过各种戏剧手段——鼓声、吟唱、手势、舞蹈以及借鉴约鲁巴诗歌传统的文字游戏,索因卡揭示了伊雷森任务的庄严性、具有的社会意义、需要付出的巨大个人代价和相应的荣耀,以及他失败的严重性。

法语文学传统"黑人性"(négritude)是反殖民主义诗歌中一种特殊的风格和表现形式。正是在20世纪30年代的巴黎,在超现实主义、原始主义和爵士乐的共同作用下,产生了黑人性的思想。来到巴黎上学的非洲和西印度群岛学生是法国的殖民地公民和臣民。作为殖民地学校和试图使他们成为法国人的同化政策的产物,他们被教导要拒绝他们的非洲原生文化,并效仿法国人的文化。与在英国殖民主义下接受教育的同龄人相比,可以说他们有着更深层次的孤立感,因为英国殖民主义对非洲文化和语言的看法更具工具性。此时,受到哈莱姆文艺复兴(Harlem Renaissance)和"新黑人"(New Negro)运动中的非裔美国人兄弟的启发,以及德国人种志学者利奥·弗罗贝纽斯(Leo Frobenius)和其他人的主张的鼓励,他们感到有必要重新找回那些已被疏远的文化,并在知识界和文学界追求恢复非洲和新世界的非洲文明。简·纳达尔(Jane Nardal)和波莱特·纳达尔(Paulette Nardal)主办的沙龙和杂志《黑色世界评论》(La Revue du monde noir)是这项事业的主要载体。在这一系列联结中萌发的"黑人性"诗歌的产生既是为了重申"非洲价值"和非洲身份认同,按照利奥波德·塞达尔·桑戈尔的说法,也是为了向世界开放。

1948年,桑戈尔编辑出版了《黑人和马达加斯加新诗选》(*Anthologie de la nouvelle poésie nègre et malgache*),他把讲法语的加勒比地区和非洲诗人的作品集结成书,其中的每个人都"回归源头",从非洲文化的母体中创作诗歌。不同诗人创作的黑人性诗歌的基调和主题也不尽相同。比拉戈·迪奥普宏大的作品《魂灵》(*Souffles*)肯定了生命的周期性和祖先永恒存在的传统信仰,自信地从西非的口述传统和乡村文化中破土而出。大卫·迪奥普(David Diop)则是另一个极端,他的作品猛烈地谴责了奴隶制和殖民统治。

黑人性诗歌中,有两个非洲:一个是前殖民时代乌托邦式的田园非洲,另一个则是殖民主义时期饱受伤害和痛苦的非洲。在这两种情况下,非洲皆往往被隐喻为女性的形象,如桑戈尔的《黑人女性》("Femme noire")或大卫·迪奥普的《致一个黑人舞者》("À une danseuse noire")。黑人性诗歌有时也会将一个以人与自然的交融为特征的非洲与异化和人性丧失的欧洲并列,如在梅尔文·迪克逊(Melvin Dixon)翻译的桑戈尔作品《向面具祈祷》("Prière aux masques")[《利奥波德·塞达尔·桑戈尔诗歌总集》(*Léopold Sédar Senghor: The Collected Poetry*,1991)]中即是如此。

> 如果世界重生时召唤我们,我们回答:"在!"
> 正如没有酵母就不能发面,
> 除了我们,又有谁能把鲜活生动的节奏

重新带给这个充斥着机器和大炮、死气沉沉的世界？
又有谁能够在黎明发出欢呼，唤醒孤儿和死去的人们？
告诉我，有谁能让那个希望破灭的人
重新找回生活的记忆？

《向面具祈祷》强调了"非洲"和"欧洲"的互补性，但在这样做的过程中，它又讽刺地增加了两者间所谓本质区别的可信度，这种区别往往构成了判断尊卑的依据。

法语文学中反殖民主义传统的另一个面向是强调被同化者（assimilé）的文化困境或两个本质上不同的世界之间的对比。卡马拉·拉耶（Camara Laye）记述自己在几内亚的童年的自传体小说《黑孩子》（*L'enfant noir*，1953）是另一个例子。这部作品是拉耶于法国当汽车工人时在十分困难的条件下写成的，他以怀旧的方式将家园建构为一个田园般的空间，母亲的形象、大自然以及乡村生活的乐趣和美德都在其中得到了融合。塞内加尔的谢赫·哈米杜·凯恩（Cheikh Hamidou Kane）在一部哲学性的半自传体小说《模棱两可的冒险之旅》（*L'aventure ambiguë*，1961）中，为这些"非洲"和"西方"的对立范式又增加了一层：伊斯兰教禁欲主义的精神超越和对物质幸福的麻木关注两者之间的冲突，对他来说，这分别是非洲和西方的特征。

这一时期的其他作家也同样写出了对非洲和欧洲进行对比的尖锐小说。喀麦隆人费迪南·奥约诺（Ferdinand Oyono）[《童仆的一生》（*Une vie de boy*；法语版 1956 年出版，英语译本 1966 年出版）、《老黑人与奖章》（*Le vieux nègre et la médaille*；法语版 1956 年出版，英语译本 1969 年出版）] 和蒙戈·贝蒂（Mongo Béti）[《可怜的邦巴基督》（*Le Pauvre Christ de Bomba*；法语版

1956年出版,英语译本 1971 年出版)、《完成使命》(*Mission terminée*;法语版 1957 年出版,英语译本 1964 年出版)]以极具讽刺意义的笔触为法语文学传统提供了平庸虚伪的法国殖民者的众生相。乌干达人奥科特·彼得克(Okot p'Bitek)在一首著名的讽刺诗《拉维诺之歌》("Song of Lawino",1966)中,以口述传统的歌曲为蓝本,构建了一个被蔑视的妻子的形象,以此来抨击一刀切的西化进程。

然而,并非所有的反殖民主义作家都强调这种对立。乌斯曼·塞姆班(Ousmane Sembene)描写 1948 年法属西非铁路罢工的《上帝的残屑》(*Les bouts de bois de Dieu*)是一部强有力的反殖民主义史诗小说,它超越了静态时刻或价值观念之间的对立("传统"和"现代"或"好的"本真方式和"坏的"外来方式)。作为马克思主义者的塞姆班眼中的变革并不是文化认同的悲剧性和致命性解体,而是实现一个更公正社会的手段,这是一个固然困难但具有改造性的必然过程。在塞姆班的小说中,班巴拉人(Bambara)和沃洛夫人放弃了可能导致不稳定局面的以族群和种姓为基础的身份认同,而以他们所从事的共同工作为基础,形成了更大更有力的身份认同。在塞姆班的笔下,城市工作和技术使人从那些负面的种族和族群身份的意识形态中超脱出来,罢工促使所有人认识到,厨房这个本应是私人的、女性专属的领域与铁路这个公共的、男性专属的、涉及政治的领域,不可分割地都被捆绑在同一个剥削和不公正的空间里。

在非洲其他一些存在白人定居者的国家,还发生了更激烈的解放斗争。在北方,摩洛哥、突尼斯和阿尔及利亚也有遭受法国殖民主义统治的痛苦经历。阿尔及利亚是法国在非洲最主要的移民殖民地,当地曾发动了一场旷日持久、令人震惊的反殖民战争。在这一时期出现了许多著名的北非法语小说,比如阿尔及利亚人穆罕默德·迪卜(Mohammed Dib)的《大房子》(*La grande maison*,1952)、摩洛哥人德里斯·什赖比(Driss Chraïbi)的《简单的过往》(*Le passé simple*,1954)以及阿尔及利亚人卡提卜·雅辛(Kateb Yacine)的《娜吉玛》(*Nedjma*,1956)。突尼斯人阿尔伯特·梅米(Albert Memmi)也写了一篇强烈谴责殖民主义影响的文章——《殖民者与被殖民者》("The Colonizer and the Colonized",1957)。一些深刻有力的小说围绕身份认同和文化等主题展开,如摩洛哥人阿卜杜勒-克比尔·哈提比(Abdelkebir Khatibi)的《文身的记忆》(*La mémoire tatouée*,1971)和《两种语言的爱情》(*Amour bilingue*,1983)。法国在 19 世纪的征服史和阿尔及利亚在 20 世纪 50 年代的抵抗战争,同样通过阿西娅·杰巴尔(Assia Djebar)笔下《爱情,幻想》(*L'amour, la fantasia*;1985)和《房间里的阿尔及利亚女人》(*Femmes d'Alger dans leur appartement*,2002)中对女性经历的描写而得到了重新审视和讲述。

此后的几十年,南部非洲经历了漫长的反殖民主义斗争。由于安哥拉长期的解放战争,阿戈什蒂纽·内图(Agostinho Neto)的葡萄牙语诗歌[《神圣的希望》("Sagrada Esperanca",1974)]和何塞·卢安迪诺·维埃拉(José Luandino Vieira)的小说[《多明戈斯·泽维尔的真实生活》(*A Vida Verdadeira de Domingos Xavier*;葡语版 1974 年出版,英语版 1978 年出版,1971 年首次以法文出版,当时维埃拉正被监禁)]中,对殖民统治的谴责和见证其灭亡的决心都是强烈而迫切的。

琴杰拉伊·霍夫(Chenjerai Hove)的作品《骨头》(*Bones*,1988)于 1989 年获得了当年日本赞助的野间非洲出版奖的"非洲年度最佳出版图书",而希莫·奇诺迪亚(Shimmer Chinodya)的

《荆棘的收获》(Harvest of Thorns, 1989)则是津巴布韦长达十年的解放战争的重要文学见证。

20 世纪 90 年代中期,反对南非残暴的种族隔离制度的长期斗争及其在整个南部非洲造成的一系列连锁反应,推动人们创作了大量口述和书面文字作品。事实上,南非有着重要的英语、阿非利坎语、祖鲁语、科萨语等文学传统,作为英裔和阿非利坎人后裔的南非白人、南非黑人及混血人种都参与了英语文学的创作。奥利弗·施赖纳(Olive Schreiner)的《一个非洲农场的故事》(Story of an African Farm, 1883)在当时就是一部了不起的小说,但南非白人的自由写作受到国际关注则要等到 1948 年艾伦·帕顿(Alan Paton)出版的《哭吧,亲爱的祖国》(Cry, the Beloved Country)。近年来著名的南非白人作家包括多产的诗人和小说家布雷滕·布雷滕巴赫(Breyten Breytenbach)[《一个白化病恐怖分子的真情告白》(True Confessions of an Albino Terrorist, 1984)];小说家、剧作家和翻译家安德烈·布林克(André Brink),他在西方最著名的作品也许是《血染的季节》(A Dry White Season, 1979);还有 2003 年获得诺贝尔文学奖的约翰·马克斯韦尔·库切(John Maxwell Coetzee),他的《迈克尔·K.的生活和时代》(Life and Times of Michael K., 1983)和《耻》(Disgrace, 1999)分别获得了布克奖。

1991 年诺贝尔文学奖获得者,南非的纳丁·戈迪默(Nadine Gordimer)也是一位小说家,她出版了许多小说和短篇小说集,包括《伯格的女儿》(Burger's Daughter, 1979)、《七月的人民》(July's People, 1981)、《大自然的运动》(A Sport of Nature, 1987)、《我儿子的故事》(My Son's Story, 1990)和《跳跃短篇小说集》(Jump and Other Stories, 1991)等。戈迪默小说的独特优势之一是通过事件、物品和人物自己的话语,对种族和性别认同进行持续的探究。特别值得一提的是,她将白皮肤和男性气质(及其对立面)作为自然属性进行了解构。

南非白人剧作家阿索尔·富加德(Athol Fugard)多年来在纽约戏剧界一直是一个非常引人注目的存在。他的剧作包括《博斯曼和莱娜》(*Boesman and Lena*,1969)——在笔者撰写本章时仍在美国上演、《大师哈罗德和男孩们》(*Master Harold and the Boys*,1982)以及与约翰·卡尼(John Kani)和温斯顿·恩什纳(Winston Ntshona)合著的《希兹尉·班西死了》(*Sizwe Bansi Is Dead*,1976)。富加德的戏剧主人公大多都是在种族隔离泥沼中苟且偷生的幸存者。

自由派的南非白人作家大体上都表达出一种生活在种族隔离制度下的白人少数群体的内疚、恐惧、孤立和普遍的不安,而南非黑人作家和具有黑人身份认同的作家更是写出了黑人多数群体所遭受的剥削、不公正、暴力和怒火。他们的叙述往往以城市和黑人居住区为背景。

关于种族隔离制度下黑人生活的最早叙述是以南非城市为背景的自传体小说,比如彼得·亚伯拉罕斯的《矿山小子》和《讲诉自由》(*Tell Freedom*,1954),以及埃泽克尔·姆法莱勒(Ezekel Mphalele)的《沿着第二大道》(*Down Second Avenue*,1959)。种族隔离制度下贫民窟生活的孤立感也是亚历克斯·拉古马(Alex LaGuma)的自然主义小说《夜行》(*A Walk in the Night*,1967)和《在季末的雾中》(*In the Fog of the Season's End*,1972)的共同主题。姆布莱洛·姆扎马内(Mbulelo Mzamane)的《索韦托的孩子》(*Children of Soweto*,1981)特别突出了南非黑人青年的自我意识、决心和毅力。

在小说范畴,南非人理查德·里夫(Richard Rive)、詹姆斯·马修斯(James Matthews)、米里亚姆·特拉利(Miriam Tlali)等人是比较出色的短篇小说家,此外,许多著名的小说家,包括亚历克斯·拉古马、贝西·海德(Besssie Head)、姆布莱洛·姆扎马内等,都在短篇小说方面颇有建树。

但同时,在种族隔离制度下,诗歌是南非黑人写作的一个特别重要的媒介。奥斯瓦尔德·姆查利(Oswald Mtshali)的《牛皮鼓声》(Sounds of a Cowhide Drum, 1971)和《火焰》(Fireflames, 1980),西波·塞巴拉(Sipho Sepamla)的《快点行动吧!》(Hurry Up to It!, 1975)、《蓝调是我心中的你》(The Blues Is You in Me, 1976)和《我爱的索韦托》(The Soweto I Love, 1977),还有蒙格尼·瓦利·瑟罗特(Mongane Walley Serote)的《吼叫的公牛》(Yakhal'inkomo, 1972)、《没有婴儿必须哭泣》(No Baby Must Weep, 1975),都是在南非黑人城市生活的残酷环境中锻造出来的——不仅展现了乡镇生活的压迫,还展现了人们的斗争、活力和幽默。在居住于美国的南非流亡者中,曾被囚禁在罗本岛(Robben Island)的诗人丹尼斯·布鲁图斯(Dennis Brutus)无疑是最著名的一位。在布鲁图斯的诗集[《海妖、指节和靴子》(Sirens, Knuckles and Boots; 1963)、《顽固的希望》(Stubborn Hope, 1978)]中,作者似乎在两边徘徊。一边是一种无情的自然主义描写:监狱、城市贫民窟或流放地的生活已经被压缩、被禁锢、被琐碎化、被贬低;另一边是虽然痛苦,却又顽强地对生活充满渴望,一种对生活中的想象力、可能性、力量和复兴的渴望。阿尔比·萨克斯(Albie Sachs)的《一个自由斗士的温柔复仇》(The Soft Vengeance of a Freedom Fighter, 1991)是一部关于反种族隔离斗争中个人代价的杰出回忆录,它与布鲁图斯的诗歌一样,保持了对人性的信念,这种信念可能会在斗争中得到进一步的激励和成长。

值得一提的是,在非洲,监狱回忆录已经成为一种名副其实的流派,相关作品包括:布鲁图斯的《给玛莎的信》(*Letters to Martha*, 1969)、摩洛哥人阿卜杜勒-拉蒂夫·拉比(Abdellatif Laâbi)的《回归的路》(*Rue du Retour*, 2003;法文原名 *Le chemin des ordalies*)、沃莱·索因卡的《死去的男人》(*The Man Died*, 1971)、恩古吉的《拘留》(*Detained*, 1981)和埃及人纳瓦勒·萨达维(Nawal el Saadawi)的《女子监狱回忆录》(*Memoirs from the Women's Prison*, 1984)。

最后,就南非而言,自20世纪90年代以来,随着被关押了27年的纳尔逊·曼德拉获得释放,以及非洲人国民大会在南非第一次民主选举中上台,文学的基调发生了变化。下文将再次讨论这一转变。

独立后权力、财富和资本的逻辑

如上所述,对殖民主义下外国统治的批判以及紧随而来的身份认同问题,往往被构建为西化与非洲本土性之间的冲突,而且作者往往采用现实主义的叙事方式。随着非洲国家独立浪潮的推进,这些问题逐渐让位于失望情绪与对滥用权力和腐败的批判,阿契贝的小说《动荡》(*No Longer at Ease*, 1960)和《人民公仆》(*Man of the People*, 1966)便是两个典型例子。

加纳首屈一指的小说家阿伊·奎·阿尔马(Ayi Kwei Armah)最早的小说《美好的尚未诞生》(*The Beautyful Ones Are Not Yet Born*, 1968)以恩克鲁玛政权末期为背景。在这部充满幻灭和异化的小说中，讲述了一个铁路职员如何在贪婪腐败的世界里谋生。在其后来的小说中，从《两千季》(*Two Thousand Seasons*, 1973)、《医者》(*The Healers*, 1978)到《奥西里斯的复活》(*Osiris Rising*, 1995)，阿尔马小说的关注点逐渐从幻灭的个人经历转向对非洲人未能抵抗阿拉伯和西方征服者的历史和寓言式分析。

在更加近期的作品中，对独立后政权的批判与恩古吉·瓦·提安哥在其较为激进的文章《思想的非殖民化》("Decolonising the Mind", 1986)中提出的文学形式的变革是同步进行的：

> 在国家元首于屋顶上公然承认自己和帝国主义势力合作时，一个作家，一个小说家，再说这些人是新奴隶，凭什么还能让读者震惊？当他们，这些反人民罪行的肇事者，甚至不企图隐瞒这一事实时，你如何通过指出这些人是大规模的杀人犯、抢劫犯、强盗、小偷来震惊你的读者？当在某些情况下，他们实际上是在骄傲地庆祝他们屠杀儿童、盗窃和抢劫国家财产，你会怎么写？当他们自己的言语超出了所有虚构的夸张时，你如何讽刺他们的言论和主张？

在20世纪的最后几十年里，当非洲人努力应对新殖民主义政权带来的新的不公和似乎不可阻挡的全球化进程时，文学界出现了许多令人惊叹的描写失败的小说。刚果作家索尼·拉布·坦西(Sony Labou Tansi)[《一条半生命》(*La vie et demie*, 1979)、《可耻的国家》(*L'Etat hon-teux*, 1981)]和亨利·洛佩斯(Henri Lopès)[《笑着哭泣》(*Le Pleurer-Rire*, 1982)]对独裁统治进行了尖锐的讽刺。拉布·坦西的喜剧与近乎谵妄的寓言和戏剧不仅揭露了这类独裁者的腐败和蛮横,也揭穿了他们可悲的脆弱和不安全感。恩古吉的小说《血色花瓣》(Petals of Blood, 1977)、《十字架上的魔鬼》(Devil on the Cross, 1982)、《马蒂加里》(Matigari, 1986)及最近的《乌鸦魔法师》(Wizard of the Crow, 2006),都显示了"独立"所释放出的对财富和权力的贪婪,以及领导人对肯尼亚农民和工人的背叛,这些领导人非但没有据理力争,反而与国际资本主义沆瀣一气。这些虚构小说接近荒诞,也不再有许多早期关注殖民主义弊端的文本所展现的现实主义特征。正如恩古吉所言,面对新的纷乱现实,作家们发明了与他们的看法和直觉相称的文学形式。

争 论

"黑人性"诗人为那些因"种族"而受到歧视的人辩护,这无疑是必要的一步。但这往往意味着对非洲或种族本质特征的肯定,以及对殖民主义之前时代的理想化印象,我们对这一时代的了解主要是通过人类学、文学,或许还有口头叙述等解释视角实现的。那些被认为"天然的"非洲特征,如热爱自然、节奏感和灵性,都是曾被否定的,现在却成了正面的象征。这些对非洲人身份认同和单一种族或泛非国家的特定表述,曾经并继续受到非洲知识分子和作家的攻击,其中最著名的是沃莱·索因卡[《神话、文学与非洲世界》(Myth, Literature and the African World, 1976)]、马西安·托瓦(Marcien Towa)[《利奥波德·塞达尔·桑戈尔:黑人性还是奴隶性?》(Léopold Sédar Senghor: Négritude ou Servitude?, 1971)]和斯坦尼斯拉斯·阿多特维(Stanislas Adotévi)[《黑人性与黑人学家》(Négritude et négrologues, 1972)]。同样,文学上对这一观点的进一步展开和修正现在也很多。

扬博·沃洛盖姆（Yambo Ouologuem）的《暴力的束缚》（*Bound to Violence*, 1968）以西非萨赫勒地区为背景，是一部虚构的王朝编年史，这个王朝腐败、野蛮、政治敏锐，而对于新来的法国殖民者来说，这是一个合适的对手。沃洛盖姆否定了"黑人性"对殖民前美德的主张，似乎反而认为非洲的暴力是由来已久的。

自20世纪80年代以来，女性写作的文学作品迅速发展，这是对早期作品的一个更重要的延续和修正。在早期谴责各种形式的殖民主义及其傲慢和暴力的大合唱中，缺少的是女性的声音。近代女性的写作表明，女性给写作带来了新气象。反殖民主义的男性作家批判帝国主义和殖民主义发展中的种族主义和压迫，但他们（与他们批判的欧洲对象一样）描绘的这些问题只与男性有关，在一个独立或乌托邦的愿景中，女性要么是如缪斯和理想化母亲等形象的"女神"，要么只是帮手。不过，那个时代的女作家和新时代的作家在对殖民发展的基础或其后果进行批判的同时，都明确提出了性别相关的话题。

正是在这个意义上，玛丽亚玛·芭（Mariama Bâ）1979年创作的书信体小说《一封如此长的信》（*So Long a Letter*）震撼了文坛。小说中的女主人公拉玛图拉耶在丈夫去世时给离异的朋友艾萨图写了一封"长信"，艾萨图此时和儿子们一起居住在美国。女主人公多年前便被丈夫背叛，丈夫娶了他们十几岁女儿的朋友作为第二任妻子。通过写作，拉玛图拉耶逐渐接受了自己的独立。

如果说沃洛盖姆的《暴力的束缚》已经质疑黑人民族主义和殖民主义之前的"纯粹"时代的前提，那么芭的小说则明确指出，现在这些著名的男性作家一直在捍卫的民族主义和独立，总体上都是父权制的：女性只是国家的象征，或者充其量是男人的帮手，只有男人才能获得独立的全部成果。芭的小说虽然也带有自己的先入之见,但我们从中还是看到了阶级偏见、男性的虚荣心和女性在一夫多妻制中作为共谋者的行为。在《一封如此长的信》和遗作《血色之歌》(Scarlet Song, 1981)中,芭描述了跨种族——或更准确地说跨文化——婚姻的利害关系和制约因素,从中我们可以推断出蕴含在这些早期民族和身份观念中的性别偏见。

与非洲法语文学一样,女作家的出现也是非洲英语文学中的一股强大力量,她们填补了和女性生活有关的文学空白。弗洛拉·恩瓦帕(Flora Nwapa)的《艾弗鲁》(Efuru, 1966)揭示了在被阿契贝和其他男性作家描绘为前殖民黄金时代的同一时期女性欲望和束缚之间的紧张关系。她用这段令人难忘的文字为她的小说画上了句号:

>那天晚上,艾弗鲁睡得很香。她梦见了湖中的女人,她的美丽、她的长发和她的财富。她在湖底生活了好久。她和湖水本身一样古老。她很快乐,她很富有。她很美丽。她给了女人们美貌和财富,但她没有孩子。她从来没有体验过做母亲的喜悦。为什么女人们会崇拜她呢?

上面这段话为恩瓦帕的尼日利亚姐妹小说家布奇·埃梅谢塔(Buchi Emecheta)开辟了一条道路。埃梅谢塔写了许多小说。其中最广为人知的可能是《母性的欢愉》(The Joys of Motherhood, 1979),该书从一个女人的角度探讨了乡村和殖民城市的婚姻和家庭。埃梅谢塔现在已经在她定居的伦敦创立了自己的出版社。

加纳人阿玛·阿塔·艾杜(Ama Ata Aidoo)在其早期的短篇小说和短剧集《这里没有甜蜜》(No Sweetness Here, 1971)中,表达了女性在面对城市化和西化等问题时的关切：美的标准、丈夫和父亲的缺席、卖淫、相互冲突的价值观和期望。在当时引人注目的戏剧《阿诺瓦》(Anowa, 1970)中，艾杜大胆地探讨了女性受到的压迫和跨大西洋奴隶贸易之间的交集。而在这一时期的另一部小说《我们煞风景的姐妹》(Our Sister Killjoy, 1977)中，艾杜刻意安排了一个加纳女人和一个德国女人在柏林的浪漫相遇。在更近期的一部小说《变化》(Changes, 1992)中，艾杜探讨了友谊、爱情、婚姻和家庭对于当代西非不同宗教、背景和城市的年轻女性的意义。

如果说对塞姆班来说，社会转型是从工作场所和厨房这些物质世界开始的，即从外到内，那么对南非作家贝西·海德来说，这种转型则是从内心和精神世界开始的，即从内到外。西方女性主义者对海德特别感兴趣，她的小说以她流亡的博茨瓦纳农村为背景。《雨云聚集时》(When Rain Clouds Gather, 1968)、《马鲁》(Maru, 1971)、《权力问题》(A Question of Power, 1974)、《塞罗韦：风雨之乡》(Serowe: Village of the Rain-Wind, 1981)以及短篇小说集《珍宝收藏家》(The Collector of Treasures, 1977)，揭开了种族、性别和父权制上帝的神秘面纱。《雨云聚集时》中一个特别动人的场景体现了这种转变：名义上的权威让位于普通人的道德力量。刻薄反动的博茨瓦纳农村酋长被特意前来并坐在他院子里等待他出现的村民们解除了武装。他们没有发出暴力威胁，但酋长知道他们不会再容忍他的过分行为，他实际上已经被剥夺了权力。

另一位为西方读者所熟知的公开的女性主义作家是埃及医生纳瓦勒·萨达维，她一直是政治和宗教压迫的坚定批评者。她写了无数的阿拉伯语故事，如《冰点的女人》(Woman at Point

Zero,1975)和《伊玛目的陨落》(*The Fall of the Imam*,1987)。

津巴布韦人齐齐·丹格伦布加(Tsitsi Dangarembga)的《紧张状态》(*Nervous Conditions*,1988)讲述了女性在殖民主义和父权制双重束缚面前反抗和认命的故事。塞内加尔人肯·布古尔(Ken Bugul)的《被遗弃的猴面包树》(*Le baobab fou*,1982)讲述了一位叛逆年轻女性的成长历程,以及从乡村到城市的旅程。这部热烈而又模棱两可的自传式叙事追溯了女主人公从塞内加尔村庄到布鲁塞尔的地狱般的经历,而丹格伦布加笔下的年轻女主人公坦布则与殖民时期罗得西亚的种族主义、阶级剥削以及她的哥哥、父亲和叔叔的男性特权进行了斗争。那些在父权制下生存、被供养或者选择规避的女性是这个故事指代的对象。伊冯娜·维拉(Yvonne Vera)重述津巴布韦的殖民遭遇和解放战争的作品《内汉达》(*Nehanda*,1994)和《舌下》(*Under the Tongue*,1996),以及她在《燃烧的蝴蝶》(*Butterfly Burning*,2000)和《石头处女》(*The Stone Virgins*,2002)中对女性欲望的大胆、热情的探索,标志着一种新的诗性语言和女性主义声音的出现。

索马里小说家努尔丁·法拉(Nuruddin Farah)[《来自一根弯肋骨》(*From a Crooked Rib*,1970)、《一根裸露的针》(*A Naked Needle*,1976)、《甜酸奶》(*Sweet and Sour Milk*,1979)、《沙丁鱼》(*Sardines*,1981)、《地图》(*Maps*,1986)]也因其女性主义立场赢得了声誉:他的女性主人公引出了性别和民族主义等尖锐问题。这一时期对国家项目的另一场激烈的争论来自津巴布韦的丹布佐·马雷切拉(Dambudzo Marechera),他的短篇小说集《饥饿之家》(*The House of Hunger*,1978)获得了1979年《卫报》小说奖,他以近乎谵妄的言语,叙述了津巴布韦乡镇生活的残酷和暴力。

许多知名作家继续从新的视角或用新的方式进行写作。例如,阿契贝的《荒原蚁丘》(Anthills of the Savannah,1987)以拉各斯市为背景,用一种"对话式"的叙事,把各种观点、语体风格以及各个职业和大众阶层的女性和男性的声音交织到了一起。

科特迪瓦人艾哈迈杜·库鲁马(Ahmadou Kourouma)的第一部小说《独立的太阳》(Les Soleils des indépendences;法语版 1968 年出版,英语译本 1981 年出版)是法语文学传统中的一个重要事件,一方面是因为它的法语近乎克里奥尔化,带有马林克语(Malinke)的味道,另一方面则是因为该作品探讨了男性气质与国家之间的关系,作为贵族的主人公法玛因殖民主义和随后的独立而一无所有。口语的韵律也是库鲁马后期作品的特点,《真主没有义务》(Allah n'est pas obligé;法语版 1999 年出版,英语译本 2007 年出版)就是一例,它已成为儿童兵叙事(child-soldier narrative)这一新流派的标志。

在恩古吉的《血色花瓣》和《十字架上的魔鬼》中,在布巴卡尔·鲍里斯·迪奥普(Boubacar Boris Diop)的小说——从最早的《塔芒戈的时代》(Le Temps de Tamango,1981)到较近的《穆兰比:骨之书》(Murambi: Le livre des ossements,2000)——中,以及在塞姆班的《帝国的终结》(Le Dernier de l'empire;法语版 1981 年出版,英语译本 1983 年出版)和阿塞·盖耶(Asse Gueye)的《不,女人,不要哭泣》(No Woman No Cry,1986)中,都饶有趣味地使用了侦探或神秘故事,或更普遍地说,使用了目的论结局。有学者认为,目的论的结局意味着阅读主体有能力对事实进行重新整理,重写历史,从而产生一种塑造命运的权力感。这种解释对这一流派在独立后非洲国家的风行提供了深刻的洞见。人们对这一流派和其他文学新形式的兴趣越来越大,这表明人们的经历和观点越来越广泛和多样化。关于战争、种族或民间暴力的叙述也在增加,其中也有全球化的力量在起作用,仅举几例:肯·萨罗-威瓦(Ken Saro-Wiwa)的《索扎博伊:一部烂英语小说》(*Sozaboy: A Novel in Rotten English*,1986)、前面提到过的《穆兰比》和《真主没有义务》、伊斯梅尔·比亚(Ishmael Beah)的《长路漫漫:一个童兵的回忆》(*A Long Way Gone: Memoirs of a Boy Soldier*,2007)和埃曼纽埃尔·东加拉(Emmanuel Dongala)的《疯狗强尼》(*Johnny chien méchant*;法语版 2002 年出版,英语译本 2007 年出版)。

在 1994 年造成约 100 万人死亡的卢旺达种族灭绝事件之后,一些法语作家,包括塞内加尔人布巴卡尔·鲍里斯·迪奥普(《穆兰比:骨之书》)、几内亚人蒂埃诺·莫奈内姆博(Tierno Monénembo)[《最年长的孤儿》(*L'aîné des orphelins*;法语版 2000 年出版,英语译本 2004 年出版)]、科特迪瓦人维罗妮克·塔乔(Véronique Tadjo)[《伊玛纳的阴影:深入卢旺达的旅行》(*L'ombre d'Imana: Voyages jusqu'au bout du Rwanda*;法语版 2000 年出版,英语译本 2002 年出版)]和阿卜杜拉赫曼·瓦贝里(Abdourahmane Waberi)[《头骨的收获》(*Moisson de crânes*,2000)],应邀对卢旺达进行了为期几个月的访问,之后写了一些小说,以见证他们所看到和了解到的大屠杀的情况。

在另一端,科特迪瓦新版本出版社(Nouvelles Editions Ivoiriennes)制作了法语浪漫小说系列《爱慕者》(*Adoras*)。这种"流行"小说,就像尼日利亚奥尼查市场的很多小册子一样,特别吸引城市青年、学生和向往现代中产阶级生活方式的工人读者。有人认为,这些用非洲和欧洲语言写成的小说常常能够提供道德和实用的建议[史蒂芬妮·纽厄尔(Stephonie Newell),《非洲通俗小说读本》(*Readings in African Popular Fiction*,2002)]。

同样，在非洲人的小说中也形成了一种"魔幻"或"灵异"的现实主义脉络，尼日利亚人本·奥克里（Ben Okri）的《饥饿的路》（*The Famished Road*, 1991）就体现了这一点。这部获得布克奖的小说讲述了一个出身于尼日利亚穷苦家庭的"阿比库"（abiku）即灵童的故事，可以认为是图图奥拉叙事风格的传承。

如果我们从叙事转向表演和诗歌，除了诺贝尔文学奖获得者沃莱·索因卡之外，尼日利亚最受欢迎的剧作家和导演大概是费米·奥索菲桑（Femi Osofisan），他是五十多部舞台剧和电视剧的作者，包括《埃苏和流浪歌手》（*Esu and the Vagabond Minstrels*, 1975）和《莫伦通顿》（*Morountodoun*, 1969），后者讲述了尼日利亚西部的农民起义，并借鉴了伊费王后莫雷米（Moremi）的神话——莫雷米为了了解敌营的秘密而向对方投降。其他杰出的尼日利亚作家包括诗人和剧作家约翰·佩柏·克拉克（John Pepper Clark）——他编辑和改写了伊乔族（Ijaw）史诗《奥齐迪传奇》（*The Ozidi Saga*, 1977）、现代主义诗人克里斯托弗·奥基博（Christopher Okigbo）[《雷霆之路的迷宫》（*Labyrinths with Paths of Thunder*, 1971）]，以及新传统诗人尼伊·奥松达雷（Niyi Osundare）[《地球之眼》（*The Eye of the Earth*, 1986）]——他也是英联邦诗歌奖和野间非洲出版奖的得主。

加纳著名诗人中，作品以埃维族口述传统为特点的有科菲·阿武诺（Kofi Awoonor）[《这片土地，我的兄弟》（*This Earth, My Brother*, 1971）、《大地之胸》（*Breast of the Earth*, 1975）]和科菲·阿尼多霍（Kofi Anyidoho）[《大地之子》（*Earthchild*, 1985）、《祖先的逻辑和加勒比蓝调》（*Ancestral Logic and Caribbean Blues*, 1992）]。马拉维最著名的诗人是杰克·马潘杰（Jack Mapanje）[《变色龙与诸神》（*Of Chameleons and Gods*, 1981）、《纳伦加的野

兽》(*The Beasts of Nalunga*,2007)]。可以肯定的是,今天有无数的诗人在用非洲的某一种语言写作和表现。如果我们仅以当代尼日利亚英语诗人为例,他们时刻意识到当今非洲权力的巨大不平衡,包括无休止的军事冲突和独立后独裁者的权力滥用,一个简短的作者名单可能包括:奥迪亚·奥菲曼(Odia Ofeimun)[《诗人说了谎》(*The Poet Lied*,1989)、《工作中的梦想诗歌集》(*Dreams at Work and other poems*,2000)、《去告诉将军们》(*Go Tell the Generals*,2008)]、奥加加·伊弗沃多(Ogaga Ifowodo)[《家园诗歌集》(*Homeland and Other Poems*,1998)、《马迪巴》(*Madiba*,2003)]、托因·阿德瓦莱(Toyin Adewale)[《赤裸裸的证词》(*Naked Testimonies*,1995)、《二十五位尼日利亚诗人》(*Twenty-Five Nigerian Poets*,2000)。后者是与非裔美国人伊斯梅尔·里德(Ishmael Reed)共同编辑的选集]、乌切·恩杜卡(Uche Nduka)[《花童》(*Flower Child*,1998)、《不来梅诗集》(*Bremen Poems*,1995)、《明暗对比》(*Chiaroscuro*,1997)]和塔德·伊帕德奥拉(TadeIpadeola)[《迹象的时代》(*A Time of Signs*,2000)]。

斯瓦希里语文学传统是非洲语言文学的典范。斯瓦希里语是在与非洲东海岸讲阿拉伯语的居民许多个世纪的接触交往中发展起来的,并吸收了波斯语、德语、葡萄牙语、英语和法语的元素。今天,斯瓦希里语是大约五百万人的母语,但部分由于德国和英国的殖民统治,其覆盖范围从坦桑尼亚和肯尼亚到北部的索马里、东部的科摩罗群岛以及内陆的乌干达和刚果民主共和国,至少有八千万人讲斯瓦希里语。

与几乎所有非洲语言的口述和书面诗歌传统一样,历史上斯瓦希里语诗歌的年代和作者归属都是很难确定的。虽然斯瓦希里海岸现存最古老的手稿可以追溯到17世纪末和18世纪初,但学者们推测斯瓦希里书面诗歌的真正起源要早得多。人们还弄不清楚手稿上的日期是指一首诗的实际创作日期,表演和撰写脚本的日期,还是抄写手稿的日期。口述文本可能在最初创作的几十年或几百年后才被写下来,而书面文本也可能在同样长的时间内仅仅通过记忆和口头方式传播。很多斯瓦希里语诗歌很可能同时以书面和口头的方式流传。口头和书面方式之间的界限从来不是铁板一块,这两种创作和保存诗歌的方法至今仍然存在。

此外,尽管18和19世纪留存下来的斯瓦希里语手稿大多集中在直接取自《古兰经》和阿拉伯伊斯兰传统的主题和叙事上,但现代读者仍然不应该简单地认为当地的世俗之事不属于斯瓦希里语诗歌表达的材料。宗教诗歌可能是出于虔诚的原因而被保留下来的,但传统中也总是有涉及社会和政治主题的诗歌,甚至可能比前者更加丰富。

过去数百年中有一种诗歌体裁,即"乌腾齐"(utenzi)/"乌腾迪"(utendi)——往往可等同于英语中的"史诗"(epic)。姆文戈·瓦·阿苏马尼(Mwengo wa Athumani)的《坦布卡的史诗》(*Utendi wa Tambuka*,约1728)从穆斯林的角度虚构了先知穆罕默德的军队和拜占庭皇帝希拉克略的军队之间的战斗。另一首是姆瓦纳·库波纳·宾蒂·姆沙穆(Mwana Kupona binti Mshamu)1858年的《姆瓦纳·库波纳的史诗》(*Utendi wa Mwana Kupona*),这部史诗是诗人临终前为女儿创作的,它提供了母亲关于斯瓦希里社会中女性适当行为的教导;有些人将其解读为强化了父权价值观,而另一些人则认为其颠覆了这些价值观。还有一些这类诗歌叙述了斯瓦希里语诗人福莫·利约诺(Fumo Liyono)的生与死,或者思考了曾经辉煌的帕特城(Pate)的废墟和生命的短暂。

较短的形式——"沙伊里"(shairi)①——通常涉及社会和政治事务,如关于蒙巴萨的斯瓦希里人对阿曼占领军的暴力反抗的诗歌,以及关于蒙巴萨社区内地方纠纷和人际关系的更为亲密和幽默的诗歌。

当代斯瓦希里语诗歌在关注现代社会话题的同时,倾向于坚持古典结构和诗歌体例。肯尼亚诗人阿卜杜拉蒂夫·阿卜杜拉(Abdilatif Abdalla)的《痛苦的声音》(*Sauti ya Dhiki*, 1973)是他在1969年至1972年受到政治监禁期间创作的诗集,其中包含对时任总统乔莫·肯雅塔(Jomo Kenyatta)政府的严厉批评。坦桑尼亚诗人卡卢塔·阿姆里·阿卜迪(Kaluta Amri Abedi)和萨阿丹·坎多罗(Saadan Kandoro)则是民族主义政治的坚持者,他们致力于推动斯瓦希里语成为坦桑尼亚的国语。在这一时期,斯瓦希里语诗歌也见证了一些有争议的试验,包括自由诗,坦桑尼亚诗人厄弗拉西·凯齐拉哈比(Euphrase Kezilahabi)的诗集《阵痛》(*Kichomi*, 1974)就是一个例子。

最常与斯瓦希里语古典诗歌形式的现代转型和斯瓦希里语小说的出现联系在一起的作家是坦桑尼亚人沙班·罗伯特(Shabaan Robert)。通常认为是他写出了第一部斯瓦希里语小说——乌托邦式的《可以相信》(*Kusadikika*, 1951)。20世纪末,斯瓦希里语小说有了许多新的进展,包括对叙述者内心意识的探索和通俗小说的兴起,如侦探小说、对性持开放态度的作品以及往往关注社会的不平等和失败的政府政策的民粹主义小说等。从近期出版的小说中我们可以看到较新的趋势,例如,赛义德·A. 穆罕默德(Said A. Mohamed)的《当祖父复活的时候》(*Babu*

---

① 一种起源于斯瓦希里语的诗节诗歌,每节为四行,节数不限。——译注

Alipofufuka，2001）和凯齐拉哈比的《洞察力》(*The Insight*, 1990），这些小说具有"魔幻"的特点，往往是互文性的（引用其他文本），并且放弃了现实主义的叙事模式（也就是说，它们并不试图创造一个真实的、具体的世界）。近年来也涌现了一些女性主义小说家，比如桑给巴尔的宰纳卜·布尔哈尼（Zainab Burhani）[《花束的尽头》(*Mwisho wa Koja*, 1997）]和肯尼亚的克拉拉·莫马尼（Clara Momanyi）[《希望》(*Tumaini*, 2006）]。

用斯瓦希里语创作的主要剧作家包括肯尼亚的多产作家阿拉明·马兹瑞（Alamin Mazrui）[《呼唤正义》(*Kilio cha Haki*, 1981），剧中的女性工会领袖唤醒了她的工人同伴的政治意识]与坦桑尼亚的佩尼娜·穆汉多（Penina Muhando）[《内疚》(*Hatia*, 1972），着重于描绘经济的不确定性和对经济学规律的违背]和易卜拉欣·侯赛因（Ebrahim Hussein）[《金吉基蒂莱》(*Kinjekitile*, 1969）、《在无人区的边缘》(*Kwenye Ukingo wa Thim*；斯瓦希里语版 1988 年出版，英语译本 2000 年出版）。这两部作品都警告人们不要不加批判地拥抱"传统"]。侯赛因被认为是最有成就的斯瓦希里语剧作家之一，他既借鉴了西方的戏剧实践，也吸收了斯瓦希里语的神话和口述传统。

虽然斯瓦希里语文学的起源和历史有其独特之处，但上面这一概述也说明了斯瓦希里语文学与受到美国学界关注的其他非洲语言文学传统和欧洲语系文学传统的相似点和连续性。其他非洲语言文学同样也是如此。

讨论和挑战

非洲文学界长期以来的讨论主要围绕在使用"民族"语言或

现已非洲化的欧洲语言写作的影响和结果上。恩古吉·瓦·提安哥多年来一直敦促作家使用非洲语言写作。按照他在《思想的非殖民化》中的论点，这似乎是一个十分重要的问题，外部语言在传达非洲独特经历方面往往力不从心，对于作者的受众群体而言，非洲语言也往往更为易懂。如果作家和知识分子要向他们的同胞（他们中的大多数人并不精通欧洲语言）发表意见，那么他们用这些同胞的语言和审美传统来写作就很有意义。受众的这种倾向也将影响作家的言论和他们所提出的观点，并将促进非洲语言和文学的发展。

这些都是很好的论点。用一种共同的语言与受众交流的想法很难不令人赞同。而且，每种（非洲）语言确实都有丰富而独特的表现力——翻译理论认为这些都是"不可翻译的"。另外，在文学作品创作中使用一些最近才解密、历史上有着丰富口述传统但缺乏书面文本的语言，对这类语言成为当代媒介的发展是很关键的一步。例如，塞内加尔记者和小说家布巴卡尔·鲍里斯·迪奥普就用沃洛夫语写了他的第一部小说《猴子的孩子》(*Doomi Golo*, 2003)。

但是，对表述语言的选择并不像乍看起来那么轮廓分明。许多作家从小就用欧洲语言阅读、学习和写作，他们对欧洲语言的熟悉程度可以和母语相比，也许更甚。索尼·拉布·坦西言简意赅地说道，任何一种你哭泣时和你表达爱意时使用的语言，都完全是你的语言。遗憾的是，很多使用欧洲语言的作家并不懂得如何书写自己的母语，虽然他们崇尚口述传统，但他们自己在这方面可能很平庸。加之大多数作者面对的是多重受众，不仅有本民族的受众，也有说不同语言的其他同胞，非洲大陆上的其他非洲人，以及从美国到加勒比海再到西班牙、印度、中国等地的离散非洲人口，甚至还有同非洲关联不深的读者。许多最早的欧洲语系文本正是为了向欧洲帝国主义"回话"而写成的。由于这些原因,很多强有力的影响因素——前宗主国的出版商、外国学术界和媒体、海外付费读者群,再加上大部分"民族"语言的识字率仍然低于欧洲语言的识字率——都是不能放弃欧洲语系文本和出版的客观条件。

同时,正如我们所看到的,有很多语种的非洲文学正在蓬勃发展,如阿姆哈拉语、约鲁巴语、富拉尼语、祖鲁语和斯瓦希里语文学,而且这些语种的文学正逐渐被中小学和大学的课程接纳,获得了当地出版商和不断增长的非洲读者的兴趣和认可。有的语种甚至成为"国家"或"官方"语言。

与广义的非洲研究一样,非洲文学研究领域的另一个重要讨论话题是"非洲"一词的含义。那些从种族或文化上界定非洲的人往往着眼于过去的、"原始的"(也就是前殖民时代的)非洲,以寻找非洲本真性的迹象。他们可能把诸如谚语和故事等特定文学形式,或者诸如口语化或克里奥尔化的法语或英语等语言类型,等同于非洲的真实表达,也等同于使用欧洲语言的作者特别应该追求或应该效仿的表达。

也有一些人,如哲学家夸梅·安东尼·阿皮亚(Kwame Anthony Appiah)和 V. Y. 穆迪姆贝(V. Y. Mudimbe)、历史学家特伦斯·兰杰(Terence Ranger)及人类学家约翰尼斯·费边(Johannes Fabian)认为,这种所谓的纯粹的、本真的形式和静态的"传统时代"概念在很大程度上是根据殖民档案中真实性可疑的人类学资料、传教士日记和行政公文编造出来的,阿契贝在《瓦解》的最后一段就提到了这些文件。苏丹的阿拉伯语作家塔伊布·萨利赫(Tayeb el Salih)[《宰因的婚礼》(*Wedding of Zein*, 1969)、《迁往北方的季节》(*Season of Migration to the North*, 1966)]也同样认为,非洲一直都是相互融合的。

如果说我们最终任意选择过去的某个时刻作为基础,倡导狭义上的非洲本真性,那就是没有看到非洲自身复杂的历史遭遇。根据本真性的判断标准,这可能意味着要排除塞内加尔的黎巴嫩裔或马提尼克裔(Martinican)作家的创作,或者意味着排除坦桑尼亚和肯尼亚的印度裔作家,如获奖小说家莫耶兹·瓦桑吉(Moyez Vassanji)[《粗麻布袋》(*The Gunny Sack*,1989)、《秘密之书》(*The Book of Secrets*,1994)、《维克拉姆·拉尔的中间世界》(*The In-Between World of Vikram Lall*,2003)]的作品,对其来说,亚非裔社区的殖民压迫和非殖民化经历扰乱了他们与国家的关系。同样,这种标准也很可能会排除南部非洲的英裔或阿非利坎血统白人作家的作品,如纳丁·戈迪默或约翰·马克斯韦尔·库切。多丽丝·莱辛(Doris Lessing)[《野草在歌唱》(*The Grass Is Singing*,1950)、《金色笔记》(*The Golden Notebook*,1962)]在津巴布韦(当时的罗得西亚)长大,她指出,"所有南非白人文学都是流亡文学,不是来自欧洲,而是来自非洲"[凯瑟琳·瓦格纳(Kathryn Wagner),《重读纳丁·戈迪默》(*Rereading Nadine Gordimer*,1994)]。

狭义的非洲本真性也会把多产的埃及诺贝尔奖获得者纳吉布·马赫福兹(Naguib Mahfouz)[《扎巴拉维》(*Zabalawi*,1963)、《米拉马尔》(*Miramar*,1967)]和他的小说排除在外,他的阿拉伯语文本体现出他通晓世界文学。富有创新精神的埃及剧作家陶菲格·哈基姆(Tawfiq al-Hakim)的戏剧也是如此,他试图融合埃及和西方的戏剧传统[《彷徨的素丹》(*The Sultan's Dilemma*,1960)、《蟑螂的命运》(*The Fate of a Cockroach*,1966)]。其也意味着排除了沃莱·索因卡的大部分作品,他不仅借鉴了尼日利亚约鲁巴族的神话和诗歌传统,还吸收了英国、希腊和日本等其他国家的神话和诗歌传统。索因卡的《死亡与国王的侍从》明确指出了这一点：身为非洲人与驾驭和拥抱世界技术和文化潮流，两者间并不存在矛盾。非洲人也有不同的出身、"种族"、性别和性取向。此外，让我们注意，本章的标题不是"非洲文学"（African Literature），而是简单地，但也令人望而却步地选择了"（在）非洲的文学"（Literature in Africa）。以反帝国主义和反种族主义作为标准来界定"非洲性"（Africanness）的时代已经过去。

因此，要想理解非洲的文学实践，除了书中的风格和形象之外，小说、戏剧和诗歌（其中许多是帝国主义的遗产）创作和研究的环境也一样非常重要。很多因素在赋予非洲写作生命力的同时，也限制了它的发展。非洲文学的活力及其针对各种统治形式的坚决谴责有一个可怕而又具有讽刺意味的证明：诸如科菲·阿武诺、蒙戈·贝蒂、贝西·海德、丹尼斯·布鲁图斯、努尔丁·法拉、阿卜杜勒-拉蒂夫·拉比、杰克·马潘杰、恩古吉·瓦·提安哥、纳瓦勒·萨达维和沃莱·索因卡等一些最著名的作家经常被审查或被迫流亡，甚至被监禁、遭受酷刑或被处决。1995年尼日利亚人肯·萨罗-威瓦的遭遇便是如此。非洲作家经常只能在异国他乡流浪、教书和写作，因为他们在国内无法这样做。

非洲本土作家写作的书籍在巴黎和伦敦出版和销售的可能性仍然比在达喀尔或拉各斯要大，在海外主要城市出版的书籍也更有可能获得国际声誉。在欧美的大学图书馆里，非洲人写的书也更多，非洲以外的学者更有可能在西方著名的高发行量期刊、报纸和其他出版物上对这些书进行评述和批评。所以美国学生接触到非洲文本的机会远远多于大多数非洲学生；买不起书也是非洲本土学生面临的一个问题。在非洲内部，法语中心主义和英语中心主义依然在教育界有着持续影响。

当人们拿起一本"非洲文学"作品时,所有这些因素都会在阅读时影响读者的理解和判断。认识到这些影响文学发展的因素,并以此为背景,也就是承认我们对这一领域的理解还在不断转变。我们更加清楚地认识到上述因素在文本中的呈现方式,认识到新文本对之前著作内涵的改变方式,也认识到文学行为是作家和作家所写的内容、读者以及大学、出版界、专业组织和报纸等机构共同参与的一场盛大聚会。

在结束这一章前,让我们谈谈近期非洲人在文学创作方面的两个重要发展。

今天的南非文学

1990 年,反种族隔离活动家、非洲人国民大会领导人纳尔逊·曼德拉在被监禁 27 年后终于被南非当局释放。南非着手制定了新宪法,并举行了该国第一次民主选举,所有南非人,不分"种族",都能行使投票权。如上所述,在 20 世纪的大部分时间里,南非各种肤色的作家都在与种族隔离制度的天罗地网作斗争。随着官方政策的瓦解,塑造了南非写作数十年的反种族隔离抵抗文化开始式微。早在 20 世纪 80 年代初,恩贾布洛·恩德贝莱(Njabulo Ndebele)[《傻瓜和其他故事》(*Fools and Other Stories*, 1983)]就开始敦促南非作家放弃对反种族隔离斗争的"壮丽"描写,"重新发现平凡",揭示、渲染和挖掘日常生活的细节,并剖析其中的痛苦、辛酸和希望,他自己在创新小说《温妮·曼德拉的哭泣》(*The Cry of Winnie Mandela*, 2003)中便实践了这一点。今天,我们上面提到的南非作家还在继续写作,新一代的英语作家也已经产生,他们中的许多人对城市生活的复杂性饱含关切,从贫穷、失业、卖淫、艾滋病病毒/艾滋病、仇外心理到时尚的城市生活方式和消费文化都有涉猎,相关作家包括:帕斯瓦尼·姆佩(Phaswane Mpe)[《欢迎来到我们的希尔布罗》(*Welcome to Our Hillbrow*, 2001)]、K.塞洛·戴克(K. Sello Duiker)[《十三美分》(*Thirteen Cents*, 2000)、《梦中的宁静暴力》(*The Quiet Violence of Dreams*, 2001)]和尼克·穆隆戈(Niq Mhlongo)[《狗咬狗》(*Dog Eat Dog*, 2004)]。伊万·弗拉迪斯拉维奇(Ivan Vladislavic)在后现代主义审美传统的小说和非小说文体中把幻想、历史事件、可辨认的地点和讽刺结合到了一起[《愚蠢》(*The Folly*, 1993)、《躁动的超市》(*The Restless Supermarket*, 2001)]。伊姆兰·库瓦迪亚(Imraan Coovadia)[《婚礼》(*The Wedding*, 2001)、《绿眼盗贼》(*Green-Eyed Thieves*, 2006)]以无尽的互文指涉和令人愉悦的散文叙述了亚非裔在非洲和美洲的危机和冒险,而生于南非、屡获殊荣的小说家和电影人劳伊道·雅各布斯(Rayda Jacobs)则为文学界带来了女性主义的声音,记述了处于多种文化交汇处的穆斯林妇女的生活[《第二个孩子》(*The Middle Children*, 1994)、《天空之眼》(*Eyes of the Sky*, 1995)、《一个赌徒的自白》(*Confessions of a Gambler*, 2004)]。佐薇·威克姆(Zoë Wicomb)的《在开普敦你不会迷路》(*You Can't Get Lost in Capetown*, 1987)广受好评,充分揭示了种族隔离制度下种族和性别的交集,她后来又出版了《大卫的故事》(*David's Story*, 2000)和《在光芒中玩耍》(*Playing in the Light*, 2006)。扎克斯·姆达(Zakes Mda)是《死去的方式》(*Ways of Dying*, 1995)的作者,这是一个抒情的、魔幻现实主义的故事,讲述了在恶劣环境下的可能性,她还出版了《红色之心》(*The Heart of Redness*, 2000),书中探讨了当代南非的历史遗留问题和社会价值观念。

流散的非洲

很明显,非洲的许多作家不再居住在自己的祖国,而是居住在非洲的其他地方或者非洲之外。几十年前主要由于政府镇压而开始的涓涓细流,现在已经变成了一股洪流,这不仅是因为政权持续的暴力压迫,也是极为有限的工资和生活条件造成的。这也不是单个阶层的现象:视觉艺术家、作家和电影人可能会前往国外寻求更多的创作自由和资源,让他们能够从远方深入思考自己的祖国和非洲的方方面面,但也有商人与整整一代被经济的停滞、教育和工作机会的缺乏所耽误的年轻人也在做着移民和机遇的美梦。

同时,由于严格的移民政策,前欧洲殖民宗主国已不一定是移民首选的目的地,但很多非洲青年,特别是大西洋沿岸的非洲青年,仍然愿意冒着生命危险,乘着脆弱的船只到达欧洲海岸。正如我们在刚果人阿兰·马邦库(Alain Mabanckou)的第一部获奖小说《蓝白红》(*Bleu blanc rouge*, 1998)和塞内加尔人帕普·库马(Pap Khouma)的回忆录《我曾是大象推销员》(*Io, venditore di elefanti*, 1990)中看到的那样,对于那些在旅途中幸存下来的人来说,没有护照和适当文件的非法移民的生活是痛苦不堪的。美国,以其历史上充满活力的经济和对创新的渴望,已经成为许多非洲年轻人的应许之地,他们是进入该国的移民中受教育程度最高的群体。现在,中国在非洲有着越来越大的影响力,也正在成为非洲移民的一个重要目的地。

除了母语和其他"民族"语言外,非洲移民还会说和写英语、法语、葡萄牙语、荷兰语、意大利语、日语和汉语。作家们不仅开始用学校教授的昔日殖民者的语言写作,而且开始用他们自己选择的语言写作。留在本国的塞内加尔教授和小说家戈尔吉·迪昂(Gorgui Dieng),就选择用英语写作[《从黑暗中跃出》(*A Leap out of the Dark*, 2002)]。上文提到的帕普·库马,则用他所居住和当街头小贩的国家的语言——意大利语写作。聪明又有才华的伊博族(Ibo)小说家奇玛曼达·恩戈齐·阿迪奇埃(Chimamanda Ngozi Adichie),主要在她居住的美国接受教育,她用英语描写了祖国尼日利亚的内战和当代政治压迫[《紫木槿》(*Purple Hibiscus*, 2003)、《半轮黄日》(*Half of a Yellow Sun*, 2006)、《绕颈之物》(*The Thing Around Your Neck*, 2009)]。而其同胞希克韦·乌尼圭(Chikwe Unigwe)则住在比利时,使用荷兰语写作,她会将作品翻译成英文之后再出版,比较出色的是描写安特卫普(Antwerp)非洲性工作者的小说[《在黑人姐妹街》(*On Black Sisters' Street*, 2011)]。

阿尔及利亚人阿西娅·杰巴尔在美国居住和教学,尼日利亚人钦努阿·阿契贝、南非人扎克斯·姆达和肯尼亚人恩古吉·瓦·提安哥也是如此。南非的佐薇·威克姆在苏格兰和南非都有教学和写作的经历。南非的约翰·马克斯韦尔·库切现居澳大利亚。历史小说《黎明之前》(*Just Before Dawn*, 1988)的作者,尼日利亚人科莱·奥莫托索(Kole Omotoso)在南非工作和生活。十多年来,索马里人努尔丁·法拉先在尼日利亚扎根,后在南非定居。莫耶兹·瓦桑吉在加拿大生活和写作。刚果作家阿兰·马邦库在美国教书和写作。喀麦隆的卡利斯·贝亚拉(Calixthe Beyala)以其早期尖锐的女性主义小说《太阳炙烤着我》(*C'est le soleil qui m'a brûlée*, 1987,英语译本1996年出版)和《你的名字应该是坦加》(*Tu t'appelleras Tanga*, 1988,英语译本1996年出版)而闻名,塞内加尔的法图·迪奥梅(Fatou Diome)小说中的女主人公不断地试图跨越国内和国外之间的距离[《大西洋之腹》(*Le ventre de l'Atlantique*,2003,英语译本 2008 年出版)],两者都在法国生活与写作。阿尔及利亚的纳比莱·法雷斯(Nabile Farès)[《漫游西部的旅人》(*Un passager de l'occident*,1971)]和摩洛哥的塔希尔·本·杰隆(Tahar Ben Jelloun)[《沙之子》(*L'enfant de sable*,1985)]也是如此。法国也是那些父母一方是法国人而另一方是非洲人的作家的故乡,这些作家包括:蕾拉·塞巴(Leïla Sebbar)[《谢拉扎德》(*Shérazade*,1982)]、贝索拉(Bessora)[《53 厘米》(*53 cm*,1999)]和玛丽·恩迪亚耶(Marie Ndiaye)[《三个强大的女性》(*Trois femmes puissantes*,2009)]。塞内加尔小说家肯·布古尔在贝宁生活多年。南非的劳伊道·雅各布斯在加拿大生活了二十七年。科特迪瓦的维罗妮克·塔乔曾在肯尼亚生活多年,现在南非教学和写作。而就在几年前,塞内加尔人鲍里斯·迪奥普还在墨西哥、突尼斯和南非三地轮流居住。无论它的根源是什么,作家在非洲和全球的广泛分布,给"非洲"的写作带来了各种新实验和新趋势,我们有理由将其视为跨国和流散的写作。

致 谢

感谢阿金·阿德索坎和娜塔莎·沃贝尔(Natasha Vaubel)。特别感谢梅格·阿伦伯格(Meg Arenberg)对斯瓦希里文学部分的贡献。

第11章

非洲的电影

阿金·阿德索坎

如果我们不考虑电影制作背后的社会和经济条件,就称不上是对构成这一领域的电影的有效讨论,这是非洲电影的一个不言而喻的事实。在第一部由非洲人编剧、制作和导演的故事片问世五十年后,随着这一电影传统成为与非洲文学和世界音乐中的非洲流行音乐同样重要的全球性艺术形式,经济、政治和文化因素仍然是全面理解非洲电影的核心。由此,政治和文化认同问题一直是过去三代非洲电影人关注的主要话题就并不奇怪了。出于各种原因,年轻的、往往来自外国的电影人在他们的作品中与在反殖民主义背景下成长起来的前辈的偏见针锋相对,从而显示了非洲早期电影实践的局限性。然而,当代非洲国家的社会政治状况以及更大范围内的世界经济秩序,对大部分文化生产形式来说都是至关重要的,不能完全忽视。因此,电影人对社会政治问题的处理变得更加复杂。他们的作品曾经体现出一种以维护身份认同为目的的简单的拒绝,但现在已经充分认识到身份认同受到许多不同因素的共同影响。他们开始尝试各种电影形式和流派,借鉴音乐、舞蹈、青年文化、时尚和各种表现形式,并反映出对世界不同地区电影传统的更多认识。

本章将非洲电影作为一种历史现象来看待,重点关注自20

世纪60年代初以来非洲电影在制度、主题和技术上的变化。本章分五个专题进行讨论：对为了反击好莱坞流行电影中对于非洲、非洲人和黑人世界的负面刻板印象应运而生的广义文化议程的阐述；对已故塞内加尔导演、可以说是最具影响力的非洲电影人乌斯曼·塞姆班的职业生涯的深入考察，他的作品体现了非洲电影在不同阶段的核心问题；在电影创作作为一种经济和文化实践受到具体制度问题阻碍的情况下，电影人因应制定的不同策略；非洲国家和区域电影的发展概况；非洲电影所经历的（尤其是在过去二十年中）各种主题变化。最后，我们将会审视非洲不同地区新体制的发展、女性和年轻人中出现的新视角以及这些进展在未来对非洲电影传统的持续影响。

作为"革命工具"的非洲电影

在1963年塞姆班推出他的第一部故事片《马车夫》(*Borom Sarret*)之前，非洲的电影主要是为殖民政府的行政目的而制作的宣传片。这些影片有突出"本土"制度和风俗、面向外国观察家和研究人员的传统纪录片，有关于现代医疗和技术革新优势的教学和教育电影，等等。在这一时期，英语国家的一个著名电影人是威廉·塞勒(William Seller)，他的职业生涯与在尼日利亚和加纳（后者以前叫黄金海岸）被称为殖民电影局(Colonial Film Unit)的官僚结构紧密相连。第二次世界大战后，法国民族志学者让·鲁什(Jean Rouch)为电影业作出了突出贡献，从1948年至2004年去世为止，他制作了一百多部电影。鲁什是电影业"分享人类学"(shared anthropology)的倡导者，即外国导演拍摄某一文化活动或仪式，随后将影片展示给被拍摄的同一人群，并期望通过这样的接触促进相互之间的文化理解。他的主要作品包括《疯狂的主人》(Les maîtres fous)、《以弓猎狮》(La chasse au lion à l'arc)、《我是一个黑人》(Moi, un noir)和《渐渐地》(Petit à petit)。作为法国知识分子，他曾经与那些渴望成为电影人的非洲年轻人［如奥马鲁·甘达(Oumarou Ganda)、萨菲·费伊(Safi Faye)和穆斯塔法·阿拉萨内(Moustapha Alassane)］合作，这也是鲁什对非洲电影的发展产生了巨大影响的一部分原因。他认为，导演需要有技术专长，鉴于当时的电影制作水平，导演往往也是摄影师和旁白员，而他的拍摄对象，如马里的多贡人和尼日尔露天市场的渔民，则拥有被拍的仪式或习俗的知识。鲁什的影响并不都是正面的。事实上，一些早期的非洲导演就对"分享人类学"背后的假设持怀疑态度，因为他们看到了民族志电影与殖民电影之间的相似之处。在那个时代，好莱坞在《泰山》(Tarzan)电影和赖德·哈格德(Rider Haggard)小说的银幕改编中宣传的非洲和非洲人的旧有种族主义形象，正被法国和英国殖民政府的一些官方政策所强化。鲁什的民族志电影对非洲人的刻画可能不像当时的好莱坞流行电影中那样消极，但他仍然是一个外国的中间对话者，他的主要观众不是非洲人。

正是在这样的背景下，曾参加过"二战"的法国马赛工会组织者塞姆班出现了。塞姆班从小说家做起，创作了一些故事和小说，如《黑人码头工》(Le docker noir)和《上帝的残屑》，这两部小说涉及殖民后期非洲人与法国统治者之间的复杂关系。但他也担心，这些用法语写成、主要在巴黎出版的小说，很难走进不识字又穷困的非洲人生活，他不希望这样。因此，他决意前往莫斯科接受电影制作的技术培训，并于1963年回国，开始了漫长而多产的职业生涯。在我们详细讨论塞姆班的电影之前，必须把他的出现放在一个更广泛的历史背景下。

从20世纪40年代中期第二次世界大战结束到80年代末苏联共产主义垮台的这段时间被视为非殖民化时期。这一时期,以前在欧洲列强——法国、英国、比利时、荷兰、葡萄牙——控制下的非洲、加勒比地区和亚洲国家实现了政治独立,并成为主权国家。政治独立的必然结果是,这些新国家的知识分子意识到,他们必须改变世界对他们的看法,必须扭转过去几十年来通过电影这一强大媒介塑造并传播的负面形象。于是,新兴电影制作人和评论家们提出了电影作为"革命工具"的理念。这些电影人和学者发表了一系列宣言和公报,在布基纳法索和突尼斯分别创立了瓦加杜古泛非电影节(Festival Panafrican du Cinéma de Ouagadougou)和迦太基电影节(Carthage Film Festival),并明确指出他们的作品与泛非主义的民族主义理想息息相关。这并不是非洲独有的特点,而是全球第三世界发展过程的一部分,与南亚、中东和南美的类似活动不谋而合。在电影史上,这些不同的尝试发展成了一种重要的审美形态,被称为"第三电影"(Third Cinema),一群南美艺术家和知识分子是其主要推动者。

乌斯曼·塞姆班:一个决定性的人物

已故的塞姆班(2007年逝世)被公认为非洲电影的先驱,他在出版了一些经典小说和故事后,四十岁时开始从事电影创作。四十多年中,他共拍摄了十三部电影,包括《桑海帝国》(L'empire Sonhrai,纪录片,1963)、《马车夫》(1963)、《尼亚耶》(Niaye,1964)、《黑女孩》(La noire de…,1965)、《汇票》(Mandabi,1968)、《陶》(Tauw,1970)、《雷神》(Emitaï,1971)、《诅咒》(Xala,1974)、

《教外人》(Ceddo, 1976)、《第阿诺亚战场》(Camp de Thiaroye, 1989)、《瓜尔瓦尔》(Guelwaar, 1992)、《法阿特·基内》(Faat Kine, 2000)和《穆拉戴》(Moolaadé, 2004)等。据报道,他最著名的小说《上帝的残屑》正准备搬上大银幕,与非裔美国演员丹尼·格洛弗(Danny Glover)合作。乌斯曼1923年1月出生于塞内加尔南部的济金绍尔(Ziguinchor)。十几岁的乌斯曼顺利进入了学校,在那时,文凭是在法国殖民地从事文职工作的可靠依凭。但他因殴打老师而被开除,并在达喀尔靠着打零工度过了他的青年时代。"二战"结束从军队复员之后,他回到法国,当过码头工人和工会会员,在此期间,他写了自己最初的几部小说和故事。塞姆班意识到,非洲文化产品的潜在观众只有有限的文化水平,接触技术的渠道也很少,因此1961年他进入莫斯科电影学院学习电影制作。两年后,他制作并导演了《马车夫》。该片讲述了一个达喀尔车夫受雇载顾客到高档街区,却被认定为擅闯这样的精英街区,从而导致马车被没收的故事。这部黑白影片完全在室外拍摄,车夫的内心独白通过法语同期声表现了出来。在这部片长19分钟的电影中,我们能见到路人不止一次向镜头投来了干扰性凝视的目光,这证明了当时摄影机作为公共领域工具的新奇性。塞姆班从一开始就宣称并在他的职业生涯中反复强调的是,电影类似于一种夜校。它也是控制非洲形象话语权的一种手段。

这十年中的另外两部影片《黑女孩》和《汇票》继续在电影界发展非洲的视角。对塞姆班来说,为现代非洲社会服务的过程中,政治自由与应对各类技术、叙事、艺术传统的挑战密不可分。在想象中这个社会是大陆性的,而且是一个可能达到自给自足的社会;塞姆班曾经公开将非洲描述为他的世界中心:"为什么要做向日葵而仰望太阳?"他在费里德·布格迪尔(Férid Boughédir)的历史纪录片《非洲电影 20 年》(Caméra d'Afrique, 1983)中这样问道。制作背景对理解塞姆班的作品很重要。电影是一项资本密集型的事业,在制作和发行方面都是如此。因此,他的职业生涯不仅是后殖民时期非洲作家和艺术家,更是电影人所面临的问题的缩影。此外,他在电影主题上的偏好和对历史事件的描绘使他与家乡塞内加尔的政治当局发生了冲突(特别是诗人总统莱奥波德·桑戈尔领导下的政府),导致他的一些电影受到审查。[①] 塞姆班的电影中提出问题的种类和方式对观众而言都具有挑战性。观众会因为片中对抗场景的"真实性"感到恼怒,同时有很强的代入感。《第阿诺亚战场》里面上过学的中士迪亚塔和营地其他士兵之间的冲突就是一例,双方就从"二战"归来的非洲士兵被大规模屠杀的问题无法达成共识。虽然迪亚塔关于对话重要性的自由主义论点令人信服,但同样难以推翻文盲士兵关于与法国指挥官谈判的危险性的观点。影片《教外人》里的迪奥拉君主国是所有争夺权力的势力中最弱小的一个,从中也可以看出导演拒绝将传统体制理想化的清晰指向。在塞姆班的电影中,镜头呈现出一种两极化而又动态的景象,影片中总是以正面镜头拍摄演员,这样也能够更好地提升论点在道德或政治上的分量。没有其他非洲电影人展现了这样的特点,其在当代电影中更是罕见,因为在当代电影中,细微之处往往才意味着作品有了艺术复杂性。但这并不是说塞姆班的作品缺乏精巧的细节。在他的很多影片中,都有多层次的叙事,而导演敏锐的形式感使每条故事线都能很好地

[①] 例如,塞姆班 20 世纪 90 年代早期的主要电影《瓜尔瓦尔》于 1993 年在国外上映,但直到 2000 年仍未在塞内加尔公开放映。参见 Murphy, 2000: 3。

聚焦。这种风格将通常在某部影片结尾时出现的冲突化解视为一种镜头之外的自主权,电影最后的话语仿佛成了可以放在现实生活中的一个辩论问题。

塞姆班的电影生涯对任何关于非洲电影的讨论都很重要,是因为他的电影一直涉及非洲当代经历背后的历史、社会、政治和个人层面的问题。大多数新生代电影人都不愿意将自己的电影当作政治的代言人,他们更愿意将文化混搭、流亡、跨国主义和电影本身作为一种反思形式。塞姆班后来的作品并没有忽视这些问题,而是使用了导演熟悉的方式处理这些问题。他的最后两部电影《法阿特·基内》和《穆拉戴》彰显了这种对新的身份认同形式和社会存在方式的态度,这两部电影是他称为"日常英雄主义故事"(stories of daily heroism)的三部曲之二。前一部电影的同名女主角是一位成功的加油站老板,年轻时怀上了老师的孩子,却又被抛弃,随后还因为给家庭带来耻辱而被父亲赶出家门。但法阿特·基内现在也是拥有两个孩子的骄傲的母亲,她与孩子们、她以前的男友以及她在工作中遇到的其他人的关系,都传达出一个女人对自己可以自由探索无限可能的深刻认识。《穆拉戴》涉及女性割礼的问题,影片以一个特殊的画面结束:成堆的收音机被烧毁,这是感觉被冒犯了的男人们在试图摧毁女性抵抗这种古老习俗的力量来源。这一精彩场面的大背景是全球性媒体的出现,其为许多人带来了思想上的解放,电影人也不例外。塞姆班在这里似乎是一石二鸟:既论述了对广播这样的民主化大众媒体进行审查的徒劳无益,又强调了这种媒体的重要性——它们塑造的新身份认同是男性主导的社会无法再控制的。

可以说,通过这些新旧之间的对抗,塞姆班也在赋予身份认同问题以艺术意义,这些问题也正是年轻的新生代电影人正在努力解决的问题,无论他们是在非洲还是在非洲之外。

非洲电影业与电影制作的问题

突尼斯电影制作人和评论家费里德·布格迪尔曾说过:"非洲法语电影因法国而存在,也因法国而不存在。"(Diawara,1992:31)这句评论点出了在非洲电影发展方面法国与其非洲前殖民地之间错综复杂关系的核心。作为一个在电影史上享有盛名的国家,法国在战后的岁月里与美国于世界电影发行市场控制权上进行了一场重要的斗争,其残酷程度常常受到了低估。即使是非洲电影的出现与法兰西帝国的终结几乎同时在进行的情况下,作为法国官方同化政策的一部分,巴黎当局还是成立了一个有实权的合作部(Ministry of Cooperation)。该部门在为一些最早的非洲电影人提供技术和资金援助方面起到了至关重要的作用,如果没有法国政府的支持,像瓦加杜古泛非电影节这样的机构就很难诞生。对于一个以反帝议程为前提来掌控自我呈现主动权的文化形态来说,非洲电影很快就陷入了一个矛盾的境地,即在技术上、资金上和人力上的支持者成了它必须反对的对象。这就是布格迪尔的评论中所强调的悖论,它并不局限于法国合作部的作用(该部已不复存在,在20世纪90年代中期并入外交部)。

从全球角度来看,新独立的非洲国家还没有准备好利用电影业的正面作用,因为它们缺乏必要的专门技术储备。教育、工业化、技术和基础设施的发展等成为原材料供应国优先要解决的问题,而电影对它们来说只是一种奢侈品。当时电影界的两种主流倾向似乎证实了这种偏见:在人们眼中,好莱坞电影是逃避现实的娱乐,而严肃的实验电影则是复杂的思索,自负的艺术家可以自由地追求,但年轻的国家却还负担不起。如果电影有任何直接目的的话,那就是记录国家政府的官方活动和制作新闻片。大部分情况下,旧的殖民地电影部门的设备就已经足以胜任这类任务。

然而,这种对电影的看法是严重错误的。作为一门艺术,电影既与文化有关,也与产业有关;也就是说,一部电影既是一种文化对象,也是一种商品。在影院放映或者以磁带或 DVD 形式出售的电影成品,不仅是拍摄时各方面合作的成果,也是资金方、发行方和展演方复杂策略的结晶。非洲拥有包括优素福·沙欣(Youssef Chahine,埃及)、乌斯曼·塞姆班(塞内加尔)、梅德·翁多(Med Hondo,毛里塔尼亚)、苏莱曼·西塞(Souleymane Cissé,马里)等在内的优秀电影人,但发行问题以及好莱坞、宝莱坞、香港电影在非洲城市的垄断,让这些世界级电影人的作品接触不到非洲观众。这在非洲电影业的过去和现在都是一个大问题——由于技术和物流成本,非洲电影在北美和西欧比在非洲更有名,也有更多人讨论。

在过去十五年中,出现了一些积极而又复杂的变化。一个有趣的例子是津巴布韦的"电影发展信托基金"(Film for Development Trust),该基金为电影人提供资金,以助于制作与社会问题直接相关的电影。它支持了编剧兼电影制作人齐齐·丹格伦布加[《每个人的孩子》(*Everybody's Child*)]与制片人戈德温·马乌鲁(Godwin Mawuru)[《内里亚》(*Neria*)]的作品。最近,它与尼日利亚导演通德·盖拉尼(Tunde Kelani)合作,后者制作或导演了一些反映社会问题的电影[《黄牌》(*Yellow Card*)、《白手帕》(*White Handkerchief*)]。此外,还有南非有线电视网(M-Net)的"新方向"(New Directions)计划,邀请新晋导演拍摄小成本电影。

近期尼日利亚电影业的崛起用事实削弱了非洲电影对非洲观众没有吸引力的论点的可信度，人们甚至称其为"诺莱坞"（Nollywood），与盖拉尼的合作正是基于这一重要的因素。经济上的需要是尼日利亚电影业发展的源动力。奥拉·巴洛贡（Ola Balogun）、弗朗西斯·奥拉德莱（Francis Oladele）和埃迪·乌格博马（Eddie Ugbomah）等电影人都接受过传统赛璐珞电影技术的培训，并在国外进行后期制作，但他们很快就意识到，国内的经济和社会条件已经无法支持这种电影制作。他们中的大多数人都放弃了，还有一些人则使用简陋的摄像机和本地摄影棚来拍摄和剪辑他们的电影。这是一个艰难而不平凡的开始，毫无疑问的是，尼日利亚电影业尽管取得了一定成功，但离塞姆班或阿卜杜勒-拉赫曼·希萨柯（Abderrahmane Sissako）等电影人的梦想仍有很大差距。但是，这些电影不仅在尼日利亚的大街小巷可以看到，而且覆盖到了整个非洲和世界许多其他地方，这种广度正是塞姆班一直梦想达成的。由于电影制作技术成本的降低，更多的电影人能够得到培训机会，并获得更大的曝光率。人们希望随着时间的推移，尼日利亚电影在技术和思想上的缺憾能够得到克服。加纳的电影业也有类似的进展，该国与尼日利亚同为前英国殖民地，和尼日利亚一样，其电影业的发展同样与由英国政府对电影作用的理解塑造的政策是分不开的。如上文所述，鲁什和塞勒作品的不同之处可以帮助我们更好地理解这里的区别。

国家和区域电影业：一个简短的历史回顾

非洲的电影史与欧洲殖民主义的历史密不可分。19世纪90年代中期电影的诞生与19世纪的殖民征服进程同时发生，我们所观看和研究的非洲电影,部分是通过被称为法语圈国际组织(la francophonie)的行政体系即法国在欧洲以外的文化、语言影响范围,以及英国殖民电影局两个机构发展起来的(但埃及和南非的电影业在非洲可以说是例外)。正如评论家罗伊·阿梅斯(Roy Armes)在其最近的非洲电影制作史中指出的那样,在这一范式下生产的非洲电影是个人和机构在民族主义大旗下的工业和文化产品。民族主义的历史进程导致这些电影只属于相应的单个民族,也促使了电影发展机构的建立(或至少是设想)。因此,尽管像瓦加杜古泛非电影节这样的机构不断推动着非洲电影事业的发展,但要想完全理解这一机构的能力,还是要结合布基纳法索政府和法国电影局(Bureau of Cinema)相互竞争(有时是互补)的政策目标一起来考察。这就表明,与英语国家或葡语国家相比,非洲法语国家的电影同文学一样,对民族和语言进行的类比要更多。换句话说,民族电影被认为是某个国家方方面面文化的表达形式,它在电影语言中发挥的作用和文学类似,如意大利文学对意大利和意大利语言的推广和表达作用。

然而,体现了认同某一特定国家的电影人艺术见解的民族电影,即使在没有前殖民统治者赞助的国家也很有说服力。正如电影制作人和电影理论家约翰·阿科姆弗拉(John Akomfrah)一些年以前所言:独立时期的泛非主义知识分子认为,特定国家的民族主义情绪代表了将被超越的一个转型阶段。然而,他们的这种希望并没有实现,电影事业继续在各个国家内部单独开展,也因此一直作为工业化的一部分,其最终目的是将每个国家转变为一个现代化的、能够自主再生产的社会。正是出于这种民族自决的意识,尼日利亚、塞内加尔、加纳、喀麦隆、肯尼亚等国都在 20 世纪 70—80 年代建立了各类电影产业机构。虽然这些公司或电影协会确实也负责所有电影(包括外国进口电影)的发行和放映,但它们肯定对本土电影作品有着更大的支持力度,如塞姆班的著名电影《诅咒》,这是第一部与塞内加尔国家电影协会(National Society for Cinema)共同制作的电影。

在非洲,有两个例子可以说明民族国家与电影制作之间的关系。在布格迪尔的著名纪录片《非洲电影 20 年》中,强大的公司(不易受政府监管)对发行网络的垄断问题是电影制作人和赞助商激烈交锋背后的症结所在。该纪录片披露,考虑到发行商和融资方对非洲电影在非洲是否能上映的影响力,有 14 个非洲国家在 1980 年决定将其电影产业国有化,以打破外国发行商的垄断。但这种行动在多大程度上成功地调动了人们对电影制作的积极性,仍然是个未知数,因为非洲本土电影的缺失仍然没有得到改善。20 世纪 80 年代,比利时学者维克多·巴希(Victor Bachy)主编了一系列专著,对一些非洲国家与电影有关的活动进行了概述。这些专著受国际天主教电影和视听组织(International Catholic Organization for Cinema and Audiovisuals)委托,由总部位于巴黎的阿尔马塘出版社(L'Harmattan)出版。其中包括塞内加尔[保林·苏马努·维埃拉(Paulin Soumanou Vieyra)编写]、尼日尔[乌斯曼·伊尔博(Ousmane Ilbo)编写]、喀麦隆[亚瑟·斯·比塔(Arthur Si Bita)编写]和尼日利亚[弗朗索瓦丝·巴洛贡(Françoise Balogun)编写]等分册。这套丛书的编纂理念仍是电影制作的国家划分,想要理解这点,就必须结合阿科姆弗拉关于泛非主义理想在电影等形式中的局限性的论点来看待,民族文化和工业是民族电影业的基础。

相较而言,作为整体的葡语国家和葡语国家内部的情况都有所不同。这些国家中的每一个——安哥拉、莫桑比克、几内亚比绍、圣多美和普林西比、佛得角——都是在20世纪60—70年代通过对葡萄牙的解放战争而获得独立的。解放的进程与电影的发展齐头并进,在大部分情况下,都是每次成功战争后国家重建过程的一部分。电影史学家克莱尔·安德拉德-沃特金斯(Claire Andrade-Watkins)将这种制作背景的电影称为"解放电影"(liberation cinema),它在意识形态方面与第三电影的概念有些相像。她还注意到电影制作人鲁伊·格拉(Ruy Guerra)对莫桑比克电影业发展的决定性影响,这也许是具有马列主义政治倾向的国家中最成功的解放电影实验。格拉所起到的作用比法国主要电影人,特别是让·鲁什和让-吕克·戈达尔(Jean-Luc Godard)等人的实验更具决定性。在安哥拉,独立后对电影制作的热情并没有持续下去,但电影制作仍然是国家文化部的一项职能。几内亚比绍制片人弗洛拉·戈麦斯(Flora Gomes)的职业生涯也许最能说明葡语国家民族电影的困境。她是一位有成就的电影人,有着个人独特的风格和数量可观的作品,但当地却没有任何形式的电影产业作为她的支持基础。

北非也是非洲电影全貌中必不可少的组成部分。从历史上看,埃及、摩洛哥等国的电影制作起步比南部非洲大多数国家要早。事实上,埃及的电影业与南非相比,更多地是作为一种产业来发展,而不是作为一种与文化和/或历史认同相关的实践。例如,已故的优素福·沙欣在他的职业生涯中就借鉴了亚历山大历史上特有的现代主义艺术,这位导演因此跻身世界著名电影人之列。事实上,拥有出身于资产阶级科普特族背景的沙欣也曾于美国的帕萨迪纳剧院(Pasadena Playhouse)学习表演,在20世纪50年代初就已经开始拍摄电影。他的自传电影《情迷亚历山大》(*Alexandria...Why*, 1978)让人了解到这位导演的美学世界观。不仅很少有非洲导演在他们的作品中尝试这样的自我剖析，也很少有电影人能像沙欣一样专门为一个本土城市拍摄三部曲的电影。

在瓦加杜古泛非电影节逐渐趋向政治化及其一连串试图将电影制作与非殖民化的政治议程联系起来的媒体报道之前，沙欣可能还是一位现代主义大师，但还有其他北非电影人成为 20 世纪 60 年代中期的世界性进步浪潮的一分子。这类导演中最突出的是突尼斯导演费里德·布格迪尔和塔希尔·谢里亚（Tahar Cheriaa），他们都认同独立时期电影人所遵循的意识形态方向。事实上，对他们来说，电影制作是一种政治工具，他们的进步政治取向使他们能够从文化或种族差异中跳脱出来，专注于非洲人民所面临的共同社会政治问题。当然，当时突尼斯电影人中占主流的政治乐观主义不仅在非洲而且在全世界范围内已经基本消退，北非年轻导演的作品在在本国电影产业内发展的同时，也像许多非洲电影人的作品一样，参与到全球艺术网络当中。这些国家的电影创作史也不仅仅是导演们历史的总和。在埃及，工业化的电影形式促进了情节剧的发展，这也许可以解释为什么埃及电影业展现出了与非洲大部分地区不同的活力。

所有这些都表明电影业在非洲多元化的发展形式。虽然民族主义是文化发展的推动力，但值得注意的是，作为文化和产业的民族电影观念在非洲仍然存在很大问题。

变化中的非洲电影

1987 年上映的《光之翼》（*Yeelen*，苏莱曼·西塞执导）和《生活是美丽的》[*La vie est belle*，姆维兹·恩古拉（Mweze Ngangura）执导]似乎很早就点出了不断变化中的非洲电影美学。如前所述，一些影评人和从业者认为,电影中的政治说教是大众受众极为不感兴趣的。他们声称,电影是一种娱乐形式,政治电影的斗争性削弱了它对非洲广大观众的吸引力。两位导演通过音乐喜剧(《生活是美丽的》)和寓言电影(《光之翼》)等流行电影类型,提出以非说教的叙事方式为基础,创造一个自给自足的电影产业。也许这两部电影在同一时间问世是个巧合,但仔细观察过去十五年的电影就会发现,各种美学模式的激增绝非偶然。让-皮埃尔·贝科洛(Jean-Pierre Bekolo)、让-马里·特诺(Jean-Marie Teno)、凡塔·雷吉娜·纳克罗(Fanta Régina Nacro)、阿卜杜勒-拉赫曼·希萨柯、穆萨·塞内·阿卜萨(Moussa Sene Absa)、弗洛拉·戈麦斯、佐拉·马塞科(Zola Maseko)、伊德里萨·韦德拉奥果(Idrissa Ouedraogo)、穆罕默德·萨利赫-哈龙(Mahamat Saleh-Haroun)、约瑟夫·盖·拉马卡(Joseph Gaï Ramaka)等年轻导演将非洲电影的自我意识提升到了世界级水平。这个阶段非洲电影业的典型特点是它的审美开放性,而非历史认同。对于这些电影人来说,身为非洲人是不言而喻的事实,但电影是他们自觉选择的工具,而这种选择也伴随着不同的责任。毋庸置疑,这一代导演能够把非洲人的身份视为理所当然,很大程度上是上一代导演在身份认同方面辛勤耕耘的结果。但同样需要指出的是,尽管这里讨论的大多数导演都很年轻,但非洲电影新趋势中的艺术创新特征并不只局限于年轻导演。

非洲电影的这种新趋势有五个明显的特点。第一,人们将电影视为拥有自己语言的独特形式。这表现在某部电影既可以作为故事发展,又能让人们注意到电影艺术是一种不同于其他任何媒介的方式。例如,戈麦斯的第二部电影《永塔的蓝眼睛》(*Udju azul di Yonta*,1991)讲述了一个穷学生给一个美丽的少女写了一封情书，而这个少女却迷恋上了一个老男人的故事。当这个耐人寻味的叙事展开时，观众通过停顿、人造的黑暗或光亮、低角度的镜头，被摄影机的自我意识所吸引，所有这些都在不影响或不夸大叙事重要性的情况下发生。在贝科洛1996年的电影《亚里士多德的情节》(Aristotle's Plot)中，这种对电影艺术工具属性的关注被提升到了论点的层面，这部电影让我们开始思索源自亚里士多德《诗学》的传统叙事方式及其对非洲电影未来发展的影响。

事实上，这部电影提出的关于电影类型的问题是非洲电影新趋势的第二个特点。不同的电影已经证明，虽然戏剧性事件在电影中很重要，但它只是几种可能的处理方式之一。许多新电影都在使用不同的类型和形式来补充电影的故事线，甚至将其作为电影的中心主题。拉马卡的《卡门在塞内加尔》(Karmen Geï)故事发生在21世纪初的塞内加尔，影片在不破坏基本叙事的前提下，使用音乐、舞蹈和其他形式的精彩表演讲述了卡门的故事。塞内·阿卜萨的《布鲁埃特夫人》(Madame Brouette, 2002)也采用了类似的手法，该片通过揭示性别和阶级关系下的剥削，颠覆了关于一个任性、危险的美女的陈词滥调。这部作品也是一部音乐片，色彩鲜艳，场面壮观。在《美丽歌声》(Nha Fala, 2002)中，戈麦斯用音乐电影这一类型反思了在寻求个人成就和自我表达的同时追忆过去所带来的挑战。显然，音乐电影的兴起证明了非洲丰富的文化遗产和非洲流行音乐在全球的商业潜力。

音乐片只是新的电影类型之一。在一些新电影中，我们可以看到对技术的巧妙运用（尤其是广播）。在希萨柯不走寻常路的电影《地球上的生活》(La vie sur terre, 1999)中，就有这种特点。这是一部关于新千年的电影，其中艾梅·塞泽尔

(Aimé Césaire)①作品的选段被作为"广播图书馆"娓娓道来,从而抵消了低识字率和接触新技术机会有限的影响。正如前文中塞姆班在《穆拉戴》里所展现的那样,广播这一"小型媒介"被认为是解放女性和年轻人的工具。在过去十多年中,非洲电影人也对科幻和未来主义主题表现出浓厚的兴趣,如《呼吸》(Pumzi, 2010)、《流血的青春》(Les saignantes, 2005)和《非洲天堂》(Afrique paradis, 2006)。

新趋势的第三个特点是电影风格的实验,这个特点相当宽泛,可以适用于已经讨论过的特点的某些方面。贝科洛的第一部长片《莫扎特区》(Quartier Mozart, 1992)就很符合这一模式,该片讲述了一个雅温得街区的性政治。通过跳跃剪辑、切分节奏、直视镜头和静止蒙太奇等手法,该片表现出了类似于《永塔的蓝眼睛》的对电影语言的关注,但对后者的故事驱动方式兴趣不大。虽然《莫扎特区》是新一代电影人走上前台的标志,但贝科洛仍然公开向塞内加尔导演贾布里勒·迪奥普·曼贝提(Djibril Diop Mambéty)的作品致敬,他的《土狼之旅》(Touki-Bouki, 1973)是一部真正的非洲实验电影,在很多方面都走在了时代的前列。凡塔·雷吉娜·纳克罗的《一个早晨》(Un certain matin)与《亚里士多德的情节》一样,揭示了非洲电影制作的幕后,尤其是导演与他或她所处的社会条件之间的关系。类似的问题构成了哈龙的《再见非洲》(Bye-Bye Africa, 1999)的基础,这是一项具有反思性的个人尝试,讲述了电影作为一种工业形态在经济贫困的乍得的可行性。这些电影将实验上升到了话语层面,却都不约而同地、相应

---

① 法属殖民地马提尼克诗人和政治家,法国共产党员、人权斗士,"'黑人性'文学"运动的杰出代表之一。其作品以马克思主义为指导,以现实主义为宗旨,倡导黑人寻根、自尊自爱自强,反对殖民者的种族歧视和霸权主义。——译注

地淡化了明确的叙事。从这个意义上说,尽管戈麦斯的《永塔的蓝眼睛》对电影语言本身有兴趣,但它不应该被定性为实验作品。但新趋势的这一特点确实足够宽泛,把其他电影类型的制作方法也包含在内。例如,来自刚果民主共和国的虚构犯罪电影《刚果风云》[*Viva Riva*!,乔·蒙加(Djo Munga)执导,2010]备受赞誉,它与迄今为止对非洲电影不同倾向的定义截然不同。该片与尼日利亚诺莱坞出品的大部分电影一样,有意识地将故事放在首位,并以一种对欲望、现实和非洲内外不同文化流动的敏锐感,向世界进行诉说。在不贬低非洲电影制作的历史背景和正在进行的社会政治取向转型的重要性前提下,显然,广泛的风格实验对非洲电影的进步最有裨益。

第四个特点是,这些导演大多了解国际电影的风格,并在其作品或采访中并不忌讳地承认这些风格。他们不仅承认他人的影响,而且他们的审美选择也在影响着世界其他地区的电影制作实践。布格迪尔承认他创作的《哈法欧尼》(*Halfaouine*)受到了加斯顿·卡博雷(Gaston Kaboré)的《上帝的礼物》(*Wend Kuuni*,1982)的影响。"当加斯顿·卡博雷拍摄《上帝的礼物》时,他对男孩的特写镜头比经典蒙太奇规则中通常可以接受的时间要长,神奇的事情在那一刻突然发生了。这对我来说是很好的一课!他有必要的感知力来决定更晚一些切换镜头,这'额外的'几秒钟产生了一种我以前从未见过的情感流露。"(Barlet,1998)卡博雷在《上帝的礼物》中使用的马匹和骑手让人联想到西部片的风格,他也曾这样评价查理·卓别林。"他能够让太阳与月亮相对应。我的意思是,他能够在一个手势或影像中把意义通过具体化和象征的形式表现出来,单单一个影像就等于千言万语。"(Martin,2003:165)

这种对国际风格和影响的态度并不只存在于导演的声明之中。贝科洛 2005 年的电影《流血的青春》审视了不同的电影类型——科幻、侦探、惊悚、悬疑,并对它们的相关性提出了疑问,这也表明他一直在关注《亚里士多德的情节》中所涉及的相同问题。《永塔的蓝眼睛》的最后一幕是一群孩子围着游泳池跳舞,这被认为是向意大利电影大师费德里科·费里尼(Federico Fellini)的复杂致敬。即使是《光之翼》这样一个所谓的"传统"故事,也与斯坦利·库布里克(Stanley Kubrick)的《2001:太空漫游》(*2001: A Space Odyssey*)有着一定的渊源。希萨柯以其电影的轻盈风格和安静节奏而闻名,他将这种关系描述为对某些电影而非对其导演的迷恋。这些例子远非详尽无遗,重点不是非洲电影人"借用"或"复制"西方电影人的风格时是有趣的——塞姆班鼓舞了全世界一代电影人,而是早期以怀疑的态度对待电影中的跨文化对话不再有多少说服力。

非洲电影新趋势的第五个特点则是对政治有了更细致的理解。事实上,年轻的电影人倾向于强调拍摄美学,这使得一些人认为非洲电影现在已经踏入了"后冲突"(post-engagement)阶段。的确,越来越少的电影人表现出塞姆班作品中那种尖锐的说教,但这并不是说新电影完全缺乏政治性。相反,它们将政治作为日常生活的一部分,让-马里·特诺的《首领!》(*Chef!*, 1999)和盖拉尼的《禁忌之铃》(*Agogo Eewo*, 2002)就是两个例子。还有一些人则专注于社会问题,如健康、女性赋权、债务危机、冲突解决等,并将问题导向内部。凡塔·雷吉娜·纳克罗的《真相之夜》(*La nuit de la verité*, 2004)是对一些好莱坞电影轻率处理非洲战争和种族灭绝问题的一种纠正,该片借鉴了土著社会中有关对话和赔偿的一些做法。希萨柯的《巴马科》(*Bamako*, 2006)对世界银行进行了严厉批判,认为它只是资本主义公司全球化的一部分,它使世界人口长期处于贫困状态,并对当代非洲特别感兴趣。塞姆班的最后两部电影(《法阿特·基内》和《穆拉戴》)因其对女性社会状况的关注而令人难忘,两者分别探讨了赋权和女性割礼的问题。已故电影人曼贝提的《卖太阳的小女孩》(La petite vendeuse du soleil,1999)和《法郎》(Le franc,1994)也将聚光灯对准了"小人物"。考虑到非洲的多样性,以及日常生活不同方面的信息获取越来越便捷,非洲电影对非洲现实的描述很可能变得比现在更加复杂。

向前看

近年来,南非在非洲电影制作的发展中一直发挥着重要作用。这并不奇怪,虽然受到了种族隔离时期自我封闭的负面影响,但南非电影的重要性一直是毋庸置疑的。根据近期的报道,由于南非的制作和发行机构组织水平较高,历史上与瓦加杜古和巴马科有关的制度性支持正在向南非转移。政府所有但商业性的南非广播公司(South Africa Broadcasting Corporation)在非洲电影的创新包装方面走在前列。该公司的卫星频道"非洲魔力"("Africa Magic")定期在整个非洲和加勒比部分地区放映诺莱坞和法语非洲电影。

信息技术的变革以及数字技术的可用性、可负担性和可携带性的提升,意味着电影制作的门槛不再像过去那样令人生畏,而非洲电影人将利用这些变革。这一点在诺莱坞的崛起中表现得最为明显,它将廉价的视频技术与非洲观众能够理解的故事情节结合起来,形成了一种电影实践,其主要优势在于它能够随着社会经济条件的变化而扩散和改变。我们也见证了非洲各地各类电影节的发展,如南非的锡森吉(Sithengi)影视市场、桑给巴尔电影节、尼日利亚阿布贾举行的祖玛(Zuma)电影节,以及现在兼容并包的开罗国际电影节,当然还有瓦加杜古泛非电影节。在电影节发展的同时,还有一个很少有人注意到的现象,但它实际上对非洲电影制作的可持续发展至关重要,那就是电影培训机构的出现:包括个人组织[如由电影制作人加斯顿·卡博雷牵头的布基纳法索想象学院(Institut Imagine)]、政府机构主办(如加纳阿克拉的国家电影学校)或两者结合[如位于乔斯(Jos)的尼日利亚电影学院和尼日利亚作家、制片人阿马卡·伊圭(Amaka Igwe)指导的剧本创作工作坊]等方式。

越来越多女性电影人及其精妙作品的出现也是近年来非洲电影制作的一个显著进展。在非洲电影传统的短暂历史中,萨菲·费伊和萨拉·马尔多罗(Sarah Maldoror)等女性产生了重大影响,但她们的作品并没有像她们的男性同行那样受到关注。这是由于在社会化进程特别是教育方面的社会化进程中,女性与男性相比获得的教育机会和资源仍然偏少。然而,世界在改变,女性电影人正在走上舞台的中央。非洲比较多产的女性导演有津巴布韦作家和导演齐齐·丹格伦布加(《每个人的孩子》)、布基纳法索导演凡塔·雷吉娜·纳克罗(《真相之夜》)与尼日利亚出生的非裔德籍导演布朗温·奥克帕科(Branwen Okpako)[《无辜者的山谷》(*Valley of the Innocent*)、《奥玛·奥巴马的教育》(*The Education of Auma Obama*)]。纳克罗在其职业生涯早期拍摄了一些短片,后又制作并执导了长片《真相之夜》(2004),这部电影明确认为,冲突解决是非洲人的责任。在很多方面,观众们可以把这部电影(背景设定在一场可怕的战争之后,与 20 世纪 90 年代塞拉利昂或利比里亚的情况并无二致)的影像、论证、人物塑造和结局等方面与那些侧重于类似主题,并在差不多时间段制作的好莱坞电影[如《血钻》(Blood Diamond)、《卢旺达酒店》(Hotel Rwanda)]进行对比。在人才和教育流动性的提升、电影制作技术成本的降低以及为女性创造机会的进步行动等因素的共同作用下,这些优秀导演的作品一定会获得更大的曝光度,也会引起人们对在各种困难环境下工作的电影人的关注。

与此息息相关的也包括非洲内外的年轻导演,他们的文化和教育背景多样,政治认同(作为非洲人)和艺术取向之间并不能简单地等同起来。这些导演数量很多,无法一一列举,即使简单列举几个也会显得有失偏颇,但牛顿·阿杜阿卡(Newton Aduaka)、阿兰·戈米斯(Alain Gomis)、佐拉·马塞科、布朗温·奥克帕科、纳迪亚·拉比迪(Nadia Labidi)、塞凯·索莫卢(Seke Somolu)和卡迪亚图·科纳特(Kadiatou Konaté)等导演近年的作品展示了关于电影制作的本质和政治艺术的地位等的多元化观点。虽然这些导演中有些人认同特定的国家,有些人则不然,但他们职业生涯曾有的逆境很可能促使他们对世界和作为历史现实的非洲产生比较复杂的看法。举个很有趣的例子,海地出生的导演哈乌·佩克(Raoul Peck)在殖民时期的刚果(比属刚果)长大,并拍摄了几部反映刚果现状和当代非洲其他方面经历的电影。尽管他可能不拥有非洲国家国籍,但这并不足以使人认为他的作品与关于非洲电影制作的讨论无关。

这些结论性的观点应在一个重要的背景下理解:创作能让非洲观众接触到的电影,是一项巨大的挑战。非洲主要城市的电影院严重短缺,在有电影院的地方,主要的影片往往是通过国际垄断机构发行的。诚然,互联网和其他新媒体为电影发行提供了可靠的手段,而且现在有了新的向公众展示的渠道和满足消费者需求的方式,这已经超出了先驱电影人的想象。然而,如果非洲银幕媒介要继续扩大其存在的空间,建立能够支撑各类公共展示的系统结构仍然具有必要性,这与上述这些个人接触电影的新机会并不是相互抵触的关系。

致 谢

娜塔莎·沃贝尔为本章的写作进行了初步的研究,感谢她的帮助。

拓展阅读建议

Adesokan, Akin. 2011. *Postcolonial Artists and Global Aesthetics*. Bloomington: Indiana University Press.

Akomfrah, John. 2006. "On the National in African Cinema/s." In *Theorizing National Cinema*, ed. Valentina Vitali and Paul Willemen, 272–92. London: British Film Institute.

Andrade-Watkins, Claire. 1995. "Portuguese African Cinema: Historical and Contemporary Perspectives 1969–1993." *Research in African Literatures* 26(3): 134–50.

Armes, Roy. 2006. *African Filmmaking: North and South of the Sahara*. Bloomington: Indiana University Press.

Barlet, Olivier. 1998. "The Forbidden Windows of Black African Film: Interview with Férid Boughédir." www.africultures.com/php/index.php? nav=article&no=5327.

Diawara, Manthia. 1992. *African Cinema: Politics & Culture*. Bloomington: Indiana

University Press.

Martin, Michael T. 2002. "'I Am a Storyteller, Drawing Water from the Well of My Culture': Gaston Kaboré, Griot of African Cinema." *Research in African Literatures* 33(4): 161-79.

Murphy, David. 2000. *Sembene: Imagining Alternatives in Film & Fiction*. Oxford: James Currey.

Pfaff, Françoise. 2004. *Focus on African Films*. Bloomington: Indiana University Press.

第12章

非洲的政治与民主的未来

阿莫斯·索耶、劳伦·M.麦克莱恩、卡罗琳·E.霍姆斯

非洲的政治制度历史悠久,远远早于欧洲人来到这里的15世纪,也早于任何现行地图上的民族国家政治边界。非洲人民建构了许多不同类型的政治制度,并随着时间的推移见证了巨大的政治变革。然而,非洲的政治制度是否会成长为稳定的民主化体系,一直是最令人困扰的谜题之一。在20世纪50年代末和60年代初,当大多数非洲国家从殖民统治中获得独立时,很多分析家对新独立政权扩大公民权的前景充满希望。60—70年代关于最适合非洲国家的政治制度的讨论主要是由在冷战背景下快速发展的愿望驱动的。80年代时,许多决策者将非洲的经济停滞归咎于政府的腐败,并要求政府向能够实施新自由主义经济改革的有限(不一定是民主的)治理转型。到了90年代初,由于苏联的解体、结构调整计划的不那么令人信服的成果和非洲人民因此遭受的困难,早先的这类讨论热度逐渐下降。此外,以贝宁全国有生力量会议(National Conference of Active Forces of the Nation)根据公民的意见起草新宪法和1990年南非解禁抵抗组织、迈出改革种族隔离制度的第一步为标志,非洲的许多人开始挺身而出,要求长期存在的专制制度向民主化转变。就像几十年前的独立时期一样,很多情况下,最初对民主转型的欢欣鼓舞后来都会让

位于对脆弱或混合式民主体系的更冷静评估,在这些国家,前独裁者以各种方式拒绝放弃权力。

在"第三波民主化浪潮"(third wave of democracy)似乎席卷非洲二三十年后,关于非洲民主前景的讨论并没有减少,但其侧重点已经明显改变。学者们已经超越了对短期和向选举民主正式转型的关注,而更深入地关注那些可以促进可持续发展的长期和非正式的民主治理体系。对独立后的政权进行仔细研究后发现,虽然许多政权构建了各种正式的宪法准则,但除了这些体制外衣和口号外,它们中的大部分基本上还是非正式的新世袭式政权。在这些政权中,政治领导人行事专断,其合法性来自传统权威(真实的或虚构的)或自己曾是前独立运动领导人的身份,或者有时两者兼而有之。拥护者的小圈子将这些领导人与其民众中的某些阶层联系在一起,这些人既是侍从,也是臣民,他们获得的利益是以政治忠诚为交换条件的。

非洲政治在未来很长一段时间内面临的挑战是对新世袭式统治的超越,建立可以推动发展的民主治理体系并使之制度化,通过释放和引导非洲人民的创造潜力,使他们不再作为臣民或依附者,而是作为公民和主导者参与政治。要实现这一目标,首先需要发展不同类型的公民价值观以及不同类型的正式和非正式政治规则和安排,还需要耐心,同时也要对非洲政治发展的动态和轨迹有一些基本了解。

本章着重介绍了非洲政治的现状,并揭示了新出现的趋势和挑战。通过介绍选举民主制度的外来渊源和相对较近的引入情况,为选举民主的讨论建构了框架。在回顾了选举民主迄今取得的令人喜忧参半的成果之后,我们将会对地方层面经常发生的选举之外的日常政治进行考量。接着将讨论性别、种族和本土性对非洲人的权益是否以及如何通过多样的中央和地方政治机构得到代表和维护所产生的影响。再接下来的部分则探讨了非洲政治跨越民族国家边界的重要方式,突出了非洲联盟或西非国家经济共同体(Economic Community of West African States)等非洲内部区域组织、联合国世界粮食计划署或世界银行等政府间机构、国际非政府组织和跨国倡议网络的作用。最后对评估非洲治理水平和民主巩固的复杂性进行了一些思考。

民主制度的外来渊源及近期在非洲的引入

非洲民主概念和民主治理体系的历史及其对非洲未来民主制度化的影响,这是本章讨论一个适当的起点。今天在非洲的大部分民主体制都是外来的,都是最近才被引入非洲的。

除了存在着广义的民主价值观念外,在非洲结成的民主果实的根源并不是非洲本土的政治文化,其与非洲本土的政治制度也缺乏连续性。关于非洲前殖民时期政治制度中存在的民主价值观,马克斯韦尔·奥乌苏(Maxwell Owusu)提醒我们,很多非洲本土制度确实秉持着宽容、参与性话语和辩论等价值观念。在许多制度中,即使是世袭的权力职位也要接受透明的公共问责机制的约束。奥乌苏提出对基于这些价值观的非洲本土政治制度进行一定的"调整",使其作为在非洲建立民主治理体系的战略基础。但迄今为止,这并没有成为建构非洲民主体系和组织的方法。

这在一定程度上要归咎于非洲的殖民主义经历。殖民地国家并不是民主国家,在绝大多数情况下,它不把非洲人算作公民。正如克劳福德·杨(Crawford Young)提醒我们的那样,殖民地国家并没有摧毁非洲的传统体制,反而正是靠着其中的一些制度才能达成自己的目标。然而,这些国家的目的是从其所统治的非洲人那里攫取收入和劳动力。根据彼得·埃克(Peter Ekeh)的说法,这种制度通过在非洲民众和中央集权国家之间制造裂痕,从根本上重塑了非洲的政治和道德面貌。

在20世纪50年代独立前夕,非洲各地各类社会群体对民主的意义和未来有着不同的期望。但宗主国往往鼓励甚至要求新的民族国家采用其民主体制的蓝图。例如,英国向黄金海岸(即现在的加纳)提供了严格的"指导",帮助其起草第一共和国的宪法,并在50年代的一系列选举中对民族主义领导人夸梅·恩克鲁玛进行了评估,以确定他是否具有足够的高民意授权来带领第一批非洲国家之一走向独立。

在冷战期间,与美国或苏联的经济支持相关联的带有限制性的建议导致了非洲各地政府政治领导人以及工会、农民协会、商业协会、大学教师组织和学生会的分裂。社会主义和资本主义之间的意识形态竞争以及这些分裂所造成的相互指责,是塑造20世纪后期非洲领导人态度和言论的根源。

自冷战结束以来,在以国家为基础的外部行为体之中又迎来了新的参与者,包括捐助者、政府间组织和非政府组织,这些参与者一直对促进非洲民主政治制度的发展感兴趣。所以关于非洲民主治理制度发展的讨论主要是由外部行为体推动的,并经常沦为关于成功移植西方民主政治治理体系安排的讨论。例如,酋长传统和制度被视为重要性日益降低的冗余机构,但它们在非洲许多地方仍然掌握着巨大的合法性,特别是在冲突解决和/或调解土地产权方面。

第二个不容忽视的重要问题是,非洲的民主还在发展的早期阶段。正式的民主制度是在相对较近的年代才首次引入的。比如,由非洲人管理的、具有决策特权的立法议会到了20世纪50年代非洲独立前夕才由欧洲殖民势力真正建立。除了这些议会之外,还设立了"政府事务领导人"的职位,借此,殖民势力可以将一些行政权力分配给有可能成为开国总理的人。随后,很多非洲国家在60、70和80年代经历了数十年的个人、一党和/或军方专制主义统治,直到90年代初才再次有了转机。

因此,虽然有充分的理由对非洲民主化进程的步伐感到关切,特别是当失败的治理可能成为暴力冲突的主要原因时,但必须认识到非洲目前正在建立的民主治理制度只是最近才开始实行的,所以我们必须保有耐心。非洲的民主治理体系需要时间才能像在美国、欧洲和世界其他地方那样扎根。

后冷战时代的选举民主

与世界其他地区一样,在非洲,对制度化西方民主安排的关注点主要集中在建立程序民主或选举民主上。一般认为,选举民主的建立可以使人们对当选领导人的表现给予高度重视,民众可以进而要求加强问责,并要求行使公民特权,通过选举更换台上的领导人。也有说法认为,反复选举的过程,特别是执政党轮替的经验,可以巩固民主价值观,支持促进公民自由和政治权利的公民社会组织和网络的发展。

到冷战结束时,即20世纪80年代末和90年代初,大多数非洲政治领导人已经统治了很长时间。有的同时是军事强人,如尼日利亚的萨尼·阿巴查(Sani Abacha)或多哥的纳辛贝·埃亚德马(Gnassingbé Eyadéma);有的是个人化统治者,如扎伊尔(现为刚果民主共和国)的蒙博托·塞塞·塞科(Mobutu Sese Seko)或乌干达的约韦里·穆塞韦尼(Yoweri Museveni);还有法律上的一党制国家元首,如科特迪瓦的费利克斯·乌弗埃-博瓦尼(Félix Houphouët-Boigny)和肯尼亚的丹尼尔·阿拉普·莫伊(Daniel arap Moi)。这些专制领导人都面临着经济崩溃、外部援助减少、内部改革需求上升的局面。非洲强人屈服(往往也经历了斗争)于重新界定治理条款和条件的压力,并被迫接受民主立宪主义作为国家政治制度的基本原则。到了 90 年代,这种对宪法改革的要求已经席卷非洲,一系列以制定新宪法为目的的主权国家会议和其他制宪会议纷纷召开。治理要以法治为基础,而不是"大人物"的肆意妄为。新的正式规则几十年来第一次允许反对党自由地进行动员和组织;领导人的竞争性选举就要举行;此外,还规定了总统任期限制。所有这些政治改革都是为了破坏新世袭体系的控制,为选举民主的新时代奠定基础。

选举民主好坏参半的结果和成功的要素

非洲在选举民主方面的经历显示出让人喜忧参半的结果(Bratton and Van de Walle,1997)。有许多进展良好的例子,但仍有一些国家反而发生了倒退。2007 年肯尼亚的选举在暴力中结束。在尼日利亚,自 1993 年以来,选举经常被军方领导人宣布无效,或被执政党严重操纵;据报道,前总统奥卢塞贡·奥巴桑乔(Olusegun Obasanjo)将 2007 年的选举当作一件"生死攸关"的大事,因为要想继续获取国家资源,失去选举就等于失去一切。在南非、安哥拉、纳米比亚、博茨瓦纳和莫桑比克,参与建立民主政府的党派继续主导着选举进程。在利比里亚和塞拉利昂,民主选举为摆脱血腥内战提供了出路。在加纳、毛里求斯和贝宁等国，竞争性选举使政党轮替成为一项制度化安排。

尽管没有一个万能的公式可以确保在非洲国家成功地巩固选举民主，但众所周知，某些因素与选举的自由公正息息相关。这些因素包括：一个独立和有效的选举委员会和司法机构；制衡行政权力的自主立法机构；制度化且不以个人或种族忠诚的零和政治为基础的政党；最重要的是，有一个致力于选举民主的公民社会。

选举委员会和法院的独立性和公正性

在所有通过选举实现政党轮替的非洲国家，选举委员会都是独立的，而且是高度公正的。负责举行选举的机构要保持自主，而不是政府各部的延伸（如一些非洲法语国家的情况），官员的任期有保障，部门预算受到法律保障，并由他们自己控制（接受审计），这样才能保持选举机构的独立性。例如，加纳选举民主的成功就要部分归功于该国选举委员会的独立性和公正性。根据法律，选举委员会的资金来自政府的合并账户，并可通过法院命令得到保证。委员们的任期受到保护，他们的地位和工资与法官的地位和工资挂钩。

司法机构在解决选举争端方面的作用对于选举的成功也至关重要。具有独立和公正形象的法院迅速作出裁决，可以减少选举失败者诉诸街头示威和暴力的可能性。在很多非洲国家，法院并不独立，也没有能力作出迅速和可信的反应。南非和加纳是例外。尼日利亚的案例说明了加强司法在选举中作用的可行性。自 2010 年开始选举改革以来，选举争端现已可在尼日利亚法院得到快速处理，并能比过去更快得到解决。

能够通过法律和制衡行政权力的自主立法机构

非洲民主巩固的另一个要素是自主的立法机构,它赋予制衡原则以真正的意义。立法机构在民主制度中履行若干核心职能,包括在国家一级代表选民为其利益发声,满足选民对公共物品和服务的需求,通过与其他立法成员和行政部门的辩论和谈判过程制定和通过法律,以及对其他政府部门特别是行政部门进行监督。

非洲国家的立法者一直在履行代表和服务选民的职能。在20世纪90年代的民主化进程开始之前,非洲普遍实行新世袭式和一党制统治,在这样的制度下,立法者通常在一党制立法机构中表达地方关切,并向行政官员和总统提出当地选民的不满和要求。同样,立法者参与到了国家预算的制定当中,并采取战略,使他们能够为地方选民的学校、诊所、道路和供水项目争取物质支持。在多党制民主制度下,非洲立法机构面临的挑战不是削弱代表和服务选民需求的作用,而是完成对这两项职能的超越。立法机构应切实参与立法,并对行政行为进行监督。通过这样做,行政领导人才真正是可被追责的。

在这一点上,许多非洲立法机构正在改善,但仍有一些令人关切的问题。到21世纪第一个十年末,大部分非洲立法机构都加入了越来越多的反对党代表。厄立特里亚和斯威士兰是少数没有反对派代表的国家。然而,尽管多党制立法机构的数量不断增加,很多非洲立法机构仍由执政党主导,并受到威权总统操纵。例如,在喀麦隆,保罗·比亚(Paul Biya)总统于2008年推动议会通过了取消任期限制的宪法修正案,从而使他可以选择按照自己的意愿多次竞选总统。

不过,在非洲的一些立法机构中,也存在这样的情况:执政党占多数席位,但并不阻止辩论,也不听命于总统。执政党在坦桑尼亚和南非的立法机构中占绝对多数席位,但这两个机构的特点却是辩论活跃、不受限制。

为了能够有权威地参与立法并进行有效的行政监督,非洲立法机构需要在技术人员支持与改善基础设施和设备方面作出更多的努力。南非是一个很好的立法机构同时具备这两方面能力的例子,它的很多有形基础设施都是在种族隔离统治时期建造的。对于激励立法者实质性地参与立法和成功的行政监督来说,更重要的是公民、媒体和公民社会组织也要履行自己的监督权利。在越来越多的非洲国家,监督和评价立法者的表现已经成为公民对立法机关进行监督的有效途径。但这一趋势在非洲各地的发展并不均衡。

政党的制度化

竞争性政党体系中两个或更多政党的制度化,是有助于选举民主成功的另一个因素。在许多非洲国家,反对党这一概念还相对较新。20世纪90年代初以来的民主化进程使一些历史上的政党得以重组,并形成了全新的政党。由于成立时间短、组织资源少,新生政党和在野政党经常只能依靠某位领导人的个人魅力来动员潜在选民。随着时间的推移和现任政治强人最终被赶下台或以和平的方式离开民选职位,一些政党开始在其他共同利益的基础上开展制度化进程。

族群身份认同的共同纽带是非洲各政党吸引选民的另一个主要方式。虽然非洲的许多政党的核心成员仍然靠族群因素聚集在一起,但事实证明,族群联系对于动员和激发党派支持而言是远远不够的。比如在津巴布韦、坦桑尼亚、纳米比亚和马里等国,城乡差距正在影响着党派政治。在战后的利比里亚和博茨瓦纳等非洲国家,代际差异正在成为决定党派权力斗争的驱动力。由此,在非洲的一些地方,族群认同与政治党派之间的紧密关联正在逐步受到削弱。然而,也有一些案例,如2007—2008年的肯尼亚,面对竞争激烈的党派选举,政治精英们鼓动的族裔团结成为当地选举政治的最重要特征。

最后,还有一些强有力的外部因素使非洲各政党摆脱了高度个人化和/或族群政治。许多非洲政党都在用意识形态来界定自己,并寻求融入更大的全球网络。例如,加纳的新爱国党(New Patriotic Party)、马拉维大会党(Malawi Congress Party)、肯尼亚民主党(Democratic Party of Kenya)等政党已经成为中间派民主国际(Centrist Democrat International)的成员或附属机构,这是一个政治倾向中间偏右的政党网络。另外有一个相应的由一些非洲政党组成的中间偏左的联盟,属于社会党国际(Socialist International),包括南非的非洲人国民大会、马里民主联盟(Alliance for Democracy in Mali)、塞内加尔社会党(Socialist Party of Senegal)和毛里求斯社会民主党(Mauritian Social Democratic Party)。此外,还有越来越多的非洲政党是全球绿色联盟(Global Green Federation)的成员,包括肯尼亚环境绿党(Mazingira Green Party of Kenya)、科特迪瓦生态党(Ivorian Ecological Party)和马达加斯加全国民主与发展联盟(National Union for Democracy and Development of Madagascar)。非洲政党与全球政党意识形态团体的联合将在多大程度上改变非洲政治的个人化或族群特征,或者影响政党与非洲社会各选民群体的联系,仍有待观察。

作为选举民主推动者的公民社会

归根结底,公民社会才是非洲民主的最佳守护者和推动者,它是独立于国家和市场之外的自愿团体和组织,非洲人不分国籍、不分族裔,在这里聚集到一起,表达他们的共同利益。公民社会团体不一定有明确的政治目标,它们也可以基于广泛的社会、经济和文化目标。公民社会组织也远远超出了以城市为基础的全国性和地方性非政府组织的范围,这类组织还包括农村和城市各地的一系列社区组织,如工会、农民协会、生产者合作社、专业组织、教师工会、学生会、女性团体、体育俱乐部、青年协会、《圣经》学习小组和储金会(savings club)等。

20世纪80年代非洲民主化进程最显著的进展之一便是自发的公民社会团体的增长及其在地方和国家两级集体行动中起到的关键作用。在经历过暴力冲突的国家,公民社会团体为当地社区的生存策略、社会福利以及冲突的解决和冲突后的重建作出了巨大贡献。例如,在利比里亚和塞拉利昂,公民社会组织,特别是女性团体,被广泛认为是实现冲突和解的关键角色。在尼日利亚,民主运动积极反抗军事统治的压迫,特别是在阿巴查政权时期。

许多公民社会团体,特别是那些涉及民主和人权事业的团体,经常被人指责受到国际捐助者资助,并受到这些捐助者在议程和优先事项方面的指挥,而没有为之前宣誓要服务的团体利益着想。有些公民社会组织的架构确实非常简单,以至于有人把它们称作"皮包组织",或者抱着与外国资助者有一次算一次进行互动的侥幸想法而存在。然而,相当多的公民社会组织是土生土长的,它们深深扎根于地方和国家的事业和选民团体,并在时间的洗礼中生存了下来。例如,阿卜杜拉耶·巴蒂利(Abdoulaye Bathily)

指出,支持民主的青年和学生团体在非洲有着丰富的传统,其时间早于塞缪尔·亨廷顿(Samuel Huntington)所说的"第三波民主化浪潮"。一些令人鼓舞的事态发展表明,注重民主建构的公民社会组织将为维持选举民主和深化民主治理作出重大贡献。

首先,这些组织参与到了选举和民主治理的方方面面,并正在学习和培养必要的技能和能力,以便在今后更好地开展工作。支持民主的团体全程参与选举进程,包括选民教育、确保在投票前和投票期间为所有政治竞争者提供公平的竞争环境、宣布结果和解决投票后的争端等。例如,在加纳和肯尼亚,选举监督团体利用移动电话和独立电台,从许多竞争激烈或偏远的街区和社区独立、及时地公布投票后的民意调查信息。

其次,在很多国家出现了伞式公民社会联盟,并正在提升能级,将林林总总的小型组织联合起来,以起到协同增效的作用。大量案例表明,公民社会组织已经发展成了覆盖次区域和全非洲的网络和组织。这些组织网络有助于公民社会组织以重要行为体的身份参与区域和整个非洲的政策制定。

最后,选举监督团体正在与更广泛的人权、治理和社会经济赋权团体建立协同效应。例如,参与选举监测和人权倡导的公民社会组织正愈加频繁地与那些关注公共事务问责和透明度的团体合作,并参与了预算执行情况和支出模式的监测。如此而言,对选举的关注已成为对政治、社会和经济治理质量的更广泛关注的一部分。

选举之外的民主

人们对选举民主与民主文化的巩固之间的关系有时显得过

于乐观,一些分析家因此将选举视为民主治理的唯一重要因素和衡量民主化进程是否成功的唯一标准。以选举为中心对民主化进程进行的研究常常把对任何特定国家民主制度未来的预测建立在对该国选举的"自由和公平"程度的评估上。这种分析往往使人产生这样的期望:应该沿着一条直线顺利地走向所谓的民主巩固。

正如前文所述,选举在民主的建立和巩固方面扮演了关键的角色,甚至有不可或缺的作用,但我们也不应简单地认为选举民主的巩固只有一条单行道可走。政治和社会进程一般容易受到内部和外部冲击的影响,而这些冲击往往会使民主化进程走上一条曲折的道路。

关于非洲民主体制的建立和倒退,最突出的例子是津巴布韦。尽管在20世纪80和90年代时,津巴布韦曾经拥有丰富的民主争论史、独立的司法机构和强大的公民社会,但随后津巴布韦经济崩溃,与选举和种族有关的暴力冲突持续升级,各类反对的声音都遭到暴力镇压。虽然津巴布韦有多个党派参加选举,但罗伯特·穆加贝(Robert Mugabe)自1980年以来一直担任该国总统。[1]

津巴布韦的衰落揭示了国家治理能力与民主之间的重要关联。要建立和维持一个民主政权,需要强大的国家实力。在刚果民主共和国,许多地区缺乏道路基础设施,因此需要借用联合国的直升机为2011年11月的选举运送选票和票箱。索马里作为一个独裁政权和一个失败的国家常常受到谴责,但仍未得到国际承认的事实上"国家"索马里兰(Somaliland)却因其相对较高的国家治理能力和独特的民主治理制度而经常受到赞扬。自1991年索

---

[1] 罗伯特·穆加贝在2017年的政变中下台,2019年逝世。本书原著出版时,穆加贝仍在担任津巴布韦领导人。——译注

马里兰宣布"主权"以来,其政治制度把"传统的"部族政治和西方政治体系结合在一起,当局现今允许在一些政治职位开展有限的多党竞争。

民主巩固在非洲面临的这些挑战要求人们对策略进行一定调整,这往往导致了混合体制的发展,也就是将专制体制和新世袭式体制的要素与民主体制结合起来。一些混合式政权,如赞比亚,赋予总统广泛的权力;而如莫桑比克等另一些混合式政权,几十年来一直由同一个政党执政;还有一些,比如马拉维,则试图压制公民社会和媒体的反对声音。莱昂纳多·比利亚隆(Léonardo Villalón)和彼得·冯·德普(Peter Von Doepp)提醒我们,在民主体制和进程的形成过程中,混合性本身就可以构成一种长期的稳定态。不能指望非洲的民主体制成为西方民主的翻版。

还必须强调的是,选举是建立和巩固民主治理的必要条件,但不是充分条件。如果是这样,公民就只有一个周期性的机会来有意义地参与治理,而投票将是要求领导人负起责任的唯一工具。民主治理涉及一个国家的公民通过一系列不同的制度安排来处理公共事务,亦即在地方、国家和国际各级治理体系中参与决策的制定和执行。举行选举是民主治理的一个非常重要的部分,但并不是民主治理进程的总和。因此,本章从上述关于非洲选举民主状况的讨论开始,下文将会着手检视一系列治理体系和进程的未来前景,如权力下放、地方当局和前殖民当局的作用、代表政治、地域主义及全球化等。

地方层面的日常参与

在大多数非洲国家,选举只是断断续续地举行——每 4 至 6

年举行一次,选民登记和选民参与的提升可能还需要进行大量的努力,例如,在 2012 年刚果民主共和国的选举中,投票往往需要长途跋涉到偏远的投票站,并需要一段等待时间。选民参与的高峰期只会出现在某一天,而这一天是由中央政府自上而下指定的(往往得到外部选举观察员的支持)。不过,民主治理还与人们在其他各类非选举性的公民实践中的日常参与有关。

调研机构"非洲晴雨表"(Afrobarometer)于 2000 年至 2012 年期间在 18 个非洲国家进行的民意调查显示,除了选举之外,非洲人民积极参与了其他各种形式的政治活动。非洲人的抗议或示威是一项并不算特别常见的非选举政治活动,虽然一些非洲人确实带着他们的要求走上了街头,如"治疗行动运动"(Treatment Action Campaign)组织的反复抗议,要求南非政府对艾滋病病毒/艾滋病采取更积极的应对措施,但更常见的参与形式是以不那么对立的方式提出要求和问责。例如,在 2008—2009 年度,68% 的非洲人偶尔或经常与他人见面讨论一个议题,27% 的人会与当地政府议员联系,分享他们对某一问题的看法。

非洲的很多日常政治活动都集中于各种国家和非国家行为体和机构,这些行为体和机构在地方层面上更贴近普通民众,也许也有更强的合法性。显然,中央政府并不是非洲人表达意见和偏好的唯一——甚至也不是首选——渠道。

非洲政治较为近期的一个趋势是席卷整个大陆的权力下放浪潮,从而将人们的注意力转移到了地方一级。大多数非洲国家的政府至少在官方层面上,都正式通过了权力下放方案,将决策权从中央下放到地方各级政府。然而,自 20 世纪 90 年代初在许多地方启动以来,权力下放的实施情况和成效在各地仍然有很大区别。在加纳,权力下放进展良好,收效总体上是积极的;行政体制改革建立了新的地区甚至村级机构,这些机构主要由当地人民选举产生并为当地人民服务。相比之下,在科特迪瓦,亨利·科南·贝迪埃(Henri Konan Bedie,1993—1999年执政)政府认为权力下放就是让人民能够直接接触到中央政府,而不是将其集中在几个中心,因此地方社区几乎没有获得新的决策权。学者和专家强调了权力下放最初在抽象意义上的魅力与非洲和世界各地地方一级的现实之间的对比。一方面,权力下放能够推动当局更有效地提供服务和加强地方问责制;另一方面,地方行政部门并没有消除政治和不平等的负面作用——腐败与政治、经济和社会精英的主导地位仍然会对治理构成严重挑战。

另一个推动权力下放的平行趋势是,非国家行为体在公共产品的供给方面发挥了越来越大的作用。中央政府不仅将责任下放给地方区域和城市当局,也下放给了数量激增的非政府组织、社区组织和私营服务提供商。例如,根据肯尼亚非政府组织协调委员会(NGOs Coordination Board)的数据,肯尼亚的非政府组织数量正在以每年400个的速度增长,到2009年,有5 929个非政府组织在政府正式注册。有时,这些非国家行为体会分包给国家,从国家机构获得部分资金和/或接受国家机构的监管和监测;在其他时候,它们完全绕过国家。然而,很多情况下,国家和非国家行为体之间的界限是模糊的。非政府组织和其他非国家行为体所发挥的作用持续提升,这对国家治理能力的影响如何?对公民获得及问责公共产品和服务的能力又有什么影响?都还是个未知数。

在此必须指出,并非所有的地方行为体都是新出现的。事实上,地方一级的非洲政治还有第三个趋势:前殖民时期的权力机构的持久存在。即使在市场自由化和政治民主化的进程中,许多前殖民时期的政治决策机构仍然在积极地调解地方上关于土地、资源、劳动力和当地收入的冲突。例如,南非的酋长机构继续在土地冲突的裁定方面担任自己一直以来的角色,但也在确保地方选举自由公正和分配地方发展项目的利益方面发挥了新的作用。在某些地方,如加纳、莱索托和纳米比亚,前殖民时期政治权威的作用已得到正式承认并被编入宪法。但在很多情况下,这些历史悠久的传统权威继续以新的方式在当地非正式地发展。"非洲晴雨表"的舆论数据也证实了传统机构的重要性。55%以上的被调查者声称他们信任传统领袖,31%的人认为自己信任传统权威解决地方争端,而33%的人觉得这一作用应该由地方政府承担。

综上所述,地方政治的上述趋势意味着,非洲人民支持民主制度及其未来的发展,但事实上他们可能正在以不同的方式体验和思考民主。对调查数据的分析表明,人们普遍支持定期举行自由公正的选举,并以此作为选择政治领导人的手段。2008—2009年度的"非洲晴雨表"在 18 个国家的调查显示,近 70% 的受访者同意"民主比任何其他类型的治理方式更可取"。但这些被调查者所说的民主是什么意思呢?平均而言,57%的受访者对民主持更多的物质性的观点,他们强调自己在就业、生计和福利方面的实质性权利,而 43%的受访者则强调民主的程序性概念,强调促进政治竞争和公民自由的程序。事实上,在 2008—2009 年度,30%的非洲人认为,他们选出的官员最紧要的任务是促进发展或就业。

然而,"非洲晴雨表"提到,相当一部分受访者(22%)表示,他们不关心或不知道哪种政体对他们的国家来说更可取。同样重要的是,只有 11%的受访者表示,在某些情况下,非民主制度(如军事或其他威权制度)更可取。

从这些结果可以得出这样的结论,即民主作为一种政治价值观念在非洲的政治文化中正逐渐变得根深蒂固。不过,相较于抽象的理念,在人们看来,民主的概念似乎更多与地方一级行使的权利和获得的公共服务有关。在未来的民主化进程中,对于非洲国家而言,关键的一点就是要建构连接中央和地方当局的民主体制和国家治理能力。

代表政治

本章上述各节揭示了从首都到地方社区的各种政治机构和组织如何都成了非洲政治的一部分。我们接下来谈谈非洲国家和人口的多样性,从而突出非洲的代表政治。大部分非洲民族国家覆盖了广阔的地理区域,居住着非常多样化的人口。非洲各国政府和其他政治组织的任务是代表许多不同语言和族裔群体的利益以及不同性别、经济背景和生活状况的人们。

代表指的是公民与在政治体系中为他们说话的人之间的关系。借用汉娜·皮特金(Hanna Pitkin)的观点,政治学家认为代表有四个维度:允许某些人当选的规则、当选机构的人口结构在多大程度上反映了整个人口结构、政府官员的行动在多大程度上反映了其选民的利益、选民是否感到他们的利益得到了代表。

代表的第一个方面与政府结构有关。我们已经讨论了选举与非洲地方政府机构的多样性和活力。代表的最后一个方面,即人民如何看待他们的政府,也在上文关于非洲背景下的民意一节中讨论过。我们现在将注意力转向代表的第二和第三个方面,有时也称为描述性代表(descriptive representation)和实质性代表(substantive representation),这涉及谁当选以及这些官员如何代表其选民的利益。

女性和政治

在非洲很多地方,女性占据的立法席位越来越多。20世纪60年代,约有1%的议员是女性,而截至2008年,非洲18%以上的立法职位由女性担任。这一增长的部分原因是非洲各国议会采用了性别配额和保留名额制度。卢旺达、南非、布隆迪、莫桑比克和乌干达的配额制大大增加了女性在职位选举和任命上的参与度。

有证据表明,这种女性的描述性代表相应导致了女性利益的实质性代表的增加。例如,在2008年卢旺达议会选举中,女性代表赢得了56%的立法机构席位。这是世界立法机构中首次出现女性占多数的情况。尽管卢旺达的性别不平等持续存在,但这些立法者仍设法通过了许多法律条文,加大了对性暴力的惩罚力度,并通过银行和土地改革为女性提供了更多机会。乌干达和南非出现了类似的进展,在这两个国家,女性立法者把妇女关心的问题推向前台,并进行了有意义的政策改革,可以说发挥了重要作用。

非洲政治有时以依赖男性"大人物"而闻名,但越来越多强势的女性首脑也同样塑造了非洲政治。自1993年以来,非洲有5个国家的总理、6个国家的副总统由女性担任。此外,在14个不同的非洲国家,有23名妇女参加了19次行政长官职位的选举(Adams, 2008;另可参见在线非洲选举数据库)。但当今非洲女性领导人中最突出的莫过于埃伦·约翰逊·瑟利夫。这位诺贝尔和平奖获得者和两届利比里亚总统是非洲有史以来第一位当选的女性国家元首。

马格里布和北非的女性参政环境有些不同。虽然学者们仍在争论以石油为基础的经济结构或伊斯兰教的文化影响是否阻碍了该地区的性别平等,但直到最近,该地区相对专制的政治制度几乎没有为女性在政治中的描述性代表或实质性代表提供政治机会。2011年的"阿拉伯之春"是否会产生新的民主空间,让更多女性投身政治,还有待观察。

族群和政治

除了根据性别利益代表人民之外,非洲的政治制度还肩负着统治有着不同族群认同的群体的任务。族裔群体可以用语言、地区或共同历史的叙述来界定自己。这些群体并不是人与人之间"自然"或生理区别的产物。事实上,很多族裔身份是由殖民官员在社会意义上建构和政治上动员起来的;这些群体之所以变得重要,是因为殖民主义的政治和物质条件,而不是因为他们之间的任何内在差异。然而,把族裔群体归结为社会建构并不意味着他们是微不足道的。事实上,这些不同的群体在现代非洲国家可能具有非常重要的政治意义。

一些国家,如马达加斯加和莱索托,在政治上突出的按族裔界定的群体相对较少。在这些国家,宗教或社会经济阶层等其他类型的分化会导致政治冲突的发生。在另一些国家,如刚果民主共和国、尼日利亚和乌干达,政治格局则由许多不同的按族裔界定的群体来决定。这些按族裔划分的群体往往由声称代表整个群体发言的某些政党代表。当选后,这些政党还声称要为其特定的族裔群体的最大利益而行动。

政治学家们长期以来一直认为,这种族群认同的政治化会破坏民主、经济发展以及冲突的和平解决。按族群进行投票的问题在于,它有可能使选举沦为一种人口普查。如果人们根据自己的身份进行投票,那么民主竞争就会沦为哪个群体人数最多的比较。此外,如果按族裔定义的政党只为其群体的利益服务,那么来自其他代表不足的族裔群体的人就得不到政府提供的公共服务，包容性（inclusive）经济增长也会受到阻碍。最后，经济不平等和族群认同的重叠常常被视为非洲政治冲突的根源。非洲政治观察家认为，1994年卢旺达和布隆迪的种族灭绝或2003年开始的达尔富尔的长期冲突等族裔群体之间的暴力事件，证明了族群政治的破坏性。由于族裔问题的政治显著性无法消除，而且可能演变成暴力，非洲领导人和社会必须将族裔问题作为政治制度中的一个因素加以控制。他们可以通过创造性的体制设计和非正式规则来做到这一点，确保包容性和减少族群政治的潜在负面影响。少数族裔在议会中的预留席位或分配席位也是通过体制设计解决族裔因素的一种方式。

本土性和政治

非洲的本土或原住民群体呈现出非洲国家负责代表的另一种多样性。在非洲背景下，本土性这个概念本身就是复杂和有争议的。非洲的一些群体将他们自己定义为"土著"，依据主要有两种：其一是独特的生计策略，而这些策略往往与大多数人相冲突；其二则是声称自前殖民时代以来他们一直在所占据的土地上生活和传承他们的文化。从历史上看，他们在现代非洲民族国家中往往都是经济上和政治上被边缘化的群体，但他们寻求保护自己的语言、自己的文化和在这些国家中保留"原始"土地的权利。然而，当不同的群体提出关于起源和迁徙互相矛盾的历史叙事时，就会出现冲突。

随着非洲各地越来越多的"土著"开始提出要求，并寻求国家和联合国等政府间组织的保护，这些对本土性的对立主张也变得愈加明显。其中最大的群体之一跨越了南部非洲几个民族国家的边界，这是一个被称为桑人、巴萨瓦人（Basarwa）或者布须曼人

（Bushmen）的族群。其人口主要散布在博茨瓦纳、纳米比亚、南非和安哥拉。这个多样化的族群在传统上以狩猎-采集为生，由一些群体组成，如!Kung、∕Xam 和 ǂKhomani（这些名称中的符号都代表一个独特的以搭嘴音为基础的辅音）。据估计，这些当代群体的远亲已经在该地区生活了数万年。

在博茨瓦纳和南非，桑人的代表都提起了一些引人注目的诉讼，以维护祖先对土地的权利，反对国家强制搬迁，并寻求对文化习俗的保护。在博茨瓦纳，桑人的组织自 20 世纪 70 年代以来一直在反对政府在卡拉哈里沙漠的传统放牧和在移民区进行的重新规划。在南非和纳米比亚，类似的法庭斗争近年导致出现了几个代表这些群体进行游说的跨国活动网络。

撒哈拉和萨赫勒地区的图阿雷格人也参与了与阿尔及利亚、尼日尔和马里等国的斗争，以争取国家对经济发展的更大支持，提高政治代表权，并保护其文化遗产。然而，与桑人不同的是，一些图阿雷格人选择通过武装叛乱和起义来捍卫自己的主张。图阿雷格人对殖民国家和独立国家的武装抵抗由来已久，第一次这种统一的叛乱发生在 1916 年。到了 20 世纪 90 年代初，其在尼日尔和马里的叛乱迫使这些国家的政府作出了让步。2006 年，图阿雷格群体和马里国家之间的对抗再次爆发，当时图阿雷格士兵洗劫并毁弃了一个地区军营。国内和国际穆斯林战士也在该地区活动。利比亚内战和穆阿迈尔·卡扎菲的死亡不仅导致曾为卡扎菲服务的图阿雷格人返回了马里，他们也把先进武器一起带了回来。图阿雷格人中的好战派及其伊斯兰主义者盟友利用军事优势和巴马科政变造成的权力真空，建立了对马里北部的控制，包括加奥和廷巴克图，并在 2012 年 4 月宣布成立独立的"阿扎瓦德国"（Azawad），但法国的介入驱逐了掌控叛乱者。目前，图阿雷格世俗派希望与最近当选的、政变后的马里政府谈判,以实现地区自治。这一案例表明,一个声称拥有本土性的边缘化群体的不满会如何导致复杂、动荡而又难以解决的局势。

跨国和全球政治与非洲民主的未来

跨国联系是动员和支持撒哈拉和南部非洲备受瞩目的土著权利斗争的重要来源,它们也在组织非洲许多地区的女性、族群和政党方面发挥了重要作用。针对东非的马赛人、萨赫勒的图阿雷格人或南部非洲的桑人等群体开展的国际合作,则矢志扩大对这些群体所处环境和土地的保护。来自非洲和世界各地的学者和活动家组成的联合体试图推动非洲的国内和国际政治变革。通信和信息技术的全球化进一步促进了这些跨国网络的发展,帮助非洲的公民和团体更有效地游说他们的权利,并利用共享资源来获得国内和国际政策成果。这些跨国组织在传播新的规范和界定关键的政治概念方面发挥了关键性作用,例如哪些群体可以自称"土著"、国家可以或应该保障哪些权利以及如何管理包括野生动物和水等在内的关键环境资源。

然而,跨国和全球政治的重要性对非洲而言并不新鲜。事实上,非洲政治早已跨越了政治制度、区域乃至大洲的界限。甚至在人权倡导全球化之前,跨国和全球网络就已经影响了非洲的选举、人道主义救济工作以及冲突解决、维持和平和重建的努力。但值得注意的是,越来越多的跨国网络现在建构在非洲内部,而不是来自非洲以外。

推动选举民主的非洲区域和大陆性组织在经验和影响力方面有了相当大的提升。南部非洲发展共同体(Southern African

Development Community,简称"南共体")和西非国家经济共同体(简称"西共体")对其区域内与选举有关的干预措施已十分娴熟。比如西共体一直在提高监测成员国政治活动的能力,特别是选举活动。在2008年加纳选举期间,西共体早在竞选季开始之前就与加纳选举委员会和安全官员不断接触,并在整个选举过程中保持了关注。西共体提请相关行为体注意与选举有关的方方面面关切,其中包括安全状况和安全机构的作用、选举委员会让各政党参与的透明的选举筹备进程以及执政党和主要反对党的行为。西共体对公民社会的干预不仅仅限于向地方选举监督员提供技术支持,还包括召集公民社会组织的各种团体,一起支持"加纳必须赢"(Ghana must win)运动。

非洲区域和大陆性组织对选举民主的支持也得到了外部行为体的扶持。欧盟、英联邦和总部设在美国的国家民主研究所(National Democratic Institute)是非洲以外积极推进非洲选举民主的主要组织。例如,欧盟支持了大量的科学研究来确定选举期间可能发生冲突的重要选民群体和选区,并针对这些地区进行干预。自1983年成立以来,国家民主研究所与国家选举监督联盟合作,开发了出色的能力建设工具。同样给人留下深刻印象并预示着非洲选举民主的未来的是,非洲和国际伙伴采取了协调一致的举措,以确保选举结果的公正性、候选人对选举结果的接受以及权力的有序移交,特别是在选举结果极为接近或执政党落败的情况下。2000年塞内加尔的选举就是如此,当时社会党及其候选人阿卜杜·迪乌夫(Abdou Diouf)总统以微弱劣势落败;2008年加纳的选举也是类似的情况,当时执政的新爱国党输掉了选举。在这两次选举中,竞选的两个党派在总统选举和随后的第二轮选举中的票数差距都不到一个百分点。

除了各组织在推进民主选举方面所发挥的作用外,国际社会在非洲的影响有一种特别明显的表现形式,那就是对自然灾害和冲突的全球人道主义反应。在过去的几十年里,非洲的一些自然灾害和武装冲突使数百万人在国内和国际上流离失所。国际非政府组织乐施会(Oxford Committee for Famine Relief)、作为双边捐助方的美国国际发展署和联合国世界粮食计划署等援助团体都试图通过提供短期援助(如分发食物、水或医疗用品)或者长期发展项目来减轻人们在这些危机中受到的苦难。美国、西欧和非洲的名人也为这些事业出了一把力。比如音乐、电视和电影明星,如波诺(Bono)、奥普拉·温弗瑞(Oprah Winfrey)和乔治·克鲁尼(George Clooney)等,都试图利用他们的影响力吸引政治关注,或者直接向他们关心的地方或群体捐款。

一些跨国公司也在"公司社会责任"的名义下,通过各种举措开展慈善工作。在某些情况下,跨国公司会直接投资基础设施项目,如学校、诊所或其投资目的地的道路。过去数十年,中国的跨国公司不断扩张,在这类外国直接投资方面已经可以与西方公司相媲美。另一些情况下,跨国公司尝试过将大众消费品市场的部分利润投向非洲的慈善事业,如预防艾滋病、疟疾或提供清洁水源。其中一个例子是"红色产品"(Product Red)运动,盖璞、苹果和耐克等公司都参与其中。这种战略有时也被称为"道德消费主义"(ethical consumerism),它依赖于北半球对稀缺资源的消耗以及这些公司的营利性商业模式,因此一直备受争议。

跨国、区域和全球联系相当突出的第三个领域是维和任务和冲突解决。例如,2011—2012年度,联合国为非洲的维和任务支出了53.1亿美元(约占当年全球维和预算的68%),包括在阿卜耶伊地区(Abyei,苏丹和南苏丹之间)、科特迪瓦、达尔富尔地区、刚果民主共和国、利比里亚、南苏丹和西撒哈拉的维和任务。从2002年依法成立到2011年，国际刑事法院只审理了26起案件，但所有这些案件都是针对被指控在非洲国家犯下的战争罪、危害人类罪或种族灭绝罪的。一些律师对国际刑事法院的起诉持赞扬态度，也有一派律师则批评国际刑事法院过度关注非洲。

虽然美国、前殖民国家和联合国继续在这片土地上施加重要影响，但它们并不孤单。中国也是一个正在崛起的大国，向一些非洲国家提供财政等方面的支持。更重要的是，西共体、南共体和非洲联盟等区域性和大陆性组织在调解国内冲突和促进当地和平方面发挥着越来越重要的作用。举例而言，在联合国介入利比里亚和塞拉利昂之前，尼日利亚为这两个国家的维和行动投入了5亿多美元。总部设在埃塞俄比亚亚的斯亚贝巴的非洲联盟自2002年重组以来，已在布隆迪（2003）、苏丹（2003—2008）和索马里等国部署了维和部队。非洲联盟的前身非洲统一组织（Organisation of African Unity）的"不干涉"原则，现在正被"不漠视"的新原则所取代。非洲内部问责机制的发展还有另一个例子：非洲联盟于2002年建立了非洲同行审议机制（African Peer Review Mechanism）。非洲同行审议机制是一个由30多个非洲国家自愿组成的协会，这些国家同意对本国在民主治理和经济可持续发展方面的进展进行独立的非洲评估。自我评估和同行审议的关键问题包括成员国在多大程度上遵守女性、儿童和残疾人权利等一系列权利的区域和国际公约和标准。其他需要评估的问题包括良好的企业公民行为和反腐败活动。为监督这些同行审议程序，非洲联盟成立了由5至7名具有杰出专业能力和"崇高道德地位"的成员组成的知名人士小组（Panel of Eminent Persons）。显然，非洲人正在非洲内部发展新的具有创新性的区域机构,以继续建设和支持未来的民主治理内部能力。

总而言之,本章强调了非洲民主复杂和动态的本质。我们认为,民主建设不是只有一条路,不是简单地通过移植新的正式选举规则就能达成的。相反,在非洲各级政治制度中,非正式机构对听取谁的意见和谁作出决定起着关键作用。

因此,我们不只着眼于首都如何定期组织选举,也揭示了地方一级日常政治的重要性。我们承认非洲的民主治理仍然面临着诸多挑战,但我们反对大众媒体中普遍存在的"非洲悲观主义"论调。相反,我们呼吁对非洲民主的未来保持谨慎乐观的态度。非洲的许多公民和公民社会团体正在加强他们向政治领导人进行问责的能力。

当然,民主治理的构建方式或受到挑战的情况在很大程度上取决于各地区和国家的特殊政治历史。我们必须抵制将非洲政治过于简单化和笼统化的倾向,而应继续研究在不同的地方和特定的时刻,人们是如何以不同的方式概念化和建立民主制度的。我们还可以继续了解非洲人自身在民主相关问题上的所思所想,以及他们如何塑造自己民主制度的未来。

拓展阅读建议

Adams, Melinda. 2008. "Liberia's Election of Ellen Johnson-Sirleaf and Women's Executive Leadership in Africa." *Politics & Gender* 4(3): 475–84.

Barkan, Joel D. 2009. *Legislative Politics in Emerging African Democracies*. Boulder, CO: Lynne Rienner.

Bates, Robert. 2008. *When Things Fell Apart: State Failure in Late-Century Africa.* New York: Cambridge University Press.

Bathily, Abdoulaye. 1992. "*Mai 68 à Dakar. La révolte universitaire et la démocratie.*" Dakar: Editions Chaka.

Boone, Catherine. 2003. *Political Topographies of the African State: Territorial Authority and Institutional Choice.* New York: Cambridge University Press.

Bratton, Michael, Robert Mattes, and E. Gyimah-Boadi. 2005. *Public Opinion, Democracy and Market Reform in Africa.* New York: Cambridge University Press.

Bratton, Michael, and Nicholas Van de Walle. 1997. *Democratic Experiments in Africa: Regime Transitions in Comparative Perspective.* New York: Cambridge University Press.

Chabal, Patrick, and Jean-Pascal Daloz. 1999. *Africa Works: Disorder as Political Instrument.* Bloomington: Indiana University Press.

Ekeh, Peter P. 1975. "Colonialism and the Two Publics in Africa: A Theoretical Statement." *Comparative Studies in Society and History* 17(1): 91-112.

Hyden, Goran. 2006. *African Politics in Comparative Perspective.* New York: Cambridge University Press.

Owusu, Maxwell. 1992. "Domesticating Democracy: Culture, Civil Society, and Constitutionalism in Africa." *Comparative Studies in Society and History* 39(1): 120-52.

Pitkin, Hanna Feinchel. 1967. *The Concept of Representation.* Berkeley: University of California Press.

Posner, Daniel N. 2005. *Institutions and Ethnic Politics in Africa.* New York: Cambridge University Press.

Tripp, Aili Mari, and Alice Kang. 2007. "The Global Impact of Quotas: On the Fast Track to Increased Female Legislative Representation." *Comparative Political Studies* 41(3): 338-61.

Villalón, Leonardo Alfonso, and Peter VonDoepp. 2005. *The Fate of Africa's Democratic Experiments: Elites and Institutions.* Bloomington: Indiana University Press.

Young, Crawford. 1994. *The African Colonial State in Comparative Perspective.* New Haven, CT: Yale University Press.

第13章

非洲的发展：温和的希望

雷蒙德·穆胡拉、史蒂芬·N. 恩代格瓦

撒哈拉以南非洲有近50个国家[①]和8亿多人口，是世界上最不发达的地区。该地区的工业化和城市化水平仍然相对较低，经济基础薄弱，过度依赖初级商品和外国援助。非洲人的生计和生活机会往往是世界上最困难的，预期寿命低（尤其是受艾滋病病毒/艾滋病的影响），识字率低，获得医疗和教育的机会少。此外，治理体系也很薄弱，经过30年威权统治后萌发的民主制度十分脆弱，官僚机构和司法机构严重政治化，政策环境不佳，庇护关系网是政策制定的首要考量。与同期独立的其他国家，特别是亚洲国家相比，非洲经济自20世纪50年代末和60年代独立初期以来增长缓慢。到1980年，地区的实际平均收入已经倒退到60年代的水平以下。联合国2000年通过了应对最重大发展挑战的八项千年发展目标（截至2015年），可以预见的是，非洲是唯一无法实现其中任何一项预期的大洲。

鉴于高收入国家对撒哈拉以南非洲国家初级产品进口的需求下降，近期的全球经济危机有可能影响非洲经济增长，这并不让人惊讶。另外，来自海外非洲人的直接投资和汇款减少以及外

[①] 根据联合国的定义，撒哈拉以南非洲有48个国家。——译注

国直接投资流入的减少,将使其增长前景雪上加霜。

尽管如此,非洲在一些发展和经济指标方面依然取得了显著进展。由于采取了健全的宏观经济政策,一些非洲国家的投资环境有所改善。在许多国家,通货膨胀率已降至个位数;在区域层面,通货膨胀率几乎只有20世纪90年代的一半。对汇率稳定的进一步重视——这对投资者的投入和利润估算很重要——增强了投资者的信心,促进了区域外国直接投资的增加,其净流入量占国内生产总值的比例从1998年的2%上升到2010年的3%左右。[1] 更重要的是,佛得角、塞拉利昂和布隆迪等国家已经着手改革,进一步优化营商环境。事实上,根据权威的世界银行的《营商环境报告(2012)》(Doing Business 2012),非洲在2009年成为世界上该方面改革最快的区域之一;仅在2012一年,撒哈拉以南的46个经济体中就有36个改善了其商业监管,创下了历史新高。这些改革的累积效应——特别是在增长率方面——促使我们重新考虑20世纪80和90年代主导非洲发展讨论的危机视角,但考虑到收益的不均衡和现有成就的脆弱性,或许称之为"温和的希望"更适合一些。

表 13.1 外国直接投资,净流入(占国内生产总值的%)

	1990	1995	2000	2005	2010
肯尼亚	0.7	0.5	0.9	0.1	0.6
尼日利亚	2.1	3.8	2.5	4.4	3.1
埃塞俄比亚	—	0.2	1.6	2.2	1.0

---

[1] 除非另有说明,所有数据均来自世界银行的世界发展指标数据库(World Development Indicators Database)或不同年份的相关出版物。

续　表

	1990	1995	2000	2005	2010
塞内加尔	1.0	0.6	1.3	0.5	1.8
南非	-0.1	0.8	0.7	2.6	0.3
中低收入国家	0.7	1.9	2.5	3.3	2.6
撒哈拉以南非洲（所有收入水平）	0.4	1.4	2.0	3.0	2.3

在服务供给领域,好几个部门都有明显改善。小学毕业率从2000年的50%提高到2009年的67%。同样,男孩和女孩的入学率也有所提高,这往往是民选政府受到政治压力之后恢复免费教育的结果。近年来,非洲移动电话和互联网连接的普及率也有所提高,这是对20世纪80年代几乎普遍处于亏损状态的国有电信企业进行自由化改革的直接结果。互联网用户占人口的比例从2000年的不足1%增加到2010年的11%左右。到2010年,每两个非洲人中就有一个人使用移动电话。围绕发展的国际讨论和实践中的一些趋势帮助推动了非洲国家的体制改革,在国家与发展援助出资方之间建立起了共同责任。非洲统一组织转变为非洲联盟,非洲联盟在冷战后新提出的愿景要求并经常强制成员国遵守民主政府的核心原则。此外,通过"非洲发展新伙伴计划"(New Partnership for Africa's Development)引入的非洲同行审议机制,也提升了政府和领导人对内部治理的共同义务。非洲同行审议机制还"鼓励……成员国分享整个地区的最佳实践经验,以确保相互学习,共同促进治理能力建设"[1]。世界银行、八国集团[2]和欧

---

[1] 参见 http://aprm-au.org/mission。
[2] 2014年起,俄罗斯被暂停成员国身份,八国集团恢复为七国集团。——译注

盟等多边机构努力将注意力转移到非洲的增长和发展上,承诺提供更多的援助,从而构建更好的治理实践,特别值得一提的是,世界银行将重点放在了减贫上。除了重新关注非洲的发展要务,西方国家还采取了改善同非洲贸易条件的举措,如美国的《非洲增长与机遇法案》(African Growth and Opportunity)、欧盟的"除武器外全部免税"(Everything but Arms)倡议和英国建立的非洲委员会(Africa Commission)。所有这些框架的一个最大的共同点是注重国家自主的发展战略,而不是听命于外国政府和捐助方提出的规定和条件,强调持续的机构治理和同行审查,而不是对治理不善的情况采取袖手旁观的态度,并增加援助数额,以扭转非洲发展指数欠佳的长期问题。

总的来说,从深重的危机中走出,非洲向我们呈现了一幅好坏参半的画面:一些国家取得了显著的成功,另一些国家则出现了逆转或衰退(往往是在发展初期的希望之后)。非洲的发展也从这种令人喜忧参半的图景中得到了一些重要的教训。本章回顾了其发展的不同方面的状况,以及似乎是推动各种成果的原因的幕后转变。显然,尽管全球环境(如援助或外国直接投资的可得性)和区域趋势(如冲突的减少和区域一体化水平的上升)继续施加着重大影响,迄今为止,最重要的因素还是来自本土:国家政策、制度性力量和政府在提供公共产品方面的表现。

从结构调整到国家所有

20世纪70—80年代的石油危机以及随后国际市场信贷的透支造成利率上升,使非洲国家难以借贷。更重要的是,这些危机导致非洲的贸易赤字从1979年的222亿美元上升到1981年的

916亿美元。经常账户赤字从1979年的313亿美元上升到1981年的1 186亿美元(Hart and Spiro，1997：179)。同时,这些国家很难继续偿还债务,债务拖欠数额的增长速度超过了新贷款的增长速度。在私人借贷者对向发展中国家贷款越来越谨慎的情况下,非洲国家显然无法履行其债务义务。增长率下降,通货膨胀上升,工业和农业部门都受到影响。非洲进入了所谓的"失去的十年"。

随后几年,外债增加,国际收支平衡状况恶化。采取行动纠正非洲经济中的扭曲现象并使非洲走上稳定发展道路似乎已经是无法避免的结果。世界银行和国际货币基金组织成为非洲国家贷款的救命稻草,这使其对非洲各国政府有了巨大的影响力。由于严峻的经济形势和无力偿还债务,非洲国家被迫采取了一揽子被称为结构调整计划的政策方案。为了换取世界银行的发展信贷和国际货币基金组织的短期国际收支平衡支持贷款,非洲各国政府按照要求进行了政策变革,限制国家在经济中的作用(特别是直接投资),并减少支出,尤其是社会部门和补贴的支出。国际货币基金组织坚持要求非洲各国政府取消政府对价格的控制,拥抱自由贸易。有关方面当时预计这些紧缩措施将促进经济增长,确保宏观经济的长期稳定。非洲国家之前一直不愿意启动结构调整计划,但在20世纪80年代中期和90年代,有36个国家同意了这些条件。延后接受计划的国家包括尼日利亚和莫桑比克,它们是"重债穷国倡议"(Heavily Indebted Poor Countries)下债务减免的受益者,该倡议是世界银行的一个方案,目的是协助各国管理其债务负担,并将储蓄和新的资金分配给在调整中深受紧缩政策影响的社会部门。

随着结构调整拉开帷幕,非洲经济的管理将受到密切监督,这使非洲人极为不满。然而,结构调整计划的效果并没有很快显现出来,不久,非洲公民就批评他们的政府过多地屈从于国际机构，使他们进一步陷入贫困。在政治上，这些政策越来越站不住脚，其经济价值更是受到质疑，有时甚至遭到嘲笑。在一些国家，如赞比亚、肯尼亚和尼日利亚，甚至出现了与公民的暴力对抗。主要的泛非主义学者和联合国非洲经济委员会等机构开始质疑结构调整计划的合理性，并提出了能够实现同样目标的替代政策框架。联合国非洲经济委员会的"非洲结构调整计划替代框架"（African Alternative Framework to Structural Adjustment Programs），提出了以国家为中心管理非洲经济事务的方法，同时将非洲的问题归咎于外部力量的介入。一些非洲领导人——例如肯尼亚的丹尼尔·阿拉普·莫伊——很快就开始对实施结构调整摇摆不定，而另一些领导人则因为政治成本而完全放弃了结构调整。不久，连世界银行也承认，结构调整对非洲国家来说可能不是好事。必须设计一种能够解决非洲发展问题的新方案，一种既支持国家所有权，又能获得广泛的公众参与的新办法。

世界银行采用《减贫战略文件》（Poverty Reduction Strategy Papers）作为向低收入国家提供发展援助的政策工具，有助于将方案设计的负担转移给发展中国家本身。然而，具体到非洲，世界银行又向前迈进了一步，制定了《非洲行动计划》（Africa Action Plan），该文件重申了在帮助非洲实现千年发展目标中个别国家的作用以及世界银行与非洲国家之间伙伴关系的作用。《非洲行动计划》确定了伙伴关系的四个关键领域：加快共同增长、建设有治理能力的国家、更加注重成果、加强和发展伙伴关系。

充满希望的转变，持久的挑战

近年来，非洲在关键的社会经济指标方面有显著改善。经济年增长率有所提高,五岁以下儿童的死亡率一直在下降;贫困线以下人口(定义为每天收入低于1.25美元)有所下降。然而,贫困现象仍然普遍存在,特别是在经济增长没有带来就业的地方,人们往往存在不满情绪。到2007年,非洲劳动年龄人口中只有略多于一半的人在正式经济中就业。女性的参与度更低。而且即使是就业也不能保证生活质量,因为这些人很多都是"有工作的穷人",生活在每个人每天收入不到1美元的家庭中。与其他地区相比,非洲的减贫势头并不强劲。但非洲各国之间也有很大差异,一些国家已经出现了前景良好的增长模式。

撒哈拉以南非洲的经济表现也在继续改善。20世纪90年代,该地区国内生产总值平均增长率仅为2.4%;但从2000年到2004年,国内生产总值平均增长率提升到了4%,到2010年进一步上升到5%。这一新的增长势头部分是由高油价、中国需求的增加以及矿产和石油市场的繁荣推动的。但2009年因全球金融危机而暂时下滑至2.0%,这也显示出非洲在全球经济冲击下的脆弱性。通货膨胀、汇率、财政赤字等关键宏观经济指标已经明显稳定下来。对大多数非洲国家而言,可持续增长的主要障碍被认为是过度的监管改革、体制机制的限制和薄弱的基础设施。

表13.2 国内生产总值增长率(年%)

	1990	1995	2000	2005	2010
肯尼亚	4.2	4.4	0.6	5.9	5.6
尼日利亚	8.2	2.5	5.4	5.4	7.8
埃塞俄比亚	2.7	6.1	6.1	11.8	9.9

续 表

	1990	1995	2000	2005	2010
塞内加尔	-0.7	5.4	3.2	5.6	4.1
南非	-0.3	3.1	4.2	5.3	2.9
中低收入国家	1.9	3.9	5.4	7.2	7.7
撒哈拉以南非洲（所有收入水平）	1.2	3.8	3.6	6.0	5.0

肯尼亚、津巴布韦和尼日利亚等曾经很有希望的国家如今却长期陷入了领导不力、腐败、独裁和社会服务分配不公的泥沼。这不仅导致高技能专业人员大量流失，还造成现有资源利用不善、出于政治动机的投资决定以及透明度和问责制的缺乏。在津巴布韦等地，其导致了治理结构的彻底崩溃，经济也因此濒临崩溃。在肯尼亚和尼日利亚，腐败使投资者望而却步，投资额长期在低水平徘徊，加上不平等引发的政治不满情绪，最终导致了肯尼亚2008年的冲突。监管和官僚主义的障碍破坏了投资者的信心，减缓了经济增长，并助长了"非洲是一个危机之地"的类似偏见。总的来说，"良政"（good governance）已在非洲扎根，公民和政府对诸多指标的密切关注就体现了这一点。但在具体操作层面，正如马里、几内亚和塞内加尔最近发生的动荡所表明的那样，在很多国家，良政仍然是一个遥远的目标。

在过去十年中，全球范围内的暴力冲突已大大减少，这很大程度上要归功于非洲冲突的减少。安哥拉和莫桑比克等国家长期以来饱受内战之苦，现在却欣欣向荣。也有国家，如利比里亚和塞拉利昂，虽然已经平息了内部战争，但仍然还在经济复苏的道路上，情况岌岌可危。还有一些国家，如索马里和厄立特里亚，由于冲突的发生和治理能力的严重下降,经济依然一团糟。在某些地方,冲突具有双面性。例如,苏丹和南苏丹都有蓬勃发展的石油部门,带动了经济增长,但随着达尔富尔的冲突和2011年南苏丹独立后双方敌对情绪的增加,石油业很可能受到负面影响。

尽管军人的复员和重新融入社会依然是一项重大挑战,而且冲突再起的威胁始终存在,但一些国家暴力事件的减少使它们有了获得新投资、促进经济发展的机遇。然而,这种和平红利往往是脆弱的;建立信任和国家治理能力,以及为难民和国内流离失所者恢复完整的社会经济体系的工作仍然任重而道远。事实上,难民和境内流离失所者对这类国家而言是一项特殊的挑战。根据联合国难民事务高级专员公署在线人口统计数据库(UNHCR Statistical Online Population Database),到2010年底,非洲约有300万难民,约占世界难民总数的20%;同年非洲国家的境内流离失所者人数约为600万,约占世界总数的42%。经济的生产性活动遭到了破坏,并使贫困的循环永久化。就非洲而言,南苏丹、利比里亚、布隆迪和刚果民主共和国等国的难民自愿遣返有助于减少该地区的难民数量。更重要的是,这一现象表明,这些迄今为止饱受冲突之苦的国家正在逐步重建,返回者最终将参与该区域的经济发展,这是个好兆头。

截至2010年,非洲的总人口估计为8.54亿人。[①] 其中约43%的人口年龄在15岁以下。撒哈拉以南非洲的年均人口增长率为2.5%(2010),是世界上最高的,几乎是世界平均水平的两倍,预计在2015年前都将保持这一水平。肯尼亚和尼日利亚等国的年均

[①] 根据联合国《世界人口展望2022》报告,截至2022年,非洲人口约为14.27亿人,已超越中国人口。——译注

人口增长率甚至更高,达到了 3% 左右。根据联合国难民事务高级专员公署在线人口统计数据库,预计到 2050 年,非洲人口将占世界人口总数的 21%。不过,过去半个世纪以来,非洲的人口增长率实际上经历了大幅下降(1960 年为 14%),现在几乎与其他发展中国家持平,2005 年的平均增长率为 1.9%。非洲人口增长最令人担忧的一个趋势是,非洲大部分人口集中在 15 岁至 24 岁年龄段。由此产生的"青年膨胀"(youth bulge)给各个国家的有偿就业和公共服务供给(特别是住房、教育和医疗)机会造成了巨大压力。此外,非洲城市人口占总人口的 39.6%,其中约三分之二生活在贫民窟。

表 13.3 人口增长率(年%)

	1990	1995	2000	2005	2010
肯尼亚	4.2	4.4	0.6	5.9	5.6
尼日利亚	8.2	2.5	5.4	5.4	7.8
埃塞俄比亚	2.7	6.1	6.1	11.8	9.9
塞内加尔	-0.7	5.4	3.2	5.6	4.1
南非	-0.3	3.1	4.2	5.3	2.9
中低收入国家	1.9	3.9	5.4	7.2	7.7
撒哈拉以南非洲(所有收入水平)	1.2	3.8	3.6	6.0	5.0

当经济增长的速度被人口增长稀释时,持久减贫的目标就很难实现。然而,人口增长和中位年龄下降的一个重要结果是抚养比/抚养系数(非常年轻和非常年长的人口与劳动年龄人口之比)的总体下降。1995 年,非洲每 100 名劳动年龄人口对应 91 名受抚养的人;到 2010 年,依赖劳动年龄人口的受抚养人口比例下降

到每 100 人对应 85 人。虽然与全球平均水平 54% 相比，这一比例依然很高，但仍显示出积极的趋势。

艾滋病病毒/艾滋病仍然是非洲经济增长的最大障碍之一。南非和博茨瓦纳等快速增长的经济体受到了艾滋病病毒/艾滋病高感染率的拖累。1990 年，博茨瓦纳约有 5% 的成年人口（15 岁至 49 岁）受到感染；到 2010 年，这一数字已上升到约 25%。同样，在南非，感染率也从 1990 年的不到 1% 增长到 2010 年的 18%。不过，控制这一流行病的新型措施似乎正在产生预期中的效果，在一些国家，成年人感染艾滋病病毒/艾滋病的比例正在下降。举例来说，乌干达在 20 世纪 90 年代感染率飙升，几乎达到了 14%；而到 2010 年，该国的艾滋病病毒感染率已经下降到 7% 左右，这是政府积极干预计划的结果。卢旺达的情况类似，感染率从 1990 年的 9% 降至 2010 年的 3%；刚果则从 1990 年的 5% 降至 2010 年的 3%。然而，非洲成年人的艾滋病病毒感染率仍然是世界上最高的，在 15 岁至 49 岁的人群中，总体上约有 5% 的人受到感染。这与南亚或拉丁美洲和加勒比等其他发展中地区的情况截然不同，在这些地区，成年人的感染率低于 1%。但是，加纳、塞拉利昂和利比里亚等国家十年来一直也保持着 2% 左右的较低流行率。

贸易和投资

减少非洲外援依赖的最主要途径之一是增加公平贸易活动。冷战后国际体系的转变使非洲与北方国家的关系严重受挫。特惠贸易协定被世界贸易组织更严格的要求所取代，虽然这些要求长期而言对自由贸易有好处，但在短期内却会使非洲国家处于严重的不利地位。例如,在世贸组织的规则体系下,1995年至2004年期间,非洲农业出口的份额(占商品出口的份额)有所下降。从1996年的6.8%下降到2002年的4.4%左右,到2010年还保持在这个水平。鉴于农业贡献了非洲的主要经济产出,有偏向性的国际农业市场体系对其产生了负面影响。考虑到非洲近三分之二的劳动力受雇于农业部门,这一点就更为重要。

发达国家继续向其农民提供补贴。加上现有的关税和非关税壁垒,最终造成了市场扭曲,损害了非洲在全球农业市场中的地位和参与度。由于大部分非洲国家的国土面积相对较小,它们作为国际贸易体系中参与者的脆弱性也比国土面积大的国家要高。正是缘于此,很多非政府组织以及非洲领导人自己都在频繁呼吁建立一个更公平的国际贸易体系。正如2010年在多哈举行的全球贸易会议[一般称作"多哈回合谈判"(Doha Round)]所见证的那样,非洲国家与其他发展中地区一道,一再试图促使人们考虑影响它们的问题,游说降低富裕国家进口初级产品的关税以及补偿贸易进一步自由化的短期不利影响。然而,这些贸易谈判往往要酝酿数年,因此,能够在增长的同时大规模减贫的制度体系仍然遥遥无期。

在过去十年中,一些非洲国家已经证明,只要国际上实行公平的贸易体系,自己在国内实行有利于增长的经济政策,非洲就有能力在国际市场上竞争。比如马拉维最近已成为农产品的净出口国,而肯尼亚则在全球园艺产品方面占据了一席之地。总的来说,非洲在全球贸易中的参与程度有所提高。贸易量的增加支撑了许多非洲国家国内生产总值的增长。该区域的贸易额占国内生产总值的百分比大幅上升,从1990年的50%持续增长到2006年的76%左右,但之后受全球经济危机的影响,在2010年下降到65%。这些贸易大多发生在非洲和其他发展中地区之间,对非洲以外的发展中国家的商品出口比例从2000年的15%上升到2010年的32%。在非洲内部,尽管有一些区域协定和贸易集团,但对发展中国家的出口仍然相对平稳,2000年至2010年期间平均为12%。相反,非洲对高收入国家的商品出口比例在2005年达到顶峰,为67%,然后逐渐下降到2010年的54%左右。

非洲内部国家之间的商品进口额一直很低,2000年至2010年一直在12%至13%之间徘徊。但非洲从区域外的其他发展中国家进口了更多商品,这部分进口额几乎翻了一番,从进口总额的15%增加到2010年的30%。商品出口额和进口额的增长,部分是由于中国在非洲市场的作用。市场的保护主义以及非洲国家在进入这些市场时仍然面临的巨大障碍,是其向发达国家出口数字相对较低的原因。此外,2008年金融危机对贸易额产生了持续性影响,2009年第一季度,由于发达国家对大宗商品和农业原材料的需求放缓,发展中国家的出口遭遇了断崖式下滑。

表13.4 商品贸易(占国内生产总值的%)

	1990	1995	2000	2005	2010
肯尼亚	37.9	53.8	38.1	49.5	53.6
尼日利亚	67.5	73.2	64.6	63.4	65.1
埃塞俄比亚	11.4	20.6	21.4	40.6	36.8
塞内加尔	34.6	49.3	52.0	58.2	54.0
南非	37.4	38.6	44.9	46.1	48.2
中低收入国家	31.7	38.3	45.1	55.0	48.5
撒哈拉以南非洲(所有收入水平)	42.0	47.5	51.5	57.2	58.2

过去十年中,在中国巨大需求的推动下,非洲(和其他地方)的采掘业得以蓬勃发展。因此,石油和矿产生产国在过去十年中取得了显著增长。安哥拉、乍得、尼日利亚和苏丹表现出与高收入国家类似的增长模式,从 1995 年到 2005 年,这几个国家的国内生产总值增长率都翻了一番。这使得撒哈拉以南非洲的工业增长率从 20 世纪 90 年代的平均 2.0% 上升到 21 世纪第一个十年的 5.2%。可以想见,由于缺乏加工大部分原材料(包括原油等自然资源)的工业基础设施,非洲在这方面的市场竞争力遭到了大大削弱。石油生产国的意外之财对非洲许多进口石油的国家来说是一种诅咒,它们要被迫花更多的钱购买原油和其他石油产品。

非洲还背负着大量的外债。当然,过去十年来,外债总额一直在减少。在非洲,偿债总额占国民总收入(GNI)的百分比一直在以惊人的速度下降,从 2000 年的 4% 下降到 2010 年的 1%。然而,大多数非洲国家仍将其国民收入的很大一部分汇给国际债权人。1980 年至 1990 年,非洲的外债几乎增加了两倍,从 600 亿美元增加到约 1 800 亿美元,其导火索是 20 世纪 70 年代的石油和债务危机等外部冲击以及随之而来的利率上升。到 2007 年,非洲国家所欠债务总额约为 1 950 亿美元,比 1995 年 2 400 亿美元的峰值有所下降。外债减少的主要原因是国际发展伙伴在世界银行制定的"重债穷国倡议"下进行的债务减免安排,推动债权人减免了这类穷国的债务。莫桑比克等受益于该计划的国家继续显示出加速增长的迹象,增长率从 1990 年的 1% 上升到了 1995 年的 3%,然后又上升到 2005 年的 8% 左右。但必须指出的是,债务减免本身并不能推动增长。在经历了长期内战之后,莫桑比克受益于相对稳定的政治环境、较低的腐败率和一以贯之的促进增长的经济政策。

表 13.5　外债存量（占国民总收入的%）

	1990	1995	2000	2005	2010
肯尼亚	85.8	83.8	48.9	34.3	26.9
尼日利亚	130.7	131.7	77.9	22.3	4.5
埃塞俄比亚	71.9	136.8	67.7	50.6	24.1
塞内加尔	68.0	82.9	78.7	44.8	28.5
南非	—	17.1	19.2	12.8	12.7
中低收入国家	—	38.8	37.8	26.6	21.0
撒哈拉以南非洲（所有收入水平）	—	—	—	—	—

虽然大部分外国直接投资流向了发达国家，但近年来非洲的外国直接投资流入量有所增加。这种流入大部分来自中国、印度和巴西，中国在资源开采和基础设施建设中投资，巴西投资铁路建设，印度则投资农业。来自这些国家和其他国家的外国直接投资在民间融资中占有很大比例。1990 年，外国直接投资数额仅占非洲国内生产总值的 0.4%。到 2005 年，这一比例上升至原来的七倍，达到 2.8%。到 2009 年，其更是占到了国内生产总值的 4% 左右，是世界平均水平的两倍。石油和矿产等商品的投资增加是大量资本流入的主要原因。近年来，非洲一些外国直接投资数额增加最多的国家恰恰就是拥有矿藏和石油储备的国家。例如，在赤道几内亚，外国直接投资额占该国国内生产总值的比例从 1990 年的 8% 上升到了 2006 年的 19% 左右。拥有石油和其他自然资源的苏丹、乍得和尼日利亚也经历了类似的增长。整个非洲的制造业平均增长率也从 1990 年的 2.1% 上升到 21 世纪头十年的 3.2%。

此外,非洲外汇收入的很大一部分来自海外移民的汇款。据估计,汇往非洲发展中国家的汇款是外国援助额的两倍,几乎是外国直接投资额的三分之二(World Bank,2008:X)。海外移民汇款成为非洲国家外部融资的一个重要来源,人们因此开始关注海外非洲公民在资助本国发展方面的作用。2010年,汇款占撒哈拉以南非洲各国国内生产总值的2.2%左右,略高于中低收入国家的平均水平,后者约为1.7%。在国家层面,塞内加尔的海外汇款占国内生产总值的11%,佛得角的海外汇款占国内生产总值的8%,尼日利亚的海外汇款占国内生产总值的5%左右。这在短期内对非洲来说虽是好事,但鉴于全球经济环境的不稳定性,依赖汇款的风险仍然很大。

表13.6 工人汇款和雇员报酬,汇入(占国内生产总值的%)

	1990	1995	2000	2005	2010
肯尼亚	1.6	3.3	4.2	4.3	5.5
尼日利亚	0.0	2.9	3.0	3.0	5.1
埃塞俄比亚	0.0	0.4	0.6	1.4	0.8
塞内加尔	2.5	3.0	5.0	9.1	10.5
南非	0.1	0.1	0.3	0.3	0.3
中低收入国家	1.1	1.2	1.4	2.0	1.7
撒哈拉以南非洲(所有收入水平)	0.7	1.1	1.6	1.6	2.2

中国走进非洲对西方贷款人和捐助者产生了严重的影响。这些贸易、援助和投资伙伴坚持良政和民主的自由主义理念,寻求限制国家在经济企业中的所有权,但中国在与非洲的交往中往往淡化了这些原则。与中国贸易额的激增使一些国家能够在援

助和国际收支平衡支持贷款削减的情况下生存下来。2000年至2005年，非洲对中国的出口以每年48%的速度增长。中国继续向被西方贴上"流氓国家"标签的非洲国家示好。例如，在过去十年中，中国增加了与苏丹、南苏丹、赤道几内亚、乍得和津巴布韦的贸易额。中国的工业发展刺激了其对石油和矿产的需求。因此，中国鼓励其企业，特别是国有企业增加与非洲国家的贸易。中国还在非洲建立了用以展示中国科技和农业技术的示范中心，并创建了中非发展基金（China–Africa Development Fund），这是一个价值数十亿美元的投资基金，主要对象是在非洲投资的公司。在非洲从全球经济危机的冲击中复苏的进程中，中国正成为非洲的重要合作伙伴。

许多非洲国家最近的快速增长可部分归因于过去十年中与中国新开展的贸易活动。在地缘政治上，中国对非洲的兴趣催生了一种"向东看"的战略，这种战略增加了非洲国家在政治上摆脱对西方国家多年依赖的可能性。尽管这看起来似乎仍然是天方夜谭，但其实现并非完全不可能。更为直接的是，它引发了非洲国家与西方和西方主导的国际金融机构的紧张关系，未来很可能导致新的发展援助模式和其他可能的结果。然而，这一新的贸易关系有一个重要问题，即非洲是否有经济能力利用中国市场，以防止南北关系中特有的贸易不平衡现象再度出现。

民主、良政和发展

国家实力和以有效和负责任的方式提供公共服务的能力取决于国家机构的活力。而这些又有赖于良政，其中包括自由和公正的选举、尊重个人自由和财产权、自由而充满活力的新闻界、公开和公正的司法机构、透明和强有力的立法结构以及公民的积极参与。因此,非洲经济发展的命运与建立一个良好的政治和经济治理体系是密不可分的。过去二十年来,非洲国家迅速实现了自由化。尽管一些国家的民主制度得而复失,但达到最低限度民主要求的国家的数量在增加。近年来,非洲民主化的进程开始加速。关于民主和良政的新方案集中在选举制度、公民社会参与、过渡时期的司法以及人权方面。其他关注点包括公务员制度改革、司法改革和公共财政管理。卢旺达、肯尼亚和加纳等国着力进行体制和宪法改革,希望能提升公共部门的能力。此外,很多非洲国家已经认识到,审慎管理矿业资源对经济增长至关重要,对这些资源管理不善往往是资源丰富的国家发生冲突的原因之一。于是,许多国家承诺加入"采掘业透明度倡议"(Extractive Industries Transparency Initiative)。例如,利比里亚是非洲第一个得到该倡议认证的国家。此后,利比里亚亦在建立自然资源收益记录系统方面颇有进展。

国际发展界在引领这些发展的节奏方面发挥了重要作用。尽管如此,近年来,随着公民以团体或个人形式组织起来,要求在社区治理方面有更大的发言权,要求对政府行为进行更多的监督,并要求从公共资源中获得更具实质性、更公平分享的成果,非洲国家内部推动体制改革和政治权力转型——即所谓的"需求侧治理"现象——的呼声越来越高。在乌干达等地,公民和公民社会在要求良政方面正变得更加坚定,在那里,公民记分卡可以跟踪当选官员的业绩;而在肯尼亚,绩效合同的采用在高级公务员中引入了公共问责意识。许多国家都见证了强大而活跃的公民社会的出现——工会、利益集团、非政府组织以及自由和充满活力的新闻界——成为对不受约束的国家权力的制衡。这些组织在要求政府公开透明,负起责任,并且在推行有利于农民和工人等群体的具体政策方面发出了有分量的声音,以此开始重新塑造政治和政策。

根据"自由之家"(Freedom House)的数据,自20世纪90年代初以来,大多数非洲国家的民主程度和对良政原则的接受程度都有所提高。2009年,10个非洲国家被评级为"自由",23个非洲国家被评级为"部分自由",15个非洲国家被评级为"不自由"。虽然这些数字与20世纪90年代民主化浪潮所希望达到的目标相去甚远,但它们也确实表明非洲在过去三十年里一直在向民主迈进。1980年,只有4个非洲国家被评级为"自由",27个非洲国家被评级为"不自由"(Free House,2009)。总的来说,在过去二十年里,政治和公民自由有了改善,尽管改善幅度不大。不过,就非洲整体而言,一些国家民主自由程度的改善被其他国家的下降所抵消(Puddington,2012)。

世界银行自己的制度能力评价体系,即"国家政策和制度评估"(Country Policy and Institutional Assessment),将大部分非洲国家的公共部门管理机构的表现评为3.5分以上(满分6.0分)。然而,佛得角、加纳和坦桑尼亚等表现好的国家与安哥拉、乍得和津巴布韦等表现差的国家之间存在很大差异。良政的最佳指标之一是政府控制腐败的成功程度。"透明国际"(Transparency International)在2011年发布的"全球清廉指数"(Corruption Perception Index)中发现,只有3个国家(博茨瓦纳、毛里求斯和佛得角)的清廉指数高于中点。在全球182个国家中,这3个国家分别排在第36、41和46位。非洲治理和发展问题上的一个重要进展是本章前面提到的于2003年建立的非洲同行审议机制。在这一机制下,每个国家都要向由非洲领导人组成的小组提交年度报告,说明每个国家在公共事务管理方面取得的进步。截至2012年6月,约有33个非洲国家签署协议,成为非洲同行审议机制成员,其中一些国家,如肯尼亚、贝宁、卢旺达和南非,已经接受了审查(Wikipedia,2012)。因此,非洲联盟决意更加坚定地捍卫民主的准则,希望构建一个至少将投票作为政治竞争最终裁决方式的政治文化。非洲联盟已经采取行动暂停了行为不当者的成员国资格,并拒绝承认通过暴力手段获得权力的领导人。近期非洲联盟就暂停过科特迪瓦、马里、埃及、马达加斯加和几内亚的成员资格,这也表明非洲联盟的态度变得更加强硬。然而,非洲联盟在利比亚问题上的旁观者态度,加上国际刑事法院因为据称对非洲有偏见而受到越来越多的谴责,都削弱了非洲联盟对良政的重视程度。

最近在博茨瓦纳、加纳、塞内加尔、南非和赞比亚等国举行了和平选举和权力移交。然而,在肯尼亚、尼日利亚和津巴布韦,长久的分裂加上近期的一些原因导致了动荡和暴力。冷战结束后国际体系的变革催生了20世纪90年代的民主化成果,但这些成果受到了威胁。科特迪瓦、科摩罗、几内亚和马达加斯加等地政变的卷土重来表明政治动荡和暴力冲突的危险尚未结束。不过,现在就断定非洲正在经历民主的倒退,回到70年代的政治动荡岁月,还为时过早。

尽管良政与经济增长之间的关联仍有待于文献中的明确证明,但至少可以说,两者之间存在着正相关的关系;这在直观上也很有吸引力。不足为奇的是,非洲经济增长最快的经济体也是那些透明度最高的经济体,这些经济体管理水平更高,有良好的监管,市场开放,政策稳定,并坚持法治。莱维(Levy,2006)根据非洲国家对结构调整的反应将其分为三类:"持续调整者"

(sustained adjusters)在1988年至1996年的调整期坚持了其改革议程;"后期调整者"(late adjusters)最初遇到了一些内部争议,但在20世纪90年代后期开始改革,并一直持续到了2001年;最后是"两极分化"(polarized)国家,它们启动了一些改革,但忽视了其他改革,并遇到了破坏持续改革的国内政治问题。莱维等人发现,第一类国家的增长高于其他国家。总的来看,20世纪90年代的贝宁、布基纳法索、加纳、马拉维、马里、莫桑比克、乌干达和赞比亚受益于改革的连贯性,经历了不断向上的增长模式;相比之下,科特迪瓦、肯尼亚、尼日利亚、多哥和津巴布韦等国只进行了零星改革,甚至遭到了逆转。其结果是:在21世纪初,后一类国家中的一些国家紧张局势加剧,甚至发生了动乱,在肯尼亚、津巴布韦和科特迪瓦出现了有争议的选举和不时发生的暴力事件,尼日利亚和肯尼亚漏洞百出的边境管控和宗教原教旨主义者的存在使得两国的国家安全情况不容乐观。

针对非洲的发展援助

过去的十年是对非洲的援助总额大幅增加的十年,也是对于对该地区的援助是否有效进行激烈辩论的十年。直至如今,分歧仍在,一派认为,援助破坏了非洲的增长,而另一派则认为,富国在援助支持非洲发展方面做得还不够。然而,事实是,大部分非洲国家都对官方发展援助形成了依赖。官方发展援助占资本形成总额的比例从1995年的31%暂时下降到2000年的23%,到2006年又上升到了30%,这是工业化国家增加全球发展资金的结果。但到了2010年,官方发展援助再次下降到19%。而实际上自1995年以来,人均官方发展援助净额一直在增加。1995年,这一数字为 32 美元；到 2007 年，这一数字提高到了 45 美元，到 2010 年则进一步上升到 53 美元。例如，在厄立特里亚、利比里亚和塞拉利昂，援助占国民总收入的百分比在 2005—2010 年平均一直超过 50%。相反，毛里求斯、南非和加蓬的援助额占比一直保持在 1% 以下。

表 13.7　官方发展援助净额，汇入（占国内生产总值的%）

	1990	1995	2000	2005	2010
肯尼亚	13.8	8.1	4.0	4.1	5.1
尼日利亚	0.9	0.8	0.4	5.7	1.0
埃塞俄比亚	8.4	11.5	8.4	15.7	11.9
塞内加尔	14.2	13.4	9.2	8.0	7.2
南非	—	0.3	0.4	0.3	0.3
中低收入国家	1.5	1.1	0.8	1.1	0.6
撒哈拉以南非洲（所有收入水平）	5.9	5.7	3.8	5.0	4.0

在全球范围内，官方发展援助近年来一直在增加，这与发达国家对非洲发展的支持是分不开的。这种增长一定程度上是北方国家大力推动增加对非援助并提高援助效率的结果。在 2005 年的格伦伊格尔斯（Gleneagles）峰会上，八国集团领导人承诺每年增加 250 亿美元的援助。之后的援助数额确实出现了增长，很多国家正在按期兑现承诺。但人们也认识到，对大部分非洲国家来说，援助并没有达到使数百万人脱贫的目的。发展研究界内部对援助是否真的有效进行了深刻反思。然而，在大多数情况下，人们普遍认为，非洲国家在过去十年中所经历的经济正增长、入学率的提高和儿童死亡率的降低，很大程度上是援助增加和许多

非洲国家靠着"重债穷国倡议"而获得大量债务减免的结果。2005年,《关于援助有效性的巴黎宣言》(Paris Declaration on Aid Effective)确立了一项原则,即接受发展援助的政府需要对捐助资金的使用拥有控制权。该宣言强调了国家所有权,并呼吁进一步精简受援国分配和使用发展援助资金的方式。

尽管十年来取得了令人印象深刻的增长,宣称非洲已在发展方面转危为安仍是不谨慎的;但至少我们有理由认为,早先对21世纪非洲前景的悲观看法是错误的。然而,在世纪之交引起这些严重怀疑的问题仍然与发展成功与否息息相关。改善治理、提升人力资源水平、提高竞争力和减少对援助的依赖等任务仍然是实现区域经济转型的关键。

虽然各国之间存在着很大的差异,但平均而言,非洲正朝着接受良政的基本原则、遵守全球公认的公共财政管理原则和改善投资环境的方向发展。另外,非洲国家正在努力增加年轻人的入学机会,提供资源以确保儿童完成小学教育,并提高女性对经济的参与程度。我们有理由相信,这些措施和努力将会进一步提升非洲的社会经济发展水平。

在非洲内部,一些国家正在成为发展的典范和模板:它们维持着较高的经济增长率,致力于改革治理体系,提高私营部门的参与度,并通过改善公共服务的供给来解决社会问题。但挑战依然存在。非洲仍然是实现联合国千年发展目标进展最慢的地区,仍然是腐败猖獗的地区,仍然是最有可能陷入暴力冲突的地区。索马里等脆弱的国家,马达加斯加和几内亚比绍的政治动乱,以及刚果共和国[刚果(布)]、刚果民主共和国和苏丹达尔富尔地区的冲突频发,使更广范围内的经济振兴前景变得更加复杂。归根结底,非洲的经济发展不会只有一种道路,也不是每个非洲国家都会立即经历转型。但从莫桑比克、坦桑尼亚和卢旺达的例子来看,只要当权者真心决定制定健全的宏观经济政策、提升人力资源水平、遏制腐败和改善投资环境,持续的经济增长是可能实现的。发展伙伴可以提供援助,但任何外部援助都不可能取代国内的社会、政治和经济转型。

术　语

非洲同行审议机制:由非洲联盟成员创建的一种非洲自我监督机制。

国际收支平衡:在国际体系中记录一个国家与其他国家经济交易的体系。可能有利,也可能不利。

公民社会:围绕共同利益、目的和价值观的非强制性集体行动的舞台。它包含了多种多样的空间、行为体和制度形式,其正式程度、自主性和权力各不相同。

国家政策和制度评估:衡量一个国家的政策和制度框架在多大程度上支持可持续增长和减贫,从而有效利用发展援助。

经常账户赤字:当一个国家商品、服务和中转的进口总额大于该国商品、服务和中转的出口总额时,就会发生这种情况。

抚养比:特定人口中非活跃年龄人口与活跃年龄人口的比率。

采掘业透明度倡议:采掘行业旨在通过提高透明度和完善问责制来加强治理的全球标准。

外国直接投资:外国公民对企业股票和所有权的投资。

资本形成总额:固定资产的私人和公共投资、存货的变动以及贵重物品的购置净额。

国内生产总值:一个国家在一年内生产的商品和提供的服务的总量。通常是一个国家财富的指标。

重债穷国倡议:由世界银行创立的一项动议,覆盖负债累累的低收入国家。

国际开发协会:旨在通过为促进经济增长、减少不平等和改善人民生活条件的项目提供无息信贷和补助来减少贫困。它成立于1960年,是世界银行的一部分。

国际货币基金组织:由186个国家组成的联盟,致力于促进全球货币合作,确保金融稳定,促进国际贸易,促进高就业和可持续经济增长,并减少世界各地的贫困。

千年发展目标:世界领导人在 2000 年 9 月通过的一套八项目标,承诺建立新的全球伙伴关系,从而到 2015 年减少极端贫困。

官方发展援助:发达国家和捐助机构为促进发展中国家和地区的经济发展和福利而发放的优惠贷款和补助。

《关于援助有效性的巴黎宣言》:起因于捐助国和发展伙伴决定采取影响深远和可监测的行动,改革援助的交付和管理,以提高援助在受援国的效力。

汇款:在其被视为居民的另一个经济体中就业或打算继续就业一年以上的移民将资金汇回本国。

贸易逆差:进口和出口之间的差异。大多数非洲国家的进口大于出口。

失业率:劳动力中没有工作但可以就业和正在寻求就业的人所占的百分比。

世界银行:该机构创建于 1944 年,旨在促进战后重建;多年来,它的使命已经演变为全球减贫。

拓 展 阅 读 建 议

Freedom House. 2009. *Freedom in Sub-Saharan Africa*. Washington, DC: Freedom House. Available at www.freedomhouse.org/uploads/special_report/77.pdf.

Hart, Jeffrey A., and Joan E. Spiro. 1997. *The Politics of International Economic Relations*. 5th ed. New York: St. Martin's.

Levy, Brian. 2006. "Governance and Economic Development in Africa: Meeting the Challenge of Capacity Building." In *Building State Capacity in Africa*, ed. Brian Levy and Sahr Kpundeh, 1–42. Washington, DC: World Bank.

Puddington, Arch. 2012. "Essay: The Arab Uprisings and Their Global Repercussions." In Freedom House, *Freedom in the World 2012*. Available at www.freedomhouse.org/report/freedom-world-2012/essay-arab-uprisings-and-their-global-repercussions.

Wikipedia. 2012. "African Peer Review Mechanism." Available at http://en.wikipedia.org/wiki/African_Peer_Review_Mechanism.

第14章

非洲的人权

塔基瓦·马努

人权规范是衡量当代人类生存和发展的重要尺度。在国际社会中,自2006年成立联合国人权理事会以来,人权规范已成为联合国的第三个体制支柱。在历史的长河中,这是一个较新的发展成果,但人们对于人权对生命、尊严和发展的重要性,几乎没有争议。虽然关于人权的不同概念和表现存在分歧,但没有人会真正质疑人权的必要性。有人认为,人权不应被视为一个区域性概念,而应普遍适用于世界各国人民,不分种族、阶级或性别。另外,人们已经摒弃了人权规范完全起源于西方的概念,主流立场认为,现代人权概念是所有人类社会争取社会正义和抵抗压迫的长期历史的现时表现(An-Na'im and Hammond, 2002: 1)。正如联合国暴力侵害妇女问题前特别报告人拉迪卡·库马拉斯瓦米(Radhika Coomaraswamy)指出的那样,有一种权利要素(指人权)在话语和实践层面上都超越了地理位置或文化特殊性的局限。这种话语在个人的日常经历中产生了共鸣,并被世界各地的不同群体所使用。此外,在过去二十年里,人们越来越认识到贫穷或债务负担是对基本人权的剥夺。这种对贫困的重新定义对于非洲尤其重要,因为在非洲,贫困和不发达现象最为普遍,而作为人权概念的发展权长期以来一直被认为是确保发展利益得到公平和公正分配的一种手段。

非洲人权的规范框架

文化的特殊性与普遍性

关于非洲人权框架的讨论通常是通过将现有的国际人权文书——《世界人权宣言》(Universal Declaration of Human Rights)以及关于政治权利和公民权利的国际公约——与《非洲人权和人民权利宪章》(African Charter on Human and Peoples' Rights)所包含的区域规范标准进行对比展开。这种框架直接催生了对"文化相对主义"(cultural relativism)的讨论,即关于表面上普遍的人权标准在多大程度上应根据世界不同区域的当地文化状况加以限定和修改的争论,这也正是《非洲人权和人民权利宪章》的内容和结构想要表述的观点。

如上所述,人们普遍认为,人权是人类生命、尊严和发展所不可或缺的要素。然而,在人权的概念和表现方面,特别是文化在人权概念中的作用方面,存在着较大的分歧。分歧主要发生在普遍主义者(他们认为《世界人权宣言》和实施该宣言的相关文书是关于人权的最终结论)和相对主义者(他们否认任何近似于共同人权的普遍规范概念)之间。相对主义的支持者认为,具体的空间和文化现实否定了跨地方和跨国人权观念存在的可能性;对他们来说,人权取决于特定地点、文化或国家的现有情况和条件。这就意味着文化是固定的和不可改变的,而实际上,众所周知,文化有其历史性和偶然性,是动态变化的,也是人为构建的。认为文化"不可改变"的观念往往被用来保护、维持那些侵犯社会弱势成员的不公正做法,并使之合法化。

普遍人权的支持者认为人权完全是不分背景、不受外界情况影响的,但实际上,对当地现实的关注和理解可以更好地保障人们应有的权利。这种观点没有认识到,人类情感正是在文化中繁育,也是通过文化表现的;普遍人权观还忽视了包容和对话的必要性,而这正是普遍人权的核心原则。

相对主义和普遍主义的分歧不只体现在意识形态层面,也具有政治和经济影响。文化相对主义吸引着独裁政客,并经常被他们用来为其糟糕的人权记录和做法辩护。父权制的拥趸也利用它来维持对女性的奴役和维护父权制的种种安排;在这个过程中,它破坏了家庭、社会和国家层面的两性平等。普遍主义者声称要超越他们眼中狭隘的文化观点对充分享有人权构成的障碍。实际上,他们所主张的观点也把"人权"一词的涵盖范围限制在公民和政治参与的领域。人类的经济、社会和文化权利以及拥有和平、发展和可持续环境的权利并不在公民和政治权利概念所涵盖的范围内。考虑到有许多非洲人吃饭都是个问题,也无法生活在可持续的环境之中,这些都是重大的遗漏。

经济、社会和文化权利

除了普遍主义与相对主义的分歧之外,关于人权的讨论中还形成了两大分类:一类是公民和政治权利,另一类是经济、社会和文化权利。一般来说,经济、社会和文化权利被视为次要的权利,而公民和政治权利则被视为最迫切的权利。这种分类已经到了根深蒂固的程度,甚至那些认为这两类权利是人类福祉的先决条件的人也接受并使用了这种划分。这可能与国际人权舞台上的重要角色倾向于优先考虑公民和政治权利有关。但也有批评的声音认为,经济、社会和文化权利必须与公民和政治权利得到同等重视。在世界一些地方,长期贫困使人们无法充分享有和行使公民和政治权利,这种情况更是如此。

鉴于非洲历史上的贫困落后、殖民主义对非洲人权的剥夺以及经济停滞、边缘化和冲突,经济、社会和文化权利在这里有着同等程度乃至更强的紧迫性。利比里亚、塞拉利昂和刚果民主共和国的战争以及卢旺达的种族灭绝导致数百万人死亡,造成了大规模的人口流动和流离失所,并导致许多普通人本已岌岌可危的生存状况进一步恶化。一些国家在改善其公民生活条件方面本已取得了一定进展,但战火让发展停滞了下来,在大部分情况下甚至前功尽弃。在食物和住房等基本需求无法得到满足的情况下,很多人认为投票权并不重要。然而,如果我们选择不改变现状,继续剥夺这些人的选举权的话,可能会让导致人们食不果腹和其他不自由的根源永久化。这就要求我们必须将本来分开看待的两类权利结合起来,因为充分享有其中一项权利在很大程度上取决于另一项权利的存在。如果从一个整体的角度看待和追求人权,它们就会成为实现人类发展目标的核心。如果一味追求其中一项权利而牺牲另一项权利,就会像今天我们所看到的情况一样,产生一套与社会最弱势群体的生活现实格格不入的权利。

尽管显然有必要将这两类权利结合起来,但有些人坚持认为,经济、社会和文化权利不是权利,而是抽象的愿望,国家对这类权利的实现没有约束力。但是,政治活动家的努力也有一些成功的例子,并使国家承担起了相应的责任。虽然许多国家仍然坚持认为它们没有能力满足公民的经济权利,认为公民经济、社会和文化权利的实现取决于资源的可获得性,但一些地区的法院已经开始从资源分配中某些社会群体和性别受到歧视的角度来处理这些问题。在他们看来,保证这些权利不一定需要额外的资源,而是取决于现有资源的重新分配,并在分配的过程中确保公平和社会正义,不使处于优势的阶层或群体过多地受益。

非洲的人权状况

前殖民时期非洲社会的人权

在非洲前殖民社会或所谓的传统社会中,对人权的承认及其性质和范围的讨论旷日持久,有时甚至火花四溅。一种普遍的观点认为,传统的非洲社会形态是基于社群主义和平等主义的,个人的尊严和自由受到尊重,而社会成员之间的社会差距很小。加纳哲学家夸梅·吉克耶(Kwame Gyekye,1992)对这种观点表示了明确支持,他解释说,支配这些社会的基本原则是人与他们出生的社区之间的相互依存性,以及对人类个性的承认。在支持这一观点的学者眼中,个人拥有理性的道德观念与社区培养的美德和判断能力。人们也有对现行社会安排的一些方面质疑的权利。因此,个人有自我引导和自决的意愿,这反映了被认为对于个体尊严和存在不可或缺的固有权利。同时,非洲传统社会中和平、和谐、稳定、团结、互助和互惠等社会价值也得到了这一派学者的强调。

对非洲传统社会的另一种评估认为,上述描述是虚构和理想化的。根据人类学证据、口述历史、个人证词、对非洲谚语的分析和文学批评(特别是来自非洲女作家和女权主义者的批评),这一派的支持者坚持认为,传统非洲社会并非没有父权制和性别不平等现象(International Humanist and Ethical Union,2006)。另外,根据社会在某一特定时期的社会和/或政治结构,内部团结的程度经常起伏不定,许多非洲社会受到家庭、年龄群体和宗族内的动态和个性以及族群领袖和年长者的影响。这些社会不是孤立的实体,而是动态的结构,在族裔内和族裔间与其他群体和社会有频繁的甚至暴力的政治和经济交往,因此社会或政治秩序经常会发生翻天覆地的变化。新社会秩序的出现可能导致人际关系的迅速分层,如土地的私有制,以及王室和平民之间、"大人物"或"恩庇者"与其追随者或社会下属之间、长辈和晚辈之间及男女之间的地位差异。所有这些都对个人的社会地位和他们在社区事务中所能发挥的作用造成了影响。但是,非洲不断演变的社会秩序后来遭到了殖民主义的严重破坏,殖民主义强加了一种新的政治、经济和社会制度,重新定义并重构了权力、身份认同和忠诚。

欧洲殖民主义与非洲的人权

不管欧洲对非洲的殖民统治伴随着多少有意洗白的文明论和现代化的论调,殖民时期非洲的人权记录确实非常糟糕。殖民统治的实行总是伴随着暴力,在殖民者眼中,被殖民者是进化等级的最底层。关于殖民时代的描述充满了种族主义的偏执与对非洲人尊严和人格的令人发指的践踏,其形式包括强迫劳动、身体伤害和杀戮、经济上的剥削以及对人身行动的限制等。

在政治上,非洲人被殖民者视为臣民,被剥夺了参与非洲内部政治进程的权利。宗主国的利益总是第一位的,殖民者利用反复无常的法律使当地人处于从属地位,以便从他们身上榨取经济价值。虽然英国人特别强调他们的"间接统治"做法,但事实上所有欧洲殖民国家都依赖中间人,他们愿意帮助建立相应的制度,把本来灵活的地方政治进程压制在从属地位。希望保住地位的现有非洲地方领导人被要求向当地人征税,而在以前不存在中央集权的地方,欧洲人则会把中间人硬塞进去。在利奥波德二世的眼皮底下,比利时人对刚果人进行的种族屠杀,是殖民统治下漠视非洲人生命和权利的典型例子:据霍克希尔德(Hochschild,1999)对这场灾难的详细记录,估计有 800 万人在此期间丧生。但是,比利时人并不是唯一这么做的,法国人、德国人和英国人也在非洲强制推行了类似形式的强迫劳动。

根据特定殖民国家的具体利益,人们的行动自由也常常会受到严格控制。一个典型的例子是南非的种族隔离制度,在那里,大多数黑人人口被限制在土著保留地,只有获得通行证才能出行。人们被迫于非人道的条件下在矿井和种植园工作。那些质疑这一制度的合法性及其残酷性的人会被关进监狱,在某些情况下,甚至会被流放到贫瘠之地,如臭名昭著的罗本岛,作为一种杀鸡儆猴的威慑。警察部门和其他执法人员接受的培训都是以最残酷的方式压制最微小的异见表达,当局还制定了关于煽动和诽谤的严苛法律,从而严重限制了新闻自由。

基于种族和性别的歧视在日常生活、就业和获得经济机会方面广泛存在。总体而言,殖民地人口除了作为劳动阶级这个选项外,一直在经济中处于边缘化地位,即使是规模很小的非洲中产阶级成员,如律师、教师和殖民行政部门的中层人员,其工作条件也远不如地位相似的欧洲人。就女性而言,虽然在殖民统治之前的很多社会中也存在着由男性主导的文化安排,但一些历史学和人类学的记载表明,急于求成的殖民统治者和男性长者之间曾经相互勾结,对传统进行重塑和"发明",然后将不稳定或不精确的社会和文化安排转变成硬性和固定的"义务""习俗"和"权利"等概念,最终使这些男性长者受益,而往往牺牲的是女性和社会后进者的利益。随着由男性养家糊口的观念取代了男女在生产和社会生活中经常采用的互补和有价值的分工,女性原本就有限的受教育机会从此不复存在,更没有机会在正式经济中寻得一份工作。在殖民统治即将结束时,少数在正式经济中就业的女性仍然不得不因怀孕或结婚而辞职,以便充分履行家庭主妇这一被编造出来的外来职责,当然,宣传者口口声声说这才是女性成就的顶点。出于所有这些原因,反殖民运动的号召之一就是必须结束物质贫困和殖民统治下对非洲人权利的漠视。

独立后非洲的人权和国家建设

非洲各国政府一般都急于更替他们从殖民时代继承而来的经济、社会和物质基础设施。因此,在许多国家,学校、医院和自来水等社会福利设施扩展到偏远地区,造福了长期被忽视的民众。识字率显著提高,包括医生、工程师和学者在内的训练有素的专业人员队伍得到扩大,政府致力于减少可致命疾病的发生率和死亡率。道路、铁路和电力等有形基础设施也从行政中心和港口延伸到新独立国家的各地。村庄与城郊和城市地区连接起来,促进了内部贸易和交往的发展。很多这些进展背后,都是国家在经济规划和政策实施中发挥了积极和核心作用。地方工业靠着进口替代计划逐步建立了起来,现在工厂可以生产那些原本需要进口的基本商品。尽管这些计划面临诸多挑战,但它们为经济节省了数以百万计的外汇,为公民提供了就业机会,并使国家能够直接参与政策制定。到20世纪70年代初,这些干预措施结出了硕果,社会和经济阵线各方面都得到了普遍改善。

然而,在政治方面,大多数非洲国家都试图将在殖民主义下被任意合并的各种族裔群体融合到民族国家中,因此也面临着许多挑战。早期的民族主义者和各种派别的后殖民主义领导人颂扬非洲传统社会的优点,并将其描绘成公平和民主社会的典范,希望以此来扭转殖民主义对这些社会的表述。在很多情况下,那些强化性别、区域和族裔歧视的非民主文化习俗和传统打着"保护传统和文化"或"共同权利"的幌子大行其道。随着时间的推移,领导人的观点往往代表了国家的观点和国家唯一正确的做法,基本人权由此也受到了压迫。持不同意见者被视为叛徒和国家与发展的敌人,布基纳法索知识分子和历史学家约瑟夫·基-泽尔博(Joseph Ki-Zerbo)曾经这样嘲讽为了追求发展而压制不同意见的行为:"闭嘴吧:我们还在发展!"这个时代的特点包括:在本有宪法自由的地方废除这项自由;实行一党制和无党制;对少数民族、工人和农民的权利漠不关心;以及对媒体言论的钳制。虽然非洲统一组织的宪章支持非洲国家摆脱殖民统治的自决权,但它并没有对个人和团体权利给予类似的支持,它对边界和国家主权不可侵犯的尊重实际上有利于专制国家和政权的统治(Oloka-Onyango,2000)。

因此,独立并不意味着国家行为体侵犯人权行为的终结,国家行为体利用并在某些情况下扩大了从其殖民者那里继承的压迫性统治手段。许多国家在独立后不久,军方就篡夺了权力,这更是加剧了恶劣的人权状况。在非洲统一组织/非洲联盟的54个成员国中,有31个国家在过去三十年中的某一时期经历了军事统治。虽然军方进入政治领域的时间因国家而异,但其篡夺权力的理由却始终如一:政治腐败、经济治理不善、社会不稳定、政府无能以及文官政权的独裁。具有讽刺意味的是,他们在夺取政权后采取的第一项行动就是废除现有的宪法,限制基本权利,如言论自由、结社自由(禁止政党和其他政治团体)及行动自由(以旨在保障政权安全的宵禁形式),同时开展肆意和不分青红皂白的逮捕行动。

军政府治下,新闻自由和表达的权利都受到了直接压制,并通过了法令,将军政府领导层认为的媒体在报道"假消息"方面的极端行为定为刑事犯罪,而这些所谓的假消息在大多数情况下只是对政权过分行为的报道。对军方的许多暴行提出反对意见的活动家未经审判就被拘禁多年,军方及其同伙会逮捕和残害任何被他们认定为反对政权的人,而这些人通常都没有在国家和非洲的法院和委员会中申冤的权利。取缔政党和其他政治团体实际上剥夺了公民参与政治进程的权利。公共领域的女性是军政府的眼中钉,被认为特别具有威胁性,在许多国家,对妇女和女童的系统性虐待和性别暴力已经成了司空见惯的事情。随着经济条件的恶化,在非洲很多地方,童工增多、贫困和系统性腐败成为普遍现象。在军事统治下,政治权力和主权的来源从人民变成了枪炮,侵犯人权的行为不是少数例外,而是绝大部分情况下的常态。

非洲的再民主化和对人权的追求

数十年的军事统治所遗留的大量侵犯人权行为,以及 20 世纪 70 年代中期至 80 年代各个国家财政状况的持续恶化,使独立后不久取得的重大社会经济成就发生了逆转。非洲出口产品在世界市场上的价格急剧下滑,加上内部管理不善和腐败,这一时期成了非洲社会历史和发展中"失去的十年"。作为紧急财政援助的先决条件,世界银行和国际货币基金组织以结构调整计划的形式在非洲实施了严格的紧缩措施,要求各国大幅度减少国家在经济生活中发挥的作用,实现经济自由化,削减教育、医疗、供水等社会部门的公共开支,并引入服务费制度。乍一看,经济自由化似乎是释放普通人创业潜力的关键,但结合结构调整下大规模的紧缩措施,它实际上进一步损害了公民的社会和经济权利,剥夺了他们获得医疗、教育和食物等的机会,并破坏了许多家庭的生计。

对国际货币基金组织和世界银行与非民主政权打交道的批评愈演愈烈,迫使这两个机构将政治自由化作为援助对象获得进一步支持的条件之一。它们要求非洲诸多根深蒂固的军事政权确保公众能够参与政治进程,并向良政和法治的规范转型。具体来说,这意味着要定期举行选举、改革行政和司法体系并建立人权机构,以确保维护公民的权利。但是,这些改革和随之而来的政治金钱化、政党内部民主的缺失以及将大多数民众排除在进程之外的非比例代表政治,都被批评为只是肤浅的改革,而军事国家的思潮即使在已经重新民主化的国家也没有完全消失(Olukoshi,2005)。非洲相当一部分人口仍然是文盲,而且他们不能讲官方语言(往往是殖民语言与法律、政府和企业采用的语言),这意味着大量的人无法对主流的人权话语和概念产生影响。因此,即使普遍主义的人权话语体系最终得到接受,它也只会将大部分普通非洲人排除在外,这些人可能会以怀疑的态度冷眼旁观。

《非洲人权和人民权利宪章》

《非洲人权和人民权利宪章》(以下简称《宪章》)是非洲在捍卫人权方面出类拔萃的文本。其中的条款可分为五个主题:公民和政治权利;经济、社会和文化权利;群体或集体权利;个人义务;执行机制。1981年颁布的《宪章》考虑到了非洲的文化经验(包括历史和当代的经验),并试图解决普遍主义和相对主义人权观念之间的矛盾。它是一份面向非洲的文件,植根于非洲的历史和特殊性,也借鉴了《世界人权宣言》等已有文书。它赞同并吸收了《世界人权宣言》中所载的基本原则,如人人平等与禁止基于种族、性别和宗教的歧视,但它也具有非洲性,支持如家庭和团体的中心地位等传统的非洲价值观,同时要求个人对国家和社会承担一定的责任,主张被压迫的人民有自决的权利。与此同时,《宪章》承认经济、社会和文化权利是充分享有公民和政治权利的基础,为与人权相关的文献添上了浓墨重彩的一笔。

尽管有上述创新,但人们注意到,《宪章》中也有一些疏漏,特别是它以国家为中心理解人权的方式,《宪章》把国家说成是人民权利的化身,从而把个人权利置于次要地位。另一个局限性是,在司法不公、诉诸司法的机会不足、司法行政拖延、现行法规中仍有压迫性法律的情况下,《宪章》对司法改革的必要性保持了沉默。没有一项条款涉及被告获得法律援助、翻译服务或因司法不公正获得赔偿的权利。对于《宪章》中出现的诸多不足,我们要结合其编写和颁布时的背景来看待。颁布《宪章》时,考虑到了当时监督这一进程的许多非民选领导人的不安情绪,有所妥协;外国捐助者和当地人权活动家的压力也使得《宪章》的编写工作十分紧迫。正是因为这样,文本中才体现出了一些根本性的权衡。

虽然一些评论家认为《宪章》是一个重要的里程碑,称赞它将经济、社会和文化权利置于与公民和政治权利同等的地位,但现实是,绝大多数非洲人仍然无法享有经济权利。正是由于非洲国家面临着改革其糟糕的人权记录的内部和外部压力,再加上呼吁建立公平的全球政治经济体系的运动助推,经济、社会和文化权利才被写进了《宪章》,非洲领导人接受了这一《宪章》,他们可能自己是全球财富公平再分配的受益者,但他们的公民却不一定。因此,尽管因为需要向社会贫困阶层提供基础教育、医疗和饮用水,资源再分配运动有了合法化的身份,很多非洲领导人仍然抱着把人民与国家画等号的后殖民幻想,将这些权利视为国家而非公民的权利。在这一幌子下,即使是最专制的政权也坚持认为,尽管剥夺了人民的基本权利,但他们还是表达了人民的意愿。所以不足为奇的是,《宪章》在界定经济、社会和文化权利或公民和政治权利的范围和具体含义方面也没有很精确的表述。

非洲的女性权利

非洲的女性与所有公民一样,享有受到平等对待、身体完整性得到尊重、从事有意义的经济活动以及参与公民和政治活动的基本权利。遗憾的是,这些权利每天都受到威胁,并因男性控制或认可的文化安排、立法惰性和性别歧视而受到侵害。正如许多学者所指出的,非洲的性别关系是一套复杂的协商过程和男女之间的妥协,但随着欧洲殖民时代习惯法的引入,这些做法变得更加僵化,现在已成为西方对非洲印象中压迫女性的代表。虽然女性在一些社会中几乎没有或根本没有正式的权力,但在很多其他社会中,她们在家庭和社区层面上拥有具体的或象征性的宗教、社会、政治和经济权力,这使得女性能够参与家庭活动,并在许多社会中保障她们的权利和自主性。因此,在非洲,女性完全依附于男子其实是一种非典型和"非传统"的做法。女性一直为家庭及其生存和革新作出贡献。她们成为活跃的经济角色,起了建设性的作用,不少女性是 家之主,而也有 些女性则在冲突和经济动荡的情况下,当男子被杀、流离失所或无法工作时,会独自承担起家庭的重任。但是,殖民主义建构的依附型女性的遗留问题仍然在某些人口群体中萦绕不去,她们的劳动可以在"妻子无偿补充丈夫劳动的义务"的名目下被占有,这损害了女性作为公民和经济人的充分自主权。它限制了女性在政治和社会事务中的参与,降低了她们获得经济资源和机会的可能性,也损害了她们的职业发展和自主权。

土地是非洲大部分农村地区最重要的经济资源,女性长期以来一直有机会获得土地,但男女对土地的所有权差异很大。这主要是因为男女在亲属体系中往往有着不同的地位,而亲属体系正是土地使用管理的主要渠道;农业生产也同样因具体任务和投入而不同(Whitehead and Tsikata,2003)。土地所有权制度主要受习惯法制约(包括在乌干达、埃塞俄比亚和坦桑尼亚等国家,所有土地归国家所有),在许多司法管辖区,允许男子在妻子和子女不知情和不同意的情况下出售土地(Zeleza,2006)。随着时间的推移,传统的土地所有权制度已经成为对女性的固有歧视,而西方土地所有制模式的叠加,进一步减少了女性获得土地的机会。这是因为很多国家(如乌干达、莫桑比克、马拉维、科特迪瓦、坦桑尼亚和尼日尔)的改革主要是为了保障所有权,正式确定土地所有权后将其分配给个人来吸引外国投资。这一持续的进程是由当代文化观念所决定的,即男子是料理土地事务的合适人选,也是由正式法律制度中狭隘的个人主义所有权观念所决定的。结构调整和经济自由化进一步限制了女性对土地的权利,这是因为土地的商品化加剧,包括女性在内的普通人采取各种形式利用公有土地的习惯权利得以放宽。女性发现,社区领导人和男性地主开始出售公有土地,她们利用公有土地的机会受到了更多削减。性别在发展中的作用正在成为热门分析框架,与之相关的文献和联合国粮食及农业组织的报告都强调了剥夺女性对土地的控制权和获得权与她们作为非洲农业部门主要生产者的作用之间的矛盾性。这些研究、报告大都呼吁,必须从根本上改变地方和国家法律框架以及对女性获得生产资源的文化偏见。同时,要向她们提供农业推广服务、专门技能培训与信贷、营销和运输服务,以支持和确保女性能够平等地获得生产资源。这些措施将大大减少贫困、剥削和营养不良等专门针对女性和农村居民的侵犯人权行为。

就城市女性而言,还存在其他几种形式的歧视。大多数生活在城市地区的女性在非正式经济中从事零售业,在拥挤而又设施简陋的市场中谋生。与农民一样,她们没有社会保障和养老金权利,完全靠的是自己的努力。在正式经济中工作的女性比例较低,她们往往在性别分割的劳动力市场中担任行政和助理角色,除此之外,几乎没有别的就业机会。许多雇主仍然倾向于招聘男性员工,而且很多女性雇员所在的行业并没有工会存在,几乎没有劳动保护。

非洲各地的女性在政治参与和决策方面的地位正在提升,但记录仍然好坏参半。在东部和南部非洲的一些国家(如卢旺达、乌干达和南非),政治行动主义(political activism)和一些男性领导人的仁慈推动了配额制和比例代表制的推行,使女性能够增加她们在国家和地方治理结构中的代表权。卢旺达现今是世界上女议员代表比例最高的国家。西非一些国家也在改革其政治制度,以增加女性的代表权,但速度要慢得多。仍然有很大一部分非洲女性不能积极参与政治决策进程,无法参与公共讨论,也从未就影响其福祉的问题公开发表意见。罪魁祸首是家庭和社区中不平等的权力关系、包括家务和照料工作在内的所有家庭工作都是"女性的工作"的长期观念、政治日益金钱化,以及政治是"男人的工作"的观念,所以非洲许多地方的政治空间仍然主要由男性主导。

除了经济和政治权利外,对女性身体完整性和性权利的尊重仍然有很大的改善空间。根据非洲不同地区活动家进行的研究,有几种形式的性别暴力是许多女性面对的日常。艾滋病病毒/艾滋病的流行,特别是在南部和东部非洲,凸显了两性关系的不平等与使女性的欲望和快乐屈从于男子父权的价值观、习俗和性文化。在很多情况下,丈夫和性伴侣经常无视女性不同意发生性关系或决定生育子女数量和生育间隔的权利,他们认为婚姻关系和接受聘礼就意味着无论妻子是否同意,丈夫都可以不受阻碍地触碰她们。一些旨在提高男性性快感和减少女性可能的不忠行为的做法,包括不同类型的割礼,引起了广泛的关注。然而,正如女权主义法律学者西尔维娅·塔马勒(Sylvia Tamale, 2007)所告诫的那样,人们也应该尊重包括女性在内的各个群体眼中提高快感的做法,例如乌干达的干达人进行的阴唇延长术。最近,包括加纳在内的许多国家就关于家庭暴力和性别暴力的立法进行了讨论,其中突出了对女性性权利以及丈夫"惩罚"不听话妻子的所谓"权利"的争论。女性为自身权益而进行的斗争往往使她们与其作为组成部分的家庭和社会网络对立起来,家庭和社会关系紧张的可能性会限制她们挑战现状的能力。鉴于国家在提供社会福利方面的作用微乎其微,家庭是一种重要的社会制度,它不仅确定了男女之间的社会和经济关系,还提供了获得资源的机会。

即便如此,在过去二十年里,非洲女性为了在男女平等的基础上主张女性的人权和基本自由还是作出了持续努力。这主要是非洲女权主义者和女性权利倡导者以及公民社会团体不断努力的结果,他们推动非洲各地正在进行的民主化进程纳入了女性的公民权和有关男女平等的思想。越来越多的国家完成了关于性别暴力和性暴力的立法，同时通过了遗产和继承相关的法律。《非洲性别平等庄严宣言》(Solemn Declaration on Gender Equality in Africa)和《〈非洲人权和人民权利宪章〉关于非洲女性权利的议定书》(Protocol to the African Charter on Human and Peoples' Rights on the Rights of Women in Africa)等重要人权文本助推了这些进步。

非洲区域框架中的女性人权

《非洲人权和人民权利宪章》中有许多条款谴责歧视行为，宣扬人人平等，但只有一项条款（第18条）提到了女性的情况，具体如下："国家应确保消除对女性的一切歧视，并确保按照国际宣言和公约的规定保护女性和儿童的权利。"然而，这一措辞的力度被同一条款中的另一项要求所削弱。"国家有义务帮助家庭，因为家庭是社会公认的道德和传统价值的守护者。"可以想见，这一条文引来了诸多的评论和意见，有些人得出结论说，整个《宪章》对女性权利问题只是一带而过。它所提倡的这类家庭和这种传统能够使侵犯女性权利的行为合法化。《宪章》的国家报告准则也基于问题重重的类似社会关系，该准则要求各国向非洲人权和人民权利委员会(African Commission on Human and Peoples' Rights)报告它们在实现《宪章》所概述目标方面的进展情况。即便如此，报告中的具体问题还是集中在母亲身份、婚姻和儿童保育上，而忽略了同样重要的问题，如性别暴力、女性的财产权和就业权，或女性平等参与政治决策和国民生活的权利。

认识到《宪章》在女性权利方面的不足，以及非洲女性运动和相关社会网络①日益活跃,非洲联盟于 2002 年颁布了《非洲性别平等庄严宣言》。值得注意的是,《非洲联盟组织法案》(Constitutive Act of the African Union)确认了性别平等原则和非洲女性作为平等伙伴参与非洲发展的原则。2004 年,坦桑尼亚的格特鲁德·蒙盖拉(Gertrude Mongella)女士当选为非洲联盟泛非议会第一任主席,并在议员中实现了两性代表数量的均等,这标志着女性权利真正在非洲联盟得到了严肃对待。

《非洲性别平等庄严宣言》认识到,女性获得政治空间和经济资源的机会还不平等,艾滋病病毒/艾滋病对两性也有着不同的影响。非洲联盟宣布,将致力于消除对女性的暴力和贩卖女性的行为;提高城市和农村女性的能力;让女性充分参与和平进程,包括冲突后谈判和重建;促进开展确保女性土地、财产和继承权的立法程序。该宣言还承诺非洲联盟将采取针对不同性别的社会、经济和法律措施,遏制艾滋病病毒/艾滋病的蔓延及其对女性的影响。具体措施包括开展反对侵害女孩和妻子的性权利的运动,以及实施"非洲艾滋病观察"(AIDS Watch Africa)计划,以鼓励在非洲生产抗逆转录病毒药物等。

2003 年,非洲联盟通过了《〈非洲人权和人民权利宪章〉关于非洲女性权利的议定书》。这是经过非洲女性权利团体近十年的压力后,才由非洲女性参与法律和发展组织牵头制定的。与《宪章》对性别歧视问题的旁观态度不同的是,该议定书界定了对女

---

① 包括非洲女性权利团结组织(Solidarity on African Women's Rights)、立即平等组织(Equality Now)、非洲女性参与法律和发展组织(Women in Law and Development in Africa)、非洲女性团结组织(Femmes Africa Solidarité)及非洲女性发展和通信网络(African's Women's Development and Communication Network)等大洲组织,以及一些区域和国家联盟和网络。参见 http://pambazuka.org。

性的歧视,并承诺通过适当的立法、制度和其他措施打击一切形式的歧视,并将性别的视角纳入政策制定、立法、发展计划、项目和活动以及所有其他生活领域。这是一份全面的文件,旨在调整和改变非洲的性别关系和实践,同时带来社会、文化和政治生活的变革。

该议定书的通过对非洲女性来说是一个重要里程碑。然而,要使该议定书广为人知并作为非洲女性权利提升的参照点,仍然存在一定障碍:包括将该议定书的内容纳入国家法律以及解决现行国家法律执行不力的问题,可以说还有很长的路要走。这反映出当局政治意愿不强,负责实施和执行的机构力量也较为薄弱,因此,为了确保该议定书中的承诺成为非洲各地女性的生活现实,女权团体和倡导者身上的责任更重了。

非洲的儿童权利

非洲社会重视儿童,认为他们是社会延续性的保障,传统上,儿童受到直系亲属和大家庭乃至整个社区的高度关注和照顾,他们都对儿童的福祉负有责任。儿童几乎参加所有的社区活动,人们希望儿童同成年人一起耕作和做家务时能够边做边学,逐步成长。然而,其他旨在维持社会凝聚力或灌输纪律的文化习俗,如童婚、早婚和体罚等,也抑制了儿童的身体、智力和情感成长,侵犯了他们的身体完整性与和谐发展的权利。

降低儿童死亡率和发病率以及普及女童和男童的基础教育是联合国希望到 2015 年实现的千年发展目标[①]之一,但许多非洲国家预计无法实现。非洲国家受到经济和社会动荡的影响尤为

---

① 有八个千年发展目标。参见 https://www.un.org/millenniumgoals。

严重,新自由主义干预措施导致贫困加剧,意味着贫困家庭不得不更多地依靠儿童的劳动来维持生计。很多儿童辍学是为了在家庭经济中出力,或者是因为他们的父母无力支付教育费用。社会干预措施,如提供基本膳食的学校供餐计划,能够提高入学率,但这种计划并不普及,也没有解决儿童面临的所有问题。数百万患有疟疾、呼吸道疾病、腹泻或艾滋病病毒/艾滋病等可预防疾病的儿童没有得到合适的医治。

街头乞讨、繁重的体力劳动、文盲、性虐待和其他形式的虐待现象是许多儿童生活的特点,他们的权利比其他群体更容易遭到侵犯。很多儿童也是非洲旷日持久冲突的受害者,男孩和女孩被强行招募到武装团体中,接受训练,做出令人发指的行为,这会从根本上改变他们的心理状态、自我认知和社会存在。儿童兵现象缩短了许多儿童的成长周期,使他们成为社会的不合群者,对自己和他人构成威胁,而女孩则经常被激进派利用,成为性奴隶。虽然年轻人占非洲人口的大多数,但他们没有获得积极参与政治进程的空间,公共领域被年长男子垄断,年轻人只能退居其后。当政客一反常态号召青少年积极参与政治进程时,他们往往是急于保住或赢得权力而把青少年当作冲在前面进行暴力破坏的炮灰。

针对非洲儿童和年轻人面临的诸多挑战,非洲统一组织于1990年颁布了《非洲儿童权利和福利宪章》(African Charter on the Rights and Welfare of the Child),这是非洲第一份在非洲特殊的社会、经济、政治和文化环境中处理儿童权利问题的全面文件。该宪章严格禁止儿童参与军事冲突(承认儿童兵在非洲被肆意虐待),并敦促保护难民和国内流离失所的儿童。它还谴责了对儿童福利产生不利影响的传统社会文化习俗。《非洲儿童权利和福利宪章》承认怀孕女学生受到的双重伤害,坚定支持这些女孩受教育的权利,反对将她们开除出学校。为了儿童的福祉,该宪章要求各国保护狱中的孕妇和有年幼子女的母亲。外界观点认为,《非洲儿童权利和福利宪章》采纳了1979年联合国《儿童权利公约》(Convention on the Rights of the Child)的许多规定,而且也没有将国家资源的多寡作为实现儿童权利的前提。

遗憾的是,尽管绝大部分非洲国家批准了该宪章,但该宪章的执行情况仍然很差。非洲联盟任命的非洲儿童权利和福利专家委员会(African Committee of Experts on the Rights and Welfare of the Child)负责执行该宪章的有关规定,但由于资源限制、人员配备不足以及过度依赖捐助机构和非政府组织,该委员会举步维艰。在国家层面,各国政府以缺乏资源为由,往往未能将该宪章的内容转化为实际政策。

尽管存在这些挑战,非洲的儿童权利还是出现了一些积极进展。比如南非的"儿童预算倡议"(Children's Budget Initiative)会跟踪国家在儿童相关问题上的支出和预算分配。在非洲社会科学研究发展理事会(Council for the Development of Social Science Research in Africa)等组织的带领下,对非洲儿童状况的学术兴趣在不断提升,公民社会组织也在开展活动,监测非洲各国政府对非洲儿童权利和状况自愿作出的承诺及其履行情况。

艾滋病病毒/艾滋病在非洲:性权利、身体权和同性恋权利

艾滋病病毒/艾滋病在非洲各地肆虐,摧毁了无数生命、家庭和生计,并使劳动力大量减少。例如,南非或博茨瓦纳的预测表明,如果不迅速降低目前的感染率,这些国家将出现大规模的劳动力短缺。虽然其他国家的感染率相对较低,但情况同样令人担

忧,在缺乏正常运作的卫生和福利制度的情况下,女性往往既要照顾家人,又要扛起家庭经济的重担,而经济的大气候却也不能给她们提供多少工作机会。

在父权制环境下,对艾滋病病毒/艾滋病肆虐的第一反应是进一步加强对女性性行为的管制,而男子仍然可以自由地拥有多个性伴侣,即使知道自己已经被感染,也可要求与其伴侣进行性行为。非洲的各类机构和各国政府逐渐认识到,这种做法对这一流行病是无效的,非洲联盟的《非洲性别平等庄严宣言》和《〈非洲人权和人民权利宪章〉关于非洲女性权利的议定书》都认为,安全和自愿的性行为对控制艾滋病病毒/艾滋病的蔓延至关重要。

如果非洲国家放弃对同性恋者的敌意,承认他们固有的性选择和性取向权利,将会对艾滋病的防治大有裨益。由于自身的权利得不到保障,许多同性恋者不得不转入地下。加纳媒体最近的报道令人震惊,大量地下同性恋者社区的成员都被检测出艾滋病病毒阳性。社会控制机制反而为艾滋病病毒从同性恋者传到异性恋者提供了一个途径,由于害怕"出柜",很多同性恋者不得不继续与异性交往。

总的来说,同性恋权利已成为一个非常有争议的问题,整个非洲的"同性恋恐惧症"("恐同症")现象日益严重,对同性恋者及其支持者和倡导者的攻击,往往得到国家及其代理人的直接或秘密支持。以传统主义者、道德家、政治家和宗教领袖(包括基督徒和穆斯林)为首的同性恋反对者认为,同性恋不属于非洲,是西方人强加在非洲文化中的,同性恋是一种后天形成的变态行为,与"自然的"和上帝赋予男女的性设计相悖。除了否定同性恋者和变性人表达另类性取向的权利,非洲恐同者与包括西方在内的全世界其他国家的同道一道,也谴责同性恋者是"不自然的",违背了上帝的法则。但是,对同性恋者敌意的核心仍然是致力于捍卫父权制和性别化的社会秩序和权力关系,多种和另类的性取向以及生活方式已经对其产生了威胁。

推进非洲人权发展的体制框架

非洲人权和人民权利委员会是负责确保各国根据相关文件的规定保护和尊重人权的主要机构。但分析家们的共识是,该委员会在履行职责方面成效不大。其表现不佳的原因包括观念上的缺陷、实施机制的不力以及政府方面政治意愿的缺乏。

各国拒绝缴纳义务会费的行为严重阻碍了委员会的工作,而委员会的工作又不得不依赖捐助方的支持。一些评论家建议设立一个非洲人权基金(African Human Rights Fund),在整个非洲为委员会筹集资源。另一个障碍是缺乏执行《宪章》和各议定书①条款的框架。一些国家谨守的特定公约与《宪章》条款有所抵牾,比如不干涉内政的原则。委员会还受到相互矛盾的义务的掣肘,如要求委员会在采取任何行动之前必须提醒国家领导人注意国内的侵犯人权行为。委员会也面临一些内部挑战,涉及委员们的能力、他们对人权的态度,以及在决定可能会冒犯任命他们的领导人的情况下,他们是否还愿意作出正确的决定。自 2003 年以来,非洲联盟建立了一个被称为非洲同行审议机制的自愿评估计划,这是非洲联盟寻求促进人权、良政和社会经济发展的创新方式之一。

---

① "议定书"一词是指对条约的补充。它可以涉及与原始条约相关的任何主题,用于进一步解决条约中的某些问题,解决新的或正在发生的问题,或者为条约的实施和执行增加程序。

女性权利的落实

非洲各地处理性别问题的方法和实现性别平等的进展速度并不一致,在遵守国际和区域人权文书相关规定方面,有的十分出色,有的却非常糟糕。博茨瓦纳的一个例子是尤妮蒂·道(Unity Dow)诉总检察长案(1992),在该案中,尽管国家宪法没有采纳《宪章》的规定,但法官仍依据《宪章》对奴役妇女的做法作出了裁决。以博茨瓦纳法院的裁决为标志的进步发展可能会被保守的法官、国家政策和倒退的传统忽视。在博茨瓦纳的这个案例中,政府遵循法院的判决,对其法律进行了修改。在其他地方,国家和司法机构歧视妇女的现象依旧存在。例如,1998年,津巴布韦最高法院[在玛加亚诉玛加亚(Magaya V. Magaya)一案中]以维护当地习俗为借口,剥夺了一名女性的继承权,声称是为了维护社会和谐。这种做法加深了女性在经济上的从属地位,按照当地习俗,女性没有配偶和父母遗产的继承权,即便是能拿,其得到的份额也比男子少。这一判决实际上还将对女性的歧视性待遇置于《消除对妇女一切形式歧视公约》(Convention on the Elimination of All Forms of Discrimination against Women)和《非洲人权和人民权利宪章》等国际人权文书之上。法官在点评中将女性等同于需要男人保护的未成年人,这种父权制的评论证明了一个根本观点,即女性的经济、社会和文化权利被剥夺之后,其公民和政治权利也就不复存在了。由于助长和维护性别歧视的压迫性习惯法的现实,国际或区域人权文书也对女性的人权发展无能为力,这又一次表明了善意的国际人权文书与相悖的国家法律之间存在的鸿沟。

如果对习惯法的僵化解读凌驾于成文法之上,女性的权利也可能遭到侵害。地方机构的规定和做法同样有可能与预期目标相抵触,如果不能与之抗争,那么将人权保障纳入立法并加以实施的努力可能会成为一场空谈;在家庭关系领域进行改革的尝试尤其如此。

虽然基于对非洲文化的特定解读形成的规范和做法与基于人权原则的规范和做法之间常常会发生冲突,但一些作者[例如,尼亚姆-穆森比(Nyamu-Musembi),2002;布特格瓦(Butegwa),2002]认为,将文化视为侵犯女性人权问题根源的看法是错误的,因为习惯性规范是动态的、灵活的,随着环境的变化不断改变。

在一些国家,尽管习惯法的存在施加了很大限制,法律仍为女性提供了维护自身权利的途径。例如,1985年加纳的《无遗嘱继承法》(Intestate Succession Law)从根本上改革了习惯法的某些方面,保证去世男子的遗产可以由其遗孀和子女公平继承。在乌干达,《继承法案》(Succession Act)允许寡妇在已故丈夫的遗产中分得15%的份额,但在计算时很少包括任何土地。在成文法高于习惯法的情况下,正式法律保护了许多女性的权利。然而,对于大多数女性,特别是农村居民来说,诉诸正式法律和走上法庭的机会仍然屈指可数。卢旺达在这方面表现突出,当局试图承认女性的权利以及她们在1994年种族灭绝之后所发挥的重要作用;性别视角因此走进了政策制定的主流视野。

总的来说,《〈非洲人权和人民权利宪章〉关于非洲女性权利的议定书》规定了各国保障女性人权的一系列重要义务。除了这些具体义务之外,各国还有其他机会有效地介入人权保障工作,如将人权问题纳入国家宪法,但现实中往往缺乏执行力。此外,在许多非洲社会中,一些弱势群体,如农民工的人权长期遭到侵犯,国家宪法和相关非洲人权文书未能改善他们的处境(Ibrahim, 2006)。

《〈非洲人权和人民权利宪章〉关于非洲女性权利的议定书》的缔约国还承诺实施旨在消除性别尊卑观念或男女角色定型观念的公共教育、信息、教育和宣传策略。《消除对妇女一切形式歧视公约》更加明确地规定了国家在维护女性权利方面的作用,并要求各国采取一切适当措施,改变社会和文化模式和行为,以消除习惯法中的偏见和其他歧视性做法。然而,各国对这些国际人权文书的执行情况还有很多不足之处。

在非洲,虽然保护人权的主要责任在于国家政府,但其他国家和非国家行为体也有责任按照国际人权规范和标准行事。法院在维护权利方面(尤其是在行政部门不愿意这样做的情况下)可以发挥核心作用。地方司法机构应效仿博茨瓦纳法院的做法,以国际人权文书的精神为指导。这不应取决于国家法律是否具体提及或纳入了这些文书的有关内容。

非洲公民社会组织在促进和捍卫人权方面起到了重要作用。整个非洲有大量的人权团体。如果这些团体要继续发挥作用,就必须废除阻碍其活动的法规。同时,非洲公民社会团体必须达成一致,向着追求经济、社会和文化权利,包括儿童和老年人权利的方向发展,而不是只倡导公民和政治权利。致力于发展工作的公民社会组织和从事人权工作的公民社会组织必须通力合作,因为两者的目标是不可分割的。

人类可持续发展的挑战和促进人权的机遇

尽管已经取得了里程碑式的成就,但要在非洲实现人类的可持续发展,仍有许多工作要做。数以百万计人口的食物、住房和医疗保健等基本需求依然得不到保障。如果现有的全球经济等级制度和不平等现象持续存在,非洲就不可能实现真正的人类发展,只有同时改变全球经济结构,才能维持公平分配国家财富的内部改革。例如,跨国公司经常侵犯当地人民的个人和群体权利,将土地让渡给农业企业,污染环境,倾倒有毒废物,或出售过期药品。小型武器的扩散和跨国雇佣军在西非的活动威胁着从前饱受战争蹂躏的国家刚刚起步的和平进程。

但应对上述挑战和推广尊重人权文化的重大机遇也摆在了我们面前。普通人参与公共辩论的能力逐步得到提升,也更有动力围绕人们共同关心的问题动员起来。民众中正在兴起的公共问责文化有可能遏制腐败,从而释放用于重要社会需求的资源,如物质基础设施、教育和医疗保健。公民通过传统媒体和新媒体持续监督政府的表现。当前面临的问题和需求走出了议会的围墙,在广播、电视、社交媒体上被人们热烈讨论。这种公共精神正在重构领导人与公民之间的关系。如果选民感到政治家无法完成当选时的服务承诺,他们就会用选票把后者赶下台。在尊重人权文化的制度化进程中,这种气氛是十分有利的。

致 谢

本章得益于彼得·纳尔(Peter Narh)和费萨尔·加尔巴(Faisal Garba)提供的专门研究援助,他们都曾获德国拜罗伊特大学博士学位。纳尔现为加纳大学非洲研究所(Institute of African Studies)研究员,加尔巴则在南非开普敦大学教授社会学。

―――――――― 拓 展 阅 读 建 议 ――――――――

An-Na'im, Alhassan A., and Jeffrey Hammond. 2002. "Cultural Transformation and Human Rights in African Societies." In *Cultural Transformations and Human Rights in Africa*, ed. Alhassan A. An-Na'im. London: Zed Books.

Butegwa, Florence. 2002. "Mediating Culture and Human Rights in Favour of Land Rights for Women in Africa: A Framework for Community-Level Action." In *Cultural Transformations and Human Rights in Africa*, ed. Alhassan A. An-Na'im. London: Zed Books.

Gyekye, Kwame. 1992. "Person and Community in Akan Thought." In *Person and Community*, ed. Kwasi Wiredu and Kwame Gyekye. Washington, DC: Council for Research in Values and Philosophy.

Hochschild, Adam. 1999. *King Leopold's Ghost. A Story of Greed, Terror and Heroism in Colonial Africa*. Boston: Mariner Books.

Ibrahim, Jibrin. 2006. "Expanding the Human Rights Regime in Africa: Citizens, Indigenes and Exclusion in Nigeria." In *Human Rights, Regionalism and the Dilemmas of Democracy in Africa*, ed. Lennart Wohlgemuth and Ebrima Sall. Dakar: CODESRIA.

International Humanist and Ethical Union. 2006. *On a Communitarian Ethos: Equality and Human Rights in Africa*. Available at www.iheu.org/node/2360.

Mutua, Makau. 2000. "The African Human Rights System: A Critical Evaluation," *Human Development Report Background Paper*. Available at http://hdr.undp.org/en/reports/global/hdr2000/papers/MUTUA.pdf.

Nyamu-Musembi, Celestine. 2002. "Are Local Norms and Practices Fences or Pathways? The Examples of Women's Property Rights." In *Cultural Transformations and Human Rights in Africa*, ed. Alhassan A. An-Na'im. London: Zed.

Oloka-Onyango, Joseph. 2000. "Human Rights and Sustainable Development in Contemporary Africa: A New Dawn or Retreating Horizons?" *Human Development Report Background Paper*. Available at http://hdr.undp.org/en/reports/global/

hdr2000/papers/joseph%20oloka-onyango1.pdf.

Olukoshi, Adebayo. 2005. "Changing Patterns of Politics in Africa." In *Politics and Social Movements in a Hegemonic World: Lessons from Africa, Asia and Latin America*, ed. Atilio A. Boron and Gladys Lechini. Buenos Aires: Consejo Latinoamericano de Ciencias Sociales.

Tamale, Sylvia. 2007. "The Right to Culture and the Culture of Rights: A Critical Perspective on Women's Sexual Rights in Africa." In *Sex Matters*, ed. Adili Zia and Billy Kahora. Nairobi: Urgent Action Fund.

Whitehead, Ann, and Dzodzi Tsikata. 2003. "Policy Discourses on Women's Land Rights in Sub-Saharan Africa: The Implications of the Re-turn to the Customary." *Journal of Agrarian Change* 3(1-2): 67-112.

Zeleza, Paul T. 2006. "Human Rights and Development in Africa: New Contexts, Challenges and Opportunities." In *Human Rights, Regionalism and the Dilemmas of Democracy in Africa*, ed. Lennart Wohlgemuth and Ebrima Sall. Dakar: CODESRIA.

# 第15章

纸质资料和电子资源

玛丽昂·弗兰克-威尔逊

"数字技术在重塑信息格局的同时,也改变了记录的知识与教学和研究活动之间的关系。"丹·黑曾(Dan Hazen)的这句话中指出,一些最新事物的发展形塑了我们进行研究的方式,值得我们在开始非洲研究之前牢记。电子化信息广泛存在,唾手可得。图书馆订阅了庞大的数据库,研究人员可以在里面查阅期刊文献;谷歌继续对书籍进行数字化,并将其中的很多内容放在网上;HathiTrust 数字图书馆项目等举措使人们可以查阅已过版权保护期书籍的全文;图书馆对其许多藏书以及其他内容进行了数字化;个人研究人员对其资料进行了数字化,并将之发布在网站上。如今,学生和研究人员可以在网上找到大量的电子版信息,事实上,相比纸质资料,他们更喜欢电子形式的信息。

在网络上没有诸如学术出版物的同行审议程序等传统的出版障碍。每个人都可以参与网上的对话,并在博客、脸书、推特以及其他网站上创造和传播内容,如果作者愿意,他们可以保持匿名。知识创造的民主化时代已经来临。

非洲研究的图书资源：电子和纸质信息

在搜索非洲研究相关主题的资料时，请牢记：
- 越来越多的非洲研究资料是电子版形式的，如图书馆数据库的学术资源、谷歌图书（Google Books）上的数字化图书以及美国、欧洲和非洲的研究人员或专业机构制作的公开资料。
- 虽然电子信息极多，但大量非洲研究信息仍然只有纸质版。就非洲研究的大多数主题而言，还是要把电子和纸质资料结合起来。
- 纸质和电子信息的多寡主要看专业。比如医疗相关研究主题的互联网资料会多一些，从数据到期刊文章和报告等都有；而非洲宗教研究虽然也有一些网络资料，但如果想要进行更深入的研究，就有必要把专著、学术期刊同在线数据库等网上资料结合起来。
- 相关研究资料的获取不仅依靠研究者的搜索能力以及纸质和电子资料的适当结合，更仰仗研究者对专业知识和术语的了解程度与对所得资料进行评估的能力。

重要提示

为了有效地搜索论文所需的信息，你不仅要进入这个充斥着纸质和电子格式信息的复杂世界遨游寻觅，还需要能够评估你所找到的信息——它们有多可靠、可信、客观或是主观？学术性强吗？也请参见本章末尾的"在线资料的评估"一节。请记住，网站经常改版，当你阅读本章的时候，其中的一些链接不一定还能打开。如果不能打开，请使用该网站注释中的信息进行关键词检索,可以找到类似的网站。

请牢记

尽管你可能不会亲自进入图书馆,但你正在使用的许多在线资源都是由图书馆提供的,而且很有可能你每天都会在网上访问图书馆的资源。图书管理员就是这些资源之一——不要犹豫,遇到问题时请向您的馆员寻求帮助。

本章的使用

认识到学生将从事各种非常个性化的研究课题,以及考虑到互联网时代可用资源——纸质和电子格式、网络上、社交媒体上和订阅式数据库中;其中一些资源由图书管理员筛选和呈现,另一些资源则只在网上发布——的激增,提出一份全面的、可供学生在非洲研究方面参考的"最重要"出版物清单是几乎不可能完成的任务。相反,本章的重点是为每个领域提供基本信息,为更深入的研究提供示例建议,并指出在哪里以及如何找到更多信息。

- 本章的大部分小节都是和本书各章一一对应的。然而,非洲研究是一个跨学科的领域,很难将一些研究领域单独分出来,定为独立的学科。本书的大多数章节都与其他章节讨论的内容相联系,下文各小节之间也是如此。例如,如果你要写一篇关于非洲地理的论文,你会在"非洲的地理框架"中找到你需要的信息,但在"过去的遗产:非洲历史的主题"和"社会关系和生计"中也有与你的研究主题相关的出版物;研究非洲社会关系的学生可以主要查阅"社会关系和生计",但也可以看看关于非洲历史、非洲城市等部分的内容。

- 本章中的许多小节都是以每个学科的子主题列表排列的。这些子主题可以作为图书馆在线目录或在互联网上搜索的关键词。研究人员可以考虑将这些子主题与一个非洲国家的名称结合起来,进行更有针对性的关键词检索,例如,加纳和可持续发展,或者尼日利亚和女性权利。
- 下文为每一章都提供了一些具体的资源。在有资源的情况下,各小节以资源概况或研究指南作为第一步,然后是具体的标题和/或网站,以及关于如何找到更深入的资料的补充信息。

通用资料[①]

百科全书或者手册是寻找各类研究领域初级和通用资料的很好切入点:

Africa South of the Sahara. 1971 –. London:Europa Publications. 年刊,提供了一些概述信息。按国家字母顺序排列。包括每个国家的自然和社会地理、近期的政治和经济历史、统计调查的信息以及建议进一步阅读的参考书目。

Appiah, Kwame Anthony, and Henry Louis Gates Jr., eds. 2005. *Africana: The Encyclopedia of the African and African American Experience.* Oxford:Oxford University Press. 五卷集,包括关于在撒哈拉以南非洲、美国、加勒比地区、拉丁美洲和欧洲的非洲人的资料。提供传记资料以及关于非洲口述传统、非洲写作史、跨大西洋奴隶贸易、非洲和美国的艾滋病、平权行动、非裔美国建筑师

---

① 为了读者能够便利地按图索骥寻找资料,下文参考文献来源中的作者名、书名及文章标题等不再翻译成中文。——译注

等专题的详细条目。

Middleton, John, and Joseph C. Miller, eds. 2008. *New Encyclopedia of Africa*. Detroit：Thomson/Gale. 五卷,详细而又全面的条目。

Wikipedia, www.wikipedia.org. 免费的在线百科全书。但要注意,虽然维基百科是一个很好的参考资料来源,其中也包含了大量有价值的信息,但其内容可能被任何人添加和编辑,并且不一定是准确的。如果有疑问,请将维基百科的信息与其他百科全书或网络资源中的信息进行交叉验证。

搜索引擎：专注非洲的门户网站和谷歌

专注非洲的门户网站由非洲研究领域的图书管理员维护。这些网站的质量是较有保证的,内容也是最新的,检索结果比谷歌或其他搜索引擎更有针对性。以下是几个例子：

Africa South of the Sahara：Selected Internet Resources, www-sul.stanford.edu/depts.ssrg.africa/guide.html. 由斯坦福大学的凯伦·冯(Karen Fung)为非洲研究协会(African Studies Association)的电子技术小组(Electronic Technology Group)开发。非洲研究领域信息的绝好门户。网站支持通过主题、国家或关键词进行搜索。

A-Z of African Studies on the Internet, http://staff.lib.msu.edu/limb/a-z/az.html. 由彼得·利姆(Peter Limb)开发。非洲相关的网站列表,涵盖全面,按字母顺序排列。

Columbia University Area Studies：African Studies Internet Resources, www.columbia.edu/cu/lweb/indiv/africa/cuvl/index.html. 由尤瑟夫·卡鲁索(Yuusuf Caruso)开发。提供非洲或与非洲相关的各类在线期刊和报纸网站；也包括一个非洲领域学者的

国际目录和一个涵盖了美国、欧洲、南部非洲图书馆的非洲相关馆藏及各领域相关信息的网址库。网站支持关键词检索，也可以按照主题或国家浏览。

也可参考

African E-Journals Project，http://africa.isp.msu.edu/AEJP/about.htm. 包括十一种非洲学术期刊的全文链接和期刊目录。

H-Africa，www.h-net.org/~africa. 资料全面的网站和邮件组。提供查看过往讨论的链接，以主题分类（比如奴隶制、发展、艺术、环境等）。是寻找当前非洲研究领域热门的好去处。

涉及非洲的新闻网站

AllAfrica.com，www.allafrica.com. 从超过130个非洲新闻机构汇总并发布每日新闻。是浏览当前热门话题和相关讨论的好去处。

BBC News Africa，www.bbc.co.uk/news/world/africa. 提供最新的每日非洲新闻。

CNN Africa，www.cnn.com/WORLD/africa/archive. 美国有线电视新闻网的非洲新闻栏目。

也可以去与非洲相关的博客中寻找信息。但对其信息需要进行核实。

谷歌搜索可以找到各类关于非洲或者特定非洲国家或话题的博客，举几个例子：

African Arguments Online，http://africanarguments.org. 皇家非洲学会（Royal African Society）的官方博客，主要是当今非洲重要问题相关讨论的回顾。

Africa Is a Country，http://africasacountry.com. 非常活跃的博客，一直在反击媒体中对非洲的偏见化形象。

The Africanist，http://theafricanist.blogspot.com. 由新西兰坎特伯雷大学的人类学家理查德·沃克斯（Richard Vokes）维护，主要关注作者曾进行过深入研究的乌干达。博客中也有许多其他非洲相关博客的友情链接。

播客

Africa Past and Present，http://afripod.aodl.org. 涉及本土及海外非洲人的历史、文化和政治。包括对学者和作者就当前非洲重要事件和其他问题的采访。

BBC Africa Today，www.bbc.co.uk/podcasts/series/africa. 非洲的今日头条新闻。

在谷歌或苹果的 iTunes 上还有更多播客。

脸书和推特

可以在这两个平台上找到关于你喜欢的作者、期刊和音乐的最新信息和讨论。用作者名或期刊名等关键词搜索。

非洲的地理框架

地理学是一个跨学科领域，包含了很多主题：
- 自然地貌
- 气候
- 生物区
- 地图

- 与环境有关的问题
- 城市

地理学研究往往与其他学科的研究有重叠之处。关于与诸如泛非主义、奴隶贸易、非洲概念的出现和经济生计等密切相关的专题,请参见"过去的遗产:非洲历史的主题"和"社会关系和生计"等部分。

纸质和在线资料相互结合方能起到最好的效果。

纸质资料

Maddox, Gregory H. 2006. *Sub-Saharan Africa: An Environmental History*. Santa Barbara, CA: ABC Clio. 很好的入门书。该书是"自然与人类社会"("Nature and Human Societies")丛书的组成部分。书中对非洲一个区域进行叙事分析,并提供了一系列参考资料。详细概述了非洲环境史,包括粮食生产系统的发展、社会的发展、殖民统治下的空间重组、保护和发展并重时代的非洲等主题。也有一些案例研究。还包括附有地理术语定义的词汇表和年表,概述了500万年前至2004年非洲环境的发展情况。

Room, Adrian. 2008. *African Placenames: Origins and Meanings of the Names for Natural Features, Towns, Cities, Provinces and Countries*. 2nd ed. Jefferson, NC: McFarland. 按照字母排序的非洲地名表,对地名的含义和来源有简短的解释。

另外可以参照"非洲的地理框架"一章最后的拓展阅读推荐书目。

在线资源

地图

National Geographic's Map Machine, http://maps.

nationalgeographic.com/maps. 每个国家的基本地图,可打印。

The University of Texas Perry-Castañeda Library Map Collection, www.lib.utexas.edu/maps/africa.html. 大量高质量非洲地图,包括政区图、地形图和参考地图等。也有指向其他网站上地图的友情链接。

请不要忘记:许多大学的图书馆可以访问地理信息系统(Geographic Information System),图书管理员也会帮助你制作定制化的地图。

全文资源

AllAfrica.com,http://allafrica.com/environment. 找到"环境新闻"("Environment News")栏目,里面有非洲报纸上关于环境问题的各类文章,包括水资源和公共卫生、野生动植物、农业和食品、健康、可持续发展、贸易、难民和流离失所问题、援助等。

Digital Library of the Commons, http://dlc.dlib.indiana.edu. 由印第安纳大学的数字图书馆计划(Digital Library Program)和政治理论与政策分析工作坊(Workshop in Political Theory and Policy Analysis)共同开发。对环境问题进行了更深入的学术探讨,提供大量文章、论文和学位论文全文的档案,参考资料的链接,以及关于野生动物、土地所有权和使用、城市空间、森林资源、农业等共有资源的通识书目。可以查阅最近和最新的文章以及可作为背景阅读的旧出版物。

Inventory of Conflict and Environment, www1.american.edu/TED/ice/ice.htm. 也是 TED 项目的一部分,有全球视角,但也有一些非洲的案例研究,比如达尔富尔问题和干旱、图阿雷格人和内战。

Trade and Environment（TED）数据库，www1.american.edu/TED/ted.htm。由华盛顿特区美利坚大学的詹姆斯·李（James Lee）博士开发。其中包含环境和经济问题各方面案例研究和报告的全文；关注点不只局限在非洲，但可以在数据库里搜索到一系列关于非洲的案例分析。

以下是我们推荐在大学图书馆在线编目、谷歌学术（Google Scholar）和其他数据库进行搜索时使用的关键词：
- 非洲和气候
- 国家名（如尼日利亚）和环境
- 国家名（如肯尼亚）和野生动植物
- 非洲和资源管理
- 国家名（如索马里）和难民
- 非洲和可持续发展
- 国家名和公共卫生
- 政治生态学和非洲城市

过去的遗产：非洲历史的主题

回首非洲漫长而又丰富的历史，这一领域涵盖了范围极广的主题和时间段：
- 对前殖民和殖民时期的研究
- 探索非洲与印度洋世界和大西洋世界关联的研究
- 奴隶贸易
- 对独立后非洲国家的分析
- 南非研究及其种族隔离时期和后种族隔离时期的历史

百科全书虽然不涉及当今学术热点,但也是一个很好的概览信息来源。

Cambridge History of Africa(1975–1986)和联合国教科文组织的 *General History of Africa*(1981–1993)。两书各有八册,对非洲的历史进行了细致的梳理,按照时间顺序编排,从非洲的史前时代一直到 20 世纪后半叶为止。可以在图书馆的参考书区域找到。

如果你需要更简略的介绍,可以使用单册的通史:

Cooper, Frederick. 2002. *Africa Since 1940: The Past of the Present*. New York:Cambridge University Press.

Iliffe, John. 2007. *Africans: The History of a Continent*, 2nd ed. New York:Cambridge University Press. 此版对非洲史前时代和奴隶贸易相关的章节进行了修订和更新。

另外一本很好的入门书:

Falola, Toyin. 2002. *Key Events in African History: A Reference Guide*. Westport, CT:Greenwood Press. 该书针对高中和大学学生;包含了塑造非洲历史的三十六个重大事件。主题包括古埃及文明、伊斯兰教的传播、西非王国、斯瓦希里城邦的崛起、大西洋奴隶贸易、殖民经历和种族隔离制度的覆灭。

在使用托因·法洛拉(Toyin Falola)这本书的同时,请结合近期其他一些更细致的非洲历史专题研究:

Chamberlain, Muriel Evelyn. 2010. *The Scramble for Africa*. 3rd ed. Harlow:Longman. 对"瓜分非洲"(scramble for Africa)这一欧洲夺取对非控制权的阶段的概述,包含了案例和第一手资料。

Hawley, John C., ed. 2008. *India in Africa, Africa in India: Indian Ocean Cosmopolitanisms*. Bloomington:Indiana University Press. 修改后的新版对印度和非洲之间的历史关系作出了解读,

并加入了当代双边关系的内容。

Lovejoy, Paul. 2000. *Transformations in Slavery: A History of Slavery in Africa*. 2nd ed. New York：Cambridge University Press. 对奴隶制的各个方面进行了详尽的研究,包括奴隶制产生和持续的时间段和区域。也对整个非洲奴隶制的历史作了阐述。

Meredith, Martin. 2005. *The State of Africa: A History of Fifty Years of Independence*. London：Free Press. 追溯了非洲国家从开始独立一直到五十年后的历史。

在学术文献中,南非史经常独立出现：

Berger, Iris. 2009. *South Africa in World History*. Oxford：Oxford University Press. 从史前到现在南非历史的简明概述；书中包含了社会史、女性史以及南非和美国之间的关系。

网上有很多南非史的一手资料：

Aluka, www.aluka.org. 提供与南部非洲人民争取自由的斗争相关的全文文献,包括期刊、个人文书、民族主义出版物、生活史、演讲等。与 DISA 不同,Aluka 是一个付费数据库,只有订阅机构的学生才可访问。

Digital Innovation South Africa（DISA）, www.disa.ukzn.ac.za. 免费的文献全文数据库,主要是期刊；关注 20 世纪 50 年代争取自由的斗争到 1994 年民主化选举之间南非的社会文化史。

Historical Papers Wits, www.historicalpapers.wits.ac.za/index.php?1/P/Home. 独立的南非研究资料库；有一系列数字化资源供人浏览。

South African History Online（SAHO）, www.sahistory.org.za. 南非最大的独立历史教育和研究机构。资料涉及各个方面,包括政治、艺术、文化和社会,以及南非历史上许多名人的自传。

也可参考

Worger, William H., Nancy L. Clark, and Edward A. Alpers. 2010. *Africa and the West: A Documentary History*. 2nd ed. Oxford：Oxford University Press. 包含上下两卷：第 1 卷，*From the Slave Trade to Conquest, 1441 – 1905*，和第 2 卷，*From Colonialism to Independence, 1875 to the Present*。极好的非洲与西方关系第一手资料选编；包括第一人称的叙述、诗歌、往来函件、政治演说等。

互联网上的非洲历史

很多网站都有一手或二手的全文资料,记录了从源头到现在的非洲历史。

Africa South of the Sahara，www-sul.stanford.edu/depts/ssrg/africa/history/africanhistoryelectronicbooks.html。里面涵盖了最为全面的电子书数据库。可以找到 19 世纪探险家和旅行者的记录,以及能免费浏览的当代学术著作,比如：

Travels and Discoveries in North and Central Africa: Being a Journal of an Expedition Undertaken by Heinrich Barth. Published 1896, Harper and Brothers.

Travels in the Interior of Africa by Mungo Park. Published 1860, A. and C. Black.

Travels in West Africa by Mary Henrietta Kingsley, William Forsell Kirby. Published 1897, Macmillan.

Africa South of the Sahara 的非洲历史部分,www-sul.stanford.edu/depts/ssrg/africa/history.html。进一步分为超过三十

个话题和主题,包括人类起源、15 世纪和 16 世纪的探索、奴隶制、殖民时期以及非洲中心主义、泛非主义等。每一个子分类都包含了多种资料来源和全文文本。

社会关系和生计

"社会关系:家庭、亲属和社会"和"谋生:非洲人的生计"这两章所描述和讨论的社会关系和谋生方式,涉及很多问题,而且与其他章节的关联度也是本书中最高的。因此,根据你的研究重点和兴趣,这两章中描述的大部分内容的来源将在本章的各个小节中找到。这两章都涉及人类学文献中通常讨论的许多问题和概念。殖民时期在非洲进行研究的一代人类学家所做的研究,成为该学科的经典之作。

Evans-Pritchard, E. E. 1940. *The Nuer*. Oxford: Clarendon.

Fortes, Meyer. 1953. "The Structure of Unilineal Descent Groups." *American Anthropologist* 55(1): 17-41.

Fortes, Meyer, and E. E. Evans-Pritchard, eds. 1940. *African Political Systems*. London: Oxford University Press.

Radcliffe-Brown, Alfred R., and Daryll Forde, eds. 1950. *African Systems of Kinship and Marriage*. London: Oxford University Press.

当代文化人类学者探析的现象包括:
- 与政治经济进程有关的亲属关系和婚姻的变革
- 跨国家庭和网络
- 性别与工作
- 儿童和年轻人

- 媒体、波普文化与全球化
- 民族和国家
- 巫术、现代性和发展
- 资源开采与暴力

可以在人类学百科全书中找到这些概念的解释和定义，如：

Barnard, Alan, and Jonathan Spencer, eds. 2010. *The Routledge Encyclopedia of Social and Cultural Anthropology*. London：Routledge.

Levinson, David, and Melvin Ember, eds. 1996. *Encyclopedia of Cultural Anthropology*. New York：Henry Holt.

如何找资料

在社会关系和生计这两章文后的参考文献中会有一定收获。这些参考文献涉猎广泛，会为读者指引同一话题的其他学术研究角度。

在数据库中寻找现有的期刊论文，最有名的是 AnthroSource，其中包括美国人类学协会（American Anthropological Association）的期刊、简报和业务通讯全文。请注意数据库中的"资源"（"Resources"）标签，其提供了很多人类学相关网站的友情链接。

在 Anthropology Plus、JSTOR、谷歌图书和谷歌学术等数据库和搜索引擎中都能找到相关内容。

请记住这是一个跨学科的领域，可以根据你自己的研究重点选择其他的数据库。关键词方面，可以结合两章中提到的一些术语和概念，以及上面的国家名或人名。以下是一些例子：

- 巴马纳人与婚姻
- 社会人类学与非洲（或者用一个国家名替代后者）
- 聘礼和尼日尔

- 葬礼和加纳
- 移民、社会关系与塞内加尔
- 儿童为一家之主的家庭和南非
- 年轻人和马达加斯加
- 马赛人与非政府组织
- 肯尼亚(或其他非洲国家)和城市的生计
- 小额贷款与马拉维
- 农林业和冈比亚
- 摩洛哥和海外汇款
- 社会转型与撒哈拉(或其他地区和国家)

在寻找资料时,仍然要记住该领域的跨学科性质,例如:

- 如果你对健康、治疗、艾滋病病毒/艾滋病及其对非洲社会的影响、本土知识在治疗中的作用或者其他相关话题感兴趣的话,请参见本章"非洲社会的健康、疾病和治疗"一节。
- 如果需要更多有关城市空间的信息,请参见"非洲的城市空间、生活和事业"与"非洲的地理框架"小节。
- 如果想要进行更深层次的非洲生计问题研究,请参见"非洲的发展:温和的希望"和"非洲的政治与民主的未来"小节。
- 如果你对音乐和社会生活研究感兴趣,请浏览"流动的非洲音乐""非洲的视觉艺术"和"非洲的宗教"等节。

非洲的宗教

如何起步:非洲宗教概览

Asante, Molefi Kete, and Ama Mazama, eds. 2009. *Encyclopedia of African Religion.* Thousand Oaks, CA：Sage Publications. 对"传统"非洲宗教各种概念的绝佳介绍。书中有专门的读者指南，帮助读者找到各种非洲宗教主题的文章，包括祖先人像、社群主义和家庭、观念和思想、神明与神像、仪式和典礼、圣地和圣物、社团、象征物、符号和声音、禁忌以及伦理。海外非洲群体的思想和信仰体系也包含在内。本书既有纸质印刷版，也有电子版。

Bongmba, Elias, ed. 2012. *The Wiley-Blackwell Companion to African Religions.* Hoboken, NJ：John Wiley and Sons. 包含国际学者写作的非洲各地本土宗教、伊斯兰教和基督教的宗教经历相关话题的文章；探讨了研究特定宗教传统和问题的各类方法，如宗教和艺术、健康、政治、全球化、两性关系以及经济。

Culture and Customs series from Greenwood Press. 丛书，其中的每本都关注一个单独的非洲国家，每本书也都有专门一章讨论这个国家的宗教和世界观。

Isichei, Elizabeth Allo. 2004. *The Religious Traditions of Africa: A History.* Westport, CT：Praeger Publishers. 本书的相关介绍细节更多，勾勒了伊斯兰教和基督教在非洲的发展历程，并详尽讨论了"传统"宗教问题。

将这些概述与更深入的研究相结合

在过去十年中，跨学科研究的激增是非洲宗教研究的突出特点，比如对宗教和女性的分析，和解和宽恕背景下的神学研究（如在种族隔离后的南非、种族灭绝后的卢旺达、内战后的利比里亚等），宗教运动，五旬节信仰，健康和宗教，与文化、哲学、人类学、历史、人权等有关的宗教，以及宗教和法律等。要想在图书馆的

在线目录中找到相关研究成果,请结合这里列出的主题进行关键词搜索,例如:
- 非洲和宗教和女性
- 非洲和宗教和政治
- 和解与南非
- 非洲和宗教和法律
- 卢旺达和宽恕

在线资源

BBC World Service, *The Story of Africa*, www.bbc.co.uk/worldservice/africa/features/storyofafrica. 对非洲宗教的简要介绍,涵盖了伊斯兰教、基督教、传教士、宗教习俗等话题。也包含广播节目的音频片段。

Islam in Sub-Saharan Africa, www.ascleiden.nl/Library/Webdossiers/IslamInAfrica.aspx. 非洲伊斯兰教的互联网资料汇编,由荷兰莱顿大学非洲研究中心(African Studies Centre Leiden)图书馆,即文献与信息部门(Documentation and Information Department)汇编。也是非洲伊斯兰教一项多年研究项目和一场顶尖学者齐聚会议的成果。包含了参会者提交的论文以及过去二十年出版的专著和文章。

Religiously Remapped: Mapping Religious Trends in Africa, www.religiouslyremapped.info. 网站由尤金·卡尔·阿多格拉(Eugene Carl Adogla)于2007年建立,斯坦福大学拨款支持。其中有22幅地图,涉及占主导地位的宗教、主要少数宗教、基督教(包括天主教和新教)、伊斯兰教(逊尼派、什叶派及其他派别)、传统宗教、印度教、佛教、犹太教、无神论、宗教自由、宗教和冲突、有趣的宗教事实以及宗教变革等。

非洲的城市空间、生活和事业

近期学术界对非洲城市空间的研究认可了非洲城市的快速增长，承认了非洲文化和社会的未来在某种程度上与城市的发展息息相关这一事实。

采用历史研究路径的有关资料

下面这些著作呈现了从史前到现代的非洲城市发展史：

Anderson, David M., and Richard Rathbone eds. 2000. *Africa's Urban Past*. Oxford: James Currey. 从历史学的角度审视了非洲城市的发展。每章关注一个城市及其历史；全书构成了对非洲城市性历史的概览。

Falola, Toyin, and Steven J. Salm, eds. 2005. *African Urban Spaces in Historical Perspective*. Rochester, NY: University of Rochester Press. 非洲城市史和城市文化的跨学科研究成果，结合了历史学和人类学、地理学、文学、艺术学和建筑学的研究方法。

Freund, Bill. 2007. *The African City: A History*. Cambridge: Cambridge University Press. 非洲城市从早期起源到现在的全面介绍。

现代非洲城市生活的研究成果

Demissie, Fassil. 2007. *Postcolonial African Cities: Imperial Legacies and Postcolonial Predicaments*. London: Routledge. 透过历史发展的视角解释了新的城市发展形态。主题包括殖民遗产、

大都会空间和城市重构。

Murray, Martin J., and Garth A. Myers, eds. 2007. *Cities in Contemporary Africa*. New York：Palgrave Macmillan. 特点是非洲学术界参与了这本书的编纂。每个章节都能让人一瞥非洲城市生活纷繁复杂的动态。

Simone, Abdou Maliq. 2004. *For the City Yet to Come: Changing Life in Four Cities*. Durham, NC：Duke University Press. 书中的一系列案例分析对四个非洲城市（达喀尔、比勒陀利亚、杜阿拉和吉达）的非正式经济和社会网络进行了审视，认为对非洲城市的研究和分析应当在其特定历史条件下开展，如果从这个角度看，所谓它们与北非城市相比是"失败的城市"的观点是站不住脚的。

除了非洲城市生活的相关概览之外，对城市生活方方面面的案例研究也比较有帮助。女性和移民问题是城市民族志的主要关注对象。例如：

Hoodfar, Homar. 1997. *Between Marriage and the Market: Intimate Politics and Survival in Cairo*. Berkeley：University of California Press. 对布拉柴维尔的萨赫勒移民的研究。

Whitehouse, Bruce. 2012. *Migrants and Strangers in an African City: Exile, Dignity, Belonging*. Bloomington：Indiana University Press.

有用的关键词

- 全球化城市与非洲
- 城市贫困
- 可持续城市
- 城市治理
- 城市住房和基础设施

- 城市生活和城市名
- 街头儿童
- 移民和国家或城市名

非洲社会的健康、疾病和治疗

非洲社会的健康、疾病和治疗相关研究包含了如下信息：
- 数据
- 生物医学话题
- 对疾病和治疗的社会文化分析
- 传统医学研究
- 治疗方面的本土知识

请牢记

大量与健康有关的信息，比如国际组织（如世界卫生组织和联合国）的统计数据，可在网站上查阅详细资料，这些网站的资料比任何印刷资料都要新。这些组织以及许多规模较小的非政府组织还编写和发布了关于下列专题的在线研究报告：
- 艾滋病教育和预防
- 疟疾预防
- 本土知识

好的起点

AllAfrica.com：Health，http://allafrica.com/health. 有健康栏目的新闻服务；包含诸如艾滋病病毒/艾滋病、抗疟疾行动和烟草对人们健康影响专题的文章。

HighWire Press，http：//highwire.stanford.edu（斯坦福大学图书馆系统的一个部门）。在这里你能够找到经过同行审议的、关于健康主题的文章，包括1 270个期刊（大多数是医学领域的），可以全文浏览。搜索框中输入关键词等进行全文检索，如乌干达的艾滋病污名化现象，就会找到相关的文章。

查找数据信息

Joint United Nations Programme on HIV/AIDS，UNAIDS（由世界卫生组织、联合国儿童基金会、联合国开发计划署、联合国人口基金会、联合国教科文组织和世界银行共同支持），www.unaids.org/en.提供艾滋病病毒/艾滋病相关信息；包含最新的国别信息和数据，也有记录特定国家对抗艾滋病病毒/艾滋病流行的措施的文章。

United Nations Development Fund for Women（UNIFEM），www.genderandaids.org.确认了女性在面对艾滋病病毒/艾滋病威胁时的复杂情况；包含了指向国别文章和报告全文、书籍摘要及会议记录等的链接。

世界卫生组织的网站主页www.who.int和世界卫生组织的数据系统WHOSIS，提供了关于非洲的全面信息。后者是一个交互式数据库，提供世卫组织193个成员国的医疗卫生统计数据。可以通过医疗卫生主题进行检索；也有国家列表，可以查询国别数据。涵盖的领域包括：慢性病、儿童营养不良、水资源的获取、公共卫生、艾滋病病毒/艾滋病相关信息、医疗开支等。世卫组织网站主页也有医疗卫生相关话题的全文报道。

许多其他网站也有全文文章和数据信息，如斯坦福大学网站的"撒哈拉以南的非洲/非洲健康和医学"（"Africa South of the Sahara/

African Health and Medicine")版块,www-sul.stanford.edu/depts/ ssrg/africa/health.html,是一个获得其中很多知识的好地方。

传统治疗、本土知识和疗法方面信息的搜寻

一般来说,这些信息都属于人类学研究而非医学研究。建议同时使用纸质和电子材料。"非洲社会的健康、疾病和治疗"一章后的参考文献和拓展阅读建议有许多相关书籍。也可以参考:

Konadu, Kwasi. 2008. "Medicine and Anthropology in Twentieth Century Africa: Akan Medicine and Encounters with Medical Anthropology," *African Studies Quarterly* 10(2-3). 指出医疗人类学领域有将巫术认作非洲传统医学基础的倾向;认为现有的许多案例研究都使用了医疗人类学的概念,却没有纳入非洲的视角。

Werbner, Richard. 2011. *Holy Hustlers, Schism, and Prophecy.* Berkeley: University of California Press. 讨论了博茨瓦纳哈博罗内一个使徒教会的信仰疗法活动。

也可参考

理查德·韦布纳(Richard Werbner)导演了下面这些有关信仰疗法的电影:

Encountering Eloyi. 2008. Media Centre, University of Manchester. Manchester, UK: International Centre for Contemporary Cultural Research.

Séance Reflections. 2005. International Centre for Contemporary Cultural Research. Manchester, UK: International Centre for Contemporary Cultural Research. 纪录片,讲述了一对夫妇前往丈

夫在博茨瓦纳莫雷米的家乡，向一位占卜师兼治疗师请教为何他们不孕不育的故事。

Shade Seekers and the Mixer. 2007. Media Centre, University of Manchester. Manchester, UK：International Centre for Contemporary Cultural Research, University of Manchester. 纪录片，地点和上面一部一样；讲述了一位占卜治疗师的故事。

在线资源

Sharp, Lesley A. 1993. "The Possessed and the Dispossessed：Spirits, Identity and Power in a Madagascar Migrant Town," http://publishing.cdlib.org/ucpressebooks/view?docId=ft6t1nb4hz&brand=ucpress. 加利福尼亚大学出版社出版，全文可浏览，分析了一个马达加斯加城镇中灵媒治疗师的重要作用。

Shikanda Portal, www.shikanda.net. 包含维姆·范·宾斯伯根（Wim van Binsbergen）撰写的一些关于魂灵疗法的文章。

"Traditional Medicine Strategy"，世界卫生组织发布，www.who.int/medicines/publications/traditionalpolicy/en/index.html。作为规范传统医学和替代疗法的政策框架，提升其安全性和可得性。

如何找到这些主题的更多信息

在 Academic Search Premier、JSTOR 和 Anthropology Plus 等数据库中键入以下关键词：
- 治疗和本土信仰
- 传统治疗师和非洲（或国家名）
- 魂灵治疗师

- 圣地
- 护身符
- 本土知识
- 本土魔法
- 医疗(或治疗)与宗教
- 草药疗法/治疗与非洲

非洲的视觉艺术

对非洲艺术的学术研究主要涉及这些方面：
- 绘画
- 雕塑
- 陶艺
- 金属制品
- 建筑
- 展览
- 摄影
- 波普艺术
- 传统艺术
- 面具和化装舞会
- 身体艺术
- 岩石艺术

如何找到相关资料

- "非洲的视觉艺术"一章末尾的参考资料是了解非洲艺术概况的好选择。

- *Grove Dictionary of Art.* 2000. New York：St. Martin's Press. 共有 34 册，超过 41 000 篇非洲、亚洲、欧洲、美洲和大洋洲艺术相关文章。很多图书馆有电子版[如牛津格罗夫艺术在线(Grove Art Online)]，可以全文浏览所有文章，包括其新增内容、更新和图片链接。
- JSTOR 平台上有主要的非洲人文、艺术和社会科学研究期刊，最值得推荐的期刊是《非洲艺术》(*African Art*)，对艺术研究十分有益。

关键词检索

把上文以及非洲艺术一章列出的话题与非洲国家或族群名结合，比如：
- 非洲和建筑
- 南非和岩石艺术
- 祖鲁人和陶艺
- 马赛人和身体艺术
- 马里和摄影

查找图片资料

AfricaFocus，http：//digicoll. library. wisc. edu/AfricaFocus/subcollections/FocusAbout.html. 威斯康星大学麦迪逊分校图书馆维护的在线影集。包括捐赠给该校非洲研究项目(African Studies Program)的数字化图像和音频。图片根据主题分类，如工匠、建筑和结构、城市与城镇、景观、鼓、仪式和典礼等。

Google *Life* Photo Archive，http：//images.google.com/hosted/life. 可以浏览《生活》(*Life*)杂志图像库中数以百万计的图像，使

用关键词检索非洲艺术相关图片。

The Humphrey Winterton Collection of East African Photographs: 1860–1960, http://repository.library.northwestern.edu/winterton/about.html. 多达 7 000 多幅描绘非洲生活的数字化图像。

Selections from Eliot Elisofon Photographic Archives, http://sirismm.si.edu/siris/eepatop.htm. 美国国家非洲艺术博物馆（National Museum of African Art）的研究中心。包括超过 30 万幅非洲历史、艺术、族群的图片。可以使用国家名、文化群体或主题搜索。

也可在 Wikimedia、Wikipedia、Flickr、Youtube、Google Images 和 Bing Images 等平台上检索。

请牢记

各类展览是欣赏艺术品的好去处，展览目录对艺术品的认知和研究也有重要的影响。下面列举一些重量级展览：

Africa Explores: 20th Century African Art，1991 年由纽约非洲艺术中心（现改名为博物馆）组织，展览目录由苏珊·沃格尔（Susan Vogel）制作。New York: Center for African Art, 1991. 被认为是展示广泛、多样的非洲视觉艺术品的一个转折点。

The Global Africa Project，2010 年由艺术与设计博物馆组织，展览目录由洛厄里·斯托克斯·西姆斯（Lowery Stokes Sims）制作。New York: Museum of Arts and Design, 2010. 涉及世界范围内的当代非洲艺术、设计和手工艺。有 100 多位在世界各地工作的艺术家参展。

In/Sight: African Photographers, 1940 to the Present，1996 年于古根海姆博物馆展出，展览目录由克莱尔·贝尔（Clare Bell）制

作。New York：Guggenheim Museum，1996.美国第一个大型非洲摄影展。

The Short Century: Independence and Liberation Movements in Africa，*1945－1994*，在德国、纽约、芝加哥展览，展览目录由奥奎·恩维佐（Okwui Enwezor）制作。Munich：Prestel，2001.讲述视觉艺术与20世纪下半叶政治变革的联系。

流动的非洲音乐

非洲音乐的相关资料来源包括：
- 音乐学研究
- 对音乐的人类学研究
- 上述两者的结合
- 音乐作品目录
- 各类音像制品（唱片、磁带、DVD等）

迈出第一步

Stone，Ruth M.，ed. 1998. *The Garland Encyclopedia of World Music*，*Volume 1*. New York：Garland. 非洲音乐的详尽综述。阐释了非洲音乐与舞蹈、戏剧、其他视觉艺术和宗教的联系。认为非洲音乐不能孤立地进行研究，而是社会、文化和政治背景的有机组成部分。很多图书馆都有这本书，附赠一张音乐范例唱片。

Stone，Ruth M. 2008. *The Garland Handbook of African Music*. 2nd ed. New York：Routledge. 上面这部百科全书的删减本。把近期关于非洲音乐的学术研究纳入其中。包含对东非音

乐的新兴研究、北非音乐和视频研究、音乐与艾滋病病毒/艾滋病教育、马拉维基督教会的女性舞蹈等。

获取更细节化的信息

在下面这些长篇案例研究专著中,你可以找到有关非洲音乐的最新研究资料:

Askew, Kelly. 2002. *Performing the Nation: Swahili Music and Cultural Politics in Tanzania*. Chicago: University of Chicago Press. 对坦桑尼亚塔拉勃乐表演的分析,体现了其文化和文化政策。

Charry, Eric S. 2000. *Mande Music: Traditional and Modern Music of the Maninka and Mandinka of Western Africa*. Chicago: University of Chicago Press. 在社会和历史背景下对曼德人音乐的详尽分析,附赠了内有曼德人传统和现代音乐录音的光盘。

Monson, Ingrid T. 2000. *The African Diaspora: A Musical Perspective*. New York: Garland. 包含了涉及爵士乐、马里音乐、马提尼克音乐、约鲁巴人民间歌剧和其他主题的文章。

Moorman, Marissa. 2008. *Intonations: A Social History of Music and Nation in Luanda, Angola, from 1945 to Recent Times*. Athens: Ohio University Press. 非洲音乐在葡语地区的社会史。对安哥拉历史上殖民时代后期和后殖民时期文化和政治的关系进行了解读。

Perullo, Alex. 2011. *Live from Dar es Salaam: Popular Music and Tanzania's Music Economy*. Bloomington: Indiana University Press.

Reed, Daniel. 2003. *Dan Ge Performance: Masks and Music

in Contemporary Cote d'Ivoire. Bloomington：Indiana University Press. 对科特迪瓦西部丹族"戈"表演的社会和宗教背景进行了探究。

下面这本书深入分析了非洲音乐理论：

Kubik, Gerhard. 1994. *Theory of African Music*. Wilhelmshaven：F. Noetzel.

请牢记

许多学术专著都附赠带有音乐范例的 CD。此外，也有一些在线资源提供非洲音乐相关的研究资料：

撒哈拉以南非洲音乐的部分，www-sul.stanford.edu/depts/ssrg/africa/music.html。这个出色的门户网站提供了非洲音乐相关的链接列表，包括论坛讨论、新闻媒体报道、博客、售卖非洲音乐的网站和许多音频。

也可参考

African Music Treasures, Voice of America blog by Heather Maxwell, http://blogs.voanews.com/african-music-treasures. 以非洲音乐家的采访为主打。

Afropop Worldwide, www.afropop.org. 网站上有乔治·科利内(Georges Collinet)制作的广播节目，放送非洲、加勒比地区和美洲的音乐。资料涵盖广泛，包括节目时间表、音乐作品目录、如何聆听非洲广播电台、音乐家的传记、节目等。

The Pan African Space Station (PASS), www.panafricanspacestation.org.za. 互联网广播电台，隶属于南非开普敦的《奇姆伦加》杂志。24 小时免费电台。

非洲的文学

时至今日,非洲已经诞生了五位诺贝尔文学奖获得者:
- 阿尔贝·加缪(Albert Camus,1957,阿尔及利亚)
- 约翰·库切(2003,南非)
- 纳丁·戈迪默(1991,南非)
- 纳吉布·马赫福兹(1988,埃及)
- 沃莱·索因卡(1986,尼日利亚)

除了这些著名的作家外,现在还有许多非洲作家的作品被认为是经典之作,同时,我们也不能忽略蓬勃发展的年轻作家群体。关于作家的姓名和他们的出版物名称,请参见"非洲的文学"一章。他们的作品——特别是那些老一辈作家的作品——可以通过搜索作者的名字,很容易从大多数大学图书馆的在线目录中检索到。另外,也可以用关键词搜索 Heinemann African Writers Series(海涅曼"非洲作家系列")。不少著名非洲作家的作品都在这个系列中出版,在很多大学图书馆都可以找到。有些图书馆订阅了这个系列的精选在线版本,名为 *African Writers Series*,由 ProQuest 出版。

也可参考

Africa's 100 Best Books of the 20th Century, www.ascleiden.nl/?q=content/webdossiers/africas-100-best-books-20th-century. 由荷兰莱顿大学非洲研究中心图书馆整理的网络材料汇编。该项目的目的是汇编 100 本非洲文学最佳图书,并吸引世人对 20 世纪非洲文学的关注。汇编中包含背景信息、前十二排名、前一百排名以及相关的在线资料。内容包括创意写作、学术写作和儿童图书。

近期发展

近年来,新一代作家开始根据非洲的现实情况,采用长篇小说或短篇小说体裁写作,并尝试了新的叙事方式。除了以成熟的体裁写作外,这些年轻作家还利用脸书和推特等社交媒体以及个人网站与读者交流。文学界因此充满活力,越来越多地吸引了国际关注。

浏览最新作品的渠道有:

凯恩非洲文学奖(Caine Prize for African Writing)的选集。凯恩奖最早诞生于 2000 年的津巴布韦国际书展。可以在图书馆在线目录中搜索凯恩奖选集,使用"凯恩奖"(Caine prize)和"非洲文学/非洲写作"(African writing)作为关键词。每年的获奖名单也可以在凯恩奖官方网站上查到:www.caineprize.com。

Gray, Stephen. 2000. *The Picador Book of African Stories*. London: Picador. 呈现了非洲的中短篇小说,包括各类语言的翻译作品与在其他选集中通常没有的作品。也有关于非洲文学各个发展阶段的介绍,从 20 世纪 60 年代独立后将写作视为对抗殖民势力行动的一代作家,到下一代作家的愤怒与梦想的破灭,到 80 年代后期及之后涌现的一批作家发展非洲本土文学模式的努力。

Spillman, Rob. 2009. *Gods and Soldiers: The Penguin Anthology of Contemporary African Writing*. New York: Penguin Books. 包含了短篇小说以及长篇小说的节选。这本书是对当代非洲活跃文学圈子的极好介绍。

我们可以在很多地方找到当代非洲文学作品。这些新一代非洲作家的出版渠道多种多样。作家可能在通过传统图书的形式出版的同时,自己维护一个网站和博客,在《纽约客》(*The New Yorker*)杂志上发表一些小文章,其作品也在近期非洲写作的一些选集中被收录。

网站

The Chimamanda Ngozi Adichie Website,www.l3.ulg.ac.be/adichie.(注意:数字3前面是小写的英文字母l。)奇玛曼达·恩戈齐·阿迪奇埃,因其短篇故事及获奖小说《紫木槿》(2003)和《半轮黄日》(2006)闻名的尼日利亚作家。网站提供了作者资料以及书目和访谈。

Teju Cole,www.tejucole.com.泰茹·科尔,这也是一位尼日利亚作家,现在居住在纽约的布鲁克林。除了作家身份以外,他还是一名摄影师和艺术史学家。他的小说《不设防的城市》(*Open City*, New York: Random House, 2011)获得了笔会/海明威奖。网站包括科尔的很多摄影作品、个人资料和书目。也可以关注科尔为他的"小史诗"(Small Fates)创建的推特账号。

其他可以关注的作者包括:

- 塔努尔·奥贾德(Tanure Ojaide)
- 海隆·哈比拉(Helon Habila)
- 多琳·巴因加纳(Doreen Baingana)
- 比尼亚万加·瓦伊纳伊纳(Binyavanga Wainaina)
- 塞菲·阿塔(Sefi Atta)
- 蕾拉·阿布莱拉(Leila Aboulela)

博客

Africa Is a Country,http://africasacountry.com. 包含了许多

有趣的非洲文学帖子和讨论。

Crime Beat，http：//crimebeat.bookslive.co.za/blog. 关于南非流行的犯罪小说的博客。

互联网上的非洲文学和媒体倡议

Chimurenga，www.chimurenga.co.za. 一个泛非主义写作、艺术和政治的出版计划。网站上有 Chimurenga Library 的链接，这是一个提供独立泛非主义期刊的在线档案库；以及 *Chimurenga Chronic*，即原先以报纸形式发行的《奇姆伦加》，公开了其部分内容；还有 Pan African Space Station，在上面可以了解非洲音乐的最新情况。

Kwani？，www.kwani.org/aboutus/kwani.htm. 位于肯尼亚的文学网络，旨在推动非洲创意写作的发展。网站上可以浏览作者和文学倡议的新闻。

非洲文学的其他图书馆资料

要想更加熟悉非洲的文学遗产，指南、文学百科全书、文学词典和概览性质的著作都是作者及其作品信息的活的敲门砖，从中也可以获得进一步阅读的建议：

Gikandi，Simon，ed. 2003. *Encyclopedia of African Literature*. London：Routledge. 为初涉非洲文学或那些想要寻找文学主题、作者和运动有关事实的读者设计。涉及非洲文学研究的方方面面，包括影响文学的历史和文化问题与影响对文学的解读的理论和批评框架。

更细节化的资料

The Columbia Guides to Literature Since 1945.丛书，三册都分

别由非洲文学研究著名的学者编写,提供了作者的生平资料、批评意见、作品和拓展阅读的推荐;将某一特定区域的文学与当地的政治和文化环境联系了起来。

Cox, Brian, ed. 1997. *African Writers*. New York: Charles Scribner's Sons. 介绍了 19 世纪后期和 20 世纪非洲的各类文学作品。书中的署名条目对某位作家的生活、工作及其写作的社会和政治背景进行了概述。也有详尽的作品列表和拓展阅读书目,但仅限于著名作家。

Gikandi, Simon, and Evan Mwangi, eds. 2007. *The Columbia Guide to East African Literature in English since 1945*. New York: Columbia University Press.

Moss, Joyce, and Lorraine Valestuk. 2000. *World Literature and Its Times/African Literature and Its Times: Profiles of Notable Literary Works and the Historical Events That Influenced Them*. Detroit: Thomson Gale. 介绍了文学作品,给出了情节梗概,并把作品与真实发生的政治和历史事件联系在一起,识别出作者使用的信息来源。

Owomoyela, Oyekan. 2008. *The Columbia Guide to West African Literature in English since 1945*. New York: Columbia University Press.

Roscoe, Adrian. 2008. *The Columbia Guide to Central African Literature in English since 1945*. New York: Columbia University Press.

除了这些概览类和关于单个作家的著作,还有许多关于非洲文学各个方面的学术研究,在"非洲的文学"一章中都已列出。可以在图书馆的在线目录或美国现代语言学会国际书目全文数据库（Modern Language Association International Bibliograph with Full Text）等数据库中搜索这些关键词，如：
- 非洲文学和性别
- 非洲文学和伊斯兰教
- 非洲文学和殖民主义
- 非洲文学和跨国主义

互联网上的非洲文学

关于非洲文学或由非洲作家建立的网站不胜枚举。这些网站提供了各类信息，如中短篇小说全文、长篇小说节选、作者小传、诗歌、散文和采访。可以在谷歌中输入作者名进行搜索。

下面是一个很好的搜索起点：

Literary Map of Africa，http://library.osu.edu/literary-map-of-africa/，由米丽娅姆·康特－摩根（Miriam Conteh-Morgan）开发。最全面、最新的数据库之一，可以作为指南使用；提供非洲文学相关的作家和书目信息。旨在作为更深入研究的起点。涵盖了英语文学、法语文学和葡萄牙语文学作家。

如果要找更详细的非洲法语文学资料，请参考布朗大学的在线资源指南，其中包括带有注释的网站列表，并扩展到了音乐、舞蹈、戏剧和视觉艺术领域：http://dl.lib.brown.edu/francophone。

非洲的电影

在线资料很少能够提供关于非洲电影的有深度的解读和分析。因此，在进行非洲电影研究时，请将纸质资料和电子材料结合。

初始阶段事实性信息的资料来源

Armes, Roy. 2006. *African Filmmaking North and South of the Sahara*. Bloomington: Indiana University Press. 从历史角度描绘了非洲电影业的源头和发展,从 19 世纪 90 年代一直到新千年。对电影和电影人进行了全面介绍,也讨论了政治和社会事件对电影造成的影响,如伊斯兰教和殖民主义。简述了不同时间段非洲电影的重要主题,从对后殖民时代社会问题的关注到近期更为个人化的电影主题。

Armes, Roy. 2008. *Dictionary of African Filmmakers*. Bloomington: Indiana University Press. 分为两部分。第一部分是按首字母顺序排列的 1 250 名非洲电影人列表,包括出生时间和地点、受过的电影培训和/或电影从业经验、参与的其他创意活动以及一份故事片清单;另有按首字母排序的电影人国籍列表和故事片年表。

如果要进行更深入的研究,补充参考

Gugler, Josef. 2003. *African Film: Re-Imagining a Continent*. Bloomington: Indiana University Press. 非洲电影业的详尽介绍,在"重新发现过去""反抗殖民主义""独立后的背叛"等章节中讨论了各个时期的一些代表性电影,基于当时的历史、政治和社会环境展开。也有大量有益的参考书目供进一步研究。

Russell, Sharon. 1998. *A Guide to African Cinema*. Westport, CT: Greenwood Press. 对独立电影的深入讨论,是关于非洲这一电影类型的代表性著作。内有按照字母排序的非洲电影人和电影列表,每个条目后都有一系列拓展阅读书目,有些条目后还有电影作品目录。

Thakway, Melissa. 2003. *Africa Shoots Back: Alternative Perspectives in Sub-Saharan Francophone African Film.* Bloomington：Indiana University Press.和约瑟夫·古格勒(Josef Gugler)的著作类似,把电影类型与当时特定的社会、文化和政治环境联系起来,但着重介绍法语电影;与上文介绍的词典和概述类著作不同,本书的作者对出现在书中的电影精挑细选,特别关注法语电影中的一些特定特点和主题。

更近期出版的专著

Dovey, Lindiwe. 2009. *African Film and Literature: Adapting Violence to the Screen.* New York：Columbia Press. 讨论了非洲电影如何反映当代非洲面临的社会和政治冲突,如艾滋病病毒/艾滋病或种族冲突。

互联网上的非洲电影

"African Cinema",维基百科词条,http：//en.wikipedia.org/wiki/African_cinema。作者写作这一章时,词条还在完善过程中,但其中对电影、电影制作人和导演的分析和/或批评还是很有见地的。提供了非洲电影各个类型的简要发展史,也对一些国家电影的发展进行了比较全面的分析性讨论(如"塞内加尔电影""尼日利亚电影"等);还包括女性导演的专章、按照国家分类的电影导演名录、非洲电影的拓展阅读书目和非洲电影的相关网站链接。(请读者将其中的信息与其他来源的资料进行综合。)

Africa South of the Sahara：African Films, Movies, and Videos, www-sul.stanford.edu/depts/ssrg/africa/film.html. 详尽介绍了非洲电影;提供了带有注释的各种电影类型的网络资源链接。

H-AfrLitCine Discussion Network, www.h-net.org/~aflitweb. 非洲文学和电影的邮件组;可以了解非洲电影相关的最新讨论。在邮件组主页也可以查看过往的讨论情况。

非洲的政治与民主的未来

非洲政治相关的文献主要讨论:
- 治理
- 民主
- 政治复兴/20 世纪 90 年代的民主化运动
- 一党政治和多党制
- 结构调整计划
- 达尔富尔、刚果民主共和国、索马里和尼日尔河三角洲发生的武装冲突
- 种族和政治

通用资料,可了解概括性信息

Mehler, Andreas, Henning Melber, and Klaas Walraven, eds. *Africa Yearbook: Politics, Economy, and Society South of the Sahara.* Leiden: Brill. 欧洲各主要非洲研究机构的联合项目。查询事实性信息的好地方。自 2004 年以来每年出版,每一册都关注当年非洲发展的情况。其中也有国别研究文章,包括国内政治、外交事务和撒哈拉以南非洲国家的社会经济发展。该年鉴基于学术著作,但面向学生、教师、记者等更广泛的读者群体。

The Political Handbook of Africa 2007. 2007. Washington, DC: CQ Press. 各个非洲国家政治情况的出色概览。对每个国家

的政府和政治作了很好的解释,提供了关于国家宪法、对外关系、主要政党、立法机构、媒体等部门的信息。

请将这些概述性著作与更深层次的研究专著和文章结合起来,很多都可以在网上找到:

Council for the Development of Social Science Research in Africa (CODESRIA), www.codesria.org/?lang=en. 总部在塞内加尔的达喀尔。网站上有许多免费、公开的政治图书可供浏览,但数量没有 HSRC 那么多。在这里可以找到关于各类政治问题的专著,采用非洲视角、洞见深刻。

Human Science Research Council (HSRC), www.hsrcpress.ac.za/home.php. 南非的非营利性、开放阅览的出版机构;编辑委员会有学界专家。出版物都可以在网站上免费浏览,质量较高。可以在"政治和国际关系"("Politics and International Relations")栏目中找到政治相关出版物,包含了上述绝大多数主题,其中最有名的是马哈茂德·马姆达尼(Mahmood Mamdani)近期出版的关于达尔富尔危机的专著[《拯救者与幸存者:达尔富尔、政治和反恐战争》(*Saviours and Survivors: Darfur, Politics, and the War on Terror*)]。

Nordic Africa Institute, www.nai.uu.se. 欧洲领先的非洲研究机构之一,位于瑞典的乌普萨拉。网站内容详尽,可以免费获取政策报告、政治研究和发展研究文章的全文,都是 PDF 格式。

另外"非洲的政治与民主的未来"一章最后列出的书目也可供参考。

在这些研究机构之外,无数的非政府组织和国际组织网站也有很多相关资料:

The African Union, www.au.int/en. 致力于提升和保卫五十

四个非洲国家共同利益的联盟,提倡良政、人权、民主及非洲的和平与安全。网站包括全文文件、演讲、新闻和论坛,也有一些有用的链接。

Sub-Saharan Governments Search Engine, www.google.com/cse/home?cx=004216246918580239447:kzrbc4uvlna. 能够搜索非洲政府网站信息的搜索引擎。可以键入某个国家的名称或语言作为关键词。

世界银行、联合国教科文组织、联合国儿童基金会、联合国开发计划署网站上都有很多有用的信息,可以登录组织官网或者www.unsystem.org,这是联合国的官方网站定位符,通过它能找到联合国及其下属网站的内容。

原始数据和数据集

African Elections Database, 2004 – 2011, http://africanelections.tripod.com/index.html. 非洲国家过往和目前选举结果的资料库。也包括每个国家的政治概览和政党信息。

Afrobarometer, www.afrobarometer.org. 密歇根州立大学的调查中心。衡量非洲的社会、政治和经济情势。现有 1999 年以来收集的四轮民意数据。第五轮[1]正在调查过程中。网站上也有研究报告全文。

如果对这方面特别感兴趣,请参阅:

Bratton, Michael, E. Gyimah-Boadi, and Robert Mattes. *Afrobarometer 2008 – 2009*. 2010. East Lansing, MI: Afrobarometer.

Polity IV, www.systemicpeace.org/polity/polity4.htm. 每年对

---

[1] 截至作者写作此章时。——译注

每个非洲国家的民主进行评估,作为该国民主的重要指标。

非洲的发展:温和的希望

关于非洲发展的研究文献包括:
- 国际和非政府援助组织的官方文件
- 调查
- 概览
- 数据
- 世界银行等有影响力的组织对上述官方文件的回应与分析
- 各学科学者的案例分析

入门资料

Joseph, Richard, and Alexandra Gillies, eds. 2009. *Smart Aid for African Development*. Boulder, CO: Lynne Rienner. 对援助的不同观点进行叙述和分析。

Moss, Todd J. 2007. *African Development: Making Sense of the Issues and Actors*. Boulder, CO: Lynne Rienner.

下面这两个网站是极好的起点,里面的链接包括大量的资料,从非政府组织和国际组织的网站到研究论文、发展项目报告、政策文件和书籍等的全文资料。侧重点在发展的经济因素,但这两个网站都包含有关问题的信息,如女性在发展中的参与、环境、非洲虚拟大学(African Virtual University)、野生动物保护等。

撒哈拉以南非洲发展的部分,www-sul.stanford.edu/depts/ssrg/africa/devel.html。

Economic Development, Education, and Environmental Affairs,

on Columbia University Libraries' African Studies Internet Resources—Virtual Library，http：//library.columbia.edu/locations/global/virtual-libraries/african_studies/intlorgs/economic_development.html.

也可参考

Human Development Report. 1990 –. New York：Oxford University Press for the United Nations Development Programme. 每年出版。

在网站上也可阅览：http：//hdr.undp.org/en/reports/global/hdr2013。涉及人权、文化自由、气候变化、性别和民主等问题，并不直接把经济发展与人类发展联系在一起，例如，标题包括：

《人类安全的新维度》

《跨越障碍：人口流动和发展》

《人民的参与》

《可持续和公正：每个人的美好未来》

UN Statistical Database，http：//unstats.un.org/unsd/databases.htm. 整个联合国系统的数据库。使用这个数据库可以获取贸易数据、普查数据、人口数据和其他数据。

很多组织也把数据和报告放到了网上。

The World Bank，www.worldbank.org. 世界银行多年来一直积极参与非洲的经济发展，并在实施有争议的结构调整计划中发挥了重要作用。网站提供大量的全文信息。包括统计数字、关于具体援助项目的报告、关于非洲商业和本土知识的信息以及世界银行在非洲活动的年度报告。网站有一个搜索引擎，可以用关键词搜索。特别是其中的：

World Bank Data by Country, http://data.worldbank.org/country. 提供国别数据。

World Development Indicators, http://databank.worldbank.org/ddp/home.do?Step=12&id=4&CNO=2. 涉及教育、环境、经济政策、卫生、基础设施和贫困方面的指标。

世界银行和国际货币基金组织的倡议中,最有名的要数世界银行的结构调整计划,一直以来争议不断,也有一些替代性计划与反馈:

The Bretton Woods Project, www.brettonwoodsproject.org. 是寻找世界银行和货币基金组织相关倡议最新评论的好地方,有报告和简报,可按关键词和具体国家搜索。该项目的目的是作为"信息提供者、媒体线人和监督者,对世界银行和国际货币基金组织进行审查和影响"。

Herbert, Ross, and Steven Gruzd. 2008. *The African Peer Review Mechanism: Lessons from the Pioneers*. Johannesburg: South African Institute of International Affairs. 一个提升治理能力的新方法,这种同行审议机制近期已被一些非洲国家采纳。这一深入研究分析了最先实行的五个国家(加纳、肯尼亚、卢旺达、毛里求斯和南非)审议进程的情况。

可以在非政府组织和国际组织的网站上找到更多相关信息:

The New Partnership for Africa's Development (NEPAD), www.nepad.org. "非洲发展新伙伴计划"是非洲联盟提出的经济发展项目。网站提供了农业、食品安全、人类发展、气候变化、自然资源管理、经济和企业治理等各主题的文档全文。也有专门的新闻和博客版块。

Southern African Development Community (SADC), www.sadc.int. 包括南部非洲发展共同体的工作信息和关键文本的全

文,如南共体的《能源协定》(Protocol on Energy)、《野生动植物保护和执法协定》(Protocol on Wildlife Conservation and Law Enforcement)、《贸易协定》(Protocol on Trade)等。

请牢记

上文列出的资料来源主要是经济发展方面的。但发展有多重衡量和评估方式,视某项研究采取的视角而定。其他与发展有关的因素包括:
- 政治、社会和文化发展
- 社会发展的质量
- 卫生设施的覆盖面
- 教育
- 政府中女性的数量

在地理、政治、人权以及社会关系和生计等章节都对这些因素进行了详细讨论。

也可参考

近年来,中国在非洲的影响力稳步增强,在政治、经济和文化领域都有涉足。相关研究的数量也在逐渐增多。

"China and Africa: Emerging Patterns in Globalization and Development." Special issue of *China Quarterly*, vol. 199, 2009. 从发展学的角度对这一研究方向作了很好的介绍。

非洲的人权

对非洲人权的论述涉及的领域很广泛,包括了各类主题的讨论和分析：
- 针对个人的身体虐待
- 国家镇压
- 儿童的境遇
- 女性权利
- 难民
- 学术和知识自由
- 审查相关的问题
- 非洲内部各国间关系

非洲人权文献反映了这些框架的复杂性。

概览信息

Akokpri, John, and Daniel Shea Zimbler, eds. 2008. *Africa's Human Rights Architecture.* Auckland Park, South Africa：Fanele. 讨论了"二战"结束以来非洲人权框架的发展，也分析了非洲的人权机构及其工作。

Lawrence, James T., ed. 2004. *Human Rights in Africa.* New York：Nova Science Publishers. 对每个国家进行了简要分析，也有具体国别研究的参考书目。

人权条约和相关文件

African Commission on Human and Peoples' Rights, African Charter on Human and Peoples' Rights(也被称为 Banjul Charter)。搜索 Banjul Charter(《班珠尔宪章》)。初衷是提升和保护非洲的人权和基本自由。

Protocol to the African Charter on Human and Peoples' Rights on the Rights of Women in Africa. 专门关注女性权利的附加条款。

United Nations Office of the High Commissioner for Human Rights, Universal Declaration of Human Rights, www.ohchr.org/EN/UDHR/Pages/Introduction.aspx. 于 1948 年 12 月 10 日宣布，这一文件声明，基本人权是受到普遍保护的。

The University of Minnesota Human Rights Library, www1.umn.edu/humanrts. 最大的人权文件收藏机构之一，超过六万件。也有关于非洲人权资料的部分：www1.umn.edu/humanrts/africa/index.html。

非洲各方面人权的资料

儿童权利

由莱顿大学非洲研究中心图书馆即文献和信息部门制作的网络资料汇编《非洲儿童》("Children in Africa", 2008 年 9 月）。虽然这里列出的资料来源并不都能链接到全文，但该档案提供了有关非洲儿童出版物的信息，侧重于儿童与社会、儿童与法律、儿童权利、儿童与战争、儿童与工作、街头儿童、儿童与健康、孤儿等主题。还包括网络资源。可将其中提到的资料在图书馆在线目录中进行进一步查找。

女性权利

Femnet—African Women's Development and Communication Network, http://femnet.co/index.php/en. 包括非洲女性权利相关的出版物、在线报告和其他信息。

Urgent Action Fund, http://urgentactionfund-africa.or.ke. 泛非主义女性权力组织。网站上有报告和其他信息。

性权利

Zia, Adilili, and Billy Kahora, eds. 2007. *Sex Matters*. Nairobi: Urgent Action Fund. 可从 www.urgentactionfund-africa.or.ke/pdfs/Sex%20Matters.pdf 获得。提供了女性权利、同性恋权利、性工作者权利相关的报告和论文。以肯尼亚举办的一场人权背景下的性权利会议为基础。

审查制度和言论自由

Article 19, the International Centre Against Censorship, www.article19.org. 一个致力于推动言论自由的国际人权组织。Article 19 也涉及非洲新闻媒体自由的问题。

Index on Censorship, www.indexoncensorship.org. 支持言论自由的团体。网站内容翔实，提供了世界范围内违反言论自由的最新资料，也运营博客和杂志。

许多致力于维护人权的组织都会发布报告和分析，包括：

African Centre for Democracy and Human Rights Studies, www.acdhrs.org. 为推动非洲联盟《非洲人权和人民权利宪章》而建立的国际非政府组织。网站包含全文文献、海报、报告等。

Amnesty International, www.amnesty.org. 点击网站中的国家名，就可以看到该国的相关报告和年度报告。

Human Rights Watch Africa, www.hrw.org/en/africa. 致力于维护人权的独立机构。网站内容丰富，包括最新的人权侵害行为新闻、报告全文和其他出版物，以及内部简讯。

在线资料的评估

虽然对资料进行评估一直是任何研究项目的必要组成部分，

但数字信息技术的发展将评估和评价的必要性提高到了一个新的水平。考虑到互联网上的信息量之大和发布信息的便捷性,对所遇到的信息进行仔细评估是必不可少的。人们在评估纸质资料时适用的许多标准也适用于在线资源,尽管在很多情况下涉及的规模不同。

一些小窍门

很多大学图书馆都会提供如何评估互联网资料的小技巧。

Africa South of the Sahara,www-sul.stanford.edu/depts/ssrg/africa/guide.html,包括一个"评估网络资源"("Evaluating Web Resources")的链接:www-sul.stanford.edu/depts/ssrg/africa/evalu.html,内有讲解评估策略的文章。

罗伯特·哈里斯(Robert Harris)在 2010 年 11 月 22 日撰写的《评估互联网研究资源》("Evaluating Internet Research Sources")一文特别有帮助,见 www.virtualsalt.com/evalu8it.htm。文章中作者探讨了:

- 各类材料(即事实、观点、故事、解读和数据)的区别
- 如何查找网站作者的资料(包括头衔、职位、所在机构)、发布或网站创立日期和作者的联系方式
- 质量控制或同行审议的证据
- 可信度和缺乏可信度的迹象(匿名、缺少质量控制、语法问题、单词拼写错误)
- 网站的准确性和认可度
- 资料的全面性
- 客观性、公正性
- 作者的世界观

- 源文件

请记住：

- 如果你使用了其他人的想法、观点、表达或图像，你需要写明所引用的作者及其原始文献，否则就是一种抄袭行为。
- 当你记录你在论文中使用的信息来源时，请始终如一地用一种引文格式。每个图书馆都有主要引文格式的使用手册，如美国心理学协会（American Psychological Association）的手册、现代语言学会的手册或《芝加哥论文格式手册》（The Chicago Manual of Style）。《芝加哥论文格式手册》有电子版，许多图书馆都提供该版本。具体使用哪种格式，请事先咨询你的老师。

撰 稿 人

约翰·阿卡雷·阿登(John Akare Aden)

非洲历史学家,韦恩堡(Fort Wayne)非洲人/非裔美国人历史博物馆 & 协会(African/African-American History Museum & Society)执行理事。他在马里对巴马纳铁匠的历史进行了研究,并在几个机构教授非洲历史课程。

阿金·阿德索坎(Akin Adesokan)

小说家,印第安纳大学布卢明顿分校比较文学副教授。他的研究方向是20和21世纪非洲人和非裔美国人/非洲离散移民文学和文化、全球后殖民性、非洲电影和当代全球电影、非小说散文以及文化理论。

格拉西亚·克拉克(Gracia Clark)

印第安纳大学人类学系教授。她从1978年开始对库马西中心市场商人的研究,涉及生活史以及信贷、女性领导、食品安全、商业政策、婚姻和宗教。

詹姆斯·德勒汉蒂(James Delehanty)

地理学家,威斯康星大学麦迪逊分校非洲研究项目副主任。他的研究主要集中于萨赫勒地区的历史地理学,尤其关注20世纪尼日尔的农业扩张、西非和中亚的土地所有制,以及东非特别是肯尼亚牲畜疾病控制的社会和环境背景。

玛丽昂·弗兰克-威尔逊(Marion Frank-Wilson)

印第安纳大学威尔斯图书馆(Wells Library)地区研究部(Area Studies Department)负责人和非洲研究图书管理员,他的研究兴趣在开放存取出版、学术交流和馆藏发展的交叉领域。

玛丽亚·格罗斯-恩加特(Maria Grosz-Ngaté)

人类学家,印第安纳大学非洲研究项目副主任。她在马里和塞内加尔进行了长期研究,重点是农村社会转型、性别和伊斯兰教。

卡伦·特兰伯格·汉森(Karen Tranberg Hansen)

西北大学荣誉教授。曾任教于该校人类学系和非洲研究项目。她是一名城市和经济人类学家,主要研究非正式经济、市场、贸易、消费、性别和青少年。

约翰·H. 汉森(John H. Hanson)

印第安纳大学历史学副教授,《非洲历史》(History in Africa)杂志编辑。他的研究涉及西非穆斯林群体在过去200年的历史,他的专著和文章涉及19世纪晚期塞内加尔和马里的提加尼亚苏菲主义、20世纪黄金海岸/加纳的艾哈迈迪亚派穆斯林改宗、阿拉伯文本和翻译,以及西非穆斯林对现代性的参与。

卡罗琳·E. 霍姆斯(Carolyn E. Holmes)

密西西比州立大学政治学和公共管理助理教授,印第安纳大学政治学系博士。她的研究考察了南非等冲突后社会民族认同和可持续民主的建立和巩固。

艾琳·朱利安(Eileen Julian)

印第安纳大学比较文学、法语和意大利语教授。她研究非洲、欧洲和美洲之间的联系,包括非洲本土资源(如口述传统)和当代全球形式(如小说)之间的关系。

特蕾西·J. 利德基(Tracy J. Luedke)

东北伊利诺伊大学人类学副教授和全球研究项目(Global Studies Program)统筹人。她有一个关于莫桑比克医疗、宗教和政治的长期研究项目,最近又开始了一个关于芝加哥出租车司机工作生活的新项目。

劳伦·M. 麦克莱恩(Lauren M. MacLean)

印第安纳大学政治学系副教授。她的研究兴趣集中于科特迪瓦、加纳和肯尼亚以及美国印第安人/阿拉斯加土著社区有关国家形成、社会福利和公民权利的政治。

塔基瓦·马努(Takyiwaa Manuh)

曾任莱贡(Legon)加纳大学非洲研究教授,以及该校非洲研究所的主任,现已退休。她的研究领域是非洲发展、性别、移民和非洲高等教育。

帕特里克·麦克诺顿(Patrick McNaughton)

印第安纳大学艺术史讲席教授。他的研究兴趣包括艺术家的角色和社会影响力、西非金属制品的历史、形式的力量和美学的本质、视觉文化中意义的构建,以及艺术形式在地理和文化空间中的流动性。

雷蒙德·穆胡拉(Raymond Muhula)

就职于世界银行减贫和经济管理部门(Poverty Reduction and Economic Management Unit),主要研究公共部门管理方面的各种问题,特别是在利比里亚、尼日利亚和冈比亚。他在霍华德大学获得政治学博士学位。

史蒂芬·N. 恩代格瓦(Stephen N. Ndegwa)

世界银行冲突、安全和发展全球中心(Global Center on Conflict, Security and Development)顾问,该中心设在肯尼亚内罗毕。他曾是威廉玛丽学院(College of William and Mary)政府学副教授,耶鲁大学"赖斯家庭成员"

(Rice Family Fellows)计划成员之一。

帕特里克·奥米拉(Patrick O'Meara)

印第安纳大学校长的特别顾问,名誉副校长,公共与环境事务和政治学教授。他是《非洲》以前所有版本的联合主编。他的兴趣包括南非政治和国际发展。

黛安娜·佩尔林(Diane Pelrine)

印第安纳大学艺术博物馆雷蒙德和劳拉·维尔古斯非洲、大洋洲和美洲艺术主管(Raymond and Laura Wielgus Curator of the Arts of Africa, Oceania, and the Americas)。除了与非洲艺术的博物馆永久藏品相关的研究外,她还对纺织品、陶瓷以及与非洲艺术收藏和展示相关的问题特别感兴趣。

丹尼尔·B. 里德(Daniel B. Reed)

印第安纳大学民俗学和民族音乐学副教授。他的研究集中于西非,特别是科特迪瓦,他的专业领域包括音乐和身份认同、面具表演、音乐和移民以及艾滋病病毒/艾滋病和流行音乐。

阿莫斯·索耶(Amos Sawyer)

美国西北大学博士,政治学家,2011年古西和平奖(Gusi Peace Prize)获得者。他曾于1990年至1994年担任利比里亚"全国团结临时政府"(Interim Government of National Unity)主席,现任利比里亚治理委员会(Governance Commission)主席,并曾担任非洲联盟知名人士小组主席。

露丝·M. 斯通(Ruth M. Stone)

印第安纳大学劳拉·博尔顿教授(Laura Boulton Professor)和副研究教务长。她的研究主要集中于西非利比里亚克佩列人的音乐表演学习,特别是空间和时间概念化的问题。

凯瑟琳·威利(Katherine Wiley)

弗吉尼亚大学卡特·G. 伍德森非裔美国人和非洲人研究所(Carter G. Woodson Institute for African-American and African Studies)博士后研究员。她的研究兴趣包括经济人类学、工作、性别、伊斯兰教、社会地位、服饰和幽默,重点关注毛里塔尼亚伊斯兰共和国。

图书在版编目(CIP)数据

非洲：第 4 版 /（美）玛丽亚·格罗斯-恩加特，（美）约翰·H. 汉森，（美）帕特里克·奥米拉主编；赵亮宇译.— 上海：上海社会科学院出版社，2023
书名原文：Africa（Fourth Edition）
ISBN 978-7-5520-4054-8

Ⅰ.①非… Ⅱ.①玛… ②约… ③帕… ④赵… Ⅲ.①非洲—研究 Ⅳ.①D74

中国版本图书馆 CIP 数据核字（2022）第 256820 号

上海市版权局著作权合同登记号　图字：09-2020-446

Africa, Fourth Edition, © 2014 by Indiana University Press
This simplified Chinese edition is licensed from the original English-language publisher, Indiana University Press

非洲（第 4 版）

主　　编：［美］玛丽亚·格罗斯-恩加特、［美］约翰·H. 汉森、
　　　　　［美］帕特里克·奥米拉
译　　者：赵亮宇
责任编辑：陈慧慧
装帧设计：黄婧昉
出版发行：上海社会科学院出版社
　　　　　上海顺昌路 622 号　邮编 200025
　　　　　电话总机 021-63315947　销售热线 021-53063735
　　　　　http://www.sassp.cn　E-mail: sassp@sassp.cn
照　　排：南京展望文化发展有限公司
印　　刷：上海盛通时代印刷有限公司
开　　本：890 毫米×1240 毫米　1/32
印　　张：14.5
插　　页：3
字　　数：335 千
版　　次：2023 年 11 月第 1 版　2023 年 11 月第 1 次印刷

ISBN 978-7-5520-4054-8/D·675　　　　定价：88.00 元

版权所有　翻印必究